제2판

표본조사방법론

성내경 저

자유아카데미

머 리 말

현대 사회에서 조사(survey)는 일상생활의 한 부분이다. 어떤 형태로든 조사 대상이 되지 않는 사람은 없다. 실생활에서도 언론매체 등을 통하여 본인이 바라든 바라지 않든 조사 결과에 노출되지 않는 사람은 없다. 정부의 각종 정책 수립, 기업의 제품 개발, 시청률 조사, 농산물 작황 조사, 인구통계, 여론조사 등 다방면에서 통계적으로 분석한 조사 데이터를 기초로 앞으로 나아가야 할 지표를 세우고 있다.

그러나 뜻밖에도 신뢰할만한 조사는 드물다. 애초에 하지 않았으면 더 좋았을 조사도 부지기수다. 아님에도 불구하고 엉터리 통계 분석으로 포장하여 아전인수격의 해석도 남발된다.

그렇다면 조사가 잘못되고 해석이 잘못되는 이유는 도대체 무엇인가?

가장 근본적인 이유를 말하자면 무엇보다 적절한 설계가 없는 조사를 했기 때문이고, 둘째는 설계 효과를 고려치 않은 분석을 했기 때문이다.

설계가 없는 조사는 설계도면도 없이 건축하겠다는 것과 마찬가지다. 단칸방 하나 지을 때는 거창한 도면이 없어도 무방하겠지만 큰 빌딩을 짓겠다면 반드시 밑그림이 있어야 한다.

이 책에서는 이와 같이 조사의 기초가 되는 조사설계에 대하여 집중적으로 논의한다. 즉, 조사는 어떻게 수행되어야 하는가? 주어진 상황에 맞는 좋은 조사를 어떻게 설계해야겠는가? 조사 자료의 분석에 설계가 어떻게 반영되는가? 등등 여러 의문들에 대한 포괄적인 논의를 전개하고 있다.

조사에서 표집론(sampling theory)이 필요한 이유는 더욱 효율적인 표본 추출을 위해서이다. 표집론에서 추구하는 표본조사설계의 목적을 한 마디로 압축하면 「미리 설정된 추정값의 정밀도로 표현되는 정보량을 얻기 위한 비용을 줄이자.」는 것이다.

그런데 이 책을 집필함에 있어서도 이 목적을 가급적 위배하지 않으려고 노력하였다. 즉, 표집론을 전개하면서 어차피 수리적 복잡성을 전적으로 배제할 수는 없지만 제반 논의의 주된 흐름을 벗어나지 않는 한도 내에서 이론적인 면으로의 치우침을 최대한 자제하였다. 동시에 일반적인 조사설계의 주제들은 대부분 포함시켰다.

초판이 출간된지 십여 년 만에 여러 모로 다듬고 더하여 제2판을 내놓게 되었다. 기꺼이 비평해 주신 모든 분들께 사의를 표한다.

2012년 10월

成 來 慶

차 례

1

표본조사 개요

1.1 조사와 실험

학문 제분야에서 통계방법론이 각광받는 이유는 일견 난삽해 보이는 데이터로부터 유의미하고 가치 있는 정보를 끌어낼 수 있는 객관적 분석법을 제공하기 때문이다. 그런데 데이터를 분석하여 도출된 결론이 의미가 있으려면 데이터 수집 과정 또한 객관적이어야 한다. 즉 데이터를 수집하는 이의 주관적 편견에 좌우되지 않은 데이터라야 하며 분석 목적에 합당한 데이터라야 한다. 덧붙여 우리가 관심을 갖고 연구하려는 집단을 잘 대표한다는 어떤 보증이 있어야한다. 이런 사항들을 다 갖춘다면 비로소 좋은 데이터라고 할 수 있겠다.

이런 면에서 보자면 통계학을 제대로 공부하려면 통계 분석법에 대한 폭넓은 이해도 물론 중요하기는 하지만 무엇보다 좋은 데이터를 어떻게 얻을 수 있겠는가에 대한 명확한 이해가 선행되어야 할 것이다.

통계학에서 제시하는 데이터 수집 방법은 다음 두 가지로 대별된다.

- **조사**(調査; survey)
- **실험**(實驗; experiment)

일반적으로 사회과학 분야에서 제기되는 질문에 대답하려면 통계적 조사를 시행한다. 물리과학이나 생물과학에서는 통계적 실험을 하여 자료를 얻는다. 물론 이러한 구별이 항상 적용되지는 않지만 대체로 그렇다고 할 수 있다.

통계조사에서는 주어진 현상의 관찰이 주목적이다. 그렇기 때문에 통계조사를 소위 **관찰연구**(observational study)라 부르기도 한다. 사회과학 분야에서 자주 시행하는 설문조사가 한 가지 예라 하겠다. 통계조사는 조사 대상에 대한 인위적 **조절**(control)이 불가능하며 조사 대상 집단의 총 개체수가 유한(finite)하다는 특징을 갖는다.

반면에 실험의 목적은 실험의 대상 즉 처리들 간 비교를 기초로 요인과 반응 사이의 인과 관계를 탐지하는데 있다. 실험에서는 처리에 대한 인위적 조절이 가능하며 조절 가능한 수준의 수가 대체로 개념상 무한(infinite)한 경우가 많다.

간단히 말해서 조사와 실험의 차이는 데이터 분석 결과 **인과성**(因果性) 여부에 대한 결론을 내릴 수 있는가 없는가로 단정지을 수 있다. 즉 원인과 결과의 관계를 말할 수 있는가 없는가의 문제다.

예를 들어 한 학급 내 학생들에게 국어와 수학 시험을 치게 하여 점수 분석을 해보니 국어 성적이 좋은 학생은 수학 성적도 좋고, 또 국어 성적이 나쁜 학생은 수학 성적도 나쁘다는 현상을 관찰하였다고 상상해보자. 이때 우리가 학생들에게 '국어를 잘 하면 수학 성적이 따라서 좋아진다'라고 말할 수 있을까? 또 반대로 '수학 공부를 열심히 해라. 그러면 국어 성적이 높아진다'고 말할 수 있을까? 상식적으로 이런 충고는 성립되지 않는다. 이와 같이 관찰연구에서는 인과 관계를 함부로 말할 수 없다.

그러나 통계실험에서는 변수들 간의 인과성을 탐지할 수 있다. 예를 들어 어느 화학제품의 공정 온도로 현재 100 ℃를 사용하고 있는데 생산량을 더 늘릴 수 있는 공정 온도를 탐색한다고 하자. 이때 공정 온도를 관심 **요인**(要因; factor)이라고 한다. 만일 이 온도 요인의 수준으로 80 ℃, 100 ℃, 120 ℃를 선택하여 각 온도 수준을 정확히 맞추어 놓고, 온도 외의 다른 모든 조건은 동일하게 유지한 상태에서 생산량을 측정하였더니 실험 결과 120 ℃에서 가장 높은 생산량을 보였고, 또 통계 분석 결과에서도 그 생산량의 차이가 **유의**(有意; significant)하다고 결론지을 수 있다면 120 ℃로 공정 온도를 바꾸어 제품을 생산하면 최상의 결과를 얻게될 것이다. 이 경우에는 온도 요인 하나를 제외한 반응값에 영향을 주는 나머지 모든 조건들을 똑같이 맞추어 놓은 상태에서 온도 하나만을 연구자가 조절하여 반응을 살피기 때문에 조절된 온도에 따라 생산량이 다르다는 현상을 온도와 생산량간의 인과성으로 풀이할 수 있다.

결국 통계실험과 통계조사를 구분하는 대표적인 개념이 인과성을 말할 수 있느냐 또는 없느냐라는 점이다. 실험에서는 실험 조건을 사람이 조절하여 인과성을 말할 수 있지만 주어진 상황을 멋대로 조절할 수 없는 현상에 대한 관찰 조사에서는 인과성을 말하지 못한다.

한 가지 예를 더 들어 조사와 실험의 차이를 생각해보자. 흔히 담배가 폐암의 원인이라 하지만 과연 이것이 통계적으로 규명된 사실일까? 이는 어느 쪽으로든 쉽게 대답할 수 없는 문제다. 물론 그렇다고 해서 담배를 피워도 폐암에 걸리지 않는다는 이야기는 절대로 아니다. 실제 많은 사람들을 대상으로 조사를 해보면 폐암 환자들 중의 상당수가 흡연자이고 상관관계도 높게 나타나고 있다. 그러나 이 사실만으로는 담배가 폐암의 원인이라 쉽게 단정할 수 없다. 왜 그럴까?

정말로 담배 때문에 폐암이 발생할 수도 있다. 그러나 장차 폐암이 유발될 신체조건을 가진 사람이 담배를 더 즐길 수도 있고 혹은 폐암의 초기 증세가 인간으로 하여금 담배에 끌리게 할 수도 있다. 다시 말해서 폐암 때문에 담배를 피우게 된다는 주장이다. 그렇다면 어느 것이 과연 먼저일까? 게다가 담배 유해론이 나와서 본격적인 조사가 시작된 것은 이차대전 이후다. 더불어 이때부터 대기 공해 문제가 본격적으로 대두되기 시작하였다. 이런 면을 생각한다면 폐암의 원인이 꼭 담배 때문이라고 쉽게 말할 수 있을까? 여기서 강조하고 싶은 사실은 조사연구에서는 그렇게 간단히 인과성을 결론지을 수 없다는 점이다. 이는 어느 집단을 조사해도 폐암 환자 중의 많은 숫자가 흡연자로 밝혀지고 있다 하더라도 마찬가지다.

담배가 정말로 폐암의 원인인지 알고 싶다면 다음과 같은 통계실험을 계획할 수 있을 것이다. 담배를 피운 경력이 없는 젊은 사람 200 명을 선정한 다음 100 명씩의 두 그룹으로 나눈다. 이때 한 그룹의 사람들은 절대 담배 연기도 맡지 못하게 감시하고 20 년 후 폐암 발생건수를 센다. 또 다른 한 그룹의 사람들은 무조건 하루에 한 갑 이상씩 담배를 피우게 하고 또 가끔 담배 연기가 가득 찬 방에 들여보내게 하여 역시 20 년 후 폐암 발생건수를 센다. 이 결과 담배 피운 그룹에서 관측된 폐암 환자수가 피우지 않은 그룹의 폐암 환자 수보다 통계적으로 유의할 정도로 많이 나온다면 우리는 과연 담배가 폐암의 원인이구나 하고 결론 내릴 수 있을 것이다.

그러나 이와 같은 실험이 가능할까? 인간을 대상으로 하는 실험에는 언제나 윤리적인 제약이 따르게 마련이다. 아무리 인간을 위하여 궁극적으로 이로운 실험이라도 그 실험을 위하여 같은 인간이 실험 도구가 된다는 것은 있을 수 없는 일이다.

참고로 담배의 유해성에 대한 각종 관찰연구에 대한 찬반 양론 및 역사적으로 흥미 있는 제반 논의의 전개에 대해서는 이기원(1999)의 「생활 속의 통계학」 제 4 장을 참조하기 바란다.

관찰연구 또는 조사연구는 연구자의 제어 능력이 전혀 배제된 집단에 대한 단순한 사실 확인 연구를 뜻한다. 서울시민 중 폐암 환자를 조사했더니 그 중 70%가 흡연자로 밝혀졌다고 하자. 이런 유형의 조사보고는 신문에 자주 나오는데 이 진술과 같은 것이 바로 조사연구의 결과인 것이다. 이런 진술은 조사 대상 집단을 있는 그대로 기술하는 데 쓰일 뿐, 따라서 '금연을 해야 폐암에 안 걸립니다'라는 식의 조언을 덧붙이는 행태는 통계적으로 반론의 여지가 많다.

그런데 실험을 하건 조사를 하건 얻어진 데이터에 대한 효율적인 통계 처리를 하려면 반드시 주어진 조건과 목적에 합당한 좋은 데이터를 얻을 수 있는 데이터 수집 방법을 미리 **설계**(設計; design)한 다음 자료 수집에 들어가야 한다. 실험 자료를 어떻게 얻는가에 대한 통계적 설계를 다루는 분야를 **실험설계**(experimental design)라 부르며 또 조사에 대한 설계 방법을 다루는 분야를 **표집설계**(sampling design) 또는 **표본조사설계**(sample survey design)라 부른다. 그리고 미리 설계된 표집법에 의거하여 관심 집단을 조사하는 통계적 방법을 **표본조사**(sample survey)라 한다.

실생활에서 접할 수 있는 표본조사의 예는 무궁무진이다. TV 시청률 조사, 물가지수 산정, 퇴출은행 선정시 BIS 비율 산정, 선거시 후보의 득표율 예측, 기업의 시장조사 등 헤아릴 수 없을 정도로 분야별로 다양하다.

본서에서는 이러한 관찰연구의 대표적 수단인 표본조사에 대한 통계적 방법론들을 소개하는 바 조사가 어떻게 수행되는지 또 좋은 조사는 어떻게 설계할 수 있는가 등을 살펴보고, 조사설계 이론을 어떤 식으로 실제 상황에 응용할 수 있는지 설명하고자 한다.

1.2 모집단과 임의표본

모집단(母集團; population)은 연구 대상이 되는 모든 개체들의 집합이다. 한국의 가구당 평균 텔레비전 보유대수를 조사하고 싶다면 이때의 모집단은 한국에 존재하는 모든 가구들일 것이다. 어느 대통령 후보의 지지도를 조사하고 싶다면 투표권이 있는 전국의 모든 성인 남녀가 모집단이다.

대부분의 경우 모집단 크기는 일일이 조사하기에는 지나치게 크고 또 조사하는데 시간과 비용이 많이 소모된다.

이런 문제를 극복하는 쉬운 방법은 모집단의 일부를 선택하여 데이터를 수집한 다음, 이 일부의 자료에 담긴 정보를 기초로 모집단의 성질을 유추하는 것이다. 이런 목적으로 선택된 모집단의 일부를 **표본**(標本; sample)이라 부른다. 바람직한 표본조사라면 무엇보다 모집단을 최대한 잘 대표하는 최소 크기의 표본을 추출해야 한다.

결국 통계학은 표본으로 모집단의 성질을 보는 다시 말해서 부분으로 전체를 잘 보려는 학문이다. 이를테면 나무 몇 그루를 보고 산 전체에 대해 말하겠다는 것이다. 산 전체를 보지 않고 몇 그루 나무만 보고 산에 대해 말하려다보니 어쩔 수 없이 잘못 판단할 확률이 존재하게 된다. 실제로는 소나무가 주종인 산에서 은행나무 몇 그루를 보고 산 전체가 은행나무로 덮여있다고 착각할 위험이 있는 것이다. 그러나 잘 설계된 표본조사를 시행하면 이렇게 잘못 판단할 위험을 매우 작게 만들 수 있다. 그리고 부분을 보고 전체에 대하여 판단을 내리는 과정을 **추측**(推測; inference)한다고 한다.

표본 추출의 예를 들어보자. 국을 끓인 후에 잘 저은 후 한 숟가락 입에 넣어 맛이 괜찮은지 확인한다던가, 여러 벌의 옷을 걸쳐본 후에 어느 것을 살지 결정한다던가 또는 자동차를 구입할 때 가격이 맞는 여러 회사의 차를 시승해본다던가 하는 것 등이 나름대로 판단을 내리기 위한 일상생활에서의 표본 추출례가 된다. 이런 예는 얼마든지 들 수 있다.

표본을 선택할 때는 가능한 한 모집단을 잘 반영할 수 있는 표본을 선택해야 한다. 그렇게 해야 표본을 토대로 내린 판단이 크게 진실과 벗어나지 않게 되기 때문이다. **대표성**(representativeness)이 있는 완벽한 표본이라면 모집단의 모든 특성을 그대로 반영하는 축소판이어야 하지만 물론 그러한 완벽한 표본은 존재할 수 없다. 왜냐하면 모집단에 대해서 전혀 알지 못하는 상태에서 현재 추출된 표본이 완벽한 표본인지 아닌지는 누구도 장담할 수 없기 때문이다.

그렇다면 어떻게 표본을 선택해야 모집단을 잘 대표할 수 있는 좋은 표본이라고 할 수 있을까? 이는 통계학을 활용할 때 제기되는 가장 원초적인 질문이며 통계학에서 제시하는 방편은 다음과 같다.

임의표본(任意標本; random sample)을 선택하라!

랜덤(random)이란 '우연히', '되는대로' 또는 '제멋대로'라는 정도의 뉘앙스를 풍기는 낱말이다. 따라서 임의표본이란 연구자의 선입견이나 주관성이 일체 배제된 가운데 객관적으로 선택된 표본을 의미한다.

한가지 예를 들어보자. 약학 실험실에서는 속칭 모르모트(guinea pig)라 하는 예쁜 애완용 흰쥐를 실험용으로 많이 사용한다. 만일 6 마리의 모르모트가 우리 안에 갇혀있고 두 종류의 주사약을 각각 3 마리씩의 모르모트에게 주사하고 싶어한다고 하자. 이때 만일 연구원이 눈을 감고 우리 안에 손을 넣어 먼저 잡히는 3 마리의 모르모트에게 첫 번째 주사약을 주사한다면 이렇게 얻은 표본을 임의표본이라고 할 수 있을까? 연구원은 눈을 감았기 때문에 6 마리 중 어떤 쥐가 표본으로 잡힐지 전혀 모른다. 그렇다면 표본이 임의화되었다고 생각할 수 있지 않을까? 그렇지 않다. 이것은 임의화가 아니다. 연구원 입장에서 보면 어떤 쥐를 자기가 잡는지 모르기 때문에 임의화가 되었다고 주장할 수 있을는지 모르지만 유감스럽게도 모르모트 입장을 고려하지 않고 있다. 눈을 감고 손을 저을 때 먼저 잡히는 모르모트들은 분명히 살이 쪄서 둔하거나 날쌔지 못한 모르모트일 것이다. 그렇다면 첫 번째 주사약에는 날쌔지 못한 쥐들만 배치되고 두 번째 주사약에는 제법 날쌘 쥐들이 배치될 것이다. 그렇다면 이 실험은 처음부터 날쌔고 날쌔지 않다는 요인 효과 차이를 내포한 채로 진행된다는 위험성을 내포하고 있는 것이다. 임의화가 제대로 되려면 날쌔고 날쌔지 않다는 요인 효과도 골고루 흩어놓아야 한다.

임의화(randomization)는 통계학에서 매우 중요한 개념이기 때문에 다른 예를 한가지 더 든다. 줄다리기를 하는데 한쪽 끝에는 헤비급 10 명이 있고 다른 쪽 끝에는 플라이급 10 명이 있다. 이것이 공평한 게임일까? 물론 아니다. 그러나 이렇게 해서 헤비급 10 명이 이겼다고 가정하자. 헤비급 대표가 감격해서 말하기를 '우리는 각고의 노력을 경주하고 노련한 전략을 구사하여 이겼다'고 해도 현장을 본 사람들은 믿지 않을 것이다. 노력과 전략의 차이가 아니라 무거워서 이겼겠지하고! 이것을 공정한 게임으로 바꾸려면 어떻게 해야 할까? 뻔한 이야기이지만 헤비급 5 명과 플라이급 5 명을 맞바꾸면 공평한 게임이 될 것이다. 이런 식으로 공평한 게임이 되도록 만드는 과정, 그것이 바로 임의화다.

그런데 위의 줄다리기 문제에서 우리는 체중 요인 하나만을 고려하여 임의화하는 방법을 생각하였지만 이것만으로는 부족하다. 체중 이외에도 시합 결과에 영향을 주는 다른 요인들이 많다. 즉 키라든가 성별이라든가 하는 식으로 줄다리기에 영향을 미칠 수 있는 많은 요인들을 열거할 수 있다. 요인이 많아지면 많아질수록 그만큼 우리가 머리를 짜내서 이게 최선의 임의화다라고 쉽게 말하기가 어려워진다. 따라서 통계학에서는 임의화의 구현을 **난수표**(random number table)나 컴퓨터의 난수 생성 메커니즘에 맡기게 된다. 통계조사시 실제 임의화 방법 즉 임의표본을 얻는 구체적인 방법은 제 2 장을 참조하라.

조사연구든 실험연구든 공통적으로 중요한 사실 하나는, 객관적인 통계적 결론을 내리려면 자료의 수집 단계에서부터 조사원이나 연구원 또는 통계학자의 주관적 판단이 배제되어야한다는 점이다. 통계 이론의 근간이 되는 임의화의 개념은 자료에 대한 주관적 간섭을 피하여 객관적 결론을 유도하려는 원리로서 임의화되지 않은 통계조사나 통계실험의 자료는 분석을 하더라도 도출된 결론의 일반화가 어렵다.

결국 표집설계란 조사연구시 주어진 상황을 십분 고려하여 최선의 임의표본을 얻으려는 계획인 셈이다. 또 마찬가지로 실험연구에서 임의표본을 얻으려는 계획을 실험설계라 부른다. 표집설계든 실험설계든 미리 정교하게 설정된 계획에 준하여 임의표본을 얻는다는 면에서는 일치한다.

앞서 일상생활에서 표본 추출례로 '국을 끓여 잘 저은 후에 한 숟가락 먹어 맛본다'는 예를 들었는데, 이 경우에 모집단이 끓인 국 전부고, 우리가 알고싶어하는 즉 유추하고 싶은 모집단 특성이 바로 국 맛이다. 또한 국을 잘 젓는다는 것은 임의화와 상통하며 한 숟가락 먹어보는 것은 바로 표본을 추출해서 분석하는 것이다. 그런데 왜 국을 꼭 저은 다음에 맛을 보는가? 그것은 비록 단 한 숟가락을 맛보더라도 그 한 숟가락이 끓인 국 전체를 대표할 수 있게끔 하기 위함이다.

비슷하게 통계학에서는 왜 임의표본에 지대한 관심을 기울이는가? 그것은 비록 작은 표본이더라도 그 표본이 모집단을 잘 대표하도록 하기 위함이다. 임의표본추출의 개념을 생각할 때 언제나 국을 끓여 잘 저은 후에 한 숟가락 맛본다는 것을 떠올리면 모집단과 임의표본 간의 관계를 손쉽게 짐작할 수 있을 것이다.

물론 임의표본을 선택하더라도 모집단을 잘 대표하지 못할 가능성도 없지는 않다. 예를 들어 어느 대학 재학생들의 평균키를 추정하고자 통계적 원리에 준하여 임의표본을 선택하였더니, 정말 우연히도 표본 대부분이 농구부 학생들로 나타날 수도 있다. 그러나 정상 상태에서 이렇게 왜곡된 임의표본이 선택될 확률은 0에 가깝다.

그런데 현명한 통계학도라면 임의표본 선택시 가급적 표본 크기를 줄이면서 정확한 판단을 내리고자 애쓸 것이다. 왜냐하면 끓인 국의 맛을 보기 위해서 한 냄비의 국을 몽땅 다 먹어보거나 구입할 자동차가 과연 쓸만한지 알기 위하여 몇 년간 사용한 다음 구매 여부를 결정할 수는 없기 때문이다.

하지만 때때로 맛보기 위해서 끓인 국을 다 먹는 경우도 있다. 이런 류의 조사를 **전수조사**(全數調査; census)라고 부르는데, 통계청에서 매 5 년마다 11 월초에 실시하는 **인구 및 주택 총조사**가 한가지 예다.

센서스를 실시하면 모집단 전부를 조사하므로 모집단에 대해서 더 잘 알 수 있을 것 같지만 여기에도 한계가 있다. 센서스를 실시하고 데이터를 수집 처리해서 완전한 결과 분석을 얻는데는 현재 우리 나라에서 약 1 년 이상 걸린다. 따라서 분석 결과를 본다는 것은 이미 1 년 전의 과거 현상을 관찰하는 것이 된다. 1 년 사이에 사망한 사람, 새로 태어난 사람, 이사간 사람, 재산 변동 등이 많이 일어나지만 이런 것은 통계에 잡히지 않는다. 그렇긴 하더라도 센서스 자료는 한국의 동향을 연구하는데 매우 중요한 자료다. 그리고 센서스 자료처리에 1 년이란 기간은 사실상 그렇게 오래 걸리는 것이 아니다. 만일 중국에서 센서스를 한다면 얼마나 걸려서 자료 처리를 할 수 있을까? 아마도 현 수준의 중국에서는 센서스 자체가 불가능할 것이다.

그리고 참고로 인구 및 주택 총조사의 결과는 한국의 사회 경제 정책 등을 결정하는데 반드시 필요한 기초 자료이므로 통계청에서는 전수조사 데이터 중 2%를 임의표집하여 미리 분석한 다음 그 결과를 약 8-9 개월 후에 공표 한다. 그리고 총조사 결과는 약 15 개월 후에 공표 한다.

여하튼 표본추출을 잘 하면 단시간 내에 센서스 못지 않은 결과를 얻을 수 있다. 다시 말해서 표본조사계획을 잘 세우면 소량의 표본으로도 전체 모집단의 특성을 잘 알아낼 수 있다. 이러한 경우에는 큰 표본을 추출하여도 더 정확한 결과를 얻지 못한다. 예를 들어 국을 끓인 후에 맛을 볼 때 휘휘 잘 저어서 맛을 보면 한 숟가락 맛보나 서너 숟가락 맛보나 별 차이가 없음을 상상해 보라.

요컨대 조사설계의 핵심은 비용과 시간을 절감하면서 연구 대상을 잘 대표할 수 있는 일부의 자료 즉 좋은 표본을 선택하여 분석하는데 있다. 결국 표집설계란 조사 연구시 주어진 상황에서 어떤 식으로 데이터를 얻어야 최소의 노력으로 최대의 정보를 얻을 수 있는가하는 문제를 다루는 통계학의 주요 분야다.

1.3 용어

앞으로의 논의를 위하여 표집설계에 관련된 용어들을 소개한다.

으뜸대학교 학생회에서 10,000 명의 재학생들을 상대로 농촌봉사활동에 대한 찬성률이 얼마나 되는지 알고싶다고 하자. 언뜻 생각하기에 제일 좋은 방법은 재학생 모두를 운동장에 모아놓고 한 사람씩 찬반 여부를 묻는 것이겠지만 현실상 불가능하다. 그래서 교무처의 협조를 얻어 재학생 명부를 얻은 다음 이 명부를 기초로 400 명의 학생을 임의추출해서 찬성 여부를 물었더니 280 명이 봉사활동에 찬성하였다고 하자. 이 경우 우리는 재학생 전체에 대한 농촌 봉사활동에 대한 찬성률을 70%로 추정할 수 있다.

이때 **모집단**은 으뜸대학교의 재학생 전부다. 그리고 재학생 총수 10,000을 **모집단 크기**(population size)라 한다. 또한 우리가 알고 싶어하는 모집단의 특성 즉 재학생들의 봉사활동에 대한 찬성률을 **모수**(母數; parameter)라고 한다. 모수는 사안에 따라 달라진다. 우리가 알고 싶은 재학생들의 특성에는 많은 것들이 있다. 평균키나 평균체중, 연간 영화관에 가는 평균 횟수, 이성 교제에 대한 반응 등 무수히 많이 있다. 이 중에서 우리가 조사시 특히 관심 있는 특성을 모수라 부른다.

모집단은 곧 어머니 집단이다. 어머니 집단의 특성값이 바로 어머니의 수 즉 모수다. 이와 같이 모집단에 관련된 값들 앞에는 언제나 어미 母를 붙이는 것이 관례다. 우리가 지금 관심 있는 재학생들의 농촌봉사활동에 대한 찬성률을 더 정확한 통계용어로는 **모비율**(母比率; population proportion)이라 부른다. 모비율은 글자 그대로 모집단의 비율값을 뜻한다. 이 알지 못하는 모비율값을 추정하기 위하여 **임의표본**으로 400 명의 학생을 추출하였는 바 이 400 명을 **표본크기**(sample size)라 부른다. 또한 표본으로 선택된 학생들로부터 얻어진 찬성률은 표본에서 계산된 비율이기 때문에 **표본비율**(sample proportion)이라 부른다. 이와 같이 표본에서 계산된 값을 일반적으로 **통계량**(統計量; statistic)이라고 한다.

정리하면 관심 있는 모집단의 특성이 모수며 이 모수를 추정하기 위하여 표본에서 통계량을 계산하는 것이다. 모집단과 모수, 표본과 통계량의 대응 관계를 상기하라. 우리가 관심 있는 모수는 때에 따라 모합(母合), 모평균(母平均), 모비율(母比率) 등이 될 수 있고 대응되는 표본통계량은 표본합, 표본평균, 표본비율 등이다.

그런데 표본조사 설계에서는 언제나 **유한모집단**(finite population) 즉 원소들의 개수가 유한한 모집단에서 임의표본을 추출하는 상황만을 고려함을 상기하라.

현재의 조사에서 농촌봉사활동에 대한 찬성 여부를 대답하는 개체들 즉 측정값을 얻는 개별 대상들을 **원소**(element) 또는 **관찰단위**(observational unit)라고 한다. 일반적으로 언론사에서 시행하는 대부분의 여론조사에서 원소는 만 20 세 이상의 성인남녀가 된다. 원소를 기준으로 모집단을 정의한다면 모집단은 원소들의 집합이다.

그런데 표본조사에서는 모집단 대신 때로 **표적모집단**(target population)이란 용어를 사용하기도 한다. 표적모집단은 조사에서 얻어진 추론 결과가 직접적으로 적용될 수 있는 모집단을 의미한다. 만일 으뜸대학교에서 시행한 농촌봉사활동에 대한 조사 결과를 전국의 대학생들에도 그대로 적용하여 한다면 이는 전혀 잘못된 것이다. 통계적인 추론 결과는 오로지 표적모집단에만 유효하다. 앞으로는 모집단과 표적모집단을 구별해서 사용하지 않겠다. 즉 모집단은 곧 표적모집단을 의미한다고 약속하자.

그런데 모집단은 분명히 원소들의 집합이지만 반드시 원소들이 표집의 최소 단위가 되지는 않는다. 예를 들어 재학생 전부의 명부를 확보할 수 없었다고 하자. 그런데 으뜸대학교에는 모두 30 개의 과가 존재한다. 따라서 이런 경우에는 30 개 과들 중 3 개 과를 임의 추출해서 추출된 과에 소속된 모든 학생들에게 농촌봉사활동에 대한 찬반 여부를 묻는 조사를 설계할 수 있다. 이런 경우 표집의 최소 단위는 학생 개개인이 아니라 과가 된다. 물론 대답을 하는 것은 학생들이지만 학생들은 표집의 최소 단위가 아닌 것이다. 이와같이 표집시 추출되는 최소 단위를 **표집단위**(sampling unit)라 한다. 물론 재학생 개개인을 임의 추출한다면 표집단위와 원소는 일치한다.

다른 예로 만일 유권자를 대상으로 하는 여론조사시 유권자 개개인을 추출하면 표집단위와 원소는 같다. 그러나 만일 세대를 추출하여 세대내 유권자들의 반응을 조사하면 각 세대가 표집단위가 된다.

그런데 조사 설계에 따라 표집단위가 둘 이상일 수도 있다. 만일 으뜸대학교 학생회에서 먼저 3 개 과를 임의 추출한 다음 선택된 과에 소속된 학생들 중 10%를 다시 임의 추출한다면 과도 표집단위며 또 과에 소속된 학생들도 표집단위가 된다. 이 같은 이단계 표집의 경우 과를 **일차표집단위**(primary sampling unit), 과에 소속된 학생들을 **이차표집단위**(secondary sampling unit)라 부른다.

앞서 재학생들 중에서 100 명의 임의표본을 추출할 때 재학생 명부를 이용하였다. 또 과를 추출하려면 과의 명부가 있어야 한다. 이와 같이 표집단위들이 나열된 목록을 **표집틀**(sampling frame) 또는 간단히 **틀**(frame)이라 부른다.

표본 조사시 표집틀의 존재는 필수불가결이다. 왜냐하면 표집틀을 기초로 임의표본이 추출되기 때문이다. 대규모 여론조사에서는 유권자 명부가 틀의 역할을 한다. 만일 가구별 추출을 한다면 전화번호부를 틀로 사용할 수 있다. 결국 표집틀이 없다면 표본조사는 하지 못한다.

그런데 완전한 틀은 없다. 왜냐하면 틀은 자주 갱신되지 않기 때문이다. 유권자 명부든 전화번호부든 시일이 지나면 변동된 사항이 많아지겠지만 비용과 노력 면에서 틀을 수시로 갱신한다는 것은 거의 불가능한 일이다. 여하간 표본조사시 표집틀과 모집단의 차이가 없어야 좋은 결과를 얻을 수 있다.

그리고 표집단위가 표본조사의 최소 추출단위기 때문에 **표본**(sample)이란 결국 틀로부터 뽑힌 표집단위들의 집합이라 재정의할 수 있다.

거듭 강조하지만 표본 추출은 표집틀이 존재해야만 가능하다. 그런데 표집틀이 대표하는 모집단 즉 **표집틀모집단**(sampling frame population)이 과연 표적모집단과 일치할까? 일반적으로 그렇지 않다. 표적모집단을 그대로 반영하는 표집틀은 실제적으로 없다고 보면 된다. 그러나 편의상 표집틀모집단과 표적모집단을 같다고 가정한다. 그렇다면 실제 표본이 추출된 **표집모집단**(sampled population)이 표적모집단과 일치할까? 이 또한 같지 않다. 표적모집단에 속하는 표집단위라도 표집틀에 기록되어 있지 않으면 표집에서 제외될 수밖에 없으며 표집틀에 속한 표집단위라도 접촉이 되지 않거나, 응답을 거부하거나, 응답이 불가능한 상황에 있다면 표집이 되지 않는다.

그림 1.1의 도식을 보라. 유권자들을 대상으로 어떤 사안에 대하여 전화조사를 하는 경우를 생각해보자. 전화번호부를 표집틀로 사용한다. 이 경우 유권자들이 표적모집단이지만 전화가 없는 가구들은 표집틀에 포함되지 않는다. 또 전화가 있더라도 미등록 유권자들은 조사 목적상 부적격자들이다. 전화는 연결되었지만 전화를 받지 않거나 자동응답기가 대답하는 경우, 무응답인 경우, 조사 대상자가 중환으로 병원에 입원했다거나 해외 여행 중이면 응답에서 제외된다. 따라서 실제로 표집모집단이 표적모집단을 100% 대표하지는 않는 것이 현실이다.

지금까지 설명한 다음과 같은 기술적 용어들에 대한 정의를 음미해 보라.

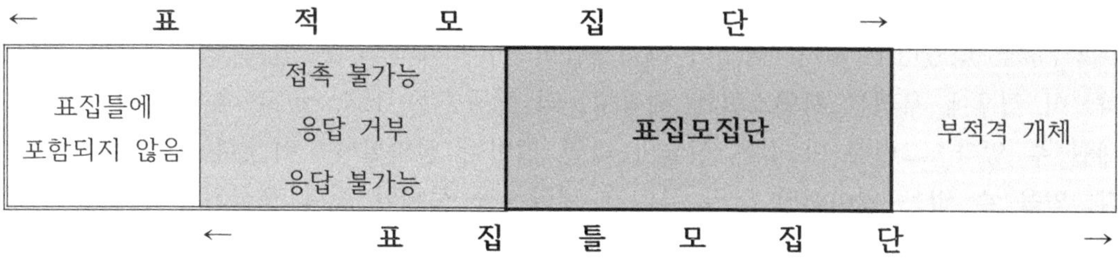

그림 1.1(a) 표적모집단과 표집된 모집단

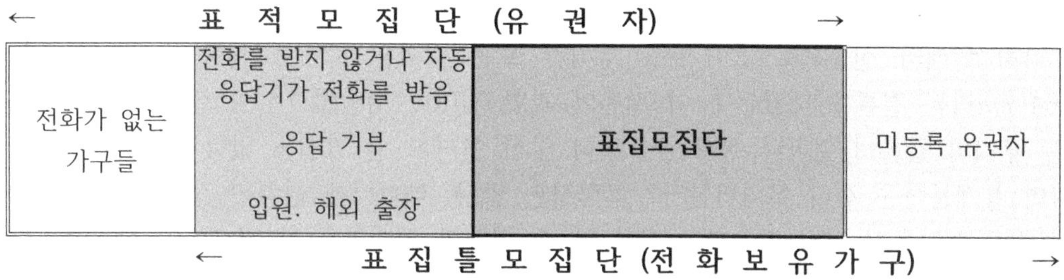

그림 1.1(b) 유권자에 대한 전화조사

- (표적)모집단
- 원소
- 표집단위
- 표집틀
- 표본

1.4 추측

통계학에서 근본적으로 추구하는 것은 임의 추출된 표본으로부터 모집단의 특성 또는 모수의 값을 추측하는 것이다. 모집단의 특성 또는 변화 유형을 우리는 전혀 알지 못한다. 통계학을 이용하여 우리가 할 수 있는 것은 임의표본을 추출하고, 추출된 표본으로부터의 결과를 근거로 모집단의 특성을 근사하려는 것이다. 따라서 모집단을 잘 대표할 수 있는 표본을 추출하는 것이 일차적으로 중요하다. 여기서 표본 결과로 모집단의 특성을 근사한다고 하였지만 이 말에는 표본을 기초로 내린 결론이 반드시 맞는다는 보장이 없음을 함축하고 있다.

재학생들의 평균키를 알기 위해 표본을 추출해서 표본평균을 계산했더니 평균키가 164 cm로 나왔다고 하자. 이것이 재학생들의 키에 대해 갖고 있는 우리의 모든 정보다. 이 경우에 우리는 자연스럽게 재학생들의 평균키는 164 cm로 추정된다는 결론을 내릴 수 있다. 그런데 이 같은 진술이 과연 얼마나 정확할까? 이 질문은 매우 중요하다. 있을 수 없는 일이지만 만일 우리가 재학생들 전체의 진짜 평균키를 알고있고 그 값이 163 cm라고 하자. 이렇게 진짜 값을 알고 있다면 표본으로부터의 추측값은 참값에 비하여 1 cm만큼 오차가 있구나하고 말할 수 있을 것이다. 그러나 이렇게 참값을 알고 있는 경우라면 애초에 표본조사는 아예 할 필요도 없었을 것이다. 표본조사는 우리가 알고싶어하는 모집단의 특성을 모르고 있기 때문에 하는 것이다.

다시 원래의 질문으로 돌아가자. 우리가 표본 결과를 토대로 재학생들의 평균키가 164 cm라는 결론을 내렸는데 이 결론이 과연 얼마나 정확할까? 이 질문에 대한 정답은 '우리의 결론이 얼마나 정확한지 전혀 알지 못하고 알 방법도 없다'는 것이다. 그렇다면 통계분석은 전혀 무의미한가? 그렇지는 않다. 데이터에 함축된 정보를 토대로 내린 결론이 맞을지 맞지 않을지는 전혀 알 수 없지만 통계학을 잘 이용하면 최소한 우리의 결론이 덜 틀리게 할 수는 있다. 이와 같이 잘못된 결론이 덜 나오고 올바른 결론이 자주 나오도록 하려는 시도가 통계학에서 빈번히 다루는 주제인 것이다.

반복하지만 데이터 분석을 거친 최종적인 통계 결론이 과연 맞는지 아닌지는 알지 못한다. 다만 우리가 할 수 있는 것은 잘못된 결론이 덜 나오도록 최선을 다해 모집단을 잘 대표하는 데이터가 나올 수 있도록 애쓰는 것뿐이다. 우리가 재학생들의 평균키를 164 cm로 추정하였을 때, 통계학의 원리를 잘 사용해서 데이터를 얻었다면 우리의 추정 결과가 진실과 전혀 다를 확률은 거의 0에 가깝게 된다. 물론 재학생들의 평균키가 164 cm가 아니고 160 cm일 수도 있지만 이렇게 잘못 판단할 확률은 아주 작게 된다는 말이다. 이렇기 때문에 모집단을 잘 대표하는 임의표본을 얻는 과정이 극히 중요한 것이고, 적절한 표집설계를 따라 임의표본을 잘 얻어야 오판할 확률이 줄어들게 되는 것이다.

그런데 학생들의 키를 재는 경우처럼 **측정**(measure)하는 경우에만 오차가 따라다니는 것은 아니다. 농촌봉사활동에 대한 찬성률을 조사하는 경우와 같이 **집계**(count)를 할 때도 항상 잘못 셀 가능성이 많다. 일례로 정당에 대한 지지도를 조사할 때 본심을 감추고 엉뚱한 대답을 하는 사람들이 있다면 작든 크든 지지도 조사가 왜곡되기 마련이다. 그렇다고 대답하는 사람마다 거짓말 탐지기에 앉힐 수도 없는 노릇이다.

결국 집계나 측정에는 필연적으로 오차가 따라다니기 마련이다. 이런 문제에 부딪쳐서 통계학자들이 일차적으로 생각한 것은 도대체 어떻게 하면 오차를 최소로 하면서 참값을 잘 추정할 수 있는가하는 문제였다. 기실 '오차를 최소로 하는 추정값을 구하자'는 통계학의 지상 명제다.

이렇게 오차를 피하지 못하는 상황을 대상으로 연구하는 것이 통계학이기 때문에 흔히 통계학은 불확실성(uncertainty)을 대상으로 한다고 말한다. 그런데 재미있는 것은 불확실한 상황을 대상으로 하기 때문에 통계적 결론 역시 불확실하게 말할 수밖에 없다는 점이다. 일면 모든 통계적 결론은 애매모호하다고도 할 수 있다.

예를 들어 기상예보에서 비올 확률이 80%라고 하였다면 우산을 갖고 나가야할까 아니면 우산 없이 집을 나서야할까? 그런데 정말로 비가 오든 오지 않든 기상예보가 틀렸다고 나무랄 수는 없다. 왜냐하면 비올 확률이 80%라면 오지 않을 확률은 20%기 때문이다. 비가 오면 80%의 확률이 현실화된 것이고 비가 오지 않으면 20%의 확률이 현실화된 것이기 때문이다. 설사 내일 비올 확률이 99.9%라고 하였어도 비가 오지 않을 확률은 여전히 0.1% 남아 있다. 기상청에서는 100%나 0%와 같이 극단적인 확률로 예보하는 일은 없다. 항상 피해나갈 여지를 남긴다.

마찬가지로 통계학을 다루는 사람들 역시 절대 확실한 100%나 0%의 두 숫자를 쓰는 법이 없다. 그렇다고 해서 통계적 결론이 귀에 걸면 귀걸이, 코에 걸면 코걸이 식의 억지거나 대중을 현혹하는 거짓말이라고 나무랄 수 있을까? 그렇지 않다. 통계학에서는 데이터를 근거로 최선의 결론을 유도한다. 이렇게 유도된 결론이 공개되면 일반인들은 통계적 결론을 음미한 다음 스스로 판단해서 행동해야 하다. 이런 과정을 **의사결정**(decision-making)이라고 한다.

통계학에서는 어떻게 행동하라는 것까지 책임져주지 않는다. 통계학에서는 단지 의사결정을 위한 정보를 제공하여 줄뿐이다. 기상예보에서 비올 확률이 99%라 하였어도 우산을 갖고 나갈지 말지는 여러분이 판단할 문제다. 비올 확률이 99%라는 말에 우산을 갖고 나가는 것은 여러분이 99%라는 숫자에 압도된 것일 뿐 통계학에서 그렇게 하라고 강요한 것은 아니다.

참고로 내일 비올 확률이 50%라는 예보가 나온다면 이를 어떻게 해석해야 할까? 비올 확률이 50%라면 오지 않을 확률도 50%다. 이상적인 동전을 던졌을 때 앞뒷면이 나올 확률도 역시 각각 50%라는 점을 고려하면 내일 비올 확률이 50%라는 말은 '내일 비가 올지 말지 나는 모르겠다'라는 말을 통계 전문 용어로 치장한 것에 불과하다.

1.5 추정의 정확성

제 1.4 절에서 언급한대로 측정을 하든 집계를 하든 통계적 추정에는 항상 판단 오류를 범할 가능성이 존재한다. 관심 모수에 대한 데이터로부터의 추정값과 참값 간에 오차가 크면 당연히 추정의 정확도는 떨어진다. 그러나 참값이 얼마인지는 누구도 알지 못한다. 따라서 우리가 추정을 아무리 잘 하더라도 추정의 정확도는 알 방법이 없다. 그렇다면 통계적으로 정확한 추정이란 명제를 어떻게 접근해야 할까? 이 점을 수리적으로 모형화해보자.

관심 모수 θ를 추정하기 위하여 크기 N의 모집단 $\{y_1, y_2, \cdots, y_N\}$에서 임의표본으로 추출된 n 개의 데이터를 $\{y_1, y_2, \cdots, y_n\}$으로 표기하자. 그리고 데이터로부터 정의된 θ에 대한 추정량을 $\hat{\theta}$으로 표기한다. 즉

$$\hat{\theta} = t(y_1, y_2, \cdots, y_n) \tag{1.1}$$

즉 $\hat{\theta}$은 데이터의 함수 t로 표시된다.

예를 들어 모평균 μ에 대한 추정량으로 표본평균 $\bar{y}$를 사용하는 것을 생각해보라. 이 경우 $\hat{\mu} = \bar{y} = t(y_1, \cdots, y_n)$ 인 것이다.

(1.1)의 상황에서 **오차**(error)란 모수에 대한 추정값과 모수의 참값간의 차이다. 즉

$$\text{오차} \ \ e = \hat{\theta} - \theta \tag{1.2}$$

만일 오차가 0이면 추정값은 정확하다고 하겠다. 하지만 참값 θ를 모르기 때문에 현실적으로 오차가 얼마인지 계산할 방법은 없으며 따라서 우리가 추정을 하더라도 그 추정값이 얼마나 정확한지 사정할 방법은 없다.

이런 경우에 통계학에서 의지하는 방편이 **기대**(expectation)의 개념이다. 기대 연산이란 곧 평균을 구하는 것이다. 단, 이 경우 이미 숫자 값으로 주어진 데이터에 대한 평균이 아니라, 앞으로 조사를 할 경우 나타날 수 있는 모든 가능한 표본들을 전부 고려한 평균이다. 이같이 미관측 데이터 즉 **확률변수**(random variable)에 대한 평균이기 때문에 '기대'라는 용어를 사용하는 것이다. 일반적으로 임의의 통계량 또는 확률변수 $\hat{\theta}$에 대한 **기대값**(expected value)은 $E(\hat{\theta})$ 으로 표기한다.

예 1.1

$N=5$인 모집단에서 원소들의 값이 다음과 같다고 하자.

$$y_1 = 2,\ y_2 = 2,\ y_3 = 3,\ y_4 = 4,\ y_5 = 4$$

이 때 하나의 관측 y를 임의추출한다면 이 관측의 기대값은 얼마일까? 어느 원소나 선택될 확률이 같다면 y에 대한 기대값은 다음과 같다.

$$E(y) = 2\times\frac{1}{5} + 2\times\frac{1}{5} + 3\times\frac{1}{5} + 4\times\frac{1}{5} + 4\times\frac{1}{5} = 3$$

일반적으로 $E(y) \equiv \mu$ 로 표기하며 μ는 다름 아닌 모평균이다. 그런데 모집단 원소들이 취하는 값에 따라 그 값이 나타날 확률을 정리하면 다음과 같이 y에 대한 **확률분포**(probability distribution) $p(y)$를 얻을 수 있다.

$$p(y) = \begin{cases} 2/5, & y=2 \\ 1/5, & y=3 \\ 2/5, & y=4 \end{cases}$$

따라서 y에 대한 기대값은 다음과 같이 구해도 무방하다.

$$E(y) = \sum_y y\,p(y) = 2 \times \frac{2}{5} + 3 \times \frac{1}{5} + 4 \times \frac{2}{5} = 3$$ ▮

예 1.2

예 1.1에 주어진 모집단에서 이번에는 $n=2$인 표본을 **비복원추출**(sampling without replacement)하여 표본평균 $\bar{y}$를 계산하는 경우를 생각해보자. $\bar{y}$의 기대값은 얼마인가? 먼저 가능한 모든 표본을 나열하고, 각 경우마다 표본평균을 계산하고, 결과를 정리하여 $\bar{y}$에 대한 확률분포 즉 $\bar{y}$에 대한 **표집분포**(sampling distribution) $p(\bar{y})$를 만들면 아래 도식과 같은 결과를 얻는다. 따라서 $\bar{y}$에 대한 기대값은 다음과 같이 구한다.

$$E(\bar{y}) = \sum \bar{y}\,p(\bar{y}) = 2 \times \frac{1}{10} + 2.5 \times \frac{2}{10} + 3 \times \frac{4}{10} + 3.5 \times \frac{2}{10} + 4 \times \frac{1}{10} = 3$$ ▮

가능한 표본	표본값	표본평균
(y_1, y_2)	(2, 2)	2
(y_1, y_3)	(2, 3)	2.5
(y_1, y_4)	(2, 4)	3
(y_1, y_5)	(2, 4)	3
(y_2, y_3)	(2, 3)	2.5
(y_2, y_4)	(2, 4)	3
(y_2, y_5)	(2, 4)	3
(y_3, y_4)	(3, 4)	3.5
(y_3, y_5)	(3, 4)	3.5
(y_4, y_5)	(4, 4)	4

➡

< $\bar{y}$의 표집분포 >

$\bar{y}$	$p(\bar{y})$
2	1/10
2.5	2/10
3	4/10
3.5	2/10
4	1/10

예 1.2를 보면 표본으로 추출될 수 있는 쌍의 가짓수는 모두 10 개다. 이 열 개 쌍들 중 어느 하나가 표본으로 현실화된다. 만일 (y_1, y_2)가 임의표본으로 추출되면 표본평균은 2가 되며 우리는 2를 모평균의 추정값으로 사용할 수밖에 없다. 이 경우 오차는 2 - 3 = - 1이 된다. 물론 표본으로 (y_1, y_5)가 추출되면 요행히 표본평균과 모평균이 일치될 것이다. 이때 문제는 모집단 원소들의 값을 미리 아는 경우란 없기 때문에 현실적으로 모평균이 진짜 얼마인지는 아무도 모른다는데 있다.

예 1.3

모집단 원소들의 모평균에 대한 퍼짐성은 **분산**(variance)으로 정량화한다. 분산은 데이터와 평균간의 거리인 편차들의 평균제곱합(mean square; 기대제곱합)으로 정의되는 바, 예 1.1의 상황에서 확률변수 y에 대한 분산 공식은 다음과 같다.

$$var(y) \equiv \sigma^2 = E(y-\mu)^2 = \sum_y (y-\mu)^2\, p(y) \tag{1.3}$$

더 일반적으로 확률변수 $\hat{\theta}$에 대한 분산 $var(\hat{\theta})$은 다음과 같이 정의한다.

$$var(\hat{\theta}) = E[\hat{\theta} - E(\hat{\theta})]^2 = \sum [\hat{\theta} - E(\hat{\theta})]^2\, p(\hat{\theta}) \tag{1.4}$$

예 1.1에서 분산은 다음과 같이 계산한다.

$$var(y) = (2-3)^2 \times \frac{2}{5} + (3-3)^2 \times \frac{1}{5} + (4-3)^2 \times \frac{2}{5} = \frac{4}{5}\ (=\sigma^2)$$

또 예 1.2의 상황에서 표본평균 $\bar{y}$에 대한 분산은 다음과 같이 구한다.

$$\begin{aligned} var(\bar{y}) = {} & (2-3)^2 \times \frac{1}{10} + (2.5-3)^2 \times \frac{2}{10} + (3-3)^2 \times \frac{4}{10} \\ & + (3.5-3)^2 \times \frac{2}{10} + (4-3)^2 \times \frac{1}{10} = \frac{3}{10} \end{aligned}$$

참고로 $var(\bar{y})$는 다음 공식으로 구할 수도 있다.

$$var(\bar{y}) = \frac{\sigma^2}{n}\left(\frac{N-n}{N-1}\right) \tag{1.5}$$

이 경우 $var(\bar{y}) = \frac{4/5}{2}\left(\frac{5-2}{5-1}\right) = \frac{3}{10}$ ❚

공식 (1.5)는 제 2 장에서 유도한다. 그리고 수리통계학에서는 $var(\bar{y}) = \sigma^2/n$ 으로 정의하지만 이는 **복원추출**(sampling with replacement)시 성립하는 공식이다. 표집론에서는 pps 집락표집을 제외하고는 언제나 유한모집단에서 비복원추출하는 경우만을 주로 고려하기 때문에 특히 통계량의 분산 공식 등이 복원추출을 주로 고려하는 수리통계학에서 주어진 공식과 약간 다른 형태를 취한다.

각설하고, 모수 θ에 대한 추정량은 무한히 많다. 그렇다면 이렇게 많은 추정량들 중 가장 좋은 유일한 추정량은 무엇인가? 그런데 만약 그런 추정량이 존재하고 수리적으로 항상 찾을 수 있다면 아마도 통계학이 출현하지도 않았을 것이다. 주어진 상황에 관계없이 가장 좋은 유일한 추정량은 없다. 이를테면 어떤 여자를 보고 한 사람은 천하제일 미인이라고 찬탄할 수 있지만 다른 사람은 너무 말랐다고 관심도 갖지 않을 수 있는 것이다. 요컨대 관점에 따라 평가가 다른 것이다. 마찬가지로 통계학에서도 항상 최고인 추정량은 어차피 구할 수 없기 때문에, 차선책으로 좋은 추정량으로서 마땅히 갖추어야 할 몇 가지 기준을 설정하여 그 기준들에 합당한 추정량들 중 최선의 추정량을 찾는다.

통계학의 지상 목표는 언제나 「오차를 최소화하자」는 것이다. 그러나 참값을 모르기 때문에 오차값이 실제 얼마인지는 알 수 없다. 따라서 오차의 최소화는 불가능하다. 이를 해결하는 한 가지 대안으로서 「기대오차를 최소화」하는 방안을 생각할 수 있지만 기대오차의 결과는 항상 상수이기 때문에 해결이 안 된다. 즉 $E(\hat{\theta}) = c$ 로 놓으면

$$E(\hat{\theta} - \theta) = c - \theta \equiv b(\hat{\theta}) \quad (상수) \ . \tag{1.6}$$

참고로 (1.6)에서 $b(\hat{\theta})$ 는 **편향**(bias)을 나타낸다. 만일 $b = 0$ 이면 $\hat{\theta}$ 은 θ에 대하여 **비편향**(unbiased)이라고 말한다. 따라서 비편향 추정량은 추정량의 기대값 즉 평균이 모수와 일치한다.

여하간 기대오차의 최소화를 기초로 가장 좋은 유일한 추정량을 찾기는 불가능하다. 그런데 최소성과 유일성을 동시에 만족시킬 수 있음직한 한 가지 대안은 오차에 대한 간단한 볼록함수(convex function)를 고려하는 것이다. 그리고 오차에 대한 볼록함수로서 가장 간단하고 수리적으로 다루기 쉬운 형태는 당연히 이차함수다.

그래서 나타나는 개념이 **평균제곱오차**(MSE: mean square error)를 최소화하는 추정량을 찾는 것이다.

$$\begin{aligned} \mathbf{MSE} &= E(\hat{\theta} - \theta)^2 \\ &= E[\{\hat{\theta} - E(\hat{\theta})\} + \{E(\hat{\theta}) - \theta\}]^2 \\ &= E[\hat{\theta} - E(\hat{\theta})]^2 + [E(\hat{\theta}) - \theta]^2 \quad = \boldsymbol{var}(\hat{\theta}) + \boldsymbol{bias}^2(\hat{\theta}) \end{aligned} \tag{1.7}$$

MSE는 오차 제곱의 기대값으로서 추정량의 분산과 추정량의 편향 제곱의 합으로 주어진다. 일반적으로 MSE는 추정량의 **정확도**(accuracy)를 사정하는 대표적인 측도다.

그렇다면 MSE를 최소로 하는 추정량은 항상 가장 좋은가? 아쉽게도 그렇지 않다. (1.7) 공식에서 주어진 바, MSE는 추정량의 분산과 편향의 두 요소로 구성된다. 분산과 편향이 둘 다 가장 작으면 최상이라고 하겠으나 본시 두 마리 토끼는 한꺼번에 잡기 어려운 법이다. 예를 들어 어떤 추정량의 MSE 값이 다른 추정량들에 비하여 비록 가장 작더라도 만일 편향이 지나치게 크다면 MSE 값이 다소 크더라도 차라리 편향이 그보다 더 작은 추정량을 선택하는 편이 더 낫기 때문이다. 그래서 이런 점들을 고려하여 통계학에서는 「비편향추정량이면서 동시에 최소분산을 갖는 추정량을 최상의 추정량」이라고 정의한다. 즉 최상의 추정량은 다음 두 성질을 만족해야 한다.

① 비편향성: $E(\hat{\theta}) = \theta$ 또는 $bias(\hat{\theta}) = 0$ (1.8)

② 최소분산성: $var(\hat{\theta})$ 는 최소 (1.9)

추정량의 분산 $var(\hat{\theta})$ 은 **정밀도**(precision)의 측도로서 $var(\hat{\theta})$ 의 값이 작으면 정밀한 것이다. 그리고 이 경우 추정량의 **신뢰성**(reliability)이 높다고 한다. 쉽게 말해서 만일 갑의 데이터가 {2, 3, 4}, 을의 데이터가 {2.9, 3.0, 3.1}이라면 둘 다 평균은 3이지만 을의 데이터의 퍼짐성이 갑보다 적기 때문에 을의 데이터를 정밀하다고 평가하며 갑보다는 을을 신뢰하는 것이다.

그리고 편향 $bias(\hat{\theta})$ 의 값이 작을수록 추정량의 **타당성**(validity)이 높다고 말한다. 예를 들어 모평균이 2일 때, 만일 갑의 데이터가 {1, 2, 3}, 을의 데이터가 {2.9, 3.0, 3.1}이라면 갑의 평균 2가 을의 평균 3보다 더 타당한 것이다.

결국 비편향 추정량들 중에서 최소분산을 갖는 즉 가장 정밀한 추정량이 가장 정확한 추정량이 되는 셈이다. 이런 이유로 통계학에서 추정량의 성능을 사정할 때 항상 분산을 거론하는 것이다. 편향이 심하면서도 정밀한 추정량도 있겠지만 정확한 추정량은 못된다.

우리가 모평균의 추정량으로 흔히 표본평균을 사용하지만 기실 표본평균은 (1.8)과 (1.9)의 두 가지 좋은 성질을 모두 만족함을 수리적으로 증명할 수 있다.

그런데 좋은 추정량을 고르기 위한 이러한 선택 기준도 실상 개념적인 것에 불과하다. 왜냐하면 비편향성과 최소분산성이란 아이디어는 결국 기대값을 기초로 만든 것이기 때문이다.

예를 들어 으뜸대학교 재학생 10,000 명에서 100 명의 임의표본을 취하는 경우를 생각해보자. 이 경우 100 명의 임의표본이 나올 수 있는 가능한 조합의 수는 ${}_{10000}C_{100}$이다. 현실적으로 우리는 이 많은 경우들 중 단 한 경우의 표본을 얻어 통계적 추론에 임하게 된다. 이렇게 얻은 표본에서 진실과 그리 어긋나지 않은 결과를 얻을 수도 있지만 그렇지 못할 수도 있다. 반면에 기대값이란 현실적으로 도저히 실현 불가능하지만 여하튼 모든 가능한 표본을 추출한 경우를 고려하여 생각하는 것이다. 그렇기 때문에 기대값이 좋다 해서 실제값 역시 반드시 좋은 것은 아니다. 다만 비편향과 최소분산도 만족시키지 못하는 추정량보다는 이 두 가지 좋은 성질을 원래 갖고있는 추정량을 사용하는 편이 더 안심이 되는 것이다. 비유하자면, 원래 심성이 곧은 젊은이란 평가를 받고 있는 사람이 있다면 때로 엉뚱한 짓을 저지르더라도 사람들이 근본을 알기에 신뢰를 버리지 않지만 원래부터 못된 송아지라면 어쩌다 괜찮은 일을 하더라도 사람들로부터 근본적으로 신뢰받기 어려운 이치와 같다.

1.6 신뢰구간

표본조사에서 관심 모수에 대한 추정 방식은 대부분 **신뢰구간**(confidence interval)의 개념을 이용한 **구간추정**(interval estimation)이다. **점추정**(point estimation) 방식에서는 데이터에서 계산된 단 하나의 값으로 모수를 추정한다. 그러나 점추정의 결과와 모수의 참값이 일치할 확률은 전혀 없다고 할 수 있다. 따라서 모수의 추정값으로 단일 숫자를 사용하기보다 모수가 포함될만한 숫자들의 범위를 명시하는 추정 방법이 더 보편적으로 사용되며 이 같은 추정 방법을 구간추정이라 한다.

예를 들어 으뜸대학생들의 평균키를 173 cm로 추정한다고 진술하면 이는 점추정이 된다. 왜냐하면 으뜸대학생들의 평균키를 실수상의 한 점 173으로 추정했기 때문이다. 그러나 표본으로부터 추정된 값이 진짜 평균키와 일치하는 일은 없다. 따라서 이런 경우에 단순히 모평균은 173 cm라고 추정을 하는 대신, 으뜸대학생들의 평균키는 172 cm에서 174 cm 사이에 존재할 것이다라는 식으로 진술하는 편이 더 합리적일 것이다. 이렇게 모수의 참값이 포함될만한 구간을 제시하여 추정하는 방식을 구간추정이라 한다. 그런데 구간 172 cm와 174 cm의 중심은 점추정값 173 cm이다. 다시 말해 172 cm부터 174 cm까지라는 구간추정값은 점추정값을 기준으로 173±1 cm라 할 수 있으며 구간추정에서는 언제나 이와 같이 점추정값을 구간의 중심점으로 잡는다.

구간추정을 할 때는 언제나 **신뢰도**(信頼度; confidence level)를 덧붙여야 한다. 즉 으뜸대학생들의 평균키에 대한 구간추정값으로 (172 cm, 174 cm)를 제시할 때, 이 구간이 과연 모수를 포함하고 있을지를 통계적으로 얼마나 믿을 수 있는가를 명시해야 한다. 이렇게 신뢰도의 아이디어가 첨가된 구간을 **신뢰구간**(confidence interval)이라고 부른다.

참고로 신뢰도를 신뢰수준, 신뢰계수 등으로 부르기도 하며 신뢰도를 100%에서 뺀 값을 **유의수준**(有意水準; significance level)이라 부른다. 따라서 신뢰도 95%에는 5%의 유의수준이 대응된다.

신뢰도가 100%라면 제시된 구간 내에 모수가 포함됨은 당연한 사실이다. 신뢰도가 100%에 가까운, 예를 들어 99%나 95%라면 매우 믿을만하다고 할 수 있다. 반대로 신뢰도가 0%라면 전혀 믿을 수 없는 것이다. 또 신뢰도가 50%라면 글자 그대로 믿거나 말거나의 경우가 된다.

언뜻 생각하면 신뢰도가 높으면 높을수록 좋을 듯 하지만 반드시 그렇지 않다. 만일 으뜸대학생들의 평균키를 추정하고자 할 때 구간추정값으로 (1 m, 2 m)를 제시한다면 분명히 이 구간 내에 으뜸대학생들의 평균키에 해당하는 숫자가 포함될 것은 100% 확실하다. 따라서 이런 구간을 100% 신뢰구간이라 부를 수 있겠다. 그러나 100% 신뢰구간은 아무 짝에도 쓸모가 없다! 왜냐하면 이렇게 폭이 긴 구간추정값은 모수에 대한 아무런 명확한 정보도 줄 수 없기 때문이다. 따라서 구간추정으로 모수에 대한 정보를 전달하려면, 모수가 추정된 구간 내에 포함되지 않을 확률이 있더라도 이를 감수하고 가능한 한 구간의 범위를 짧게 지정해야 좋다.

신뢰도의 값은 추정된 구간의 폭과 반비례 관계에 있다. 다시 말해서 신뢰도를 크게 하면 구간의 폭은 길어지고, 신뢰도를 떨어뜨리면 구간의 폭은 짧아진다. 예를 들어 으뜸대학생들의 평균키를 구간추정하는데 만일 100% 신뢰구간을 만든다면 앞서 언급한대로 아예 (1 m, 2 m)의 구간을 잡으면 될 것이다. 그러나 신뢰도를 조금 줄여 95% 신뢰구간을 만들겠다면 100% 신뢰구간에 비하여 구간의 폭을 퍽 작게 할 수 있다. 95% 신뢰구간으로 (172 cm, 174 cm)를 계산했다고 가정하자. 95% 신뢰구간이라 함은 우리가 제시하는 신뢰구간에 모평균의 값이 정말로 포함될 가능성이 95%라는 뜻이다. 그렇기 때문에 반대로 우리가 제시하는 신뢰구간에 모평균의 값이 포함되지 않을 가능성은 5%가 된다. 이와 같은 위험을 감수하는 대가로 추정된 구간의 폭을 줄일 수 있는 것이다. 그리고 만일 우리가 50% 신뢰구간 즉 믿거나 말거나 신뢰구간으로 (172.1 cm, 172.2 cm)와 같이 폭이 아주 좁은 구간을 제시한다면 구간의 폭이 좁은 것은 좋지만 오판할 위험이 너무 크게 됨은 자명하다.

정리하면 신뢰도를 높이면 구간의 폭이 길어져 모수에 대한 정보 요약이 어렵고, 반대로 신뢰도를 낮추면 구간의 폭이 짧아져 판단 착오를 할 위험부담이 매우 커진다. 이런 이유로 신뢰도를 분석자 멋대로 높이거나 낮추지는 못한다. 대신 실제 데이터 분석을 통한 과거 경험에 비추어 일반적으로 95%나 99% 신뢰도를 사용하여 구간추정함이 관례다.

그런데 으뜸대학생들의 평균키에 대한 95% 신뢰구간으로 (172 cm, 174 cm)를 계산하였다고 가정하자. 이 신뢰구간의 의미는 무엇인가? 다시 말해서 '으뜸대학생들의 평균키가 이 구간 내에 존재함을 95% 믿는다'는 이 아리송한 진술의 진정한 의미는 무엇인가? 으뜸대학생들의 평균키 즉 모수는 고정된 값이다. 만일 평균키가 173 cm라면 신뢰구간에 포함되어 있는 것이고, 171 cm라면 구간 밖에 존재하는 것이다.

신뢰구간의 개념은 반복된 표본추출의 상황을 생각하면 쉽게 이해할 수 있다. 즉 동일한 크기의 표본을 100 번 추출한다고 가정하자. 물론 표본마다 데이터 값들은 죄다 다를 것이다. 그리고 추출된 100 개의 표본마다 동일한 공식을 사용하여 신뢰구간을 계산한다.

이렇게 하여 얻은 100 개의 신뢰구간들 중에서 적어도 95 개의 신뢰구간들에 모수가 포함되는 경우에, 이러한 신뢰구간을 계산하는 공식을 95% 신뢰구간이라 하는 것이다. 물론 이 경우에 기껏해야 다섯 개 정도의 신뢰구간에는 모수가 포함되지 않을 위험이 있다. 그림 1.2는 이런 상황을 도시한 것이다.

결국 우리가 데이터에서 95% 신뢰구간을 계산하더라도 과연 이 구간 내에 모수가 존재할지 말지에 대해서는 알 수 없다. 하지만 적어도 100 번 중 95 번 정도는 구간 내에 모수가 포함되도록 만든 것이기 때문에 이러한 구간추정의 결과를 신뢰할 수 있는 것이다.

신뢰구간을 계산하는 공식은 관심 모수에 대한 추정량의 표집분포, 신뢰도의 크기, 또 데이터가 추출된 모집단 분포가 무엇이냐에 따라 달라진다.

하지만 표본조사와 같이 적지 않은 표본이 추출되며 또 표본평균이 주된 추정량이 되는 경우에는 중심극한정리를 적용할 수 있기 때문에 논의가 간단해진다.

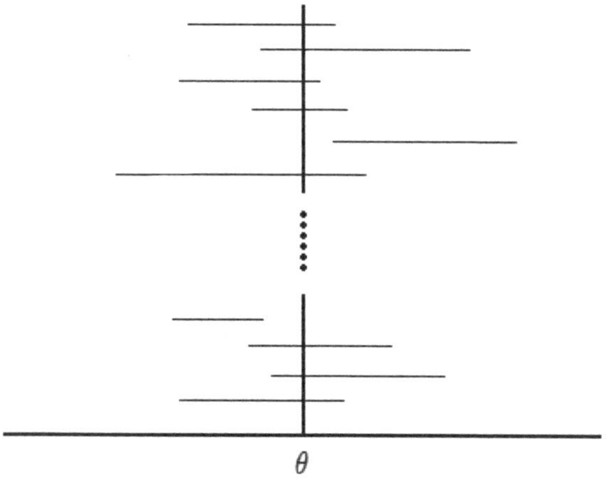

그림 1.2 반복된 표본추출시 계산된 신뢰구간들(선분으로 표시)

$E(\bar{y}) = \mu$, $var(\bar{y}) = \sigma_{\bar{y}}^2$ 로 표기할 때 중심극한정리는 다음과 같다.

> • **중심극한정리**(CLT: central limit theorem)
>
> $$z = \frac{\bar{y} - E(\bar{y})}{\sqrt{var(\bar{y})}} = \frac{\bar{y} - \mu}{\sigma_{\bar{y}}} \sim N(0,1) \quad \text{as} \quad n \uparrow \infty$$

중심극한정리가 의미하는 바는 데이터 y들이 추출된 모집단의 분포에 관계없이 표본크기가 충분히 크면 통계량 z의 분포는 그림 1.3에 주어진 형태를 갖는 표준정규분포로 근사한다는 것이다. 부록의 표 2에 주어진 표준정규분포표를 참고하면 다음 사실이 성립함을 알 수 있다. $z_{0.025} = 1.96$ 이므로

$$P(-1.96 < z < 1.96) = 0.95 \quad .$$

이 관계식을 다시 쓰면,

$$P(-1.96 < \frac{\bar{y} - \mu}{\sigma_{\bar{y}}} < 1.96) = 0.95$$

$$\Leftrightarrow P(\bar{y} - 1.96\,\sigma_{\bar{y}} < \mu < \bar{y} + 1.96\,\sigma_{\bar{y}}) = 0.95$$

따라서 대표본에서 모평균 μ에 대한 95% 신뢰구간은 다음과 같이 결정된다.

$$(\bar{y} - 1.96\,\sigma_{\bar{y}}\,,\ \bar{y} + 1.96\,\sigma_{\bar{y}}) \tag{1.10}$$

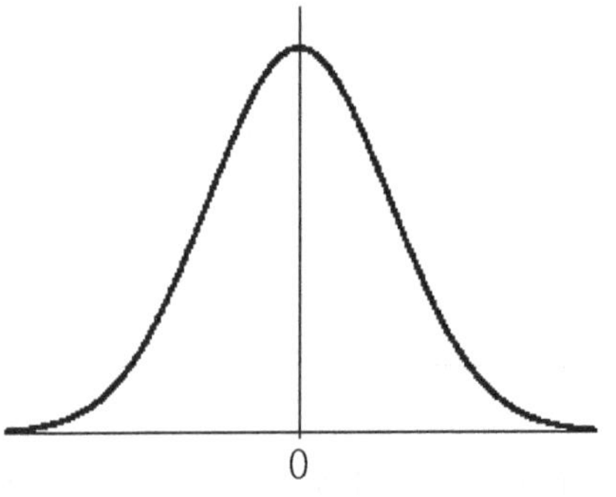

그림 1.3 표준정규분포 $N(0,1)$의 형태

그리고 흡사하게 모평균 μ에 대한 99% 신뢰구간의 양끝은 $\bar{y} \pm 2.58\,\sigma_{\bar{y}}$ 로 주어진다. 그런데 1.96과 2.58이라는 **임계값**(critical value)은 기억하기에 다소 귀찮기 때문에 현장에서는 95%와 99% 신뢰구간의 공식으로 간단히 $\bar{y} \pm 2\,\sigma_{\bar{y}}$ 또는 $\bar{y} \pm 3\,\sigma_{\bar{y}}$ 를 사용하곤 한다.

이렇게 하면 더 보수적인 즉 폭넓은 구간을 얻게되지만 추론의 안정성 측면에서 보면 그리 나무랄 일은 못 된다.

본서에서는 앞으로 모든 논의에서 간단하고 실용적인 95% 신뢰구간 공식만을 사용하겠다.

모평균 μ에 대한 간단한 95% 신뢰구간 공식: $\bar{y} \pm 2\,\sigma_{\bar{y}}$

공식 (1.10)에서 $\sigma_{\bar{y}}$는 표본평균 $\bar{y}$의 표준편차로서 일반적으로 $\sigma_{\bar{y}}$를 $\bar{y}$의 **표준오차**(se: standard error)라 부른다. 앞으로는 $\sigma_{\bar{y}}$를 $\mathrm{se}(\bar{y})$ 로 표기한다.

일반적으로 관심 모수 θ에 대한 구간추정시 θ에 대한 $100(1-\alpha)\%$ 신뢰구간의 공식은 (1.11)로 표시된다.

$$\hat{\theta} \pm z_{\alpha/2}\,\mathrm{se}(\hat{\theta}) \tag{1.11}$$

여기서 $\mathrm{se}(\hat{\theta})$ 은 추정량 $\hat{\theta}$의 표준편차 즉 $\hat{\theta}$의 표준오차며 또 $z_{\alpha/2}\mathrm{se}(\hat{\theta})$ 을 **오차한계**(error bound)라고 한다. 오차한계는 지정된 신뢰도에 따라 달라지며 신뢰도를 높게 지정하면 커지고, 낮게 지정하면 작아진다.

언론기관에서 자주 발표하는 여론조사의 서두 부분을 보면 「조사 결과는 신뢰도 95% 수준에서 오차한계가 ±3% 이내」라는 식으로 서술하고 있는 바 이 같은 진술이 바로 신뢰구간으로 주어진 조사의 정확도에 대한 정보를 주고 있는 것이다.

예를 들어 대통령 선거에 출마한 홍길동씨의 지지율을 조사했더니 30%로 추정되었다고 하자. 만일 이 조사의 오차한계가 ±3%라면 홍길동씨에 대한 실제 지지율은 30%±3% 즉 27%에서 33% 사이에 존재한다는 의미다. 또한 신뢰도가 95%라는 말의 의미는 홍길동씨의 지지율이 27%에서 33% 사이라는 진술을 100번 중 95번 정도 믿을 수 있다는 것이다. 바꿔 말하자면, 100번 중 5번 정도는 홍길동씨의 지지율이 27%에서 33% 사이라는 진술이 사실이 아닐 수 있다는 것과 동일하다.

결국 통계 조사의 정확도는 신뢰도와 오차한계로 주어진다. 따라서 조사를 하는 사람이라면 당연히 높은 신뢰도에서 작은 오차한계를 유지하기를 바랄 것이다.

표 1.1 신뢰도와 오차한계에 대한 표본 크기(모집단 크기 = ∞)

신뢰도	오차한계	표본 크기
95%	±5%	400
	±3%	1100
99%	±5%	700
	±3%	1900

이렇게 하는 유일한 방법은 표본 크기를 늘리는 것이다. 표 1.1에 표본 크기에 따라 대응되는 신뢰도와 오차한계를 요약하였다. 여기에 주어진 표본 크기는 이론상 정확한 값이라기보다는 주어진 정밀도를 충분히 보장할 수 있는 값으로서 백 단위를 기준으로 약간 넉넉히 잡았다.

표 1.1을 살펴보면 동일 오차한계에서 신뢰도를 높이거나 또는 동일 신뢰도에서 오차한계를 줄이려면 어느 경우든 표본 크기를 상당히 증가시켜야 하고, 표본 크기의 증가는 곧 조사비용의 상승으로 귀착된다. 따라서 표본 크기의 결정은 언제나 조사 기간과 주어진 예산을 기초로 판단해야 한다.

그런데 표 1.1에서는 모집단의 개체 수를 무한대로 놓고 결정된 표본 크기를 제시하고 있다. 모집단의 크기가 무한대더라도 신뢰도 95%에서 오차한계를 ±5% 이내로 유지할 수 있는 표본 크기가 불과 400이라는 사실은 매우 놀라운 결과로서 통계 기법의 강력함이 여실히 드러나고 있다.

여러분들이 신문지상에 보도되는 여론조사 결과를 유심히 살펴보면 아무리 큰 조사라도 표본 크기가 대체로 2,000을 초과하지 않고 있음을 발견할 수 있을 것이다. 이는 표 1.1에서 그 이유를 알 수 있는 바 99% 신뢰도에서 ±3% 이내의 오차한계를 보장하는 표본크기가 1,900이기 때문이다.

그리고 실제 여론조사에서는 표본 크기를 표 1.1에 주어진 값보다 약간 더 크게 보수적으로 설정하는데, 이 이유는 더 안전한 통계 추론의 근거를 확보하기 위함이다.

1.7 여론조사방법

우리가 일상생활에서 쉽게 접할 수 있는 표본조사의 한 가지 유형은 텔레비전이나 신문지상에 자주 보도되는 **여론조사**(opinion poll)라 하겠다.

여론조사는 사안에 대한 대중의 의견을 신속히 요약 정리할 수 있는 통계적 방법으로 제 1.1 절에서 언급한 관찰연구의 대표적인 응용 사례며 일반적으로 통계조사 또는 서베이(survey)라 통칭되는 조사연구의 한가지 수법이다.

기업체에서 수행하는 시장조사(marketing survey), 선거철마다 횡행하는 정치권에서의 정당 및 후보에 대한 지지율 조사(election poll) 등에서 여론조사기법이 가장 많이 활용된다. 또한 여론조사 결과는 신문, 잡지, 텔레비전 등 모든 매체에서 자주 다루어지고 있다. 제대로 수행된 여론조사라면 그 결과를 토대로 합당한 정책을 수립하는데 도움이 되겠지만 왜곡된 여론조사는 정책의 방향을 오도할 수도 있다. 또한 제대로 수행된 여론조사라 하더라도 통계 처리 여하에 따라 얼마든지 아전인수 식의 해석이 가능한 경우도 있다. 따라서 현대를 이끌어갈 젊은 지성들이라면 마땅히 여론조사와 같은 조사연구로부터 도출된 요약된 정보를 제대로 이해하고 해석할 수 있는 안목을 갖추어야 할 것이다.

신문지상에 나오는 여론조사 결과의 보고는 흔히 다음과 같은 형식으로 시작된다.

> 제주도 및 도서지역을 제외한 전국의 만 20세 이상의 성인 남녀를 대상으로 삼단층화임의표집법을 사용하여 1,000 명의 표본을 추출하고 가구 방문을 통한 1:1 개별 면접을 통하여 다음 사항들을 조사하였다. 본 조사는 2012년 11월 1일부터 5일까지 수행되었고 조사 결과는 신뢰도 95% 수준에서 오차한계가 ±3% 이내다.

조사연구를 설계할 때 가장 먼저 염두에 두어야 하는 사항은 모집단에 대한 명확한 지정이다. 위 문장에서 모집단은 '제주도 및 도서지역을 제외한 전국의 만 20 세 이상의 성인 남녀들'이다. 실상 이런 경우 모집단을 전국의 만 20 세 이상의 성인 남녀들로 규정하는 것이 조사 목적상 더 완전하겠지만 1,000 명을 조사할 때 각 지역별 조사 표본 크기를 인구 비례로 배정한다면 제주도 및 도서 지역에 할당되는 인원은 대체로 10 명 미만이 된다. 그렇기 때문에 조사비용과 시간의 제약을 고려하여 이들 지역을 배제한 것이다. 또 전화 상으로 전국적 조사를 한다면 모집단은 전국의 전화를 보유한 가구라고 해야한다.

1.7.1 자료수집 방법

조사연구에서 데이터를 수집하는 방법으로는 다음 네 가지 기법이 많이 사용된다.

- **개별면접**(personal interview)

- **전화조사**(telephone survey)
- **설문조사**(questionnaire)
- **직접관찰**(direct observation)

각 방법 모두 일장일단이 있어 상황에 걸맞는 조사방법을 선택해야 한다.

개별면접 조사는 훈련된 조사원이 선택된 응답자를 직접 찾아가서 질문을 하고 응답을 기록하는 방식으로 진행된다. 면접조사의 장점은 조사원과 응답자가 직접 대면한 상태에서 조사를 하기 때문에 무응답률이 매우 낮다는 것을 들 수 있다. 단점으로는 비용이 많이 들고 일일이 응답자를 찾아다녀야 하기 때문에 조사 지역이 넓은 경우에는 시간이 많이 소모된다. 그리고 조사원이 철저히 훈련되지 않으면 조사원의 태도에 따라 응답자의 반응이 왜곡될 위험이 있다. 일례로 미국에서 흑인들에 대한 조사를 할 때 백인이 조사원일 때와 흑인이 조사원일 때의 흑인들의 반응이 정반대인 현상이 나타나는 경우가 보고되고 있다. 또한 사소한 질문의 차이, 근본적으로 동일한 질문이지만 이중부정문으로 물을 때와 단순 긍정문으로 물을 때의 반응이 다를 수 있다.

전화조사는 단기간에 데이터를 얻는 수단으로서 전화번호를 임의추출하여 전화를 걸고 상대방에게 미리 준비한 질문을 읽어주고 답변을 듣는 형식으로 수행된다. 면접조사에 비하여 조사비용이 적게 들지만 짧게 묻는 것이 관건이다. 장시간 통화를 좋아할 응답자가 없기 때문에 기껏해야 5~7 개 정도의 문항을 조사하는 것이 보편적이다. 그러나 현 시점에서 완벽한 전화번호 목록을 확보할 수가 없고 또 전화를 보유하고 있지만 전화번호부에 등재하지 않은 사람들이나 아예 전화를 보유하지 않은 사람들은 조사 대상에서 불가피하게 제외된다는 결점이 있다. 참고로 우리나라의 유선전화 등재율은 대략 50% 수준이다. 만약 전화번호를 등재하지 않은 사람들까지 조사하려면 전화번호부나 전화번호 데이터베이스에 의존하지 않고 컴퓨터로 임의 선정된 번호를 무조건 걸어서 응답자를 찾는 방법도 생각할 수 있다. 미국에서는 실제로 이런 식으로 전화조사를 하는데, 이렇게 컴퓨터가 선정한 번호로 전화를 걸어 조사하는 방식을 **임의숫자 전화조사**(random-digit telephone survey)라 한다. 전화조사의 대표적인 예로는 텔레비전의 시청률 조사를 들 수 있다. 필자도 받아본 일이 있지만 질문은 단 한 가지. "지금 몇 번 채널을 보고 계십니까?". 텔레비전을 보고있지 않다고 하니까 즉각 끊어버린 기억이 난다. 아마도 조사원은 곧바로 또 다른 전화번호를 돌렸겠지만. 잘 고안된 전화조사는 면접조사에 버금가는 효율을 얻을 수 있다.

설문지(questionnaire) 또는 **자기기입식 설문지**(self-administered questionnaire)를 이용한 조사는 **우편조사**(mail survey)라고도 하는데 선택된 응답자들에게 설문지를 우편으로 발송하여 설문지를 기입한 다음 반송해달라고 요청하는 형식을 취한다. 면접원이 필요 없기 때문에 조사비용이 가장 저렴하고 조사 지역이 넓어도 상관없다는 장점이 있기는 하지만 응답률이 매우 낮은 단점이 있다. 우편조사의 응답률은 통상 30% 이하다. 이런 문제가 있기 때문에 응답을 해서 보내주시면 소정의 선물을 발송해주겠다는 등의 유인책이 채용된다. 좀더 적극적인 조사에서는 설문지의 회수율을 높이기 위하여 무응답자들에게 전화조사 또는 직접 면접조사를 병행하기도 한다. 우편을 통한 설문지 조사에서는 무응답률이 매우 높기 때문에 응답자들만을 기준으로 일반적이고 타당성 있는 통계적 결론을 도출하기가 어렵다는 문제점이 있다. 그리고 응답한 사람이 본인인지 아닌지도 불명확할 수 있다. 예를 들어 질문에 대한 답을 모를 경우 가족에게 물어서 대답을 하였다면 이는 응답자 자신의 반응이라 할 수 없다.

직접관찰이란 교통량 조사, 농축산물 통계 등에서 사용되는 방식인데 조사원이 직접 현장에 나가 집계를 한다. 때로 전자 측정장치를 이용하여 밀도 등을 측정할 수도 있다.

이상의 네 가지 조사방법이 가장 흔히 사용되는 기법들인데 만일 게으른 조사원이 있어서 자신에게 할당된 조사를 직접 하지 않고 제멋대로 자기 혼자 기입해서 보고한다면 어떻게 할까? 조사 계획을 제아무리 꼼꼼히 수립했다 하더라도 불성실한 조사원이 전체 조사를 훼손하는 경우는 충분히 상정할 수 있다. 그래서 능력 있는 조사기관들에서는 조사원의 정직성 및 진실성을 재차 확인하는 과정을 항상 염두에 두고 조사에 임한다. 예를 들어 면접조사의 경우라면 일차 조사가 끝난 후 다른 조사원을 동일 지역에 파견하여 응답자들 중 일부를 찾아 다시 한 번 더 똑같은 면접조사를 하여 이미 수거된 답과 일치하는지 여부를 확인한다. 일치하지 않는다면 그 지역에 대한 전면적인 재조사를 실시해야 한다. 전화조사의 경우도 마찬가지다. 첫 번째 조사원이 응답을 기록한 결과를 넘기면 약간의 시차를 두고 두 번째 조사원은 응답자에게 다시 전화를 걸어 원래의 질문들 중 두세 개의 질문을 임의로 골라 응답이 과연 동일한지를 확인한다. 물론 이 결과가 다르면 그 응답자에 대한 기록은 삭제된다.

서구에서는 통상 개인면접과 전화조사의 응답률은 60%~75%, 우편조사는 25% 이하로 보고되고 있다. 그러나 한국에서 전화조사의 응답률은 특히 낮아 대체로 10% 내외에 불과하다. 동일 번호에 대한 재조사를 반복하더라도 기껏해야 25% 정도의 응답율에 그친다. 따라서 극단적으로 말하자면, 우리나라에서는 면접조사가 뒤따르지 않는 전화조사나 우편조사만으로는 무슨 결과가 나오든 믿기 힘들다.

더군다나 우리나라에서는 날이 갈수록 집전화가 아예 없는 가구가 빠른 속도로 늘어나고 있으며 그 공백을 휴대전화가 메우고 있지만 표집틀로 잡으면 좋을 휴대전화 목록의 공개는 아쉽게도 법으로 금지되어있다.

사례로써, 2011년 서울시장 보궐선거와 2010년 6.2 지방선거에서 개표가 끝난 후 언론마다 공통적으로 지적한 사실이지만 투표 전에 응답율 20% 미만의 전화 등을 이용한 여론조사는 실제 결과와 많이 어긋났지만 투표 직후에 실시한 **출구조사**(exit poll)는 응답율이 80%를 초과하였고 조사 결과도 실제와 아주 근접하였다. 이 때문에 여론조사기관들이 몹시 곤혹스러웠는데 당시 한 조사연구소에서 변명하기를 '미국 갤럽 편집장 프랭크 뉴포트(Frank Newport)가 계간 여론조사(Public Opinion)의 <Polling Matters> 컬럼에서 지적한대로 낮은 응답률은 여론조사의 정확도에 영향을 미치지 않으며 다만 해석에 다소 문제가 있었을 뿐이다' 하여 필자를 놀라게 하였다. 아무리 미국인 전문가의 말이더라도 여기서 낮은 응답율이 여론조사의 정확도에 영향을 미치지 않는다는 주장은 가히 통계조사의 이론적 근간을 뒤집는 이야기인데 본서의 제 8 장에서 무응답을 다루고 있으니 참조해보라. 여하튼 미덥지 않고 궁금해진 필자가 관련 문헌을 조사한 결과 뉴포트가 다른 곳에서 <Pollsters Under Attack>이라는 제목 하에 이러한 언급을 하였음을 확인하였다. 즉, 'low response rates alone do not necessarily affect survey accuracy to the extent that the critics cite.'라고 말하였던 바 해석하자면 '반드시 낮은 응답율 하나만이 비평가들이 지적하는 만큼 조사 정확성에 악영향을 미치지는 않는다'는 이야기였다. 다시 말해서 낮은 응답율뿐 아니라 잘못된 설계와 조사방법 등등이 모두 정확한 추론에 나쁜 영향을 준다는 것이다.

1.7.2 표본조사설계

조사방법을 정했다면 표본을 어떻게 선택해야할지 결정해야한다. 이렇게 표본을 선택하는 과정을 **표집**(標集, sampling)이라고 한다. 제 1,7 절 초입에 제시한 상자 속의 글에서 언급된 '삼단층화임의표집법'이 표본을 선택하는 한가지 설계 방법이다.

그렇다면 어떤 방식으로 표집을 하고, 또 표본크기를 얼마로 정해야 하는가? 이런 질문에 답하려면 우선 어느 정도의 정보를 획득하고 싶은지를 지정해야 한다.

표본내 관측에는 관심 특성에 관한 정보가 담겨있다. 그런데 정보를 얻으려면 돈이 든다. 추정을 잘 하려면 분명히 관심 특성에 대한 정보가 많이 필요하지만 지나치게 많은 개체를 조사하노라면 시간과 비용이 너무 소모된다. 따라서 적당한 정보를 얻는 선에서 타협할 필요가 있다. 표본조사설계의 목적은 「노력과 비용을 최소화하면서 정확한 추정을 하자」는 것이다. 그런데 정보량은 기본적으로 **표본크기**(sample size)와 **데이터 변동**(data variation)의 함수인 바, 표본조사설계는 특히 데이터 변동을 조절하는 방법이다. 데이터 변동을 조절하려면 조사 결과 얻게되는 통계적 추정량의 신뢰수준과 오차한계를 먼저 설정해야한다. 이때 조사비용도 물론 진지하게 고려해야한다. 정해진 예산으로 수행 가능한 표집법을 채용하는 것은 상식이다. 조사비용은 상당히 많이 소요된다. 만약 전문조사기관에 면접조사를 의뢰하려면 한 사람 조사에 최하 2만원 이상이 든다. 이런 이유로 가용한 조사비용과 획득하고 싶은 정보량에 따라 표집을 위한 조사설계가 달라지며 더불어 추출 가능한 표본 크기가 달라진다.

표집 방법은 임의표본을 추출하느냐 아니냐에 따라 확률표집과 비확률표집의 두 가지 형태로 대별된다. 임의표본을 추출할 수 있는 단순표집, 층화임의표집, 집락표집, 계통표집 등을 확률표집이라고 통칭한다. 확률표집을 해야 적법한 통계적 해석이 가능하다.

(1) 확률표집(probability sampling)

계획된 임의화에 의거하여 추출된 표본을 **확률표본**(probability sample)이라 한다. 확률표집법들은 기법에 따라 표집 방법은 달라도 근본적으로 임의표집에 기초를 두기 때문에 추정 결과에 대한 확률적 진술이 가능하다. 이 경우 예를 들어 '추정값은 비편향이며 95% 신뢰도에서 오차한계는 ±3% 이내"라고 말할 수 있다. 본서에서 다루는 표집법들은 전부 확률표집법들이다.

① 단순임의표집(simple random sampling)

표집 방법 중 가장 기초적인 것은 단순임의표집으로 크기 n의 각 표본이 추출될 확률이 모두 동일하도록 표본을 선택하는 방식이다. 실제 조사시 단순임의표집만으로 데이터를 얻는 일은 거의 없다. 따라서 실용성은 매우 낮지만 단순임의표집의 아이디어를 기초로 다른 방식의 표집법들이 나오기 때문에 단순임의표집에 대해서는 잘 알아둘 필요가 있다.

예를 들어 으뜸대학교 학생들을 대상으로 어떤 조사를 한다고 가정해보자. 재학생 총수가 16,000 명인데 이들 중 400 명을 표본으로 선택하고 싶다면 도대체 어떤 방식으로 표집을 해야 '가장 좋은' 결과가 나올 수 있을까? 표본조사에서 '가장 좋다'는 말은 표본으로 선택된 학생들에 대한 조사 결과가 모집단의 특성을 그대로 반영하고 있다는 말과 동일하다.

그렇다면 이러한 **대표성**을 어떻게 확보할 수 있을까? 통계학에서 제시하는 해결책은 임의표집(random sampling)을 하라는 것이다. 구체적으로 부연하자면 표본을 선택할 때 조사원의 주관적 판단에 의한 선택을 일체 배제하고 **난수표**(random number table)와 같은 랜덤 메커니즘을 활용하여 표본을 추출하면 된다.

만일 재학생 중에서 400 명을 표본으로 선택한다고 할 때 조사 편의상 도서관에 가서 조사를 한다면 무슨 문제가 있을까? 무엇보다도 면학에 열중하는 재학생만이 조사 대상이 된다는 불균형성을 지적할 수 있을 것이다. 조사하는 시각에 운동장에 있는 학생, 식사하는 학생, 강의실에서 수업을 받는 학생, 아직 등교하지 않은 학생 등은 조사 대상이 되지 못한다. 그렇다면 으뜸대학교 정문 앞에 새벽부터 앉아서 등교하는 학생들 중 400 명을 골라 조사하는 것은 어떨까? 이것 역시 좋지 않다. 후문으로 등교하는 학생, 차를 몰고 오는 학생들은 조사 대상에서 제외될 수밖에 없으며 조사원이 자기 마음에 드는 학생들에게만 설문지를 건넨다면 마음에 들지 않는 학생들은 불공평하게도 조사 대상에서 제외되는 결과를 초래한다.

표 1.2 난수표

열 / 행	(1)	(2)	(3)	(4)	(5)	(6)	(7)	(8)	(9)	(10)
1	47232	88745	04662	45502	55905	17913	02082	16687	47018	11260
2	83051	**342**86	61774	74796	36406	67363	93956	38836	59367	13267
3	37729	47457	84326	9**4**226	11104	54797	25336	36855	38051	18758
4	03963	75792	82786	35112	05740	35195	67620	36055	15710	92520
5	89883	89271	18495	43085	92088	05993	87533	26017	85128	07429
6	95000	33457	54251	28306	15951	62319	72225	66108	38948	77659
7	43029	62551	72962	01181	77096	39819	70265	52430	66335	38569
8	72200	64945	66930	89612	81699	86562	94384	25814	48568	58048
9	45274	27029	68656	12042	61894	18373	37977	40470	06321	00159
10	43693	75829	18468	13985	27211	08048	03787	99368	79834	81961

이외에도 잡다한 이유를 들 수 있지만 결국 조사원이 표본을 직접 선택하면 객관적인 표본을 절대 얻을 수 없다.

그렇다면 난수표와 같은 랜덤 메커니즘을 이용하는 추출법은 어떻게 진행될까? **난수표**(random number table)란 0, 1, 2, 3, 4, 5, 6, 7, 8, 9의 열 개 숫자가 제멋대로 배열된 수표다. 표 1.2에 주어진 난수표를 보면 숫자들이 나타나는 순서에 전혀 규칙성을 찾아볼 수 없다. 이런 난수표를 어떤 식으로 사용해서 임의표본을 추출할 수 있을까? 한 가지 예를 들어보자. 재학생 16,000 명중에서 400 명을 표본으로 추출하고 싶다면 우선 모든 학생들에게 1번부터 16,000 번까지 일련번호를 부여한다. 그 다음 난수표를 읽는 규칙을 적당히 정한다. 일례로 다섯 자리의 난수를 읽어 그 번호에 해당하는 학생을 표본으로 선택하는데, 선택된 숫자가 16,000보다 크다면 16,000으로 나누어서 그 나머지 숫자로 표본을 선택한다는 식으로 일정한 규칙을 전하는 것이다.

단, 선택 기회를 공평히 하기 위하여 96001-00000 사이의 숫자가 나오면 버린다. 즉 우리는 00001부터 96000까지의 다섯 자리 숫자들만을 생각하기로 하자.

그런데 표 1.2의 난수표에서 어느 지점부터 어떤 방향으로 읽어야하나? 이것 역시 임의로 결정한다. 예를 들어 눈을 감고 연필로 난수표 상의 한 점을 찍었더니 2행 (2)열의 3이 선택되었다고 하자. 3의 오른쪽은 4와 2다. 표 1.2에서 이 숫자들에 굵은 글씨체에 밑줄을 그어 놓았다. 그러면 3행 (4)열의 두 번째 숫자부터 오른쪽으로 5개씩 계속 끊어 읽는다. 읽어들인 숫자들의 일부는 다음과 같다.

42261 11045 47972 53363 68553 80511 87580 …

그리고 이 숫자들을 16,000 이하로 만들기 위하여 다음과 같이 나머지를 계산한다.

42261÷16000 = 2 나머지 10261
11045÷16000 = 0 나머지 11045
47972÷16000 = 2 나머지 15972
53363÷16000 = 2 나머지 5363
68553÷16000 = 2 나머지 4553
80511÷16000 = 2 나머지 511
87580÷16000 = 2 나머지 7580

결국 우리의 표본으로 일련번호 10261, 11045, 15972, 5363, 4553, 511, 7580 등이 부여된 학생들을 선택하는 것이다. 이런 식으로 400 명이 다 찰 때까지 표본 추출을 계속하면 임의표본을 얻을 수 있다. 만일 이미 추출한 번호와 동일한 번호가 다시 나오면 버린다.

난수표를 이용하는 규칙에 왕도는 없다. 다만 자신이 편리하다고 생각되는 규칙을 하나 정해서 정해진 규칙대로만 시행하면 되는 것이다. 이런 방식의 표본 추출에 조사원의 주관이 개입할 여지가 있을까? 전혀 없다. 그리고 재학생 중 어느 학생이라도 남보다 더 또는 덜 선택될 확률이 있을까? 이것 역시 그렇지 않다. 위와 같은 식으로 표본 추출을 하면 16,000 명중에서 400 명으로 구성된 가능한 표본의 개수는 엄청나게 많겠지만 각 표본이 선택될 확률은 동일하다.

이제 표본추출시 어떤 식으로 난수를 이용하는지 짐작할 수 있을 것이다. 그러나 이상적인 난수표를 만들기는 정말 어렵다. 이상적인 난수는 어떤 것일까? 우선 0부터 9까지의 열 개 숫자가 나올 확률이 같아야 한다. 즉 각 숫자가 나올 확률이 0.1 가량씩 되어야 한다. 또 12라는 숫자열(두 번째 숫자가 첫 번째보다 1만큼 크다)이 나올 확률이나, 23이나 34 등이 나올 확률이 거의 같아야 한다. 비슷하게 124라는 숫자열이 나온 만큼, 235, 346, 457 등이 나올 확률이 거의 같아야 한다. 몇백 자리의 숫자열에 대하여도 같은 논의가 성립되어야 한다. 따라서 우리가 멋대로 끄적이는 숫자열이 난수가 될 수 없음은 자명하다.

요즘에는 난수표를 만들 때 언제나 컴퓨터를 이용하여 생성한다. 컴퓨터로 난수열을 만들더라도, 매번 만들어지는 난수열이 항상 같거나, 같지는 않더라도 규칙성이 있어 예측 가능하다면 무의미할 것이다. 이런 점을 배제하기 위하여, 컴퓨터 프로그램을 이용하여 난수열을 만들 때는 사용자가 입력하는 초기값에 따라 난수열의 생성 패턴이 달라지게 하는데, 초기값을 입력할 때의 개인적인 규칙성 즉 어떤 숫자에 대한 선호도나 개인의 습관을 최대한 배제하기 위하여 대부분의 경우 초기값의 선택조차 컴퓨터에 맡기게

되고, 컴퓨터는 난수 생성의 실행 순간에 컴퓨터 내부의 시스템 시각을 초기값으로 사용함이 일반적이다. 그렇다 해도 수백 수천만 개의 숫자열 뒤부터 그 전까지의 난수열이 다시 반복되지 않음을 보장 못하므로 컴퓨터 프로그램으로 만들어진 난수를 유사 난수(pseudo-random number)라 부르기도 한다.

난수에 대한 이야기는 그만 하고 다시 표집 방법에 대한 논의를 계속해보자. 단순임의표집은 이미 설명하였듯이 조사 대상 전부에 일련번호를 붙이고 난수표와 같은 랜덤 메커니즘을 이용하여 표본을 추출하는 방식이다. 이렇게 표본을 추출하면 이 표본은 모집단에 대한 대표성을 가질 수 있다.

단순임의표집으로 추출된 임의표본이 모집단을 잘 대표할 수 있음을 어떻게 보장할 수 있을까? 사실상 우리가 난수표 등을 이용해서 표본을 추출하더라도 이 표본이 정말로 모집단에 대한 정보를 잘 말해 줄 수 있을지는 알 수 없다. 예를 들어 재학생의 평균키를 추정하기 위하여 100 명의 학생들을 임의추출하여 평균키를 잰다고 했을 때 우연히 이들 학생 중에 농구부 학생들이 많이 선택되어 평균키가 180 cm로 나올 수도 있다. 그러나 우리는 임의표본을 추출하였기 때문에 이러한 표본평균값을 그대로 받아들일 수밖에 없고, 따라서 '재학생들의 평균키는 180 cm로 추정되며 식생활의 개선으로 신세대 학생들의 키가 부쩍 커졌다'는 식으로 잘못 판단할 수도 있다. 그렇다면 난수표로 추출한 임의표본도 믿을 수 없는 것 아닌가? 기실 임의표본이라 하더라도 모집단을 완벽히 대표한다는 식의 100% 보장은 못한다. 그렇지만 임의 표본이라면 100%까지는 아니지만 적어도 99%는 모집단을 잘 대표한다고 할 수 있다. 다시 말해서 임의표본이 모집단을 잘 대표하지 못할 확률이 극히 미미하므로 우리는 안심하고 임의표본을 추출하여 통계적 추론의 기반으로 삼는 것이다. 그리고 임의표본을 추출하였는데 유독 농구부 학생들이 표본의 대부분을 차지한다는 황당한 일은 거의 일어날 확률이 없다.

그런데 단순임의표집법의 아이디어는 극히 단순하지만 실제로 시행하기는 어렵다. 재학생을 조사할 때와 같이 모집단이 작고 학생 명부를 교무처에서 얻을 수 있는 경우에는 시행이 결코 불가능하지는 않겠지만 전국 규모의 조사라면 단순임의표집법의 활용은 극히 곤란하다. 왜냐하면 전국민에 대한 목록을 얻을 방법이 없고, 설사 목록을 얻는다 하더라도 선택된 사람들이 지리적으로 전국 각지에 흩어져 분포할 것이 자명하기 때문에 선택된 사람을 접촉하는데 엄청난 노력이 경주된다. 조사원의 수도 많이 필요하고 여행비용 또한 만만치 않으며 짧은 기간 내에 조사를 끝마칠 수도 없다.

② 층화임의표집(stratified random sampling)

모집단 원소들을 둘 이상의 동질적인 그룹 또는 **층**(strata)으로 나눈 다음, 각 층마다 독립적인 단순임의표집을 시행하는 방식의 표집법을 층화임의표집이라 한다.

표본조사설계에서 **층화**(stratification)의 개념은 실험설계에서 블록화(blocking)의 개념과 같다.

한 가지 예로 우리 나라에서 시행된 지난 몇 번의 대통령 선거에서 유권자들의 후보자 선택에 가장 영향을 주는 요인은 각 유권자의 출신지가 가장 중요한 요인이었다. 그런데 단순임의표집 결과 만일 영남 사람이 전체에서 차지하는 비율보다 지나치게 적게 추출된다면 왜곡된 조사 결과가 초래될 위험이 있다. 이런 것들이 우려되면 아예 처음부터 영남, 호남 등 지역별 인구비례로 층화를 한 다음 각 지역별로 독립적인 단순임의표집을 하는 편이 유리하다.

또 다른 예로 소득 수준에 따라 국민연금 문제에 대한 견해가 서로 다를 수 있다. 이런 사실을 미리 알고있다면 일단 세대주들을 저소득과 고소득의 두 그룹으로 분할한 다음 각 그룹별로 독자적인 임의표본을 추출하는 편이 더 유리하다. 이 경우 소득이 층화의 기준이 되는 **보조변수**(auxiliary variable) 역할을 한다.

이런 식으로 보조변수를 활용하여 층화를 시행하면 추정값의 정확도가 향상된다.

다시 으뜸대학교 재학생 16,000 명 중 400 명을 단순임의표집하는 문제를 생각해보자. 400 명을 임의표집하여 각 학년별로 몇 명씩 배정되었는지 확인해보니 다음과 같았다고 가정해보자.

1학년	2학년	3학년	4학년	표본크기
150	90	80	80	400

그리고 총원 16,000 명을 학년별로 분류하면 다음 결과를 얻는다고 가정해보자.

1학년	2학년	3학년	4학년	총원
5,000	4,000	4,000	3,000	16,000

이 경우 단순임의표본에서 주어진 각 학년별 표본 크기가 전체 학부생에 대한 학년별 학생 수를 정확하게 반영하고 있는가? 그렇지 않다. 표본이 모집단의 학년별 학생수의 비율을 정확히 반영한다면 이상적 표본에서 각 학년별 학생 수는 다음과 같아야 한다.

1학년: $400 \times \dfrac{5000}{16000} = 125$

2학년: $400 \times \dfrac{4000}{16000} = 100$

3학년: $400 \times \dfrac{4000}{16000} = 100$

$$4학년:\quad 400\times\frac{3000}{16000}=75$$

결국 표본에서 1학년은 너무 많이 포함되었고, 2학년과 3학년은 다소 적고, 4학년만 별로 차이나지 않게 추출되었음을 알 수 있다. 만일 우리가 재학생들의 이성교제 태도에 대한 설문조사를 한다면 아마도 학년에 따라 응답의 차이가 날지 모른다고 판단할 수 있다. 그렇다면 이런 경우 모집단에 대한 정확한 조사가 진행되려면 각 학년별로 표본 추출을 독립적으로 하는 편이 더 유리할 것이다.

층화임의표집은 바로 이와 같은 경우에 사용하는 표본 추출 기법이다. '층화'는 모집단을 동질적인 층으로 나눔을 의미한다. 재학생을 조사할 때 학년과 같은 기준이 층을 나누는 기준 즉 보조변수가 된다. 만일에 각 단과대학별로 응답 패턴이 다를 것이라고 예상된다면 단과대학을 층으로 잡을 수도 있다. 또 학년과 단과대학 모두를 층으로 잡으면 이단층화임의표집이 되며 학년, 단과대학, 학과를 층으로 잡으면 삼단층화임의표집이 된다.

층화임의표집에서 각 층에서 추출할 표본의 크기는 각 층의 크기에 비례적으로 배분하여 결정하는 것이 일반적인 관행이다. 앞에서 제시한대로 학년을 층으로 잡을 경우 표본내에서 각 학년별 표본 크기는 반드시 1학년 = 125 명, 2학년 = 100 명, 3학년 = 100 명, 4학년 = 75 명이 되도록 해야한다.

학년과 단과대학 모두를 층으로 잡는 이단층화임의표집법을 사용한다고 하자. 만일 자연과학대학의 3학년 학생수가 200 명이라면, 으뜸대학교 내 3학년 학생들의 총수가 4,000 명이므로 표본 크기로 100 명이 배정된 3학년 학생들 중 자연과학대학생 5 명이 반드시 표본으로 선택되어야 한다.

전국 규모의 조사에서는 대체로 성별, 연령대별, 지역별로 삼단층화임의표집법을 사용하고 있으며 각 층의 크기는 인구 비례로 결정한다. 그리고 이러한 인구학적 분류는 통계청의 인구 및 주택 총조사 자료를 근간으로 한다.

그런데 층화임의표집법은 선택된 층을 기준으로 임의표본을 추출하기 때문에 모집단의 특성을 잘 반영하고 동시에 단순임의표집법에 비하여 더욱 정확한 결과를 얻을 수는 있지만 조사비용을 감소시키거나 조사가 더 편해지지는 않는다.

③ 집락표집(cluster sampling)

조사의 편리성과 조사비용의 감소가 절실하다면 집락표집을 고려할 수 있다. 집락표집에서도 층화표집과 같이 일종의 층으로 모집단을 나누는데, 층화표집과 달리 모든 층에서 단순임의표본을 얻는 것이 아니고 일부의 층을 임의추출한 다음 선택된 층들을 전부 조사하는 방식을 취한다.

예를 들어 으뜸대학교에는 14개 단과대학이 있다. 이 단과대학들 중 임의로 2개의 단과대학을 고른다. 자연과학대학과 가정대학이 선택되었다고 하자. 그러면 이 두 개 단과대학이 으뜸대학교를 대표한다고 간주하고 이 두 대학의 구성원 모두를 조사하는 것이다. 이는 **일단집락표집**(single-stage cluster sampling)이다. 이같이 집락표집에서는 일단 모집단을 집락으로 나눈 다음 집락들을 대상으로 단순임의추출을 하므로 표집단위는 집락들이 된다.

그런데 이 두개 단과대학생 모두를 조사하기란 쉽지 않다. 이 경우 자연과학대학 내에서 다시 세 개의 학과를 임의추출한다. 이 결과 통계학과, 수학과, 물리학과의 세 학과가 선택되었다면 이렇게 선택된 세 개 학과가 자연과학대학을 대표하는 것으로 간주하고 이들 학과에 소속된 모든 학생들에 대하여 조사를 진행한다. 이런 형태의 집락표집을 **이단집락표집**(two-stage cluster sampling)이라 한다.

그런데 각 학과에 대한 조사도 벅차다고 해보자. 그렇다면 통계학과에는 4개 학년이 있으므로 이들 중 두 개 학년을 임의로 선택한다. 이 결과 3학년과 4학년이 선택된다면 이 두 개 학년이 통계학과를 대표하는 것으로 간주하여 3학년과 4학년 학생들 전부에 대하여 조사를 한다. 이런 식으로 표본 추출을 진행하면 예를 들어 자연과학대학에서는 통계학과의 3학년과 4학년, 수학과의 1학년과 3학년, 물리학과의 2학년과 3학년, 가정대학에서는 식품영양학과의 1학년과 4학년 학생들 전원이 표본으로 선택될 수 있으며 이 표본들이 으뜸대학교를 대표한다고 간주하는 것이다. 이런 식으로 표집하면 이를 **삼단집락표집**(three-stage cluster sampling)이라 한다.

집락표집에서는 층화표집의 층에 해당하는 개체를 **집락**(cluster)이라 부른다. 전국 규모의 조사에서 집락추출을 이용하면 조사 지역이 제한되므로 조사비용, 시간의 소모를 줄일 수 있지만 정확도는 떨어진다. 그렇기 때문에 실제 조사에서는 층화임의표집법과 집락표집법을 혼용하고 있다.

④ 계통표집(systematic sampling)

계통표집은 표집틀 또는 모집단의 목록을 앞에 놓고 일정 간격마다, 예를 들어 매 50번째 사람을 또는 200번째 파일을 표본으로 선택하는 방식이다. 전화조사를 할 때 전화번호부를 펼치고 매 10 페이지마다 위에서 다섯 번째 전화번호를 돌린다던가 하는 것도 계통표집의 한가지 예다.

계통표집법은 사용하기는 편하지만 모집단에 대한 정보 획득에 근원적인 결점을 내포할 수 있는 약점이 있다. 즉 백화점의 매출액을 매주 목요일에만 조사한다면 매출액에 대한 정보를 제대로 알 수 있을까? 백화점의 매출은 요일에 따라 다르기 때문에 이 같은 계통추출의 적용은 심각한 오류를 파생할 것이다. 계통추출을 적용할 때는 주어진 상황에 대한 철저한 이해가 선행되어야 한다.

계통표집은 단순 또는 층화임의표집이 불가능하거나 돈이 많이 드는 경우에 주로 사용되지만 효율은 떨어진다.

(2) 비확률표집(nonprobability sampling)

확률표집에서는 모집단 내 각 원소들이 표본으로 선택될 확률이 0보다 크며 또 그 확률을 알고 있기 때문에 추정값의 신뢰성을 사정할 수 있지만 비확률표집은 이러한 성질을 보유하지 못하는 표집설계다.

① 할당표집(quota sampling)

할당표집이란 모집단을 대별할 수 있는 몇 가지 인구사회학적 분류 기준을 인구 비례로 완벽히 반영하는 표본을 추출하는 표집법이다. 예를 들어 성별, 연령, 거주 지역, 종교를 기준으로 모집단을 분류할 경우 서울에 거주하는 20대 남자로서 불교를 믿는 사람이 전국민의 1%라면 추출된 표본에서도 서울에 거주하는 20대 남자로서 불교를 믿는 사람이 정확히 1%가 되게끔 강제로 만드는 것이다. 또 1000 명의 표본을 선택하는 경우 전국적으로 남 : 여 = 48 : 52면 표본에서도 남 : 여 = 480 : 520이 되어야한다. 연령대별로도 정확히 할당되어야한다. 이런 식으로 할당표집을 하면 최소한 선택된 주요 요인에 대해서는 정확히 모집단을 반영하는 표본을 얻는다. 즉 선택된 분류 기준으로 나눠진 모집단을 정확히 대표하는 표본을 얻을 수 있다.

얼른 생각하면 할당표집은 층화임의표집과 다를 것이 전혀 없어 보이지만 할당표집이 층화임의표집과 결정적으로 다른 것은 할당표집으로 결과된 표본이 임의표본이 아니라는데 있다. 층화임의표집에서는 표본을 추출할 때 임의로 결정된 사람들의 명단을 조사원에게 주고 반드시 그 사람들을 방문하여 조사하게 하는데 반하여, 할당표집에서는 조사원에게 이를테면 어느 아파트 단지에 가서 20대 고졸의 남자와 30대 대졸의 여자 그리고 60대 무학의 여자를 조사하라는 지시만 내리고 실제 표본의 선택은 전적으로 조사원에게 맡기는 형식을 취한다. 이 경우 결과되는 표본은 조사원의 주관적 판단 하에 선택된 것이기 때문에 임의표본으로 생각할 수 없다. 그렇기 때문에 할당표집법은 확률표집법이 아니다.

1950년대 이전의 미국에서는 할당표집법이 여론조사에서 주로 사용하였다. 그런데 할당표집의 실패는 1948년 미국의 대통령 선거에서 극명하게 드러났다. 당시 민주당의 트루먼(Truman)과 공화당의 듀이(Dewey) 간의 지지율 조사에서 할당표집법을 이용한 갤럽(Gallup)의 조사 결과는 트루먼 대 듀이가 44.5% 대 49.5%로서 듀이의 승리를 예상했으나, 실제 선거 결과는 정반대로 나타나 트루먼 대 듀이가 49.5% 대 45.1%로 트루먼이 승리하였다. 이후 할당표집의 효용성에 대한 강한 의문이 제기되고 상당한 원인 규명이 이루어졌다. 당시 갤럽의 할당표집에 의한 표본은 미국민들의 인구사회학적 분포가 거울처럼 반영된 것으로서 성별, 나이, 교육, 인종, 참전 경험, 노조 가입 여부 등 여섯 가지 분류 기준에 대한 분포에서 전혀 흠잡을 데가 없었다. 하지만 면접원들이 표본을 선택할 때 공화당 지지자들 중에서 더 많은 표본을 추출한 것이 결정적인 실패의 원인이었다. 그렇다면 왜 공화당 지지자들이 표본에 더 많이 들어갔는가? 여기에는 몇 가지 이유가 거론되고 있지만 그중 가장 중요한 이유로 공화당 지지자들은 민주당 지지자들보다 교육수준이 높고 소득수준이 높아 더 좋은 동네에 거주하고 있었다는 사실이 언급된다. 즉 면접원들은 질문을 잘 이해하고 답변을 잘 해주는 공화당 지지자들 가운데서 집중적으로 할당 기준에 맞는 사람들을 찾았던 것이다. 물론 면접원들은 자신들이 공화당 지지자들을 집중적으로 조사하고 있다는 사실은 알지 못했다. 민주당을 지지하는 사람들이 주로 노동계층이었기에 집으로 찾아가 봐야 사람을 만날 수 없었고 대신 자료 수집상 편한 사람들을 고르다보니 그렇게 된 것뿐이었다. 또 다른 이유로 여섯 가지 분류 기준 외에도 두 당에 대한 투표자의 선호도에 영향을 미칠 수 있는 분류 기준이 더 많을 수 있다는 점을 들 수 있다. 예를 들어 좋아하는 운동, 출신지, 거주지의 규모, 주택보유 상황 등등 수도 없이 많은 분류 기준을 열거할 수 있다. 그러나 생각할 수 있는 모든 분류 기준을 모조리 만족시킬 수 있는 할당표본을 얻기는 불가능하다.

1948년 이후 미국에서 모든 여론조사는 임의표본 추출 방식으로 전환하였고, 1950년대부터 지금까지 대통령 선거 결과의 예측은 평균 오차한계가 약 2% 이내일 정도로 정확해졌다. 덧붙여 1948년의 조사에서는 할당표본의 크기가 3,250 명이었지만 작금에는 그 반도 안 되는 1,500 명 정도의 임의표본으로도 더 정확한 결과를 예측하고 있다. 그런데 안타깝게도 한국 내에서 진행되는 상당수의 조사 연구는 본질적으로 할당표집법을 사용하고 있는 것이 현실이다. 이는 국내 조사용역기관의 영세성에 기인한다고 할 수 있는데 가까운 시일 내에 개선되기를 희망한다.

또 다른 할당표집의 실패 사례로서 영국의 1992년도 선거조사를 들 수 있다. 영국에서는 전화보급률이 낮은 관계로 아직도 할당표집을 통한 여론조사를 하고 있는 바 당시 총선거에서 모든 조사기관들이 노동당의 승리를 예측했으나 결과는 보수당의 승리로 돌아갔다. 즉 조사기관들은 거의 대부분 보수당 : 노동당 = 38.2% : 40.0%로 예측했으나 실제로는 42.8% : 35.2%가 결과되었다. 이같이 심한 조사 편차의 원인으로는 무응답, 지지성향의 변화 등도 꼽을 수 있겠지만 궁극적으로 쉽게 조사할 수 있는 사람만 조사하는 할당표집방식 자체에 근본적인 문제가 있었다.

할당표집과 같은 비확률표집법에 비하여 확률표집으로서 임의표본의 추출이 중요한 이유는 임의표본이라야 모집단에 대한 대표성을 통계적으로 보장할 수 있기 때문이다.

모집단을 분류할 수 있는 기준은 성별, 연령 대, 출신 지역, 거주 지역, 종교, 교육수준, 소득수준, 취미, 정치성향 등등 수없이 많다. 할당표집처럼 억지로 몇 가지 분류 기준을 세워 맞추지 않더라도 임의표본을 선택하면 표본 내에 이러한 다양한 분류 기준이 적절히 흩어져 모집단을 잘 반영하도록 대체적인 균형을 이룬다고 기대할 수 있다.

반면에 할당표집의 근본적인 문제점은 조사원이 주관적으로 표본을 선택하다보면 **선택편향**(selection bias)이 생기는 현상을 피할 수 없고, 또 모집단을 나누는 변수는 무수히 많기 때문에 인구사회학적으로 유용하다고 생각되는 판단 기준이 반드시 현재의 조사 목적에 유용한 것은 아니라는데 있다.

선택편향이란 표적모집단의 일부가 실제 표집된 모집단에 포함되지 않을 경우에 나타나는 오류다. 할당표집이나 의도적표집과 같은 비확률표집에서 선택편향이 빈발하며 이는 조사시 조사원의 주관이 개입된 **편의표본**(sample of convenience)을 선택하기 때문이다. 선택편향은 표집모집단의 지정이 잘못 되었거나, 표집틀이 표적모집단을 전부 포함하지 못하는 소위 **과소포함**(under-coverage)의 경우에 나타난다. 또 선택된 표집단위를 접촉하기 어렵다해서 접촉이 쉬운 다른 표집단위로 대체하는 행위도 선택편향을 유발한다. 무응답 역시 심각한 선택편향이 유발되는 원인이다.

② 의도적표집(purposive sampling 또는 judgmental sampling)

의도적표집은 또 다른 형태의 비확률표집법인데 모집단을 잘 대표한다고 생각되는 개체들을 주관적으로 선택하는 것이다. 대체로 표본의 선택은 모집단에 대하여 잘 안다고 여겨지는 전문가에게 맡긴다. 예를 들어 담임 선생님에게 학급을 대표하는 학생들을 10명 뽑아달라고 부탁하는 식이다.

그런데 이러한 의도적표집의 단점은 결과되는 추정값을 어느 정도 신뢰할 수 있을지 수리적 근거를 마련할 길이 없다는데 있다.

1.7.3 조사전문기관의 전국조사

이상에서 살펴본 자료수집 방법과 확률표집 방식의 활용례로서 전국 규모의 개인면접 조사시 한국갤럽(Gallup Korea: http://www.gallup.co.kr)의 조사 방법을 소개한다. 여기서 소개하는 방식은 갤럽뿐 아니라 국내 유수의 다른 조사전문기관들에서도 똑같이 사용하고 있으며 이는 *Gallup International*이 확립한 표준 조사방법으로 인구비례 삼단층화임의표집법이 근간을 이루고 있다.

먼저 전국을 서울특별시, 부산광역시, 대구광역시, 인천광역시, 광주광역시, 대전광역시, 울산광역시, 경기도, 강원도, 충청북도, 충청남도, 전라북도, 전라남도, 경상북도, 경상남도, 제주도의 16 개 광역행정단위로 나눈다.

1 단계로 각 광역행정단위로부터 인구비례로 배정된 크기만큼 동 읍 면을 임의추출한다. 2 단계에서는 추출된 동 읍 면에서 다시 통 리를 임의추출한다. 3 단계에서는 추출된 통 리에서 반 자연부락을 임의추출한다. 조사원들은 방문 지역에 가서 미리 정해진

경로를 따라 선택한 가구를 방문하여 그 집안에서 만 18 세 이상의 사람 중 생일이 가장 빠른 사람을 조사 대상자로 선정하여 면접한다.

전국 규모의 전화조사시에는 전국을 시 읍 면으로 구분한 다음 인구비례로 표본크기를 결정한다. 그리고 각 지역별 전화번호부에서 계통표집된 번호로 전화를 걸어 조사를 하되 생일이 가장 빠른 18 세 이상의 남자를 찾고, 남자가 없으면 가장 나이가 많은 여자를 찾는 형식으로 응답자를 선택한다. 이같이 하면 모집단의 성별 및 나이 분포와 흡사한 분포를 갖는 표본이 얻어진다고 알려져 있다.

참고로 정부 기관마다 자체 통계 자료를 수집하고 처리하는 부서가 있는 바, 한국의 대표적인 통계작성기관은 **통계청**(National Statistical Office: www.nso.go.kr)이다. 통계청에서 시행하는 조사 중 가장 중요한 것은 인구 및 주택 총조사라 하겠다. 일반 통계조사전문업체 등에서는 이 결과를 기초로 각종 조사의 표집틀을 마련한다. 또 농업통계는 농림부(www.maf.go.kr)에서 경제통계는 한국은행(www.bok.or.kr)에서 담당한다.

1.7.4 인터넷 조사

전국적으로 네트웍이 확장되면서 최근에는 **인터넷 조사**(internet survey)가 등장하고 있다.

인터넷 조사의 장점은 지리적 공간의 제약이 없고 조사 비용이 매우 저렴하며 조사 기간도 상당히 단축되는 점이다. 또 과거에는 인터넷 사용자들이 주로 컴퓨터 관련 직종의 젊은 남성들 위주였으나 작금에는 이같은 인구 및 사회 통계학적 불균형도 점차 해소되고 있기 때문에 표집틀만 제대로 확보되면 상당히 효과적인 조사가 가능할 것이다. 그리고 발전된 소프트웨어 기술을 활용하면 임의표본 추출 및 동화상을 이용한 설문지 작성, 응답 결과의 실시간 분석까지 일련의 작업을 한 번에 처리할 수 있기 때문에 관리 측면에서도 매우 매력적이다.

그러나 아직까지 인터넷 조사의 가장 큰 단점은 모집단을 대표하는 임의표본 추출이 가능한 경우가 별로 없다는데 있다. 무엇보다 표적 모집단에 대한 표집틀의 확보가 어렵다. 인터넷 이용자가 매우 늘기는 했지만 아직도 모든 사람들이 인터넷을 이용하고 있지는 않다.

한국에서 시행되는 인터넷 조사의 대다수는 네티즌들의 자발적 참여를 근간으로 시행되나 이같은 조사에서 얻게되는 표본은 통계적으로 확률표본이 아니기 때문에 전혀 대표성이 없으며 따라서 조사 결과가 어떻게 나오든 역시 신빙성이 없다. 물론 인구 및 사회통계 자료에 비추어 추정값의 사후 보정이 이루어진다 하더라도 역시 마찬가지다. 그렇기는 하나 앞으로 조사 기법이 더 발달되면 이런 문제도 다소는 해결될 것이다.

1.8 조사 오류

조사 오류는 두 종류로 구분한다.

첫째는 **표집오차**(sampling error)로서 모집단 전체를 조사하지 않고 표본 하나를 선택하여 조사하기 때문에 나타나는 피할 수 없는 오류다. 만일 다른 표본을 선택한다면 전과 다른 결과를 얻게됨은 당연지사다. 그러나 표집오차는 실질적으로 조사의 정확성에 큰 영향을 미치지는 않으며 게다가 표집오차는 조절할 수 있다. 이를 조절하기 위하여 여러 가지 표집설계가 고안되고 현 상황에 적정한 표본수가 제시된다.

두 번째는 **비표집오차**(nonsampling error)로서 표본간 변동에 기인한다고 볼 수 없는 오차인 바 부정확한 응답을 포함하는 제반 **측정편향**(measurement bias), 무응답, 선택편향 등이 그 원인이다. 비표집오차가 크면 조사가 왜곡된다.

측정편향에는 여러 가지 원인이 있다. 소득조사시 실제 소득을 낮춰 응답한다던가 하는 거짓 대답, 아이가 몇이냐는 질문에 손자까지 포함시키는 등 질문을 제대로 이해하지 못한 대답, 심지어 면접원에 따라 동일 질문에 대한 대답이 다른 경우가 있다. 면접원에 따라 응답이 달라지는 현상을 방지하려면 응답자에게 친절하고 또 성, 차림새 등 응답자에게 동류 의식을 줄 수 있으면 대체로 솔직한 답을 얻을 수 있다. 그리고 사람들은 쉽게 과거지사를 잊기 때문에 과거에 대한 대답은 대체로 부정확하며 때로 모르면서 아는 척할 수도 있다. 또 면접원이 듣기를 바란다고 생각되는 답을 하는 경우도 있다. 질문 자체가 모호하면 응답자들의 대답 역시 모호하다. 일례로 「당신은 차를 소유하고 있습니까?」라는 질문을 생각해보자. 여기서 '당신'이 대답하는 개인인지 가구인지 불분명하다. '소유' 역시 할부로 구입한 경우까지 포함하는지 알 수 없다. 그리고 질문의 배열 순서에 따라 동일 질문에 대한 응답이 달라지는 경우도 비일비재다.

무응답(nonresponse)은 표본조사에서 가장 심각한 문제지만 아직 이를 효율적으로 다룰 방법은 없다. 무응답의 원인으로는 선택된 개체를 접촉할 수 없거나, 질문에 대답할 능력이 없거나, 응답을 거절하는 경우가 있다. 전화조사시 임의 선택된 번호로 전화를 걸었지만 받는 사람이 없다든지, 자동응답기가 받거나, 어른이 없어서 아이가 받을 수 있다. 그렇다고 조사원 멋대로 다른 번호로 대치하면 절대 안 된다. 이러면 조사가 편향된다. 최근에는 응답 거절률이 증가하고 있다.

그런데 무응답률이 낮다는 것이 반드시 좋지도 않다. 무응답률이 낮더라도 특정 부류의 응답이 전부 상실되었다면 이는 치명적인 오류가 된다. 훌륭한 조사라면 반드시 무응답자들의 특성을 다시 확인해야 한다.

비표집오차의 하나인 **포함오차**(error of coverage) 역시 조절하기 어렵다. 포함오차란 표집틀이 표적모집단과 일치하지 않아서 나타나는 오차다. 예를 들어 전화번호부가 항상 현 상황을 반영하지 않으며 선거인 명부에 이미 죽은 사람, 이주한 사람들이 포함되어 있는 경우를 생각해 보라.

조사에서 오차를 줄이기 위한 대안이 몇 가지 있다.

첫째는 **재조사**(callback)로서 무응답자들중 일부를 다시 접촉하는 것이다. 면접이나 전화조사시 시간대를 달리하여 방문 또는 전화를 하여 애초에 선택된 개체를 접촉하려는 노력을 해야한다. 특히 전화조사시 조사기관에 따라 다소 차이는 있지만 주말 또는 주중의 저녁 시간에 2-3 차례 재조사를 시도해야 한다.

두 번째는 기꺼이 조사에 임한 보답으로 전화카드와 같은 간단한 보상을 하는 것이다. 미국에서는 우편 설문지 봉투 속에 아예 1불 짜리 지폐를 넣어 보내기도 한다.

그밖에 조사원에 대한 철저한 훈련, 데이터 코딩 확인 등을 꼽을 수 있다.

1.9 무응답

여론조사를 통한 통계 추론에서 가장 큰 문제점으로 대두되는 것이 무응답자의 처리 문제다. 특히 우편조사의 경우 무응답률이 80%를 상회하는 경우도 있다. 이런 경우 무응답자들을 배제하고 응답자들의 반응에만 기초하여 통계 추론을 전개할 경우 심각한 오류를 범할 가능성이 매우 높다.

역사상의 예를 보면, 1936년 미국의 *Literary Digest* 사에서는 루즈벨트(Roosevelt) 대 랜든(Landon) 간의 대통령 선거에 즈음해서 천만 명에게 우편조사를 실시하였다. 회수율은 23.8%였는데, 회수된 설문지에 근거하여 랜든이 57% 대 43%의 차이로 루즈벨트를 제치고 승리할 것이라고 발표하였다. 그런데 막상 선거 결과 오히려 루즈벨트가 62.5% 대 37.5%의 압도적인 차이로 승리하였다. 이 사건 이후 *Literary Digest* 사는 망했다고 한다.

물론 *Literary Digest* 사의 경우에는 무응답률이 76.2%로 대단히 높기 때문에 엄청난 판단 착오를 초래했지만 무응답률이 30% 이하라도 조사에 치명적인 악영향을 주는 경우도 비일비재다. 그렇다면 무응답자들을 어떻게 처리할 것인가? 아쉽게도 무응답자들을 처리할 통계적 대안은 별로 없다. 측정되지 않은 개체에 대해서 이러쿵저러쿵 말하는 것은 무의미하기 때문이다. 다만 무응답률을 낮추기 위하여 응답자에게 선물을 주던가 무응답자들에게 전화조사 또는 면접조사를 시행하는 방안 등을 검토해볼 수 있다.

한국의 사례를 보자. 1992년 대통령 선거는 김영삼과 김대중 두 사람간의 대결이었다. 최종 선거 결과는 42.0% 대 33.8%의 지지로 김영삼이 승리하였는데 선거전 당시 언론기관의 보도는 언제나 두 사람이 백중세를 보이고 있다는 것이었다. 실제로 선거

막바지에 한국갤럽조사연구소에서 조사한 자료에 따르면 응답자들 중 두 사람의 지지율은 24.6% 대 24.1%로서 별 차이가 없었다. 오차한계를 고려하면 확실히 백중세라고 할 만 하였다. 그런데 이 조사에서 자신이 누구를 지지할 것인지를 밝히지 않은 무응답자 즉 소위 부동층의 비율이 31.3%였고, 추후 이 부동층의 과반수가 김영삼 지지로 선회하여 김영삼 승리로 선거가 끝난 것이다. 결국 부동층을 고려하지 않는 경우 두 사람간의 선거전은 백중세였지만 부동층까지 고려하면 김영삼의 당선이 확실하였던 선거라고 풀이할 수 있다.

당시 한국갤럽조사연구소에서는 부동층 즉 무응답자들을 세부 분석하여 선거 결과를 39.5% 대 31.1%로 예측하여 상당히 최종 결과에 근접하는 개가를 올렸는데, 갤럽에서는 **판별분석**(discriminant analysis)이라고 부르는 고급 통계적 분류기법을 사용하였다. 즉 김영삼과 김대중을 지지하는 응답자들의 특성 즉 출신 지역, 성별, 나이, 소득수준 등을 정형화하고 이 결과를 토대로 무응답자들의 신상 특성에 따라 무응답자들을 김영삼과 김대중 지지자로 분류하여 선거 결과를 제대로 예측할 수 있었다. 당시 한국갤럽의 보고서에서 요약된 내용은 다음에 보이는 바와 같다.

그런데 모든 여론조사에서 이 같은 무응답자들에 대한 분류 작업이 항상 성공할 수 있을까? 필자의 견해로는 전혀 그렇지 않다.

1992년 대선에 관한 한국갤럽의 보고서

1. 모집단: 전국(도서 및 부재자 제외)의 남녀 유권자
2. 표본크기: 1880명
3. 표본추출: 3단층화임의추출법
4. 접근방법: 가구방문 1:1 면접
5. 조사시기: 1992년 12월 12일 ~ 15일
6. 표본오차: ±2.4%(95% 신뢰도 수준)

후보자	김영삼	김대중	정주영	박찬종	기타
실제 결과	42.0%	33.8%	16.3%	6.4%	1.5%
갤럽의 예측	39.5%	31.1%	15.7%	12.4%	1.2%

< 실제 응답자 1,292명(무응답률 31.3%) 기준의 조사 결과 >

후보자	김영삼	김대중	정주영	박찬종	기타	무응답
조사 결과	24.6%	24.1%	10.5%	8.1%	1.4%	31.3%

그간 발표된 92년의 대통령 선거에 대한 보고서들에서 공통적으로 지적하고 있듯이 92년의 대통령 선거는 철저히 지역감정의 대결이었고 개인에 대한 지지보다는 지역의 대표자로서 지지하는 비율이 압도적으로 높은 양상을 보이고 있다. 따라서 무응답자들을 출신 지역과 나이, 소득수준 등의 기본 특성을 기초로 김영삼 및 김대중 지지자로 분류하여 실제 선거 결과와 상당히 근접한 예측을 할 수 있었다.

그러나 이 같은 무응답자들에 대한 명확한 근거 없는 맹목적인 분류는 사실상 매우 위험한 발상이다. 다시 말해서 무응답자들의 투표 성향이 전적으로 응답자들을 기준으로 한 한두 가지 특성에 의존하는 것은 한국의 대통령 선거에서나 혹 기대해볼만한 희망 사항일 뿐 검증된 사실이 아닌 것이다. 실제로 1994년도의 경주와 대구에서 치러진 국회의원 보궐 선거에서는 여론조사 기관들의 예측이 전부 틀렸는데, 근본적인 이유는 국회의원 선거가 치러지는 좁은 지역 내에서는 대통령 선거 때와 같은 지역감정이 나타날 수 없었고, 성별, 나이, 소득수준 등을 기본 특성을 토대로 무응답자들을 분류해보아야 대단한 차별화가 나타나지도 않을 뿐더러 심지어 그 같은 분류가 현실과 전혀 달랐다는 것을 짐작할 수 있다.

1997년의 대통령 선거에서도 조사기관들은 10회 이상의 면접조사 및 출구조사를 기초로 유권자들의 출신 지역을 기초로 한 판별분석을 이용하여 실제와 거의 근접한 예측을 할 수 있었다. 실제 결과와 한국갤럽의 당시 예측은 다음과 같이 요약된다.

후보자	김대중	이회창	이인제	기타
실제 결과	40.3%	38.7%	19.2%	1.8%
예측	39.9%	38.9%	19.7%	1.5%

이 결과를 토대로 MBC와 한국갤럽에서는 선거가 끝나자마자 김대중의 승리를 보도했고 또 천만다행히도(?) 맞아떨어지는 운 좋은 결과를 얻어냈는데 기실 이는 통계적으로 보면 지극히 위험천만한 예측이었다. 무엇보다 김대중과 이회창의 예상 득표율이 오차 범위 내에 있기 때문에 그저 백중세라고 예측할 수밖에 없었던 상황이었지만 언론사의 경쟁 심리와 조사기관의 영리 추구가 결합된 도박과 같은 무모한 예측이 우연히 맞아떨어진 것에 불과한 것이다. 당시 다른 방송사들은 조사기관들의 조언을 받아 성급한 예상 보도를 자제했었는데 오히려 이런 판단이 통계적으로는 옳다고 하겠다.

또 1998년 6.4 지방선거에서는 조사기관들의 예측이 상당히 빗나갔는데 당시 신문 보도를 보면 한 조사 전문가가 '소지역의 선거결과는 대선과 달리 예측하기가 상당히 어려운 게 사실이다'고 토로하고 있다. 그런데 소지역이 전국보다 예측하기 어렵다는 이야기는 이해하기 어려운 말이다. 왜냐하면 소지역 조사는 전국 조사보다 관리가 더 쉽기 때문이다. 따라서 지방선거에서 예측이 실패한 것은 조사기관들의 조사 방법에 문제가 있음이지 지역이 좁고 넓기 때문이 아니다. 다시 말해서 대통령 선거 때는 지역 감정이란 주요 변수가 있기 때문에 예측을 잘 할 수 있었지만 소지역에는 그러한 지역 감정이 없기 때문에 예측이 어렵다는 말에 불과하다. 만일 한국에 지역 감정이 사라진다면 대통령 선거시 조사기관들이 과연 선거 예측을 제대로 할 수 있을지 의문이다.

이와 같이 우리들은 데이터로부터 정보를 얻어 올바른 판단을 내리고자 애쓰지만 비편향된 진실을 얻기란 쉽지 않다.

1.10 설문지 설계

조사 연구의 시작은 설문지의 작성이다. 좋은 설문지를 만들기란 생각 밖으로 쉽지 않다. 우선 자신의 조사 목적을 이룰 수 있는 문항을 개발해야 하는데, 문항수는 가능한 한 적게 하되 모호하지 않은 명확한 질문을 해야한다. 또한 질문의 서술은 객관성을 지녀야한다.

조사 연구자들은 응답자들로부터 더 많은 정보를 끌어내려는 욕심으로 문항수를 지나치게 늘리는 경향이 있다. 그러나 아무리 취지가 좋은 설문지라도 문항수가 많아지면 응답자들은 피곤해져서 빨리 귀찮음에서 벗어나고자 아무 데나 동그라미를 치며 의견이 있으면 기술하라는 주문에는 대부분 무응답으로 일관하기 마련이다. 이런 현상을 응답자들의 무식이나 불성실로 매도할 수는 없다. 필자가 한국통계학회의 회원들 중 통계학 교수들만을 대상으로 일단의 우편조사를 한 경험이 있는데 회수율이 25% 정도였다. 통계학을 가르치는 교수들이라도 응답자의 위치에 서면 일반인과 별로 다를 바 없다.

그렇다면 문항수를 어느 정도로 잡아야하나? 정답이 없는 문제이기는 하지만 경험상 우편조사의 경우 10~20 문항 정도라면 무난하다. 또 전화조사라면 5 문항 내외가 합당하다. 면접조사의 경우에는 문항수가 더 많을 수도 있지만 이때에는 조사원의 능력에 따라 좌우된다.

질문을 만드는 것을 흔히 **말 만들기**(wording)라고 한다. 객관적이고 단순 명확한 질문의 구상은 간단치 않은 작업으로 상당한 시간을 요하며 질문에 대한 응답자의 심리적인 반응도 구체적으로 고려해야 한다. 예를 들어 '통일을 하면 비용이 많이 든다고 합니다. 귀하는 통일을 바라십니까?'라는 질문과 '통일은 우리 민족 최대의 과제입니다. 귀하는 통일을 바라십니까?'라는 질문에 대한 응답자들의 반응이 어떨지 쉽게 짐작할 수 있다. 응답자가 질문자의 의도를 파악할 수 있다거나 또는 속아넘어가게 말을 만드는 것은 금물이다. 이런 식의 질문을 **유도질문**(leading question)이라 한다.

또 '지난 1년간 소주를 몇 병이나 마셨습니까?'라는 질문을 생각해보자. 여기서 문제가 되는 것은 지난 1년이 오늘부터 역산해서 365일 전부터 지금까지인지, 아니면 단순히 전년도인지 알 수 없으며 게다가 1년간 소주병 수를 세면서 마신 사람이 과연 존재하는지 여부도 극히 의심스럽다. 정상적인 사람이라면 며칠 전의 일도 잘 기억 못한다. 또한 술에 소주만 있는 것은 아니다. 굳이 이런 문제를 알고 싶다면 질문을 다음과 같이 셋으로 나누면 될 것이다.

'한 달에 평균 몇 번 술자리에 참석하십니까?'
'한 달에 평균 몇 번 술자리에서 소주를 마십니까?'
'술자리에서 소주를 마실 경우 평균 몇 병 정도를 마십니까?'

위와 같이 질문을 하면 '지난 1년간 소주를 몇 병이나 마셨습니까?'와 같은 모호한 질문으로부터 얻어내는 정보보다 훨씬 더 믿을 수 있는 많은 정보를 끌어낼 수 있다. 요컨대 일반적인 질문보다는 세부적인 질문을 해야하고, 한 질문에서 한 가지 답만 얻을 수 있도록 질문을 만들어야 한다.

각 문항마다 응답자들이 선택할 답변을 마련하는 방법도 진지하게 고려해야 한다. 다음 예를 보자.

◆ 귀하는 자신의 정치적 성향을 어떻다고 생각하십니까?

① 상당히 보수적이다
② 다소 보수적이다
③ 중도적이다
④ 다소 진보적이다
⑤ 상당히 진보적이다

이와 같이 5개의 답변을 준비하는 경우를 5점 척도의 문항이라고 말한다. 물론 4개의 답변이면 4점 척도, 3개의 답변이면 3점 척도라고 부른다. 그런데 이 경우 위의 문항처럼 척도의 순서가 명확해야 즉 보수부터 진보까지 위계순서로 나열해야 최종 분석이 의미있다. 그리고 위 질문처럼 응답의 강도 순서로 나열된 척도를 **강도평정척도**(intensity rating scale)라 부르며 가장 보편적으로 사용된다.

5점 척도를 사용할 때 한가지 유의해야할 사항은 한국인의 의식구조에서 대체로 극단을 선택하는 경우가 드물고 중간을 선택하는 경우가 많다는 점이다. 그래서 원래 이 문항에서는 응답자들을 '보수', '중도', '진보'의 세 그룹으로 분류하는 것이 목적이었는데, 혹시라도 중도 쪽으로 답변이 편중될까 우려하여 '다소 보수'와 '다소 진보'를 삽입한 것이다. 따라서 실제 데이터 분석을 할 때는 ①과 ②를 묶어 '보수적', ④와 ⑤를 묶어

'진보적'으로 재분류한 다음 자료처리를 할 수도 있다.

5점 척도 식으로 보기를 주지 않고 질문을 던져 응답자의 자유로운 답변을 기록할 수도 있으나 간단한 질문이 아닐 경우 그렇게 하면 컴퓨터 처리상 난점이 많다. 이런 질문을 **개방형 질문**(open question)이라 하며 응답 범주를 만들어 질문을 하는 것을 **폐쇄형 질문**(closed question) 또는 **다중선택**(multiple choice)이라 부른다. 개방형 질문은 예비조사에서 필요한데 이는 본조사시 폐쇄형 질문을 만들기 위한 작업이다.

다른 예를 들어보자.

◆ '법대로 살면 손해본다'는 견해를 어떻게 생각하십니까?

① 전적으로 찬성
② 찬성
③ 반대
④ 전적으로 반대
⑤ 모르겠다

여기서도 5점 척도를 사용하고 있는데, 한가지 어색한 부분이 ⑤번의 '모르겠다'다. ①번부터 ④번까지는 찬성부터 반대까지 강도의 변화가 한 방향이고 순위도 명확하지만 ⑤번 때문에 전체적인 위계가 깨지고 있다. 따라서 이런 경우에는 '모르겠다'를 ②번과 ③번 사이에 재배치하는 전략이 타당하다. 설문조사에서 응답자가 답변하기 곤란해하는 경우를 대비하여 친절하게 '모르겠다', '그저 그렇다', '보통이다', '관심 없다' 등의 보기를 두는 경우가 많은데, 응답자들에게는 친절해 보일지 몰라도 답변의 패턴을 찾는 연구자들은 분석시 이런 부류의 응답자들에 대한 처리에 고심하게 된다. 다음 예는 위의 문항을 수정한 것으로 응답자가 명확한 답변을 회피할 여지를 주지 않고 있다.

◆ '법대로 살면 손해본다'는 견해를 어떻게 생각하십니까?

① 전적으로 찬성
② 찬성
③ 반대
④ 전적으로 반대

이와 같이 응답을 회피하지 못하도록 **강제선택**(forced-choice) 질문을 이용하는 편이 유리하다. 특히 어떤 진술에 대해서 동의하는가 아닌가를 묻는 형식의 질문은 지양해야 한다. 왜냐하면 덮어놓고 동의 쪽에 동그라미를 치는 응답자들이 생각 외로 많기 때문이다.

설문지 설계시 또 다른 고려 사항은 질문의 배열을 달리 하는 것이다. 예를 들어 종교에 대한 일반적인 질문과 특정 종교에 대한 세부적인 질문이 있을 때 어느 질문이 먼저냐에 따라 동일 질문에 대한 응답률이 달라진다. 이 경우 절반의 설문지는 일반적인 질문을 먼저 하고, 나머지 절반은 세부적인 질문을 먼저 하도록 하여 응답자들에게 배포하면 균형된 결과를 얻을 수 있다.

· 배경변수의 결정

세종연구소에서 1995년 3월 실시한 전국적인 국민의식조사 결과를 보면 전체 조사대상자 1,800 명에 대해서 여당성향 : 무소속 : 야당성향의 비율은 약 17% : 57% : 26%로 나타나고 있다. 표 1.3의 조사 결과를 보면 전국적으로 여야성향의 추이를 일목요연하게 볼 수 있다.

그런데 표 1.3과 같은 결과는 일차원적인 정보만을 주고 있을 뿐이다. 즉 우리가 정치판에 관심이 있다면 남녀별로 여야성향의 비율 분포는 어떻게 될까 또는 연령별로는 여야성향의 분포가 어떤 패턴일까 등등의 질문을 던질 수 있다.

이런 류의 심층적인 질문 즉 자료분석시 동질적 집단의 특성을 탐색하려면 설문지를 작성할 때 반드시 배경변수들에 대한 조사 항목을 포함시켜야 한다.

배경변수는 응답자의 기본적인 특성을 나타내는 변수들로 응답자의 성별, 나이, 학력, 소득, 주택보유현황, 종교, 출신지, 거주지, 직업 등이 배경변수에 해당된다. 배경변수의 설정은 조사 목적에 따라 제각각이나 전국적인 조사라면 인구 및 사회경제적 특성에 유의하여 결정한다.

일반적으로 사용되는 배경변수로는 다음과 같은 것들을 들 수 있다.

① 성별: 남자, 여자
② 나이: 20대, 30대, 40대, 50대, 60대 이상
③ 학력: 초등학교 이하, 중학교, 고등학교, (전문)대학교 이상
④ 가구당 월평균소득: 100만원 미만 100만원 이상 250만원 이하, 250만원 이상
⑤ 주택보유현황: 자가, 전/월세, 기타
⑥ 종교: 불교, 기독교(개신교), 천주교(카톨릭), 무교, 기타
⑦ 출신지: 서울, 경기, 강원, 충청, 전라, 경북, 경남, 기타
⑧ 거주지: 서울, 경기, 강원, 충청, 전라, 경북, 경남

표 1.3 여야성향별 분류

여당	무소속	야당	합계
17.06% (307)	57.33% (1032)	25.61% (461)	100% (1800)

표 1.4 남녀별 여야성향 비율

행 %	여당	무소속	야당	합계
남자	17.75	52.36	29.89	890
여자	16.37	62.20	21.43	910

표 1.5 연령별 여야성향 비율

행 %	여당	무소속	야당	합계
20대	12.52	58.38	29.10	567
30대	17.92	46.46	35.63	480
40대	18.57	59.61	21.82	307
50대	21.40	64.63	13.97	229
60대 이상	20.28	67.74	11.98	217

⑨ 직업: 경영·관리·전문직(대기업 이사 이상, 중소기업 사장, 영관급 이상 군인, 5급 이상 공무원, 대기업 부장급, 중소기업 이사, 교원, 의사, 약사, 법조인, 언론인, 예술인, 일반회사 엔지니어 등), 사무직(일반회사 사무직, 6급 이하 공무원, 은행원 등), 기능·서비스직(기사, 공장 근로자, 숙련공, 점원, 세일즈맨, 이/미용사, 청소원, 배달원, 현장노동자 등), 자영업(대리점, 식당, 가게, 가내수공업 등), 농수산업(농업, 어업, 임업, 축산업 종사자), 주부(직장이 없는 경우), 학생, 기타(위관급 이하 군인, 종교인, 무직 등)

각 배경변수에 대한 분류기준을 정하는 일반적인 규칙은 없다. 예를 들어 학력에서 '초등학교 이하'와 '중학교'를 묶어 '중학 이하'로 재분류할 수도 있다. 특히, 직업에 대한 분류는 사회학자에 따라 여러 가지 기준을 제시하고 있다. 그리고 가구당 월평균 소득을 기초로 생활수준이란 새로운 배경변수를 만들 수도 있는데, 예를 들어 '100만원 미만'을 하, '100만원 이상 250만원 이하'를 중, '250만원 이상'을 상으로 분류하여 분석해도 무방하다.

표 1.4는 표 1.3의 결과를 남녀별로 재분류하여 만든 남녀별 여야성향 비율에 대한

교차표다. 표를 보면 여당성향 그룹의 남녀별 비율은 약 17%로 비슷하나, 남자는 무소속이 적고 야당성향이 많으며 여자는 그 반대 패턴을 보여주고 있다.

또 표 1.5는 연령대별 여야성향을 보여주고 있는데 연령이 높아질수록 특히 야당의 비율이 격감하는 패턴을 보여주고 있다. 20~30대의 야당성향 비율은 평균 32%인데 반하여 40대는 22%, 50대 이상의 야당에 대한 평균 비율은 약 13%다. 또한 30대의 무소속성향 비율이 다른 연령층에 비하여 낮은 점이 눈에 띈다. 가장 야당성향이 강한 연령층은 30대다.

1.11 표본조사의 단계

표본조사를 계획할 때 염두에 두어야 할 주요 단계들을 정리한다.

- 명확한 조사 목적에 대한 진술
  조사 연구의 목적과 범위에 대한 진술로서 이 부분이 명확히 정의되어야 조사 방법과 설문지 설계 등을 제대로 기획할 수 있다. 막연하지 않고 구체적이어야 한다. '한국 남성들의 결혼관에 대하여 조사하겠다'는 식의 불명확한 진술 대신, '2012년 현재 서울에 사는 20대 미혼남자들 중 몇 %가 독신 생활을 선호하는가?' 라는 식으로 조사를 통하여 알고싶은 사실을 구체적으로 적시해야 한다.

- 표집모집단에 대한 규정
  이상적인 표본조사라면 실제 정보를 얻게되는 표집모집단과 표적모집단이 일치해야 한다. 그러나 이 둘이 일치하는 경우는 아주 희소하다. 일반적으로 표집모집단은 표적모집단보다 더 제한적이다. 이런 경우 우리의 모든 통계적 결론은 표집모집단으로 한정된다. 따라서 표본을 통한 통계적 결론이 확대될 수 있는 표집모집단을 명확히 파악해야 한다. 조사 편의상 신촌의 여대생 100 명을 조사한 다음 전국의 젊은 여성들의 취향이 어떻다고 확대 해석할 수는 없는 일이다.

- 수집될 데이터의 선정 - 설문지 설계
  지나치게 많은 문항을 묻거나 지나치게 긴 설문지는 응답의 질을 저하시킨다. 조사 목적과 연관이 없는 질문은 삭제해야 한다. 유도질문은 피해야 한다. 항상 다른 사람의 입장에서 질문 구성을 봐야 한다.

- 정밀도의 결정
  표본조사 결과는 원래 부정확할 수밖에 없다. 더 정확한 결과를 얻으려면 데이터를 많이 추출하던가 더 정밀한 측정을 할 수 있는 기구 등을 사용해야 한다. 그러나 이 경우 비용이 늘어난다. 따라서 고정된 조사비용을 염두에 두고 요구되는 정밀도와 타협해야 한다. 일반적으로 95% 신뢰도에서 ±3% 이내면 충분하다. 이 경우 필요한 표본 크기는 약 1,100 정도다.

- 측정 방법의 결정
  개인면접, 설문조사, 전화조사, 직접관찰 등 어떤 식으로 조사를 시행할지 결정한다. 이는 조사 목적 및 예산에 따라 달라진다. 전문조사기관에 의뢰한다면 반드시 그 용역기관을 밝혀야한다.

- 표집틀의 설정
  표적모집단을 잘 반영하는 표집틀의 확보는 본래 어렵다. 개체들의 목록을 구축하려 애쓰기보다는 다중 표집틀(multiple frame)의 활용이 더 편하다. 예를 들어 서울시민들을 대상으로 임의추출하는 것보다 먼저 동을 임의추출하고, 동에서는 통을 추출한 다음 그 통에 사는 사람들을 임의추출하는 편이 더 편하다.

- 표본 선택
  비용과 정밀도를 고려한 통계적 표본설계에 준하여 표본 선택 방법을 정한다. 이때 표본 크기가 결정된다. 설계가 없는 표본조사는 분석할 가치도 없다.

- 사전조사(pretest) 또는 예비조사(preliminary survey)
  소규모 조사를 미리 시행하여 응답자들의 반응을 살피고, 그 결과를 토대로 최종 설문지 형식을 정한다. 사전조사를 하면 본조사의 질이 높아지며 또 사전조사를 통하여 대규모 조사에서 나타날 수 있는 문제점들을 발견할 수 있기 때문에 궁극적으로 총 조사비용이 절감된다.

- 실사(field work) 계획 및 구성
  어떤 식으로 조사 관리 및 감독을 할지 결정한다. 조사원의 훈련 및 무응답을 줄일 수 있는 방안을 마련한다.

- 데이터 요약과 분석
  수집된 데이터를 코딩시 자료 관리 작업에 대한 지침을 마련한다. 또 수집된 데이터를 어떤 식으로 분석할지 미리 결정한다.

- 차후 조사를 위한 정보 획득
  애초에 모집단에 대한 정보가 많을수록 더 정확한 추정값을 줄 수 있는 표본조사를 설계할 수 있다. 따라서 현재 완료된 조사는 비슷한 다음 조사를 더 향상시킬 수 있는 초석이 된다.

1.12 조사 보고서

자료 수집 및 분석이 끝나면 표본조사를 통하여 발견된 사항들과 적절한 모집단 특성값들을 제시하는 조사 보고서를 작성하는 과제가 남는다.

일반적으로 조사 보고서는 본문과 한두 개의 부록으로 구성된다. 본문에는 대체로 조사 배경과 개요 부분, 방법론 부분, 조사 결과와 발견된 사실의 정리 부분, 그리고 때때로 요약과 결론 부분이 들어간다. 부록에는 조사 보고서에서 사용된 기술적 용어들의 정의, 발견된 사실들을 제시하는 자세한 표, 설문지 및 조사를 수행하는데 사용된 보조 자료들을 삽입하며 또한 표본 설계, 추정 절차, 조사 오류 등과 같은 통계적 문제들에 대한 자세한 논의가 포함되어야한다.

(1) 배경과 개요

조사의 목적, 주제의 중요성 그리고 이 방면에 대하여 앞서 수행된 조사 결과 등의 검토가 포함된다.

(2) 방법론

이 부분의 목적은 표집설계에서 사용된 표본추출방법, 통계분석을 위하여 자료를 어떻게 준비하고 처리했는지, 그리고 자료분석법 등에 관한 정보를 제공하는데 있다. 그러나 이 부분에서 지나치게 자세한 통계 이론이나 방법론을 기술할 필요는 없으며 가능하면 일반적인 용어를 사용하여 평이하고 간명하게 작성한다. 보다 더 자세한 사항들은 본문에 넣지 않고 부록에 삽입한다. 방법론 부분에 반드시 포함되어야할 항목들은 다음과 같다.

① 모집단의 규정: 조사에서 발견된 사실들이 직접 확장 적용될 수 있는 모집단에 대한 명확한 정의는 반드시 포함되어야 한다. 모집단을 기술할 때 조사 시점을 명시하여

야한다. 예를 들어 2012년 2학기 현재 으뜸대학생들 또는 2012년 3월 현재 선거권을 갖고있는 모든 서울시민들과 같이 기술한다.

② 자료 수집에 대하여: 자료 수집이 어떤 식으로 수행되었는지에 대하여 기술한다. 즉 우편조사인지 개별면접인지 등을 밝히고, 무응답자에 대한 재면접 방법이나 기타 관련된 사항들을 요약한다. 자료 수집을 대행한 용역회사나 조사기관 등의 이름도 밝혀야 한다.

③ 표본설계: 표집방법에 대한 기술을 해야한다. 즉 어떤 표집법을 사용하여 조사를 수행하였는지 충분히 자세하게 작성한다. 이러한 논의에는 필히 표집틀이 어느 정도 모집단을 대표하는지에 대한 문장이 있어야한다. 층화추출을 하였다면 각 층이 어떻게 구분되었는지 등을 설명하여야하며 각 단계별로 표집단위들의 수효와 선택된 표본 크기를 명시한다.

④ 조사 수단: 필요한 정보를 얻기 위하여 동원된 조사 수단에 대한 기술이 있어야한다. 이를테면 설문서 설문서에 첨부된 편지 등 조사하는데 사용된 모든 수단들이 여기에 해당한다. 이러한 조사 수단의 완전한 형태는 부록에 삽입하여야한다.

⑤ 자료 처리: 자료를 수집한 단계부터 시작하여 분석 결과를 표 형식으로 제시할 때까지 사용된 자료의 준비 및 처리, 그리고 계산 절차를 기술한다. 즉 수집된 자료의 입력 형식, 어떤 컴퓨터에서 어떤 프로그램을 사용했는지, 또 사용한 통계 절차의 특징 등을 기술한다. 공식과 같은 것들은 부록으로 넘긴다.

(3) 결과와 발견된 사실들

여기에는 표본 추정값들을 토대로 모집단에 대한 통계적 진술이 삽입된다. 표와 그래프를 적절히 사용하여 시각적으로 조사 결과를 기술하여, 자료에 내포된 정보와 일치하는 통계적 결론을 기술하여야 한다.

(4) 논의

수집된 자료에서 도출된 사실들에 대하여 논의한다. 앞서 수행된 비슷한 유형의 조사 보고서와 비교를 하며 앞으로 더 연구할 가치가 있는 부분에 대하여 기술한다. 조사 결과의 해석은 전적으로 분석자 능력에 달려있다.

(5) 요약과 결론

조사 결과를 요약하고, 조사에서 비롯된 기초적인 결론들을 나열한다.

※ 선거 때마다 신문지상에 밴드왜건 효과니 언더독 효과니 하는 말들이 나타난다.

- 밴드왜건 효과(bandwagon effect)
  밴드왜건은 악대마차를 말하는데 서커스에서 사람들을 모으려 행렬을 선도하며 시끄럽게 돌아나니는 마차다. 뭔지 모르지만 좌우간 시끌벅적하니까 영문도 모르고 사람들이 쫓아가듯 대세를 가진듯한 사람에게 편승하려는 현상이다.

- 언더독 효과(underdog effect)
  언더독은 싸움에 진 개를 말한다. 패배자를 동정하듯 불리한 후보에게 동정표가 쏠리는 현상이다.

《 연 습 문 제 》

1. 1999년 5월 말 소위 장관 부인들의 옷 뇌물 의혹 사건이 언론에 보도되었고, 당시 김태정 법무장관의 퇴임 여부가 세간의 관심사였다. 청와대에서는 5월 28일 '월드리서치'라는 조사기관에 용역을 주어 전국에서 임의선택한 일 천명에게 전화조사로 다음과 같은 설문조사를 하였다.

(가) 최근 고위층에 대한 옷 선물 보도 등과 관련한 우리 언론의 보도 행태는 어떠하다고 생각하는가?
① 과장적 보도를 하고 있다
② 편파적 보도를 하고 있다
③ 흥미 위주의 보도를 하고 있다
④ 사실적 객관적 보도를 하고 있다

(나) 김태정 현 법무장관의 부인에 대한 고액의 옷 로비 사건은 현재 수사 중에 있다. 김태정 현 장관이 향후 거취를 어떻게 하는 것이 가장 바람직하다고 생각하는가?
① 사건 진상과 상관없이 장관직에서 물러나야 한다

② 밝혀질 사건 진상에 따라 향후 결정되어야 한다
③ 사건과 직접적으로 관련이 없으므로 장관직을 물러날 필요가 없다

조사 결과 문항 (가)의 ①, ②, ③에 응답한 사람들의 비율은 52.1%였으며 청와대의 결론은 언론이 마녀사냥을 하고있다는 것이었다. 또 문항 (나)에서는 ①과 ②에 응답한 사람들의 비율이 각각 33%와 57%였다. 결국 청와대에서 판단한 여론의 향배에 따라 일단 법무장관의 퇴임은 유보되었다. 이 조사를 비판하라.

2. 화장품 회사 레모아에서 새로운 타입의 입술 연지를 개발하였다. 시판 전에 광고 전략 등을 세우기 위하여 시장조사 전문기관에 통계조사를 의뢰하였다. 조사기관에서는 의뢰받은 입술 연지를 선호할 잠재 고객의 비율을 추정하기 위하여 잠실 롯데 쇼핑몰 로비에 책상을 하나 갖다놓고 호기심에 들른 100 명의 여인들을 상대로 새로 개발된 입술 연지가 어떠냐고 물었더니, 100 명 중 65 명이 좋다고 하였다. 이 조사의 표적모집단을 정의하고, 이 조사를 비판하라.

3. 교육부에서 국민들의 대학에 대한 성향을 측정하기 위하여, 전국에서 임의 선택한 4,200 가구들에 설문서를 우송하였다. 그 가운데 1,188 명이 응답하였는데, 약 55%가 대학 교육에 관한 일순위 관심사로 등록금의 과중함을 들었다. 이 값이 믿을만한가? 이 조사에는 무슨 문제가 있는지 비판하라.

4. 다음 각 표집설계마다 가장 대표적인 장점을 한 가지씩만 쓰라.
① 층화임의표집
② 계통표집
③ 집락표집

5. 다음은 여섯 대학교로 이루어진 모집단에 관한 자료다.

대학교	교수	여자 교수
1	59	4
2	28	5
3	90	3
4	44	3
5	36	7
6	57	8
합계	314	30

이 여섯 학교들 중 두 학교를 표본으로 뽑기 위하여 1부터 10까지의 번호표들을 접어서 잘 섞은 후 한 장을 뽑아 나온 번호에 따라 아래에서 해당되는 표본을 추출한다.

뽑힌 번호	표집되는 학교	뽑힌 번호	표집되는 학교
1	1과 2	6	2와 3
2	1과 3	7	2와 4
3	1과 4	8	2와 5
4	1과 5	9	2와 6
5	1과 6	10	3과 4

표본으로부터 모집단의 총 여자교수수 즉 모합 τ를 추정하려한다. 추정량을 t로 표기할 때 위에 주어진 표집계획에 의거하여 MSE(t)를 구하라.

6. 잘 설계된 표본조사에서는 항상 예비조사(pretest 또는 pilot survey)를 수행한다. 예비조사가 왜 필요한가?

7. 갤럽에서는 414 명의 고등학생들을 임의추출하여 다음을 질문하였다.

「지금까지 공부한 과목들 중 어떤 것이 앞으로의 고등교육 내지는 자신의 성공을 위하여 최고였다고 생각하는가?」

조사 결과 25%가 수학을, 25%가 영어를 선택하였다. 이 조사를 비판하라.

8. 일반적으로 측정 척도(measurement scale)는 명목 척도(nominal scale), 순서 척도(ordinal scale), 구간 척도(interval scale), 비 척도(ratio scale)의 4 가지로 구분한다. 각 척도의 정의와 특성을 기술하고 실용례를 3 가지 이상 들어라.

9. 문항에 대한 반응을 재기 위하여 척도 구성을 하는 경우에 사용되는 기법에는 평정척도, 차별척도(Thurstone), 총화척도(Likert), 누적척도(Bogardus & Guttman) 등이 있다. 각 척도의 특성과 구성 방법, 장단점을 쓰고, 실제 활용례(설문 문항을 제시)를 하나 이상 들라.

10. 집단조사(group survey)에 대하여 논술하라.

11. 다음 각 경우에 개별면접, 전화, 우편조사 중 어느 것이 알맞을까? 그 이유는?
  (1) 방송국에서 오후 7시~10시 사이에 자사 프로그램의 시청률을 조사하고 싶다.
  (2) 신문사에서 자사 사설에 대한 독자들의 반응을 알고 싶다.
  (3) 시장이 시내 행정구역 개편에 대한 시민들의 반응을 알고 싶다.
  (4) 보건소에서 지역 내에서 작년에 광견병균이 검출된 개들의 비율을 알고싶다.

2

단순임의표집

2.1 단순임의표본의 추출

단순임의표집(SRS: simple random sampling)은 확률표집의 가장 간단한 형태로서 더 복잡한 표집설계들의 이론적 기초를 제공한다. 그러나 단순임의표집의 실용성은 거의 없다. 무엇보다 모집단에 대한 단순임의표집을 시행하려면 모든 원소들의 목록이 있어야 하는데 이런 류의 표집틀은 구하기 어렵다. 또 표집틀이 있다 하더라도 단순임의표집 결과 추출된 원소들은 지리적으로 넓게 분포될 수밖에 없기에 이는 조사비용의 상승을 가져온다. 그리고 더 낮은 비용으로 동일한 정확도를 보장하는 다른 표집설계도 많기 때문에 굳이 단순임의표집을 고집할 이유가 없다. 그러나 앞으로 설명할 다른 표집법에 대한 이론적 기반은 단순임의표집이기 때문에 이 표집에 대해서는 자세히 설명하겠다.

단순임의표집으로 선택된 표본을 **단순임의표본**(simple random sample)이라 부른다. 단순임의표본을 선택하는데는 두 가지 방식이 있는 바 하나는 **복원추출**(sampling with replacement)이고 다른 하나는 **비복원추출**(sampling without replacement)이다. 복원추출에서는 동일 개체가 두 번 이상 표본으로 선택될 수 있다. 하지만 표본설계시 고려하는 모집단은 전부 **유한모집단**(finite population)이고, 유한모집단에서 똑같은 사람에게 두 번 물어봐야 추가 정보가 나올 턱이 없기 때문에 표집설계에서는 항상 비복원추출만을 고려한다.

단순임의표집뿐 아니라 대다수의 표집설계에서는 오로지 **「유한모집단에서 비복원추출」**만을 고려함을 잊지 말라. 반면에 수리통계학에서는 일반적으로 「무한모집단에서 복원추출」을 하는 경우를 주로 생각한다.

단순임의표집을 하려면 모집단 내 모든 원소들의 목록이 필요하다. 따라서 단순임의표집에서는 표집단위가 바로 원소가 된다. 각 원소가 선택될 확률은 동일하며 한 원소의 추출이 다른 원소의 추출에 영향을 주지 않아야 한다.

크기 N의 모집단에서 크기 n의 단순임의표본을 선택하는 경우를 생각한다. 서로 다른 가능한 표본들의 수는 ${}_N C_n$ 개다.

단순임의표집은 ${}_N C_n$ 개의 서로 다른 표본들 중 각 표본이 선택될 확률이 동일한 표집법으로서 물론 그 확률은 $1/{}_N C_n$이다. 난수표를 이용하여 단순임의표본을 추출하는 실례는 제 1.7.2 절에서 이미 소개하였다.

여기서는 통계 소프트웨어 SAS에 내장된 **난수생성기**(random number generator)를 이용하여 단순임의표본을 추출하는 방법에 대하여 알아보겠다. 단순임의표본을 추출하려면 0 이상 1 이하의 숫자들로 이루어진 **균등난수**(uniform random number)를 생성해야 한다. SAS에서 균등난수 생성 함수는 RANUNI다. RANUNI를 이용하여 n 개의 균등난수를 생성한 다음 각각에 N을 곱하고 그 결과보다 크되 가장 가까운 정수를 선택하면 $\{1, 2, \cdots, N\}$의 정수들 중 n 개가 선택된다. 이때 한 번 선택된 번호가 또다시 뽑히면 안 되므로 번호가 선택될 때마다 이미 선택된 번호들과 비교하여 동일한 번호면 버린다.

프로그램 2.1에서는 $N=732$인 모집단에서 $n=12$의 단순임의표본을 표집하고 있다. 프로그램에서 popsize는 모집단 크기, n은 표본 크기다. 단순임의표집을 하는 경우 원소들의 목록인 표집틀이 있어야 한다. 이 표집틀의 역할을 하는 것이 SAS 자료 pop이다. 여기서는 pop에 1부터 732까지 일련번호를 생성하여 기록하였다. 그 다음 데이

```
%let popsize=732; %let n=12;

data pop; do i=1 to &popsize; output; end; run;

data sample (drop=i j popsize n);
popsize=&popsize; n=&n;
array srs{&n};

do j=1 to n;
   repeat: choice=ceil(ranuni(0)*popsize);
           set pop point=choice;
   if j>1 then do;
      do i=1 to j-1;
         if srs{i}=choice then goto repeat;
      end;
   end;
   srs{j}=choice;
end;

output;
stop;
run;

proc transpose; run;
proc print label; label col1="sample"; var col1; run;
```

프로그램 2.1 단순임의표본을 추출하는 SAS 프로그램

OBS	sample
1	26
2	172
3	136
4	452
5	112
6	555
7	730
8	124
9	120
10	661
11	269
12	58

출력 2.1 추출된 단순임의표본

```
%let popsize=732; %let n=12;

data pop;
  do i=1 to &popsize; r=ranuni(0); output; end; run;
proc sort; by r; run;

data sample (drop=r); set pop; if _n_<=&n; run;
proc sort; by i; run;

proc print label; label i="sample"; run;
```

프로그램 2.2 단순임의표본을 추출하는 또 다른 SAS 프로그램

```
OBS  sample

  1     34
  2     54
  3    115
  4    276
  5    311
  6    316
  7    340
  8    378
  9    407
 10    663
 11    680
 12    715
```

출력 2.2 추출된 단순임의표본

터 단계에서 단순임의표본을 추출하는데 추출된 원소들의 번호는 배열 srs에 저장된다. 마지막 두 줄은 인쇄를 다듬는 부분이다. 최종 출력 결과는 출력 2.1을 보라.

프로그램 2.1에 제시한 SAS 프로그램은 주어진 표집틀로부터 단순임의표집을 하는 가장 일반적인 상황을 생각한 것이다.

프로그램 2.2에 주어진 단순임의표집 프로그램은 더 간편한 추출 방법을 보여주고 있는데, 여기서는 표집틀 원소마다 균등난수 하나씩을 생성하여 짝을 이루게한 다음, 균등난수의 크기를 기초로 표집틀 원소들을 순서화하여 그중 가장 앞에 배치된 주어진 표본 크기 만큼의 표집틀 원소들을 단순임의표본으로 추출하고 있다.

이 외에도 단순임의표본을 추출하는 여러 가지 방법들을 고안할 수 있다.

2.2 모수의 추정

조사 연구에서 연구자가 관심 있는 모수는 수없이 많을 수 있으나 대다수의 표본조사를 보면 대체로 모평균과 모합의 추정이 주류를 이룬다. 모비율의 추정은 근본적으로 모평균의 추정과 다를 것이 없는 바 비율이란 기실 {0, 1} 데이터에서 계산한 평균이기 때문이다.

유한모집단 $\{y_1, \cdots, y_N\}$에서 단순임의표본 $\{y_1, \cdots, y_n\}$을 비복원추출한다. 이때 주요 관심 모수들의 정의와 표기는 다음과 같다.

- **모집단 크기**(population size) N
- **모합**(population total) $\tau = \sum_{i=1}^{N} y_i$
- **모평균**(population mean) $\mu = \frac{\tau}{N} = \sum_{i=1}^{N} y_i / N$
- **모비율**(population proportion) $p = \frac{\tau}{N}$ $(= \mu\,;$ 단, y_i 들은 이분속성 데이터$)$
- **모분산**(population variance) $\sigma^2 = \sum_{i=1}^{N} (y_i - \mu)^2 / N \quad (= p(1-p))$
- **모표준편차**(population standard deviation) $\sigma = \sqrt{\sigma^2}$

그리고 n/N을 **표집률**(sampling fraction)이라 한다.

이분속성(dichotomous attribute) 데이터란 어떤 관심 있는 속성을 포함한 원소를 1, 포함하지 않은 원소를 0으로 표시한 {0, 1} 데이터를 말한다. 통계조사에서 결과가 비율로 나타나는 모든 항목이 이분속성 데이터다. 예를 들어 대통령에 대한 지지율 조사에서 1,000 명에게 지지 여부를 물었더니 400 명이 지지한다고 대답했을 때, 지지하는 사람을 1, 아닌 사람을 0으로 나타내면 결과되는 데이터는 {1, 0, 0, 0, 1, 0, ⋯, 1}과 같은 식으로 정리될 것이다. 이때 이런 데이터들의 총합은 1,000 명 중 지지자의 숫자가 되며 지지자들의 수를 데이터 총수로 나누면 지지율을 얻게 된다. 그렇기 때문에 비율이란 기실 이분속성 데이터에서 평균인 것이다.

이분속성 데이터는 0, 아니면 1로 이루어지기 때문에 항상 $y_i^2 = y_i$이 성립한다. 이 성질을 이용하면 이분속성 데이터에서 모분산이 $p(1-p)$로 표현됨을 쉽게 증명할 수 있다. 다음을 보라.

$$\sigma^2 = \frac{\sum_{i=1}^{N} y_i^2 - N\mu^2}{N} = \frac{\sum_{i=1}^{N} y_i - N\mu^2}{N} = \frac{N\mu - N\mu^2}{N} = p(1-p)$$

때로 모표준편차가 모평균에 비례하는 경우가 있다. 이런 경우 평균에 대한 상대적 변동의 측도로 **변동계수**(cv: coefficient of variation)를 사용한다. 변동계수의 정의는 다음과 같다.

- **모변동계수**(population cv) $\gamma = \frac{\sigma}{\mu} \quad (= \sqrt{\frac{1-p}{p}}\ ;\ \ \mu, p \neq 0)$

공식에서 $\gamma = \sqrt{(1-p)/p}$ 는 이분속성 데이터의 경우 모변동계수의 공식이다.

변동계수는 단위가 없는 통계 측도인데, 단위가 없기 때문에 단위가 서로 다른 두 데이터의 변동을 비교할 때는 변동계수의 사용을 고려함이 합리적이다. 그러나 변동계수의 용도는 상당히 제한적이며 표본조사를 제외한 분야에서 변동계수가 자료분석의 중요한 통계 측도로 사용되는 경우는 드물다.

변동계수에 대해서 부연한다. 먼저 여러분들이 명심해야할 사실 하나는 단위가 다른 두 값은 서로 비교할 수 없다는 점이다. 예를 들어 나는 180 cm고 너는 90 kg이니까 내가 너보다 두 배 더 똑똑하다면 말이 되겠는가!

어떤 모집단에서 콜레스테롤 수준과 수축혈압의 수준 중 어느 것이 더 변동이 심한지를 알고싶다고 하자. 모집단을 조사하였더니 다음과 같은 결과를 얻었다.

항목	평균	표준편차	단위
수축혈압 수준	130	15	$mmHg$
콜레스테롤 수준	200	40	$mg/100mL$

이 경우 각각의 표준편차 값을 비교하는 것으로는 어느 수준이 더 변동이 심한지 알 수 없다. 왜냐하면 각각의 측정 단위가 다르기 때문이다. 하지만 단위가 없는 변동계수끼리는 상호 비교가 가능하다.

수축혈압 수준의 변동계수는 15/130 = 0.115, 콜레스테롤 수준의 변동계수는 40/200 = 0.200이다. 따라서 콜레스테롤의 변동 정도가 수축혈압에 비하여 상대적으로 더 심하다고 결론 내린다.

그러나 만일 측정 단위가 같은 두 가지 특성이 있다면 어느 것이 더 변동이 심한지 어떻게 결론내릴 수 있을까? 대부분의 경우 각각의 표준편차를 비교하면 어느 쪽의 변동폭이 큰지 알 수 있겠지만 표준편차가 만병통치약은 아니다. 예를 들어 위의 자료와 연관되어, 이번에는 이완혈압 수준을 측정하였다.

항목	평균	표준편차	단위
이완혈압 수준	60	8	$mmHg$

수축혈압과 이완혈압 수준의 단위는 같다. 둘의 표준편차를 비교하면 수축혈압 수준이 이완혈압 수준보다 더 많이 변동하고 있다고 결론 내릴 수 있다. 그러나 이 경우 한 가지 문제는 두 혈압 수준의 평균값에 차이가 많다는 점이다. 평균값이 비슷한 두 변수 사이에서는 단순히 표준편차를 상호 비교해도 무방하다. 그러나 평균값 간에 많은 차이를 보이는 두 변수의 변동을 상호 비교할 때는 변동계수의 개념을 도입하는 편이 합리적이다.

이완혈압 수준의 변동계수는 8/60 = 0.133으로 수축에 대한 0.115보다 크므로 평균에 대하여 상대적으로 이완혈압 수준의 변동이 더 심하다고 결론 내린다.

각설하고, 비복원추출된 단순임의표본 $\{y_1, \cdots, y_n\}$을 기초로 하는 각종 표본통계량들을 정리한다.

- **표본크기**(sample size) n
- **표본합**(sample total) $t = \sum_{i=1}^{n} y_i$
- **표본평균**(sample mean) $\hat{\mu} = \bar{y} = t/n = \sum_{i=1}^{n} y_i / n$
- **표본비율**(sample proportion) $\hat{p} = \dfrac{t}{n}$ $(= \bar{y}$; 단, y_i 들은 이분속성 데이터)
- **표본분산**(sample variance) $\widehat{\sigma^2} = s^2 = \dfrac{\sum_{i=1}^{n}(y_i - \bar{y})^2}{n-1}$ $\left(= \dfrac{n\hat{p}(1-\hat{p})}{n-1}\right)$
- **표본표준편차**(sample standard deviation) $\hat{\sigma} = s = \sqrt{s^2}$
- **표본변동계수**(sample cv) $\hat{\gamma} = \text{cv} = \dfrac{s}{\bar{y}}$ $\left(= \sqrt{\dfrac{n}{n-1}\dfrac{1-\hat{p}}{\hat{p}}}\ ;\ \bar{y}, \hat{p} \neq 0\right)$

참고로 이분속성 데이터에서 표본분산의 공식은 $n > 20$ 정도면 간단히 $\hat{p}(1-\hat{p})$을 사용해도 무방하다.

이상에서 정리한 공식들은 표본 데이터 $\{y_1, \cdots, y_n\}$을 기준으로 한 것들이다.

이번에는 관심 모수들에 대한 추정 문제를 생각해보자.

(1) 모평균 μ에 대한 추정

단순임의표집에서 모평균 μ에 대한 좋은 추정량은 표본평균 $\bar{y}$다. 마찬가지로 이분속성 데이터의 평균인 모비율 p에 대한 좋은 추정량은 표본비율 $\hat{p}$이다.

μ에 대한 추정량 $\bar{y}$의 기대값과 분산, 표준오차(se: standard error)는 다음 공식으로 주어진다.

- $E(\bar{y}) = \mu$ (2.1)
- $var(\bar{y}) = \dfrac{\sigma^2}{n}\left(\dfrac{N-n}{N-1}\right)$ (2.2)
- $\text{se}(\bar{y}) = \sqrt{\dfrac{\sigma^2}{n}\left(\dfrac{N-n}{N-1}\right)}$ (2.3)

결국 $\bar{y}$는 μ에 대한 비편향 추정량이다. 그런데 (2.2)와 (2.3)에 각각 주어진 표본평균 $\bar{y}$에 대한 분산값과 표준오차를 계산하려면 모분산 σ^2의 값을 알아야 한다. 그러나 모분산 값을 미리 아는 경우는 없기 때문에 천상 $var(\bar{y})$와 $\text{se}(\bar{y})$에 대한 추정 공식이 필요하다. $var(\bar{y})$와 $\text{se}(\bar{y})$에 대한 추정값은 다음 공식으로 얻는다.

- $\widehat{var}(\bar{y}) = \dfrac{s^2}{n}\left(\dfrac{N-n}{N}\right)$ (2.4)
- $\widehat{\text{se}}(\bar{y}) = \sqrt{\dfrac{s^2}{n}\left(\dfrac{N-n}{N}\right)}$ (2.5)

(2.4)에 주어진 추정량은 $\widehat{var}(\bar{y})$는 $var(\bar{y})$에 대하여 비편향 추정량이다.

참고로 복원추출을 고려하는 수리통계학에서는 공식 (2.2)와 (2.4)는 각각 σ^2/n과 s^2/n으로 주어진다. 그런데 (2.2)와 (2.4)에 주어진 공식들을 보면 $(N-n)/(N-1)$과 $(N-n)/N$이란 수정항들이 곱해져있다. 일반적으로 이 수정항들을, 특히 후자를 **유한모집단수정**(fpc: finite population correction)이라 부른다. 센서스에서는 $N=n$이므로 fpc = 0이 되며 따라서 항상 $var(\bar{y})=0$이 성립한다. 다시 말해서 표본변동이 없는 것이다. 그리고 만일 N이 크거나(fpc≥0.95) 또는 N을 모르면 fpc를 무시한다. 이 경우 $\widehat{var}(\bar{y})=s^2/n$.

그런데 조사보고서에서 $\bar{y}$에 대한 추정 분산 $\widehat{var}(\bar{y})$을 직접 언급하는 일은 없다. 대신 $\widehat{var}(\bar{y})$의 제곱근 즉 $\bar{y}$의 **추정 표준오차**를 보고함이 일반적이다. 이는 단위 문제 때문이다.

제 1.6 절에서 이미 언급했지만 표본크기가 충분히 크고 모수 θ에 대한 추정량을 $\hat{\theta}$

이라 할 때, θ에 대한 95% 신뢰구간의 일반 형식은 다음과 같이 주어진다.

$$\hat{\theta} \pm 2\,\widehat{\mathrm{se}}(\hat{\theta}) \tag{2.6}$$

이때, 추정량 $\hat{\theta}$의 표준편차를 통칭 $\hat{\theta}$의 표준오차라 한다. 여기서 $\hat{\theta}$은 때에 따라 $\bar{y}$가 될 수도 있고 $\hat{p}$이 될 수도 있다.

따라서 $\bar{y}$의 추정 표준오차는 다음 공식으로 주어진다.

- $\bar{y}$의 추정 표준오차 $\widehat{\mathrm{se}}(\bar{y}) = \sqrt{\dfrac{s^2}{n}\left(\dfrac{N-n}{N}\right)}$ (2.7)

또한 95% 신뢰구간 추정에서 **오차한계**(error bound)는 $2\,\widehat{\mathrm{se}}(\bar{y})$다. 따라서

- 오차한계 $2\,\widehat{\mathrm{se}}(\bar{y}) = 2\sqrt{\dfrac{s^2}{n}\left(\dfrac{N-n}{N}\right)}$ (2.8)

그리고 모평균 μ에 대한 95% 신뢰구간은 다음과 같다.

- μ에 대한 95% 신뢰구간: $\bar{y} \pm 2\,\widehat{\mathrm{se}}(\bar{y}) = \bar{y} \pm 2\sqrt{\dfrac{s^2}{n}\left(\dfrac{N-n}{N}\right)}$ (2.9)

(2) 모합 τ에 대한 추정

이번에는 모합 τ에 대한 추정을 생각해보자. $\tau = N\mu$ 이기 때문에 $\hat{\tau} = N\hat{\mu} = N\bar{y}$가 되며 $\hat{\tau}$은 τ에 대한 비편향 추정량이다. 즉 $E(\hat{\tau}) = \tau$. 따라서 (2.2)와 (2.4) 공식으로부터 다음과 같은 결과를 얻는다.

- $var(\hat{\tau}) = var(N\bar{y}) = N^2 var(\bar{y}) = N^2\dfrac{\sigma^2}{n}\left(\dfrac{N-n}{N-1}\right)$ (2.10)
- $\widehat{var}(\hat{\tau}) = N^2\dfrac{s^2}{n}\left(\dfrac{N-n}{N}\right)$ (2.11)

따라서 $\hat{\tau}$의 추정 표준오차, τ에 대한 95% 신뢰구간 추정에서 오차한계, τ에 대한 95% 신뢰구간 공식들은 다음과 같다.

- $\hat{\tau}$의 추정 표준오차 $\widehat{\mathrm{se}}(\hat{\tau}) = \sqrt{N^2\dfrac{s^2}{n}\left(\dfrac{N-n}{N}\right)}$ (2.12)

- 오차한계 $2\,\widehat{\text{se}}(\hat{\tau}) = 2\sqrt{N^2 \frac{s^2}{n}\left(\frac{N-n}{N}\right)}$ (2.13)
- τ에 대한 95% 신뢰구간: $\hat{\tau} \pm 2\,\widehat{\text{se}}(\hat{\tau}) = \hat{\tau} \pm 2\sqrt{N^2 \frac{s^2}{n}\left(\frac{N-n}{N}\right)}$ (2.14)

(3) 모비율 p에 대한 추정

비율은 곧 평균이므로 모비율 p에 대한 추정 공식들은 근본적으로 모평균 μ에 대한 공식들과 다르지 않다. 따라서 표본비율 $\hat{p}$은 모비율 p에 대한 비편향 추정량이며 $\hat{p}$의 분산은 공식 (2.2)에서 σ^2 대신 $p(1-p)$를 대입하여 얻는다.

- $E(\hat{p}) = p$ (2.15)
- $var(\hat{p}) = \frac{p(1-p)}{n}\left(\frac{N-n}{N-1}\right)$ (2.16)

그런데 모비율 p 값을 모르기 때문에 (2.16)을 직접 적용하여 $\hat{p}$의 분산을 계산할 수 없다. 따라서 $var(\hat{p})$을 추정해야한다.

(2.4)에 주어진 공식에서 표본분산 s^2 대신 $n\hat{p}(1-\hat{p})/(n-1)$을 대입하면 $\hat{p}$에 대한 추정 분산으로 다음 결과를 얻는다.

- $\widehat{var}(\hat{p}) = \frac{\hat{p}(1-\hat{p})}{n-1}\left(\frac{N-n}{N}\right)$ (2.17)

따라서 $\hat{p}$의 추정 표준오차, p에 대한 95% 신뢰구간 추정에서 오차한계, p에 대한 95% 신뢰구간 공식들은 다음과 같다.

- $\hat{p}$의 추정 표준오차 $\widehat{\text{se}}(\hat{p}) = \sqrt{\frac{\hat{p}(1-\hat{p})}{n-1}\left(\frac{N-n}{N}\right)}$ (2.18)
- 오차한계 $2\,\widehat{\text{se}}(\hat{p}) = 2\sqrt{\frac{\hat{p}(1-\hat{p})}{n-1}\left(\frac{N-n}{N}\right)}$ (2.19)
- p에 대한 95% 신뢰구간: $\hat{p} \pm 2\,\widehat{\text{se}}(\hat{p}) = \hat{p} \pm 2\sqrt{\frac{\hat{p}(1-\hat{p})}{n-1}\left(\frac{N-n}{N}\right)}$ (2.20)

(4) 추정량의 변동계수

모수 θ에 대한 추정량 $\hat{\theta}$의 변동계수 $\text{cv}(\hat{\theta})$은 다음과 같이 정의된다.

$$\mathrm{cv}(\hat{\theta}) = \frac{\mathrm{se}(\hat{\theta})}{\theta} \tag{2.21}$$

또한 추정 변동계수는 다음과 같이 주어진다.

$$\widehat{\mathrm{cv}}(\hat{\theta}) = \frac{\widehat{\mathrm{se}}(\hat{\theta})}{\hat{\theta}} \tag{2.22}$$

참고로 추정량의 변동계수의 제곱 $\mathrm{cv}^2(\hat{\theta})$를 추정량의 **상대분산**(relative variance; 또는 rel-variance)이라고 부른다.

모평균 μ에 대한 추정량인 표본평균 $\bar{y}$의 변동계수와 추정 변동계수는 다음과 같다.

$$\mathrm{cv}(\bar{y}) = \frac{\mathrm{se}(\bar{y})}{\mu} = \frac{\sqrt{\frac{\sigma^2}{n}\left(\frac{N-n}{N-1}\right)}}{\mu} = \frac{\gamma}{\sqrt{n}}\sqrt{\frac{N-n}{N-1}} \tag{2.23}$$

$$\widehat{\mathrm{cv}}(\bar{y}) = \frac{\widehat{\mathrm{se}}(\bar{y})}{\bar{y}} = \frac{\sqrt{\frac{s^2}{n}\left(\frac{N-n}{N}\right)}}{\bar{y}} = \frac{\hat{\gamma}}{\sqrt{n}}\sqrt{\frac{N-n}{N}} \tag{2.24}$$

여기서 $\gamma = \sigma/\mu$ 는 모변동계수, $\hat{\gamma} = s/\bar{y}$ 은 표본변동계수다.

단순임의표집에서 모합 τ에 대한 추정량 $\hat{\tau}$에 대한 변동계수 공식은 $\bar{y}$에 대한 공식들인 (2.23), (2.24)와 일치한다.

또 표본비율 $\hat{p}$에 대한 변동계수 및 추정 변동계수의 공식은 다음과 같다.

$$\mathrm{cv}(\hat{p}) = \frac{\mathrm{se}(\hat{p})}{p} = \frac{\sqrt{\frac{p(1-p)}{n}\left(\frac{N-n}{N-1}\right)}}{p} = \frac{\gamma}{\sqrt{n}}\sqrt{\frac{N-n}{N-1}} \tag{2.25}$$

$$\widehat{\mathrm{cv}}(\hat{p}) = \frac{\widehat{\mathrm{se}}(\hat{p})}{\hat{p}} = \frac{\sqrt{\frac{\hat{p}(1-\hat{p})}{n-1}\left(\frac{N-n}{N}\right)}}{\hat{p}} = \frac{\hat{\gamma}}{\sqrt{n}}\sqrt{\frac{N-n}{N}} \tag{2.26}$$

결국 (2.25)와 (2.26)의 최종 형태는 (2.23), (2.24)와 동일하다. 다만 비율의 경우에는 다음 식으로 주어지는 γ와 $\hat{\gamma}$을 사용함이 다를 뿐이다.

$$\gamma = \sqrt{\frac{1-p}{p}}, \quad \hat{\gamma} = \sqrt{\frac{n}{n-1}\frac{1-\hat{p}}{\hat{p}}}$$

예 2.1

으뜸대학교의 재학생 총수는 16000이다. 전자계산소에서는 이 가운데 1000 명의 학생들을 단순임의표집하여 학생들이 1학기 동안 인터넷으로 채팅하기 위하여 컴퓨터를 사용한 시간을 조사하였다. $N=16000$, $n=1000$이다. 표집률은 1000/16000=0.0625. 표본에서 $\bar{y}=300$, $s^2=900$이었다. 즉 한 학기에 1인당 평균 300 시간 동안 채팅을 한 것이다. 확실히 문제 있는 대학이다! 이 경우 모합 τ 즉 모든 학생들이 채팅하느라 컴퓨터를 사용한 총시간에 대한 추정값은 $\hat{\tau}=N\bar{y}=16000\times 300=4800000$. $\bar{y}$와 $\hat{\tau}$의 추정 표준오차는 다음과 같이 계산한다.

$$\widehat{\mathrm{se}}(\bar{y})=\sqrt{\frac{s^2}{n}\left(\frac{N-n}{N}\right)}=\sqrt{\frac{900}{1000}\left(\frac{16000-1000}{16000}\right)}=0.9186$$
$$\widehat{\mathrm{se}}(\hat{\tau})=N\,\widehat{\mathrm{se}}(\bar{y})=16000(0.9186)=14696.9385$$

또 추정 변동계수는 다음과 같이 구한다.

$$\widehat{\mathrm{cv}}(\hat{\tau})=\widehat{\mathrm{cv}}(\bar{y})=\frac{\widehat{\mathrm{se}}(\bar{y})}{\bar{y}}=\frac{0.9186}{300}=0.003$$

모평균 μ에 대한 95% 신뢰구간은 300±2(0.9186)=(298.1628, 301.8372). 모합 τ에 대한 95% 신뢰구간은 4800000±2(14696.9385)=(4770606.123, 4829393.877)이다. 전자계산소에서는 또 학생들에게 컴퓨터 설비에 대한 만족도를 조사했는데, 1000 명의 학생들 중 250 명이 만족한다고 대답하였다. 이 경우 학교의 컴퓨터 설비에 만족하는 학생들의 모비율 p에 대한 추정값은 $\hat{p}=250/1000=0.25$. 추정 표준오차는

$$\widehat{\mathrm{se}}(\hat{p})=\sqrt{\frac{\hat{p}(1-\hat{p})}{n-1}\left(\frac{N-n}{N}\right)}=\sqrt{\frac{0.25(0.75)}{1000-1}\left(\frac{16000-1000}{16000}\right)}=0.0133 \quad .$$

따라서 모비율 p에 대한 95% 신뢰구간은 0.25±2(0.0133)=(0.223, 0.277). 만일 만족하는 학생수에 대한 95% 신뢰구간을 구하고 싶다면 방금 계산한 숫자들에 그저 N만 곱하면 된다. 즉 추정값은 0.25×16000=4000, 추정 표준오차는 0.0133×16000=212.8, 신뢰구간은 (0.223, 0.277)×16000=(3568, 4432). ∎

2.3 공식의 유도

제 2.2 절에서는 앞으로의 논의 전개에 필요한 여러 가지 공식들을 요약하였다. 공식

들은 많지만 가장 근본이 되는 공식들은 (2.1)부터 (2.5)까지다. 이 절에서는 이 기본 공식들을 유도한다. 이 절에서 보이는 수리적 전개가 이해하기 어렵다면 건너뛰어도 무방하다.

제 2.2 절의 공식들을 유도하는데는 근본적으로 두 가지 접근 방식이 있다. 하나는 **임의화 이론**(randomization theory) 또는 **설계 기반**(design-based)의 접근이라고 하며 다른 하나는 **모형 기반**(model-based)의 접근이라 한다. 일반 통계학 교재에서는 모집단 원소들을 확률변수로 생각하는 모형 기반의 접근 방식을 많이 다루고 있으나, 여기서는 모집단 원소들을 고정된 상수로 생각하는 설계 기반 접근 위주로 공식들을 유도한다.

2.3.1 설계 기반 접근(design-based approach)

유한모집단 $\{y_1, \cdots, y_N\}$에서 단순임의표본 $\{y_1, \cdots, y_n\}$을 비복원추출한다. 모집단 원소들의 일련번호들을 **지표집합**(index set) $U=\{1, \cdots, N\}$으로 표기하자. 여기서 n 개의 원소들로 구성된 표본 S가 추출된다.

예를 들어 모집단 크기 $N=6$이라 하자. 이때 지표집합 $U=\{1, 2, 3, 4, 5, 6\}$이다. 여기서 $n=5$의 표본을 비복원추출하는 경우를 생각해보자. 가능한 표본들의 수는 ${}_6C_5=6$개다. 즉 S로 가능한 경우는 {1, 2, 3, 4, 5}, {1, 2, 3, 4, 6}, {1, 2, 3, 5, 6}, {1, 2, 4, 5, 6}, {1, 3, 4, 5, 6}, {2, 3, 4, 5, 6}들이다.

U에 대응되는 y_i들의 값이 다음과 같다고 하자.

i	1	2	3	4	5	6
y_i	13	8	1	6	9	3

만일 $S=\{1, 2, 3, 4, 6\}$이라면 실제 표본은 {13, 8, 1, 6, 3}으로 구성되는 것이다.

각설하고, 모집단 원소들은 고정된 알지 못하는 상수들이다. 다음을 정의하자.

$$Z_i = \begin{cases} 1, & i \in S \\ 0, & i \notin S \end{cases}$$

즉 Z_i는 **지시확률변수**(indicator random variable)로서 만일 i 번째 원소가 표본에 들어가면 1, 아니면 0을 취한다. 그런데 i 번째 원소 y_i가 표본으로 선택될 확률은 n/N이다. 따라서 $\{Z_1, \cdots, Z_n\}$은 성공확률이 n/N인 베르누이 확률변수들이다. 그러므로 다음 공식들이 성립한다.

$$E(Z_i) = E(Z_i^2) = \frac{n}{N}$$

$$var(Z_i) = E(Z_i^2) - [E(Z_i)]^2 = \frac{n}{N} - \left(\frac{n}{N}\right)^2 = \frac{n}{N}\left(\frac{N-n}{N}\right)$$

또 $i \neq j$ 일 때,

$$\begin{aligned} E(Z_i Z_j) &= 1 \cdot 1 \cdot P(Z_i = 1, Z_j = 1) \\ &= P(Z_i = 1) P(Z_j = 1 | Z_i = 1) \\ &= \left(\frac{n-1}{N-1}\right)\left(\frac{n}{N}\right) \end{aligned}$$

$$\begin{aligned} cov(Z_i, Z_j) &= E(Z_i Z_j) - E(Z_i)E(Z_j) \\ &= \left(\frac{n-1}{N-1}\right)\left(\frac{n}{N}\right) - \left(\frac{n}{N}\right)^2 \\ &= -\frac{1}{N-1}\left(\frac{N-n}{N}\right)\left(\frac{n}{N}\right) \end{aligned}$$

여기서 알 수 있는 한 가지 사실은 유한 모집단에서 Z_i들은 서로 독립이 아니라는 점이다. 이는 당연한 것이, i가 이미 표집되었느냐 아니냐에 따라 j $(i \neq j)$가 표집될 확률이 달라지기 때문이다.

표본평균 $\bar{y}$는 다음과 같이 쓸 수 있다.

$$\bar{y} = \sum_{i \in S} \frac{y_i}{n} = \sum_{i=1}^{N} Z_i \frac{y_i}{n}$$

$\bar{y}$의 기대값과 분산은 다음과 같이 구한다.

$$E(\bar{y}) = E\left(\sum_{i=1}^{N} Z_i \frac{y_i}{n}\right) = \sum_{i=1}^{N} E(Z_i) \frac{y_i}{n} = \sum_{i=1}^{N} \frac{n}{N} \frac{y_i}{n} = \sum_{i=1}^{N} \frac{y_i}{N} = \mu$$

$$\begin{aligned} var(\bar{y}) &= var\left(\sum_{i=1}^{N} Z_i \frac{y_i}{n}\right) \\ &= \frac{1}{n^2} var\left(\sum_{i=1}^{N} Z_i y_i\right) \end{aligned}$$

$$= \frac{1}{n^2}\left[\sum_{i=1}^{N} y_i^2\, var(Z_i) + \sum_{i=1}^{N}\sum_{j\neq i}^{N} y_i y_j\, cov(Z_i, Z_j)\right]$$

$$= \frac{1}{n^2}\left[\frac{n}{N}\left(\frac{N-n}{N}\right)\sum_{i=1}^{N} y_i^2 - \frac{1}{N-1}\left(\frac{N-n}{N}\right)\left(\frac{n}{N}\right)\sum_{i=1}^{N}\sum_{j\neq i}^{N} y_i y_j\right]$$

$$= \frac{1}{n^2}\frac{1}{N-1}\left(\frac{N-n}{N}\right)\left(\frac{n}{N}\right)\left[(N-1)\sum_{i=1}^{N} y_i^2 - \left(\sum_{i=1}^{N} y_i\right)^2 + \sum_{i=1}^{N} y_i^2\right]$$

$$= \frac{1}{n}\frac{N-n}{N-1}\cdot\frac{1}{N^2}\left[N\sum_{i=1}^{N} y_i^2 - \left(\sum_{i=1}^{N} y_i\right)^2\right]$$

$$= \frac{\sigma^2}{n}\left(\frac{N-n}{N-1}\right)$$

참고로 모분산 σ^2는 다음과 같이 정의했었다.

$$\sigma^2 = \frac{\sum_{i=1}^{N}(y_i-\mu)^2}{N} = \frac{\sum_{i=1}^{N} y_i^2 - N\mu^2}{N} = \frac{1}{N^2}\left[N\sum_{i=1}^{N} y_i^2 - \left(\sum_{i=1}^{N} y_i\right)^2\right]$$

이로써 다음 두 가지 사실을 유도하였다.

- $E(\bar{y}) = \mu$
- $var(\bar{y}) = \frac{\sigma^2}{n}\left(\frac{N-n}{N-1}\right)$

이번에는 공식 (2.4)가 $var(\bar{y})$에 대한 비편향 추정량임을 유도한다.
표본으로 선택된 지표집합 S를 기초로 표본분산 s^2을 정의하면 다음과 같다.

$$s^2 = \sum_{i\in S}(y_i-\bar{y})^2/(n-1)$$

s^2의 기대값은 다음과 같은 연산으로 구한다.

$$E(s^2) = \frac{1}{n-1}E\left[\sum_{i\in S}\{(y_i-\mu)-(\bar{y}-\mu)\}^2\right]$$

$$= \frac{1}{n-1}E\left[\sum_{i\in S}(y_i-\mu)^2 - n(\bar{y}-\mu)^2\right]$$

$$= \frac{1}{n-1}\left(E\left[\sum_{1}^{N} Z_i (y_i - \mu)^2\right] - n E(\bar{y} - \mu)^2\right)$$

$$= \frac{1}{n-1}\left(\sum_{1}^{N} E(Z_i)(y_i - \mu)^2 - n\, var(\bar{y})\right)$$

$$= \frac{1}{n-1}\left(\frac{n}{N}\sum_{1}^{N}(y_i - \mu)^2 - n\left(\frac{N-n}{N-1}\right)\frac{\sigma^2}{n}\right)$$

$$= \frac{1}{n-1}\left(n\sigma^2 - \left(\frac{N-n}{N-1}\right)\sigma^2\right)$$

$$= \frac{N}{N-1}\sigma^2$$

결국 $E\left[\frac{N-n}{N}\frac{s^2}{n}\right] = \frac{N-n}{N}\frac{1}{n}\frac{N}{N-1}\sigma^2 = \frac{N-n}{N-1}\frac{\sigma^2}{n} = var(\bar{y})$. 따라서

- $\widehat{var}(\bar{y}) = \frac{s^2}{n}\left(\frac{N-n}{N}\right)$
- $E(\widehat{var}(\bar{y})) = var(\bar{y})$

2.3.2 모형 기반 접근(model-based approach)

설계 기반 접근 방식에서는 유한모집단 $\{y_1, \cdots, y_N\}$ 내 원소들이 고정된 값이라고 생각하였다. 이 접근법에서 나타나는 유일한 확률변수는 **지시자**(indicator) Z_i 하나였다. 그런데 통계학 교재들에서는 추론을 할 때 미관측 데이터 $Y_1, \cdots, Y_N$ 들이 서로 독립이며 동일한 정규분포 $N(\mu, \sigma^2)$를 따르는 확률변수라는 식의 가정을 하고 기대값 등을 산출한다. 이렇게 모형을 가정하여 추론하는 형태를 모형 기반의 접근이라 한다.

이런 경우에는 유한모집단 $\{y_1, \cdots, y_N\}$이 확률변수 $Y_1, \cdots, Y_N$ 들로부터 현실화된 한 가지 형태로 파악한다. 단순임의표집을 설명할 수 있는 가장 간단한 모형은 다음과 같이 기술한다.

$$Y_1, \cdots, Y_N \text{ 들은 서로 독립이며 } E(Y_i) = \mu, \quad var(Y_i) = \sigma^2 . \tag{2.27}$$

이 모형으로부터 추출된 임의표본을 $\{y_i, i \in S\}$로 표기한다. 그런데 이 관측값들은

$\{Y_i, i \in S\}$가 현실화된 값들이다. 이때 모집단평균 M과 표본평균 $\overline{Y}$는 다음과 같이 정의한다.

$$M = \frac{1}{N}\sum_{i=1}^{N} Y_i = \frac{1}{N}\left(\sum_{i \in S} Y_i + \sum_{i \notin S} Y_i\right)$$

$$\overline{Y} = \frac{1}{n}\sum_{i \in S} Y_i$$

표본평균 $\overline{Y}$는 μ에 대한 **최소제곱추정량**(least squares estimator)이자 비편향 추정량이다.

만일 모집단의 반복된 현실화를 고려하여 두 확률변수 간 편차 제곱 $(\overline{Y} - M)^2$ 의 평균 즉 기대값을 구하면 다음 결과를 얻을 수 있다. 세부 연산은 생략한다.

$$E(\overline{Y} - M)^2 = \frac{\sigma^2}{n}\left(\frac{N-n}{N}\right)$$

그리고 σ^2의 추정량으로 통상적인 s^2를 대치하면 설계 기반 접근 때와 동일한 결과를 얻게 된다.

그런데 이러한 모형 기반의 접근 방식에서는 모형을 어떻게 설정하느냐에 따라 추론 결과가 달라진다. 현재 가정된 모형 (2.27) 하에서는 설계 기반과 모형 기반의 추론 결과가 일치했지만 모형이 달라지면 추정량의 형태도 바뀐다.

2.4 표본 크기의 결정

적정한 표본 크기는 조사에서 어느 정도까지의 표집오차를 용인할 수 있는가, 추정값의 정확도를 어느 정도까지 유지하겠는가 그리고 비용 문제 등을 고려하여 결정한다.

연구자가 바라는 정밀도의 수준은 추정량의 신뢰구간에서 결정된다. 모수 θ에 대한 $100(1-\alpha)\%$ 신뢰구간의 일반형은 다음 형식으로 주어진다.

$$P(|\hat{\theta} - \theta| \le B) = 1 - \alpha \tag{2.28}$$

또는

$$\hat{\theta} \pm z_{\alpha/2}\,\mathrm{se}(\hat{\theta}) = \hat{\theta} \pm B$$

연구자는 여기서 **오차한계**(error bound) B와 **유의수준**(significance level) α 값을 정해야 한다. 비율을 측정하는 많은 조사연구에서는 대체로 $B=0.03$, $\alpha=0.05$로 놓는다. 95% 신뢰구간을 기준으로 하면 $B=2\,\mathrm{se}(\hat{\theta})$ 이 된다.

때로 **상대 정밀도**(relative precision)를 기초로 표본 크기를 정해야 하는 경우가 있다. 이런 경우에는 다음 형식으로 표현되는 정밀도를 생각한다.

$$P\left(\left|\frac{\hat{\theta}-\theta}{\theta}\right| \le B\right)=1-\alpha \tag{2.29}$$

모평균 μ를 추정하는 경우 표본 크기를 결정해보자. 공식 (2.3)으로부터,

$$B=z_{\alpha/2}\,\mathrm{se}(\bar{y})=z_{\alpha/2}\sqrt{\frac{\sigma^2}{n}\left(\frac{N-n}{N-1}\right)} \approx z_{\alpha/2}\sqrt{\frac{\sigma^2}{n}\left(\frac{N-n}{N}\right)} \tag{2.30}$$

여기서 모집단이 큰 경우 $(N-1)$을 N으로 대체해도 결과에 별 차이는 없다. (2.30)을 n에 대하여 풀면 다음을 얻는다.

$$n=\frac{z_{\alpha/2}^2\,\sigma^2}{B^2+\dfrac{z_{\alpha/2}^2\,\sigma^2}{N}}=\frac{n_0}{1+\dfrac{n_0}{N}} \tag{2.31}$$

여기서 $n_0=z_{\alpha/2}^2\,\sigma^2/B^2$ 이며 n_0는 복원추출시의 표본 크기다. 만일 $\alpha=0.05$로 놓으면 $z_{0.025}=1.96\approx 2$ 가 되어 $n_0=4\sigma^2/B^2$ 이다.

만일 상대 정밀도로 표본 크기를 구하려면 (2.31)의 공식에서 B 대신 $B\mu$를 사용한다. 이 경우 표본 크기는 모변동계수 γ의 함수로 표현된다.

$$n=\frac{z_{\alpha/2}^2\,\sigma^2}{(B\mu)^2+\dfrac{z_{\alpha/2}^2\,\sigma^2}{N}}=\frac{z_{\alpha/2}^2\,\gamma^2}{B^2+\dfrac{z_{\alpha/2}^2\,\gamma^2}{N}} \tag{2.31}$$

그런데 공식 (2.31)에서 표본 크기를 결정하려면 모분산 σ^2의 값을 알고있어야 한다. 그러나 모분산값을 미리 아는 경우는 거의 없다. 이를 해결하려면 본조사 전에 예비조사를 하여 추출된 **시험표본**(pilot sample) 데이터에서 분산을 계산하여 모분산으로 간주할 수도 있다. 또는 비슷한 선행 연구에서 제시된 분산값을 모분산으로 대용하는 경우도 있다. 때로 과거 데이터에서 계산한 변동계수를 기초로 표본 크기를 결정하기도 하는데, 예를 들어 어떤 관심 특성에 대한 20년 전 데이터들의 변동이 지금과는 아주 다를지라도 변동계수 자체는 세월이 가도 그다지 변하지 않는 성질을 이용하는 것이다.

이런 류의 정보조차 없다면 데이터들의 **범위**(range)를 기초로 모분산을 추정할 수 있다. 물론 이 경우 추출된 데이터들의 가능한 범위에 대한 정보가 있어야 한다. 정규분포에서는 평균을 중심으로 $\pm 2\sigma$ 범위 내에 약 95%의 값들이 존재하므로 σ는 다음 식으로 결정된다.

$$\sigma \approx \frac{\text{range}}{4} \tag{2.32}$$

모합 τ를 추정할 때 표본 크기의 공식은 다음과 같이 주어진다.

$$n = \frac{z_{\alpha/2}^2 \ \sigma^2}{\dfrac{B^2}{N^2} + \dfrac{z_{\alpha/2}^2 \ \sigma^2}{N}} \tag{2.33}$$

모비율 p를 추정할 때는 (2.30)의 우측 공식에서 σ^2 대신 $p(1-p)$를 사용한다.

$$n = \frac{z_{\alpha/2}^2 \ p(1-p)}{B^2 + \dfrac{z_{\alpha/2}^2 \ p(1-p)}{N}} \tag{2.34}$$

그런데 $p(1-p)$는 $p=1/2$에서 최대값을 갖고 따라서 $p=1/2$일 때 n 역시 최대가 된다. $p=1/2$로 놓고 표본 크기를 결정함은 관심 비율 추정시 안전하면서도 보수적으로 표본 크기를 결정하는 폭이 된다. 이 경우 공식 (2.34)는 다음과 같이 축약된다.

$$n = \frac{z_{\alpha/2}^2/4}{B^2 + \dfrac{z_{\alpha/2}^2/4}{N}} = \frac{n_0}{1 + \dfrac{n_0}{N}} \qquad (\text{여기서} \ \ n_0 = \frac{z_{\alpha/2}^2}{4\,B^2}) \tag{2.35}$$

공식 (2.35)에서 n_0는 기실 무한모집단에서의 표본 크기다. 즉 $N=\infty$로 놓으면 더욱 보수적인 표본 크기를 얻게 되는 바 이때 $n=n_0$가 된다.

따라서 신뢰도 95%에서 ±5% 이내의 정밀도를 유지하려면 약 $n=400$ 개를 단순임의표집하면 될 것이다. 이 경우 $z_{0.025}=2$, $B=0.05$로 놓았다.

예 2.2

으뜸대학교 통계학부 학생 $N=1251$ 명을 대상으로 시험 중 부정행위를 저지른 학생들의 비율을 알고자 설문조사를 계획하고 있다. 95% 신뢰도에서 최대 3%의 오차한계를 유지하고 싶다. 표본 크기를 얼마로 해야할까? 우선 n_0를 구해보자.

$$n_0 = \frac{1.96^2(0.5)(1-0.5)}{0.03^2} \approx 1067$$

즉 유한모집단수정을 무시하면 모집단 크기에 비하여 상대적으로 엄청나게 큰 표본을 추출해야 한다. 그러나 유한모집단수정을 가하면

$$n = \frac{1067}{1+\frac{1067}{1251}} = 576$$

이 된다. 이번에는 동일 모집단을 대상으로 하루 평균수면 시간을 조사하려 한다. 95% 신뢰도에서 오차한계는 ±0.25 시간으로 유지하고 싶다. 선행 연구에 의하면 학생들의 수면 시간은 최하 4 시간에서 최대 12 시간이라 한다. 수면 시간의 범위는 따라서 8 시간이다. 이 경우 $\sigma \approx 8/4 = 2$ 로 잡을 수 있다. 공식 (2.31)에서 z 값을 2로 놓으면 n_0의 값은 다음과 같이 주어진다.

$$n_0 = \frac{4\,\sigma^2}{B^2} = \frac{4\,(2)^2}{0.25^2} = 256$$

유한모집단수정을 하면 표본 크기는 다음과 같다.

$$n = \frac{256}{1+\frac{256}{1251}} \approx 213$$

앞서 비율 추정 문제와 동시에 이와 같은 평균 추정을 진행하려면 두 표본 크기 중 큰 것을 사용한다. 이 경우 표본 크기는 576이다. ∎

2.5 부모집단

흡연률을 측정하기 위하여 전국적인 조사를 하는 경우 전 국민의 몇 %가 흡연자인지도 궁금하지만 연령대별로 남녀별로 또 이들의 조합에 따라서도 흡연률을 알고싶다고 하자. 이런 경우 모집단 중 남자만의 모집단 또는 여자만의 모집단 등을 **부모집단**(副母

集團: subpopulation, domain, subdomain)이라 부른다. 이와 같이 부모집단의 개념은 이미 실시한 조사 결과를 토대로 모집단을 나눌 때 사용한다.

만일 표집설계 초기부터 센서스 등의 자료를 이용하여 연령 대와 성별로 모집단을 구분하여 각 부분집합별로 독립적인 단순임의표집을 한다면 이는 곧 층화임의표집이 되며 여기에 대해서는 제 4 장에서 설명한다.

부모집단을 고려하는 이유 중에 하나는 관심 모집단에 대한 표집틀이 없는 경우가 있기 때문이다. 예를 들어 으뜸대학교에서 전체 학생들(모집단) 중 휴대전화를 갖고있는 학생들에 대한 조사를 계획한다고 할 때 전체 학생들의 목록은 있지만 휴대전화를 갖고있는 학생들의 목록은 없는 경우를 생각해 보라. 휴대전화 소지 여부는 오직 각 학생들을 조사를 한 후에야 알 수 있다. 이 경우 모집단은 휴대전화를 갖고있는 학생들과 갖고있지 않은 학생들이란 2 개의 부모집단으로 분할된다. 앞으로는 이 2 개 부모집단 중 휴대전화를 갖고있는 학생들로 구성되는 관심 부모집단을 그냥 부모집단으로 부르겠다.

크기 N의 모집단에서 크기 n의 단순임의표본을 추출한다. 이때 부모집단에 속하는 표본을 $\{y_{11}, \cdots, y_{1n_1}\}$으로 표기하자. 즉 부모집단에서 추출된 표본 크기는 n_1이다. 이때 부모집단 평균 μ_1에 대한 추정량은 부모집단에서 추출된 표본 데이터에서 계산한 표본평균 $\bar{y}_1$다.

- $$\bar{y}_1 = \frac{1}{n_1}\sum_{j=1}^{n_1} y_{1j} \tag{2.36}$$

그리고 공식 (2.4)에 의하여 $\bar{y}_1$의 추정 분산은 다음과 같이 쓸 수 있다.

- $$\widehat{var}(\bar{y}_1) = \frac{s_1^2}{n_1}\left(\frac{N_1 - n_1}{N_1}\right), \quad \text{여기서 } s_1^2 = \frac{\sum_{j=1}^{n_1}(y_{1j} - \bar{y}_1)^2}{n_1 - 1} \tag{2.37}$$

그런데 조사 전에 부모집단의 크기를 알 수 없으면, $N : N_1 = n : n_1$ 이라고 간주하여 (2.37) 대신 다음 공식을 사용한다.

- $$\widehat{var}(\bar{y}_1) = \frac{s_1^2}{n_1}\left(\frac{N-n}{N}\right) \tag{2.38}$$

이번에는 부모집단 합 τ_1에 대한 추정을 생각해보자.

먼저 N_1을 아는 경우라면, τ_1에 대한 추정은 다음 공식으로 수행한다.

$$\hat{\tau}_1 = N_1 \bar{y}_1 = \frac{N_1}{n_1}\sum_{j=1}^{n_1} y_{1j} \tag{2.39}$$

$$\widehat{var}(\hat{\tau}_1) = N_1^2 \left(\frac{N_1 - n_1}{N_1}\right)\frac{s_1^2}{n_1} \tag{2.40}$$

만일 N_1을 모른다면 부모집단 평균 추정 때와 마찬가지 아이디어를 적용한다.

$$\hat{\tau}_1 = \frac{N}{n}\sum_{j=1}^{n_1} y_{1j} \tag{2.41}$$

$$\widehat{var}(\hat{\tau}_1) = N^2 \left(\frac{N-n}{N}\right)\frac{s_u^2}{n} \tag{2.42}$$

단, 이 경우 s_u^2를 계산할 때 부모집단에 속하지 않는 $(n-n_1)$ 개 관측들의 값은 원래 값을 버리고 대신 0으로 놓는다. 이렇게 하면 결국 n 개의 관측값 모두를 이용하여 추정하는 셈이 된다. 이 부분에 대한 자세한 논의는 Lohr (1999)의 제 3.3 절을 참조하라. 따라서 s_u^2의 계산 공식은 다음과 같이 쓸 수 있다.

$$s_u^2 = \frac{\sum_{j=1}^{n_1} y_{1j}^2 - \left[\left(\sum_{j=1}^{n_1} y_{1j}\right)^2 / n\right]}{n-1} = \frac{(n_1-1)s_1^2 + n_1(1-n_1/n)\bar{y}_1^2}{n-1}$$

이번에는 부모집단에서 비율을 구하는 문제를 생각해보자. 예를 들어 으뜸대학교 휴대전화를 소지한 학생들 중 흡연자의 비율을 알고싶다고 하자. 이를 도시하면 다음과 같다.

	휴대전화 있음 (부모집단)	휴대전화 없음	합계
흡연	n_{11}	n_{21}	
비흡연	n_{12}	n_{22}	
합계	n_1	n_2	n

이 경우 부모집단 비율 p_1에 대한 추정량은 다음과 같이 주어진다.

- $\hat{p}_1 = \dfrac{n_{11}}{n_1}$ (2.43)

만일 N_1을 안다면 추정 분산 공식은 다음과 같다.

- $\widehat{var}(\hat{p}_1) = \dfrac{\hat{p}_1(1-\hat{p}_1)}{n_1-1}\left(\dfrac{N_1-n_1}{N_1}\right)$ (2.44)

N_1을 모른다면 추정 분산 공식은 다음과 같다.

- $\widehat{var}(\hat{p}_1) = \dfrac{\hat{p}_1(1-\hat{p}_1)}{n_1-1}\left(\dfrac{N-n}{N}\right)$ (2.45)

예 2.3

으뜸대학교에서 전체 학생 $N=3000$ 명 가운데 $n=300$ 명을 임의표집하였다. 조사결과 이들 중 $n_1=40$ 명이 휴대전화를 갖고있었고 이들의 한달 평균 용돈은 60만원, 표본표준편차는 20만원이었다. 휴대전화를 갖고있는 전체 학생들이 한 달에 사용하는 용돈의 총액은 얼마인가? $\bar{y}_1 = 60, s_1 = 20$ 이므로 공식 (2.41)과 (2.42)를 이용하여 다음과 같이 계산한다.

$$\hat{\tau}_1 = \frac{N}{n}\sum_{j=1}^{n_1} y_{1j} = \frac{3000}{300}(40 \times 60) = 24000$$

$$s_u^2 = \frac{(40-1)20^2 + 40(1-40/300)60^2}{300-1} = 469.565$$

$$\widehat{var}(\hat{\tau}_1) = 3000^2\left(\frac{3000-300}{3000}\right)\frac{469.565}{300} = 12678255$$

따라서 휴대전화를 갖고있는 전체 학생들이 한 달에 사용하는 용돈 총액에 대한 95% 신뢰구간은 $24000 \pm 2\sqrt{12678255} = (16878.7,\ 31121.3)$ 이다. 단위는 만원. ▌

2.6 평균 차이에 대한 검증

조사를 한 후 어떤 관심 특성에 대하여 남녀간 평균 차이가 있는가, 또 남녀간 비율 차이가 있는가 등을 검증이 필요한 경우가 있다.

일반적으로 두 추정량 $\hat{\theta}_1$과 $\hat{\theta}_2$의 차이에 대한 분산은 다음과 같이 주어진다.

$$var(\hat{\theta}_1 - \hat{\theta}_2) = var(\hat{\theta}_1) + var(\hat{\theta}_2) - 2\text{cov}(\hat{\theta}_1, \hat{\theta}_2)$$

그리고 두 추정량 $\hat{\theta}_1$과 $\hat{\theta}_2$가 서로 독립이면 마지막의 공분산 항은 0이다.

따라서 만일 유의수준 0.05에서 두 모평균 μ_1과 μ_2에 대한 차이 검증을 하려면 다음 형식으로 $(\mu_1-\mu_2)$에 대한 95% 신뢰구간(CI)을 구한 다음, 계산된 구간이 0을 포함하면 두 모평균 간에는 차이가 없는 것이고, 0을 포함하지 않으면 두 모평균 간에는 차이가 있다고 결론 내린다.

- $(\mu_1-\mu_2)$에 대한 95% CI: $(\bar{y}_1-\bar{y}_2)\ \pm\ 2\sqrt{\widehat{var}(\bar{y}_1)+\widehat{var}(\bar{y}_2)}$

두 모비율 p_1과 p_2 간 비교에는 다시 두 가지 경우가 있다.

만일 두 개의 부모집단별로 동일 사안에 대한 비율을 비교하는 경우에는 다음 공식으로 신뢰구간을 결정한다. 이 경우 부모집단 1과 2에서 추출된 표본 크기는 각각 n_1과 n_2다.

- (p_1-p_2)에 대한 95% CI: $\hat{p}_1-\hat{p}_2\pm\ 2\sqrt{\dfrac{\hat{p}_1(1-\hat{p}_1)}{n_1}+\dfrac{\hat{p}_2(1-\hat{p}_2)}{n_2}}$

또 적어도 셋 이상의 선택 항목이 있는 질문에 대한 항목별 응답률을 비교하는 경우에는 다음 공식으로 (p_1-p_2)에 대한 신뢰구간을 계산한다.

- (p_1-p_2)에 대한 95% CI: $\hat{p}_1-\hat{p}_2\pm\ 2\sqrt{\dfrac{\hat{p}_1(1-\hat{p}_1)}{n}+\dfrac{\hat{p}_2(1-\hat{p}_2)}{n}+\dfrac{2\hat{p}_1\hat{p}_2}{n}}$

이와 같은 **다항표집**(multinomial sampling)의 경우에는 $\hat{p}_1$과 $\hat{p}_2$이 서로 독립이 아닌 특별한 상황이 된다. 예를 들어 「통일을 바랍니까?」라는 질문에 '① 그렇다 ② 아니다 ③ 의견이 없다'는 세 가지 보기가 주어진 경우를 생각해보자. 이 세 가지 보기에 대한 비율들은 더하면 항상 1이 되어야 하기 때문에 비율들은 서로 독립이 아니다. 덧붙여 두 비율은 항상 음의 상관관계를 갖는다. 왜냐하면 하나가 증가하면 다른 하나는 감소하기 때문이다. 신뢰구간 공식에서 마지막 항 $2\hat{p}_1\hat{p}_2/n$은 $\hat{p}_1$과 $\hat{p}_2$이 서로 독립이 아니기 때문에 나타나는 바, 이는 $-2\operatorname{cov}(\hat{p}_1, \hat{p}_2)$에 해당한다.

예 2.4

으뜸대학교 통계학부생 $N=300$ 명 가운데 $n=90$ 명을 임의표집하였다. 통계학부생 중 남자는 $N_1=200$ 명, 여자는 $N_2=100$ 명임을 알고 있다. 표집된 90 명 중 남자는 $n_1 = 50$ 명, 여자는 $n_2 = 40$ 명이었다. 남녀별로 각각 주당 평균 컴퓨터 사용 시간을 조사했더니 다음 결과를 얻었다.

남자: $N_1 = 200$, $n_1 = 50$, $\bar{y}_1 = 14$, $s_1 = 5$

여자: $N_2 = 100$, $n_2 = 40$, $\bar{y}_2 = 10$, $s_2 = 4$

남녀간 컴퓨터 사용 시간에 차이가 있는가? 먼저 표본평균에 대한 추정 분산을 구하면 다음을 얻는다.

$$\widehat{var}(\bar{y}_1) = \frac{s_1^2}{n_1}\frac{N_1 - n_1}{N_1} = \frac{5^2}{50}\frac{200-50}{200} = 0.375$$

$$\widehat{var}(\bar{y}_2) = \frac{s_2^2}{n_2}\frac{N_2 - n_2}{N_2} = \frac{4^2}{40}\frac{100-40}{100} = 0.24$$

따라서 $(\mu_1 - \mu_2)$에 대한 95% 신뢰구간은 다음과 같다.

$$(14-10) \pm 2\sqrt{0.375 + 0.24} = (2.43,\ 5.57)$$

이 구간은 0을 포함하지 않는다. 따라서 남녀간 컴퓨터 사용 시간에 차이가 있다.
이번에는 표집된 남녀에 대하여 학교에서 휴대전화 사용에 대한 설문조사를 하였더니 다음과 같은 결과를 얻었다.

휴대전화 사용	남	여
금지	30 (60%)	20 (50%)
제한적 허용	15 (30%)	8 (20%)
무조건 허용	5 (10%)	12 (30%)
합계	50	40

휴대전화 사용 금지 비율에 남녀간 차이가 있을까? 남자와 여자 집단은 서로 독립이다. 따라서

$$(0.6-0.5) \pm\ 2\sqrt{\frac{(0.6)(0.4)}{50} + \frac{(0.5)(0.5)}{40}} = (-0.11,\ 0.31)$$

이 구간은 0을 포함하므로 남녀간 차이는 없다.
여자로서 제한적 허용과 무조건 허용을 선택한 학생들 간 비율 차이는 있는가? 이는

서로 독립이 아닌 경우다. 따라서 두 비율간 차이에 대한 95% 신뢰구간은 다음과 같이 구한다.

$$(0.2-0.3)\pm\ 2\sqrt{\frac{(0.2)(0.8)+(0.3)(0.7)+2(0.2)(0.3)}{40}}=(-0.32,\ 0.12)$$

역시 구간이 0을 포함하므로 두 항목에 대한 비율에는 차이가 없다. ▌

《 연 습 문 제 》

1. 과거 조사에서 $s^2=600$이었다. 유의수준 $\alpha=0.05$에서 허용 오차한계가 ±4 이내가 되도록 모평균에 대한 추정을 하고 싶다. 표본 크기를 결정하라.

2. 서울시 송파구 방이동에 거주하는 25 명의 내과의사들 가운데 6 명을 단순임의표집하여 지난 해에 왕진 나간 횟수를 조사하였더니 다음과 같은 결과를 얻었다.

   왕진 횟수: 0 0 4 0 7 1

   ① 의사들의 평균 왕진 횟수에 대한 95% 신뢰구간을 구하라.
   ② 의사들의 총 왕진 횟수에 대한 95% 신뢰구간을 구하라.
   ③ 두 번 이상 왕진하였던 의사들의 비율에 대한 95% 신뢰구간을 구하라.

3. 으뜸대학생들을 대상으로 설문조사를 계획하고 있다. 현재 전체 학생수는 15000 명이다. 신뢰도 95%에서 허용 오차를 ±5% 이내로 하려면 표본 크기를 얼마로 정해야할까? 또 만일 신뢰도 95%에서 허용 오차를 ±3% 이내로 하려면 표본 크기를 얼마로 정해야할까?

4. 이분 속성을 갖는 모집단 특성에 대하여 조사한다. 이때 모변동계수 γ를 모비율 $p=\tau/N$의 함수로 표기하라. 여기서 τ는 모합, N은 모집단 크기다.

5. 심리학자가 신경쇠약증 환자를 대상으로 자극에 대한 반응 시간을 추정하려 한다. 단순임의표집으로 20 명의 환자를 선택하여 반응 시간을 쟀더니, 평균이 2.1 초, 표준편차가 0.4 초였다. 모평균을 추정하고 신뢰도 95%에서 오차한계를 결정하라.

6. 위 문제에서 모평균 추정시 신뢰도 95%에서 오차한계를 1 초로 하려면 표본 크기를 얼마로 정해야하나? 모집단 표준편차가 1 초라고 가정한다.

7. 어느 회사의 감사는 잘못 분류된 서류들의 비율을 추정하려 한다. 250 개 서류에서 50 개를 단순임의표집했더니 모두 20 개 서류가 잘못 분류된 것으로 판명되었다. 잘못 분류된 서류들의 모비율을 추정하고 95% 오차한계를 산출하라. 그리고 이상의 비율 추정의 결과를 토대로 잘못 분류된 서류들의 총수와 이에 대한 분산을 추정하라.

8. 으뜸대학교 수뇌부는 최근 정부에서 강조하는 '두뇌한국' 프로젝트에 대하여 심각한 우려를 표명하고 있다. 즉 훌륭한 업적은 한 자리에 눌러 앉아 궁둥이에 멍이 들도록 문제 해결에 매달리는 끈질김에서 나오지 절대 머리가 좋은데서 나오지 않기 때문이다. 학내 교수들 2000 명 중 200 명을 단순임의표집하여 '궁둥이한국'에 대한 찬반여부를 물었더니 찬성이 120 명, 반대가 57 명, 무의견이 23 명이었다. '궁둥이한국'에 찬성하는 교수들의 총수에 대한 95% 신뢰구간을 구하라.

9. 모평균 μ에 대한 $100(1-\alpha)\%$ 신뢰구간을 표본평균 $\bar{y}$와 표본변동계수 $\hat{\gamma}$의 함수로 표현하라. 유한모집단수정항은 생각하지 않는다.

10. 으뜸대학교 통계학부 학생회에서는 학교의 장학규정에 찬성하는 학생들의 비율 p_1과 학생회의 존재가 학생들에게 도움이 된다고 생각하는 학생들의 비율 p_2를 알고 싶어 한다. $N=2000$이다. 신뢰도 95%에서 p_1에 대한 추정 오차한계는 0.05, p_2에 대한 오차한계는 0.07 이내로 하고싶다. p_1에 대한 사전 정보는 전혀 없다. 그러나 p_2에 대해서는 작년 조사에 의하면 약 60% 정도가 학생회 활동에 만족하고 있는 것으로 나타났다. 이 조사에 대한 적절한 표본 크기를 결정하라.

11. 어떤 지역에서 자녀가 있는 가구들의 월평균 식비를 추정하려고 한다. 이 지역에 거주하는 $N=250$ 가구들의 목록은 있지만 이 가구들 중 자녀가 있는 가구들을 목록에서 구분할 수는 없다. 단순임의표집으로 $n=50$ 가구를 추출한 결과 한 명 이상의 자녀를 보유한 가구수는 $n_1=42$였다. 자녀를 보유한 가구에 대하여 식비(단위: 만원) 조사를 했더니 다음과 같은 결과를 얻었다. 이 지역에서 자녀를 보유한 가구들의 월평균 식비에 대한 95% 신뢰구간을 구하라.

$$\sum_{j=1}^{42} y_{1j} = 1720, \quad \sum_{j=1}^{42} y_{1j}^2 = 72200$$

12. 이분 속성을 갖는 모집단 특성에 대하여 생각한다. 모비율을 p라고 하자. p를 추정하기 위하여 임의표본 $\{x_1, \cdots, x_n\}$을 복원추출하였다. 표본합을 x로 표기하자. p에 대한 통상적인 표본추정량은 표본비율 $\hat{p} = x/n$이다.

① x의 분포는?

② $\hat{p}$의 기대값과 분산을 구하라.

③ $\hat{p}$의 표준오차와 이 표준오차에 대한 추정량을 쓰라.

④ ③의 결과를 토대로 $\hat{p}$에 대한 정규근사 형태를 쓰라.

⑤ p에 대한 $100(1-\alpha)\%$ 근사 신뢰구간의 공식을 쓰라.

⑥ 두통산업에서 생산하는 *Oh Bad* 맥주 870 병을 조사하였더니 그중 330 개 병에서 페놀이 검출되었다. 이 회사에서 생산하는 모든 맥주에 대하여 모집단 오염비율에 대한 95% 신뢰구간을 구하라.

3

층화임의표집

3.1 층화표집 개요

으뜸대학교에서 성희롱에 대한 학생들의 견해를 조사한다. 그런데 성별에 따라 반응이 다를 것이 기대된다. 총 학생수 10,000 명 중 남학생은 6,000 명, 여학생은 4,000 명이다. 그런데 단순임의표집으로 1,000 명의 학생들을 추출했더니 공교롭게도 남학생이 200 명, 여학생이 800 명 추출되었다고 하자. 그렇다면 현재 추출된 단순임의표본은 분명히 성별 기준으로는 모집단을 잘 대표하지 못하고 있다. 덧붙여 성별이란 변수가 조사에서 가장 중요한 판별 기준인데 말이다. 물론 단순임의표집시 이런 일이 실제로 일어날 확률은 극히 적지만 그렇다해서 이런 일이 절대로 일어나지 않는다고는 누구도 장담하지 못한다. 이런 경우에는 아예 처음부터 표본 크기 1,000을 모집단의 남녀 비율대로 분할하여 반드시 남학생 600 명, 여학생 400 명을 뽑는 표집법을 사용하는 편이 좋다. 즉 남학생 모집단 6,000 명에서 표본으로 600 명을 단순임의표집하고 또 이와는 독립적으로 여학생 모집단 4,000 명에서 표본으로 400 명을 단순임의표집하는 것이다. 이런 식으로 표집하면 조사 목적상 중요한 판별 기준이었던 남자와 여자의 표본 비율이 모집단에서의 비율과 일치함을 보장할 수 있다.

또 다른 예로 특정 전자제품을 생산하는 기업들을 조사할 때, 대기업 수는 아주 적지만 총생산량에서 차지하는 비중은 크다. 중소기업 수는 아주 많지만 전체적으로 그 비중은 작다. 이런 경우 만일 단순임의표집을 하여 대기업이 추출되지 않으면 조사 결과는 왜곡될 것이다. 이때에도 대기업과 중소기업을 처음부터 구분하여 두 그룹마다 독립적인 표집을 한다면 문제가 없을 것이다.

이상의 예와 같이 만일 관심 있는 변수가 부모집단(subpopulation)별로 서로 다른 평균을 취한다는 보조정보를 갖고있다면 그 변수를 기준으로 모집단을 둘 이상의 부모집단으로 분할한 다음, 각 부모집단마다 독립적인 단순임의표집을 하면 더욱 정밀한 추정값을 얻을 수 있다. 이런 형태의 표집을 **층화표집**(stratified sampling) 또는 **층화임의표집**(stratified random sampling)이라 하고, 결과되는 표본을 **층화임의표본**(stratified random sample)이라 부른다. 그리고 나눠진 부모집단들을 **층**(strata)이라 한다. 물론 층들이 겹치면 안 되며 각 표집단위는 오직 한 층에만 소속되어야 한다. 이런 식으로 모집단을 층으로 나누는 과정을 **층화**(stratification)라고 한다. 따라서 모집단을 층화한 후 각 층마다 독립적인 확률표집을 시행하고, 각 층의 정보를 합쳐 전체 모집단을 추정하는 것이 층화표집이다.

우리 나라의 대통령 선거 조사라면 당연히 지역별로 층화하여 후보자에 대한 지지도를 조사해야할 것이다. 왜냐하면 지역감정이 지지도에 가장 영향이 큰 변수니까.

거의 모든 대규모 표본조사에서는 반드시 층화표집을 활용한다. 층화표집이 제대로 되면 층뿐 아니라 전체 모집단에 대해서도 매우 정밀한 추정값을 얻을 수 있다. 왜냐하면 적어도 층화의 기준으로 선택된 보조변수의 속성대로 균질한 그룹으로 나눠진 층에서 각 층내 분산은 전체 모집단 분산에 비하여 상당히 낮으리라 기대할 수 있기 때문이다. 이 점에서 표집설계에서 층화의 개념은 실험설계에서 **블록화**(blocking)의 개념과 동일하다.

층화표집을 하면 단순임의표집에 비하여 관리가 용이하고 비용이 절감되는 효과가 있다. 또 층마다 조사 방법을 달리 할 수도 있다. 이를테면 시장조사시 대기업과 중소기업으로 층화하여 대기업은 우편조사로, 중소기업은 전화나 면접조사를 할 수 있는 것이다.

또 층화표집이 제대로 되면 단순임의표집에 비하여 동일한 정밀도를 주는 표본 수를 줄일 수 있다. 층화의 개념은 기실 **동질적**(homogeneous)인 층으로 모집단을 분할하는 것이다. 따라서 층내 원소들은 동질적이지만 서로 다른 층들간에는 소속 원소들의 성향이 서로 **이질적**(heterogeneous)인 특징이 있다. 예를 들어 성희롱에 대한 남학생과 여학생의 견해 차이가 심하다고 하자. 또 여학생들의 견해는 서로 비슷하고 남학생은 남학생대로 성희롱에 대한 견해가 비슷하다고 하자. 이와 같이 만일 층마다 주어진 사안에 대한 사람들의 생각이 비슷하다면 층내 표본 수를 아주 적게 해도 상당히 정확한 결과를 얻을 수 있다. 즉 여학생들 생각이 다 똑같다면 굳이 400 명을 표집하나 단 4 명을 표집하나 대차가 없는 이치다. 그런데 층화표집의 효과가 있으려면 층간 변동은 커야 한다. 만일 남학생과 여학생의 견해가 같다면 성별 기준으로 층화할 이유가 없는 것이다.

지금까지 설명한 바에 의하면 층화표집은 표본 크기나 정밀도 등 효율성 면에서 항상 단순임의표집보다 나아 보인다. 그렇다면 언제나 층화표집을 하는 편이 유리하지 않은가?

이 질문에 대한 대답은 쉽지 않다.

층화란 기실 조사에 복잡성을 더하는 것인데, 만일 층화를 해서 얻을 수 있는 이득이 적다면 굳이 층화표집을 할 필요가 없는 것이다.

가장 효율적인 층화표집을 하려면 관심 특성에 대한 층평균들이 아주 다르게 나오도록 층화를 하면 된다. 예를 들어 으뜸대학생들의 한달 평균 용돈에 대하여 층화표집으로 조사를 하려면, 가장 용돈을 많이 쓰는 학생들을 층 1, 그 다음을 층 2 등으로 구분하면 된다. 그러나 이렇게 층을 미리 구분할 수 있다는 말은 이미 학생들의 용돈 씀씀이에 대해서 잘 알고있어야만 가능한 일이니 처음부터 말이 안 된다. 따라서 용돈 씀씀이에 밀접한 연관을 갖고 있다고 생각하는 변수들을 고를 수밖에 없다. 학생부에서 학생들의 부모 학력을 기준으로 나누는 방안을 생각할 수도 있고, 부모의 직업을 기준으로 층화할 수도 있다. 또 단과대학별로 학생들의 생활 태도가 다르다면 단과대학을 층화변수로 잡을 수도 있다.

층화의 기준이 될 수 있는 변수들은 많다. 조사 목적과 밀접한 관계가 있는 층화변수들을 잘 알고있다면 이들 모두의 조합에 대해서 층화를 시도함이 당연하다. 그러나 변수가 많아지면 그만큼 층화가 복잡해진다. 또 층화표집을 하려면 각 층별로 따로따로 표집틀이 마련되어야 한다. 이는 그리 간단한 일이 아니다. 반대로 층화변수들에 대한 정보가 없다면 층의 수는 가급적 적게 잡아야 한다. 이런 이유로 본조사를 시행하기 전에 예비조사를 하여 층화변수를 가려내기도 한다.

그런데 이런 문제점들보다 더 곤란한 문제가 있다. 여하간 층화변수를 선택했다고 하자. 그렇다면 도대체 몇 개의 층으로 모집단을 구분해야 하고, 어느 선을 기준으로 층이 구분되는가?

예를 들어 어떤 소규모 지역사회에서 도시지역과 농촌지역을 기준으로 지역사회 전체를 층으로 나눈다고 하자. 그렇다면 지리적으로 어디서 어디까지를 도시라고 하고 또 어디서 어디부터가 농촌인가? 지도책을 놓고 생각해도 판단하기 어려운 일이다. 다른 예로 시민들을 소득 기준으로 층화한다고 하자. 그렇다면 도대체 한 달 소득이 얼마 이상이라야 고소득이고, 얼마 이하라야 저소득인가? 이와 같이 층을 명확히 정의하는 것 자체가 층화표집의 가장 큰 난점이다. 물론 남자 여자와 같이 명확한 구분이 되는 경우도 많겠으나 시장조사 등에서는 층화의 기준점 설정도 그리 간단하지 않다.

전국 규모의 여론조사에서는 행정구역, 성별, 연령대 등을 층화변수로 놓는다. 행정구역이나 성별이야 물론 구분이 잘 되지만 필자의 견해로 십 단위의 연령대별 층화는 잘 납득이 되지 않는다. 이십대, 삼십대 등으로 분류하는 것은 사람들의 손가락이 열 개라서 그럴 뿐이지 만약 일곱 살 단위로 연령 대를 분류하면 무슨 문제가 있는 것일까? 여하간 상식적인 층화가 과연 내 조사 목적에도 맞는지는 곰곰이 생각해볼 일이다.

이상에서 살펴본 바 층화표집이 비록 효율적인 표집법에는 틀림없으나, 층화표집을 제대로 하려면 단순임의표집에 비하여 모집단에 대한 훨씬 더 많은 정보가 요구된다는 점이 단점이라 하겠다.

3.2 층화표본의 추출과 표기

N 개 표집단위로 구성된 모집단을 H 개의 층으로 나눈다. h 번째 층의 크기 즉 층 내 표집단위들의 총수는 N_h 다. 따라서 다음이 성립한다.

$$\sum_{h=1}^{H} N_h = N$$

그림 3.1의 도해를 보라. 층화임의표집 중 가장 간단한 형태는 각 층마다 독립적으로 단순임의표집을 하는 것이다. 이 경우 h 번째 층에서 n_h 개의 표집단위를 임의추출한다. 이때 총표본수를 n 으로 표기한다. 즉

$$\sum_{h=1}^{H} n_h = n$$

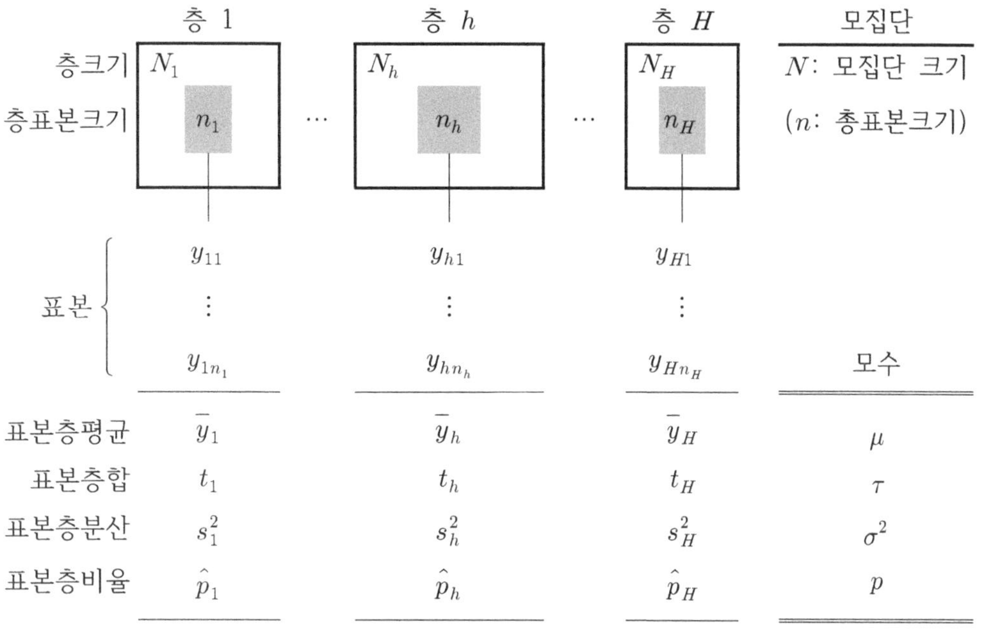

그림 3.1 층화표집

모집단 특성에 대한 표기

$y_{hj}=$ 층 h의 j 번째 단위 $(h=1,\cdots,H;\ j=1,\cdots,N_h)$

$N_h=$ 층 h의 크기

$W_h=N_h/N=$ 층 h의 **층비중**(stratum weight)

$\tau_h=\sum_{j=1}^{N_h} y_{hj}=$ 층 h의 모합

$\mu_h=\tau_h/N_h=$ 층 h의 모평균

$p_h=\tau_h/N_h=$ 층 h의 모비율

$\sigma_h^2=\sum_{j=1}^{N_h}(y_{hj}-\mu_h)^2/N_h=$ 층 h의 모분산

$\tau=\sum_{h=1}^{H}\tau_h=$ 모합

$\mu=\tau/N=\sum_{h=1}^{H}\tau_h/N=\sum_{h=1}^{H}\left(\frac{N_h}{N}\right)\mu_h=\sum_{h=1}^{H}W_h\,\mu_h=$ 모평균

$$p = \sum_{h=1}^{H} W_h\, p_h = \text{ 모비율}$$

$$\sigma^2 = \frac{1}{N}\sum_{h=1}^{H}\sum_{j=1}^{N_h}(y_{hj}-\mu)^2 = \text{ 모분산}$$

표본 특성에 대한 표기

$y_{hj} =$ 층 h에서 표집된 j 번째 단위 $(h=1,\cdots,H;\ j=1,\cdots,n_h)$

$n_h =$ 층 h의 표본크기

$f_h = n_h / N_h =$ 층 h의 표집률(sampling fraction)

$\bar{y}_h = \sum_{j=1}^{n_h} y_{hj} / n_h =$ 층 h의 표본평균

$\hat{\tau}_h = N_h\, \bar{y}_h =$ 층 h의 표본합

$s_h^2 = \sum_{j=1}^{n_h} (y_{hj} - \bar{y}_h)^2 / (n_h - 1) =$ 층 h의 표본분산

3.3 추정

현재 우리는 각 층마다 독립적으로 단순임의표집을 하는 단순한 형태의 층화임의표집을 고려하고 있다. 따라서 각 층내 모수들의 추정은 제 2 장에서 제시한 단순임의표집 때와 동일한 방법을 사용한다. 그리고 각 층마다 얻은 추정 결과를 병합하여 전체 모집단의 모수들을 추정하게 된다. 따라서 결과되는 추정 공식들이 다소 복잡해 보이기는 하지만 본질적으로 단순임의표집의 내용만 이해하고 있으면 해석하는데 어려움은 없을 것이다.

3.3.1 모합과 모평균의 추정

모합 τ은 각 층의 모합 τ_h 들의 합이다. 따라서 τ의 추정량 $\hat{\tau}_{st}$ 는 다음과 같이 주어진다.

- $$\hat{\tau}_{st} = \sum_{h=1}^{H} \hat{\tau}_h = \sum_{h=1}^{H} N_h\, \bar{y}_h \qquad (3.1)$$

모평균 μ는 모합에 대한 추정량을 모집단 크기로 나누면 된다. 따라서

- $$\hat{\mu} \equiv \bar{y}_{st} = \frac{\hat{\tau}}{N} = \sum_{h=1}^{H} \frac{N_h}{N} \bar{y}_h = \sum_{h=1}^{H} W_h \bar{y}_h \tag{3.2}$$

결국 모평균의 추정량 $\bar{y}_{st}$는 표본층평균들의 **가중평균**(weighted average)이며 가중치는 상대적인 층크기가 된다.

모평균이나 모합에 대한 신뢰구간을 구하려면 추정량 (3.1)과 (3.2)에 대한 분산 또는 표준오차를 추정해야한다.

h 번째 표본층평균에 대한 분산과 표준오차는 제 2 장의 (2.4)부터 (2.8)까지 주어진 공식들을 기초로 연산한다. 따라서

- $$\widehat{var}(\bar{y}_h) = \frac{s_h^2}{n_h}\left(\frac{N_h - n_h}{N_h}\right) \tag{3.3}$$

그런데 각 층은 서로 독립이므로 $\bar{y}_{st}$에 대한 추정 분산은 다음과 같이 계산한다.

$$\widehat{var}(\bar{y}_{st}) = \widehat{var}\left(\sum_{h=1}^{H} \frac{N_h}{N} \bar{y}_h\right) = \sum_{h=1}^{H} \left(\frac{N_h}{N}\right)^2 \widehat{var}(\bar{y}_h) \tag{3.4}$$

이 결과에 (3.3)에 주어진 표본층평균 공식을 대입하면 다음 결과를 얻는다.

- $$\widehat{var}(\bar{y}_{st}) = \sum_{h=1}^{H} \left(\frac{N_h}{N}\right)^2 \left(\frac{N_h - n_h}{N_h}\right) \frac{s_h^2}{n_h} \tag{3.5}$$

따라서 모평균 μ에 대한 95% 신뢰구간은 다음과 같이 주어진다.

$$\bar{y}_{st} \pm 2\sqrt{\widehat{var}(\bar{y}_{st})} = \bar{y}_{st} \pm 2\,\widehat{\text{se}}(\bar{y}_{st}) \tag{3.6}$$

또 $\hat{\tau}_{st} = \sum N_h \bar{y}_h$ 이므로 $var(\hat{\tau}_{st}) = \sum N_h^2\, var(\bar{y}_h)$ 이다. 따라서 모합에 대한 추정량 $\hat{\tau}_{st}$에 대한 추정분산은 다음과 같이 주어진다.

- $$\widehat{var}(\hat{\tau}_{st}) = \sum_{h=1}^{H} N_h^2 \left(\frac{N_h - n_h}{N_h}\right) \frac{s_h^2}{n_h} \tag{3.7}$$

예 3.1

으뜸대학교 통계학부생 $N=300$ 명 중 남자는 $N_1=212$ 명, 여자는 $N_2=88$ 명이다. $n=60$ 명에 대하여 한 학기 동안 읽은 책의 평균 권수(μ)를 조사하는데 층화표집을 사용하여 남자는 $n_1=42$ 명, 여자는 $n_2=18$ 명을 추출하였다. 조사 결과 각 층에 대한 데이터는 다음과 같이 요약되었다.

층	N_h	n_h	$\bar{y}_h$	s_h^2
남학생	212	42	20.2	230.7
여학생	88	18	30.5	40.3
합계	300	60		

학부생 전체에 대하여 한 학기 동안 읽은 책의 평균 권수에 추정량 $\bar{y}_{st}$ 는 다음과 같이 계산한다.

$$\bar{y}_{st}=\frac{1}{N}\left[N_1\bar{y}_1+N_2\bar{y}_2\right]=\frac{1}{300}[212(20.2)+88(30.5)]=23.2$$

추정 분산은 공식 (3.5)에 의하여

$$\widehat{var}(\bar{y}_{st})=\left(\frac{212}{300}\right)^2\left(\frac{212-42}{212}\right)\left(\frac{230.7}{42}\right)+\left(\frac{88}{300}\right)^2\left(\frac{88-18}{88}\right)\left(\frac{40.3}{18}\right)=2.35\ .$$

따라서 μ 에 대한 95% 신뢰구간은 다음과 같다.

$$23.2\pm2\sqrt{2.35}=(20.1,\ 26.3)$$

만일 여학생들에 한하여 한 학기 동안 읽은 책의 평균 권수(μ_2)에 대한 95% 신뢰구간을 구하려면 공식 (2.9)를 사용하여 다음과 같이 연산한다.

$$\bar{y}_2\pm2\sqrt{\frac{s_2^2}{n_2}\frac{N_2-n_2}{N_2}}=30.5\pm2\sqrt{\frac{40.3}{18}\frac{88-18}{88}}=30.5\pm2.7=(27.8,\ 33.2)$$

비슷하게 남학생들에 대한 오차한계를 구하면 4.2라는 상대적으로 큰 값이 나오는데, 이는 남학생들 데이터의 변동이 크기 때문이다. ∎

3.3.2 모비율의 추정

거듭 강조하지만 비율이란 0과 1을 데이터 값으로 취하는 변수의 평균이다. 따라서 h 번째 층의 표본 비율 $\hat{p}_h$ 은 $\bar{y}_h$ 와 같다. 그리고 제 2.2 절에서 이미 소개했지만 {0, 1} 데이터의 경우 표본층분산은 다음 식으로 주어진다.

$$s_h^2 = \frac{n_h}{n_h - 1}\hat{p}_h(1 - \hat{p}_h)$$

공식 (3.2)를 적용하면 모비율 p에 대한 추정량 $\hat{p}_{st}$ 는 다음과 같이 표현된다.

- $$\hat{p}_{st} = \sum_{h=1}^{H}\left(\frac{N_h}{N}\right)\hat{p}_h \tag{3.8}$$

여기에, (3.4)에 (2.17) 공식을 넣으면 $\hat{p}_{st}$ 의 추정 분산은 다음과 같이 주어진다.

- $$\widehat{var}(\hat{p}_{st}) = \sum_{h=1}^{H}\left(\frac{N_h}{N}\right)^2\left(\frac{N_h - n_h}{N_h}\right)\frac{\hat{p}_h(1-\hat{p}_h)}{n_h - 1} \tag{3.9}$$

만일 모집단에서 관심 특성을 갖고있는 개체들의 총수(t)를 알고 싶다면 다음과 같이 추정한다.

$$\hat{t} = N\,\hat{p}_{st}$$

이 경우 추정 분산은 $\widehat{var}(\hat{t}) = N^2\,\widehat{var}(\hat{p}_{st})$.

예 3.2

예 3.1의 상황에서 이번에는 학생들에게 통계인으로 자부심을 갖고있느냐는 질문을 했고 이에 대하여 '그렇다'고 대답한 학생들은 남학생 $n_1 = 42$ 명중에서 35명, 여학생 $n_2 = 18$ 명중에서 6 명이었다.

층	N_h	n_h	$\hat{p}_h$
남학생	212	42	0.83
여학생	88	18	0.33
합계	300	60	

학부생 전체에서 통계인으로서 자부심을 갖고있는 학생들의 비율은 다음과 같이 추정한다.

$$\hat{p}_{st} = \frac{1}{300}[212(0.83) + 88(0.33)] = 0.68$$

즉 68%의 학생들이 자부심을 갖고 있다. 이 추정값에 대한 추정분산은

$$\widehat{var}(\hat{p}_{st}) = \left(\frac{212}{300}\right)^2\left(\frac{212-42}{212}\right)\frac{0.83(0.17)}{42-1} + \left(\frac{88}{300}\right)^2\left(\frac{88-18}{88}\right)\frac{0.33(0.67)}{18-1} = 0.0023$$

따라서 전체 학부생들 중 자부심을 갖고있는 학생들의 비율에 대한 95% 신뢰구간은

$$0.68 \pm 2\sqrt{0.0023} = 0.68 \pm 0.048 = (0.63, 0.73)$$

이 경우 오차한계는 약 ±5% 정도가 된다. ∎

3.3.3 층내분산과 층간분산

대체로 층화표집이 단순임의표집보다 더 효율적이지만 항상 그런 것은 아니다. 층화표집으로 좋은 결과를 얻으려면 층내는 동질적, 층간은 이질적이어야 한다. 일껏 층화를 했지만 오히려 층내는 이질적, 층간은 동질적이면 단순임의표집보다 더 못한 결과를 얻는다. 통계학에서 추정량의 효율성은 분산으로 비교한다. 추정량의 분산이 작으면 더 효율적이다.

층화표집시 모분산은 **층내분산**(within-strata variance)과 **층간분산**(between-strata variance)의 두 부분으로 분할된다. (3.10)에서 σ_w^2은 층내분산, σ_b^2은 층간분산이다. 즉 '모분산 = 층내분산 + 층간분산'이 성립한다.

$$\sigma^2 = \frac{1}{N}\sum_{h=1}^{H}\sum_{j=1}^{N_h}(y_{hj}-\mu)^2 \tag{3.10}$$

$$= \frac{1}{N}\sum_{h=1}^{H}\sum_{j=1}^{N_h}[(y_{hj}-\mu_h)+(\mu_h-\mu)]^2$$

$$= \frac{1}{N}\sum_{h=1}^{H}\sum_{j=1}^{N_h}(y_{hj}-\mu_h)^2 + \frac{1}{N}\sum_{h=1}^{H}\sum_{j=1}^{N_h}(\mu_h-\mu)^2$$

$$= \frac{1}{N}\sum_{h=1}^{H} N_h \frac{\sum_{j=1}^{N_h}(y_{hj}-\mu_h)^2}{N_h} + \frac{1}{N}\sum_{h=1}^{H} N_h(\mu_h-\mu)^2$$

$$= \sum_{h=1}^{H}\frac{N_h}{N}\sigma_h^2 + \sum_{h=1}^{H}\frac{N_h}{N}(\mu_h-\mu)^2$$

$$\equiv \quad \sigma_w^2 \quad + \quad \sigma_b^2$$

층내분산은 각 층내 원소들이 그 층의 모평균 μ_h를 기준으로 얼마나 변동하고 있는지를 나타내며 층간분산은 각 층의 모평균 값들이 전체 모집단의 모평균을 기준으로 얼마나 변동하고 있는지를 나타낸다. 만일 층내 원소들이 동질적이면 즉 비슷한 값들을 갖는다면 σ_w^2의 값은 작게되고, 따라서 모분산 σ^2은 σ_b^2에 의존하게 된다. 이런 경우에 일반적으로 $var(\bar{y}_{st}) < var(\bar{y})$ 가 성립한다. 즉 층화표집이 단순임의표집보다 더 효율적이다.

예 3.3

가상 데이터를 이용하여 층내 분산이 크고 층간분산이 작은 경우에 층화표집을 한 경우와 단순임의표집을 한 경우를 상호 비교한다. 크기 $N=108$의 모집단을 3 개 층으로 분할하여 층크기에 비례하여 각 층의 표본 크기를 결정하였다. 각 층마다 표집률은 1/6이다. 총표본크기는 $n=18$.

층	1	2	3
N_h	36	48	24
n_h	6	8	4
y_{hj}	60 49 36 42 56 57	45 45 57 56 54 39 47 65	42 58 44 56
$\bar{y}_h$	50.0	51.0	50.0
s_h^2	89.2	71.1	66.7

표본통계량들을 살펴보자. 각 층의 표본평균값들은 차이가 없다. 그러나 각 층내 분산값들은 상당히 크다. 다시 말해서 각 층내 원소들의 값이 층평균을 기준으로 변동이

심하다. 이는 층내 이질적, 층간 동질적인 경우에 해당한다.
이 경우 $\bar{y}_{st}$의 값은 다음과 같다.

$$\bar{y}_{st} = \frac{1}{108}[36(50) + 48(51) + 24(50)] = 50.44$$

또 모든 층에서 $(N_h - n_h)/N_h = 5/6$ 이므로 $\bar{y}_{st}$에 대한 추정 분산은

$$\widehat{var}(\bar{y}_{st}) = \frac{1}{108^2}\left(\frac{5}{6}\right)\left[36^2\left(\frac{89.2}{6}\right) + 48^2\left(\frac{71.14}{8}\right) + 24^2\left(\frac{66.67}{4}\right)\right] = 3.53 .$$

따라서 μ에 대한 95% 신뢰구간은 다음과 같다.

$$50.44 \pm 2\sqrt{3.53} = 50.44 \pm 3.76 = (46.7,\ 54.2)$$

그런데 위에 주어진 데이터를 $N=108$의 모집단에서 단순임의표집된 $n=18$의 표본으로 간주하자. 이 경우 모평균의 추정값 $\bar{y}$는 층화표집 때와 동일하며 표본분산 s^2의 값은 67.6이다. 따라서 추정분산은

$$\widehat{var}(\bar{y}) = \left(\frac{5}{6}\right)\left(\frac{67.56}{18}\right) = 3.13 .$$

따라서 단순임의표집에서 계산된 추정 분산 3.13은 층화표집에서 계산한 추정 분산 3.53보다 더 작다. 즉 단순임의표집이 층화표집보다 더 효율적이다. ▎

예 3.3과 같이 $n_h/N_h = n/N$이 되도록 **비례배정**(proportional allocation)을 하는 경우 **분산분석**(ANOVA)의 개념을 도입하여 층화표집에서 데이터들의 **총변동**(total variation)을 **층내변동**(within-strata variation)과 **층간변동**(between-strata variation)으로 분할할 수 있다.
(3.10)을 기초로 변동의 분할을 다시 정리하면 다음과 같다.

$$\sum_{h=1}^{H}\sum_{j=1}^{N_h}(y_{hj} - \mu)^2 = \sum_{h=1}^{H}\sum_{j=1}^{N_h}(y_{hj} - \mu_h)^2 + \sum_{h=1}^{H}\sum_{j=1}^{N_h}(\mu_h - \mu)^2$$

$$N\sigma^2 = \sum_{h=1}^{H} N_h\sigma_h^2 + \sum_{h=1}^{H} N_h(\mu_h - \mu)^2$$

$$\text{총변동} = \text{층내변동} + \text{층간변동}$$

$$SST = SSW + SSB$$

그리고 총변동, 층내변동, 층간변동의 자유도는 각각 $(N-1)$, $(N-H)$, $(H-1)$이다. 이때 만일 다음이 성립하면 항상 층화표집이 단순임의표집보다 더 효율적이다.

$$SSB > \sum_{h=1}^{H}\left(\frac{N-N_h}{N}\right)\sigma_h^2 \tag{3.11}$$

특히 층크기 N_h가 아주 작지 않다면 (3.11)은 항상 성립하기 때문에 비례배정을 하는 층화표집은 항상 단순임의표집보다 더 나은 결과를 보장한다.

그런데 이런 논의는 우리가 미리 알지 못하는 모분산을 기초로 하는 것이기 때문에, 드물기는 하지만 표본분산을 기초로 모든 사안을 판단해야하는 실제 상황에서는 때로 비례배정을 하더라도 층화표집이 단순임의표집보다 더 나쁜 결과를 줄 수도 있다.

예 3.4

이번에는 층내 동질적, 층간 이질적인 층화표집에 아주 이상적인 상황에서 층화표집과 단순임의표집을 효율성을 비교해보자. 다음과 같이 데이터를 생각한다.

층	1	2	3
N_h	36	48	24
n_h	6	8	4
y_{hj}	42 42 36 37 42 46	49 51 49 54 48 44 52 51	62 65 58 66
$\bar{y}_h$	41.0	49.75	62.75
s_h^2	14.4	9.07	12.92

이 데이터는 예 3.3과는 달리 층평균들이 사뭇 다르지만 각 층의 분산값들은 작은 경우다. $\bar{y}_{st}$와 추정 분산은 다음과 같다.

$$\bar{y}_{st} = \frac{1}{108}[36(41) + 48(49.75) + 24(62.75)] = 49.72$$

$$\widehat{var}(\bar{y}_{st}) = \frac{1}{108^2}\left(\frac{5}{6}\right)\left[36^2\left(\frac{14.4}{6}\right) + 48^2\left(\frac{9.07}{8}\right) + 24^2\left(\frac{12.92}{4}\right)\right] = 0.54\ .$$

만일 이 데이터를 단순임의표본으로 간주하여 표본분산의 값을 계산하면 $s^2 = 77.04$다. 따라서 추정분산은

$$\widehat{var}(\bar{y}) = \left(\frac{5}{6}\right)\left(\frac{77.04}{18}\right) = 3.57 \ .$$

따라서 층화표집이 단순임의표집보다 훨씬 더 효율적이다. 두 추정 분산의 비는 다음과 같다.

$$\frac{\text{층화표집의 추정분산}}{\text{단순임의표집의 추정분산}} = \frac{0.54}{3.57} = 0.15$$

결국 단순임의표집으로 도달할 수 있는 정밀도를 층화표집으로 이루려면 층화표집에서는 단순임의표집시 필요한 표본 크기의 불과 15% 정도만 표집해도 충분한 것이다. ▮

3.4 표본 배정

층화표집에서는 표본크기를 결정할 때 두 가지 면을 동시에 고려해야 한다. 즉 총표본크기 n을 결정해야하고, 또 각 층마다 몇 개씩 표본을 뽑을지 n_h들을 결정해야 한다. 총표본크기 n을 층마다 적당히 나누는 것을 표본을 **배정**(allocation)한다고 한다.

총표본크기의 결정은 주어진 신뢰도에서 어느 정도의 오차한계를 받아들이느냐에 따라 달라진다.

3.4.1 모평균의 추정

먼저 모평균을 추정하는 경우에 총표본크기 n을 결정하는 문제를 생각해보자.

신뢰도 $(1-\alpha)$에서 용인할 수 있는 최대 오차한계를 B라고 하자. 이것을 식으로 표현하면 다음과 같다.

$$z_{\alpha/2}\sqrt{var(\bar{y}_{st})} = B \tag{3.12}$$

(3.12)의 양변을 제곱하고 다음과 같이 분산을 오차한계와 임계값의 함수로 나타내자.

$$var(\bar{y}_{st}) = \left(\frac{B}{z_{\alpha/2}}\right)^2 \equiv D \tag{3.13}$$

그런데 (2.2)에 주어진 공식을 기초로 생각하면 $\bar{y}_{st}$의 분산은 다음과 같다.

$$var(\bar{y}_{st}) = \sum_{h=1}^{H} \left(\frac{N_h}{N}\right)^2 \left(\frac{\sigma_h^2}{n_h}\right) \left(\frac{N_h - n_h}{N_h - 1}\right) \tag{3.14}$$

여기서 $N_h - 1 \approx N_h$ 로 놓으면, (3.14)는 다음과 같이 쓸 수 있다.

$$var(\bar{y}_{st}) = \sum_{h=1}^{H} \left(\frac{N_h}{N}\right)^2 \left(\frac{\sigma_h^2}{n_h}\right) \left(\frac{N_h - n_h}{N_h}\right) \tag{3.15}$$

w_h를 층 배정률이라 하자. 즉

$$w_h = \frac{n_h}{n}$$

$n_h = n w_h$ 를 (3.15)에 대입하면 (3.15)는 다시 다음과 같이 쓸 수 있다.

$$var(\bar{y}_{st}) = \sum_{h=1}^{H} \left(\frac{N_h}{N}\right)^2 \left(\frac{\sigma_h^2}{n w_h}\right) \left(\frac{N_h - n w_h}{N_h}\right) \tag{3.16}$$

(3.16)을 (3.13)에 대입하고, 결과되는 방정식을 n에 대하여 풀면 다음을 얻는다.

$$n = \frac{\sum_{h=1}^{H} N_h^2 \sigma_h^2 / w_h}{N^2 D + \sum_{h=1}^{H} N_h \sigma_h^2} \tag{3.17}$$

이같이 하면 총표본수 n을 결정할 수 있다. 그렇다면 층 배정률을 어떻게 결정해야 가장 좋은 배정 방식이 될까?

표본조사설계의 근본 목적은 최소 비용으로 작은 분산을 갖는 추정량을 얻는데 있다. 다시 말해서 최소 비용으로 최대 정밀도를 추구한다. 지금까지는 분산으로 대표되는 정밀도를 기준으로 표집을 생각했는데, 여기에 비용의 최소화 문제까지 함께 고려하자.

층화표집시 조사비용은 다음과 같은 **비용함수**(cost function)로 표현할 수 있다.

$$C = c_0 + \sum_{h=1}^{H} c_h n_h$$

여기서 c_0는 조사 업무를 수행하기 위하여 사무실을 유지해야하는 등 기본적으로 들어가는 고정비용이다. 또 c_h는 h번째 층에서 관측 하나를 조사하는데 드는 단위비용이다. c_0는 고정비용이므로 편의상 $c_0=0$로 가정하자. 이 경우

$$C=\sum_{h=1}^{H} c_h n_h \tag{3.18}$$

우리의 목표는 비용 조건 (3.18)을 만족하면서 동시에 $var(\bar{y}_{st})$가 최소가 되도록 n_h를 결정하는 것이다.

이와 같이 등식으로 주어진 제한조건하에서 주어진 함수의 최대 또는 최소값을 찾는 방법이 **라그랑즈 승수법**(Lagrangian multiplier method)이다.

▪ **라그랑즈 승수법**

목적: $\underset{x_1,\cdots,x_n}{\text{minimize}}$ (or, maximize) $f(x_1,\cdots,x_n)$

등식 조건: $g(x_1,\cdots,x_n)=0$

해법: $L=f-\lambda g$로 놓고, $\dfrac{\partial L}{\partial x_1}=0,\cdots,\ \dfrac{\partial L}{\partial x_n}=0, g=0$ 의 $(n+1)$ 개 방정식을 $(x_1,\cdots,x_n,\lambda)$ 의 $(n+1)$ 개 미지수에 대하여 푼다.

라그랑즈 승수법을 현 상황에 적용하면 다음과 같다.

$$\underset{x_1,\cdots,x_n}{\text{minimize}}\ var(\bar{y}_{st}) \quad (\text{조건: } C=\sum_{h=1}^{H} c_h n_h)$$

즉,

$$f(n_1,\cdots,n_H)=\sum_{h=1}^{H}\left(\frac{N_h}{N}\right)^2\left(\frac{\sigma_h^2}{n_h}\right)\left(\frac{N_h-n_h}{N_h}\right)=var(\bar{y}_{st})$$

$$g(n_1,\cdots,n_H)=C-\sum_{h=1}^{H} c_h n_h=0$$

따라서 $L=var(\bar{y}_{st})-\lambda(C-\sum_{h=1}^{H} c_h n_h)$. 라그랑지안 L을 n_h들에 대하여 편미분하여 0으로 놓으면 다음과 같이 된다.

$$\frac{\partial L}{\partial n_h} = 0 \quad \Leftrightarrow \quad -\frac{N_h^2}{N^2}\frac{\sigma_h^2}{n_h^2} + \lambda\, c_h = 0 \qquad (h = 1, \cdots, H) \tag{3.19}$$

(3.19)를 n_h들에 대하여 풀면 (3.20)을 얻는다.

$$n_h = \frac{1}{\sqrt{\lambda}}\frac{N_h\,\sigma_h}{N\sqrt{c_h}} \tag{3.20}$$

이제 남은 과제는 (3.20)의 미지수 λ를 제거하는 것이다. 그런데 $\sum_{h=1}^{H} n_h = n$ 이므로 다음과 같이 간단히 λ의 값을 구할 수 있다.

$$\sum_{h=1}^{H}\frac{1}{\sqrt{\lambda}}\frac{N_h\,\sigma_h}{N\sqrt{c_h}} = n \qquad \Rightarrow \qquad \sqrt{\lambda} = \frac{1}{nN}\sum_{h=1}^{H}\frac{N_h\,\sigma_h}{\sqrt{c_h}}$$

이 결과를 (3.20)에 대입하면 층표본크기 n_h들은 다음과 같이 결정된다.

$$n_h = \left(\frac{N_h\,\sigma_h / \sqrt{c_h}}{\sum_{h=1}^{H} N_h\,\sigma_h / \sqrt{c_h}}\right) n \tag{3.21}$$

더욱 간단히 쓰면,

$$n_h \propto \frac{N_h\,\sigma_h}{\sqrt{c_h}} \tag{3.22}$$

(3.22)를 해석하면 층이 크거나, 층내분산이 크거나, 관측비용이 적게 들면 그 층의 표본 크기를 늘리는 것이 좋다는 의미가 된다. 결국 층별 표본 수 배정 계획에 영향을 미치는 요인은 세 가지로서 층크기(N_h), 층내변동(σ_h), 층별 관측비용(c_h)이다.

(3.21)과 같은 형식으로 배정하는 방법을 **최적배정**(optimal allocation)이라 한다. 이러한 최적배정의 결과인 (3.21)을 다시 (3.17)에 대입하면 $w_h = n_h / n$ 이므로 다음 공식을 얻는다.

$$n = \frac{\left(\sum_{h=1}^{H} N_h\,\sigma_h / \sqrt{c_h}\right)\left(\sum_{h=1}^{H} N_h\,\sigma_h\sqrt{c_h}\right)}{N^2 D + \sum_{h=1}^{H} N_h\,\sigma_h^2} \tag{3.23}$$

층별 표본수 배정시 최적배정은 글자 그대로 층크기, 층내변동, 층별 관측비용 등 모든 면에서 가장 최선의 배정법이다. 그런데 최적배정에서 층별 단위 관측비용 c_h들을 전부 같게 놓는 경우를 **네이만 배정**(Neyman allocation)이라 한다.

네이만 배정의 경우 $n_h \propto N_h \sigma_h$가 되므로 층별 표본크기와 총표본크기는 다음 공식들로 구한다.

$$n_h = \left(\frac{N_h \sigma_h}{\sum_{h=1}^{H} N_h \sigma_h} \right) n \tag{3.24}$$

$$n = \frac{\left(\sum_{h=1}^{H} N_h \sigma_h \right)^2}{N^2 D + \sum_{h=1}^{H} N_h \sigma_h^2} \tag{3.25}$$

예 3.3과 예 3.4에서 이미 언급한 바 있는 **비례배정**(proportional allocation)은 층별 관측비용을 고려하지 않고 또 층내분산들을 동일하게 놓은 경우의 최적배정이다. 따라서 비례배정의 경우 층별 표본크기는 모집단 층크기에 비례적으로 정해진다.

즉 $n_h \propto N_h$가 되며 층별 표본크기와 총표본크기는 다음과 같이 결정된다.

$$n_h = \left(\frac{N_h}{N} \right) n \tag{3.26}$$

$$n = \frac{\sum_{h=1}^{H} N_h \sigma_h^2}{N D + \frac{1}{N} \sum_{h=1}^{H} N_h \sigma_h^2} \tag{3.27}$$

그 외에 층마다 무조건 표본크기를 동일하게 잡는 **동등배정**(equal allocation)이 있으나 사용되지는 않는다. 물론 동등배정시에는 $n_h = n/H$가 된다.

일반적으로 최적배정이 가장 좋고, 그 다음이 네이만 배정, 그 다음이 비례배정이다. 물론 제 3.3.3 절에서 언급한대로 대부분의 실제 상황에서 비례배정에 의한 층화표집은 단순임의표집보다 더 효율적이므로 요컨대 층화표집은 단순임의표집을 할 때보다 추정량의 분산 면에서 더 이득이 있는 표집법이라 하겠다.

예 3.5

으뜸대학교 통계학부생 $N=300$ 명 중 남자는 $N_1=212$ 명, 여자는 $N_2=88$ 명이다.

남녀별 층화표집으로 학생들이 한 학기 동안 읽은 책의 평균 권수를 조사하려한다. 작년도 조사를 기초로 $\sigma_1 \approx 10$, $\sigma_2 \approx 5$로 잡았다. 그리고 여자를 조사하는데는 2만원, 남자의 경우에는 1만원의 조사비용이 든다. 최대 오차의 허용한계를 ±2로 놓을 경우 총표본크기를 구하고 층별로 표본배정을 하라. 이 경우 주어진 상황을 요약하는 데이터는 다음과 같다.

층	N_h	σ_h	c_h
남학생	212	10	1
여학생	88	5	2
	$N=300$		

공식 (3.23)의 계산 과정은 다음과 같다.

항목	남학생	여학생	합계
$N_h\ \sigma_h\ /\sqrt{c_h}$	2120	311.13	2431.13
$N_h\ \sigma_h\ \sqrt{c_h}$	2120	622.25	2742.25
$N_h\ \sigma_h^2$	21200	2200	23400
w_h	0.872	0.128	1

$D=2^2/4=1$이므로

$$n=\frac{2431.13(2742.25)}{300^2(1)+23400}=58.8 \approx 59$$

여기에 층 배정률 w_h를 곱하면 층표본크기는 다음과 같다.

$$n_1=0.872n=51.3 \approx 51$$

$$n_2=0.128n=7.53 \approx 8$$

∎

예 3.6

예 3.5와 동일 상황에서 이번에는 조사비용이 50만원밖에 없다고 하자. 오차한계에 상관없이 확보한 예산을 다 쓰는 경우를 생각하자. 총표본크기를 결정하고 층별 표본배정을 하자. 이 경우 비용함수는 다음 식으로 표현된다.

$$c_1 n_1 + c_2 n_2 = 1n_1 + 2n_2 = 50$$

예 3.1에서 층 배정률 w_h들을 이미 계산했고, $n_h = n\,w_h$이므로 위 식은 다시 다음과 같이 쓸 수 있다.

$$n w_1 + 2n w_2 = (0.872)n + 2(0.128)n = 50$$

이 식을 풀면 $n = 44.3 \approx 44$, $n_1 = 44(0.872) = 38.4 \approx 38$, $n_2 = 44(0.128) = 5.6 \approx 6$. ▮

예 3.7

예 3.5에 주어진 상황에서 비례배정을 해보자. 공식 (3.27)을 이용하려면 예 3.5에 주어진 계산표 항목에서 $N_h \sigma_h^2$ 부분을 읽는다.

$$n = \frac{23400}{300(1) + \frac{1}{300}(23400)} = 61.9 \approx 62$$

따라서 층별 배정은 다음과 같다.

$$n_1 = 62 \times \left(\frac{212}{300}\right) = 43.8 \approx 44, \qquad n_2 = 62 \times \left(\frac{88}{300}\right) = 18.2 \approx 18$$ ▮

3.4.2 모합의 추정

모합 τ를 추정할 때 표본 크기의 결정 공식은 모평균 추정 시와 동일하다. 단, 이 경우 모든 공식에서 D를 다음과 같이 놓기만 하면 된다.

$$D = B^2 / 4N^2 .$$

3.4.3 모비율의 추정

(2.16)을 기초로 생각하면 모비율 추정시 총표본크기를 결정하고 층별 표본배정을 하려면, 모평균 추정시 사용하는 모든 공식들에서 σ_h^2 대신 $p_h(1-p_h)$를 사용하면 될 것이다. 따라서 층화표집에서 모비율 추정시 총표본수는 다음과 같이 결정한다.

$$n = \frac{\sum_{h=1}^{H} N_h^2 \, p_h \, (1-p_h)/w_h}{N^2 D + \sum_{h=1}^{H} N_h \, p_h \, (1-p_h)}, \qquad (D = B^2/4) \tag{3.28}$$

최적배정의 경우 n_h와 n을 구하는 공식은 다음과 같다.

$$n_h = \left(\frac{N_h \sqrt{p_h (1-p_h)/c_h}}{\sum_{h=1}^{H} N_h \sqrt{p_h (1-p_h)/c_h}} \right) n \tag{3.29}$$

$$n = \frac{\left(\sum_{h=1}^{H} N_h \sqrt{p_h (1-p_h)/c_h} \right) \left(\sum_{h=1}^{H} N_h \sqrt{p_h (1-p_h) c_h} \right)}{N^2 D + \sum_{h=1}^{H} N_h \, p_h (1-p_h)} \tag{3.30}$$

네이만 배정의 경우에는 다음과 같다.

$$n_h = \left(\frac{N_h \sqrt{p_h (1-p_h)}}{\sum_{h=1}^{H} N_h \sqrt{p_h (1-p_h)}} \right) n, \qquad n = \frac{\left(\sum_{h=1}^{H} N_h \sqrt{p_h (1-p_h)} \right)^2}{N^2 D + \sum_{h=1}^{H} N_h \, p_h (1-p_h)} \tag{3.31}$$

비례배정의 경우에는 다음과 같다.

$$n_h = \left(\frac{N_h}{N} \right) n, \qquad n = \frac{\sum_{h=1}^{H} N_h \, p_h (1-p_h)}{ND + \frac{1}{N} \sum_{h=1}^{H} N_h \, p_h (1-p_h)} \tag{3.32}$$

비례배정시 층비율에 대한 사전정보가 없다면 p_h =0.5로 놓아 보수적인 최대 표본크기를 얻을 수 있다. 이 경우 총표본크기 n을 구하는 공식 (3.32)는 다음과 같이 축약된다.

$$n = \frac{N}{4ND+1} \tag{3.33}$$

예 3.8

예 3.2에서와 같이 통계인으로서 자부심을 갖고있는 학생들의 비율을 추정하는 조사를 계획하고 있다. 과거 조사에서 $\hat{p}_1 = 0.80, \hat{p}_2 = 0.25$ 였다. 최대 오차한계를 ±5%로 유지하고 싶다. 그런데 여학생 조사는 남학생보다 2 배의 조사비용이 든다. 총표본수를 결정하고 층별 표본배정을 하자.

항목	남학생	여학생	합계
N_h	212	88	300
$N_h \sqrt{p_h(1-p_h)/c_h}$	84.8	26.94	111.74
$N_h \sqrt{p_h(1-p_h)c_h}$	84.8	53.89	138.69
$N_h\, p_h(1-p_h)$	33.92	16.5	50.42
w_h	0.76	0.24	1

$D = (0.05)^2/4 = 0.000625$이므로 공식 (3.30)으로부터,

$$n = \frac{(111.74)(138.69)}{300^2(0.000625) + 50.42} = 145.3 \approx 146$$

여기에 층 배정률 w_h를 곱하면 $n_1 = 146(0.76) = 111$, $n_2 = 146(0.24) = 35$. ▮

예 3.9

예 3.8에서 남녀를 불문코 조사비용은 동일하며 층 모분산에 대한 어떤 정보도 가용치 않다고 하자. 이런 경우에는 비례배정을 해야한다. 공식 (3.33)에 의하여 비례배정시 총표본수는 다음과 같이 결정된다.

$$n = \frac{300}{4(300)(0.000625) + 1} = 171.4 \approx 172$$

층별 배정은 층크기에 비례하므로

$$n_1 = 172\left(\frac{212}{300}\right) = 121.55 \approx 122$$

$$n_2 = 172\left(\frac{88}{300}\right) = 50.45 \approx 50$$

▮

3.5 층의 결정

층화를 하기 위한 가장 좋은 변수는 어떻게 선택해야할까? 만약 그런 변수를 선택했다면 층간 경계를 도대체 어느 지점에서 설정해야 하나? 또 몇 개의 층으로 모집단을 분할해야 하는가?

최상의 층화 방법은 관심 변수에 대한 관측값의 **빈도분포**(frequency distribution)를 기초로 층을 나누는 것이다. 예를 들어 개체들의 소득을 조사한다면 소득에 대한 분포를 기초로 이를테면 고소득층과 저소득층으로 층화를 하면 된다. 그러나 문제는 조사 전에 그런 분포 형태를 완벽히 알 수는 없다는 점이다. 차선책은 관심 변수에 상관도가 아주 높은 다른 변수의 빈도분포를 기초로 층화를 시도하는 것이다

먼저 관심 변수에 대한 빈도(f) 자료가 가용한 경우에는 Dalenius와 Hodges (1959)가 제안한 **누적** $\boldsymbol{\sqrt{f}}$ 방법을 이용하여 선택한 층의 개수에 따라 층의 경계점을 결정할 수 있다.

표 3.1은 1956년 미국에서 13,435 개 은행들을 대상으로 조사한 바, 은행 대출금 중 산업 대출의 비율에 대한 빈도 자료를 요약한 것이다.

누적 $\sqrt{f}$ 방법이란 빈도분포를 기초로 $\sqrt{f}$ 들의 누적값들을 계산한 후, 누적 $\sqrt{f}$ 척도 상에서 등간격 구간이 되도록 층화를 하는 것이다.

표 3.1을 기초로 5 개 층을 나누고 싶다고 하자. 최종 누적 $\sqrt{f}$ 의 값은 389.5다. 이 값을 5로 나누면 다음과 같은 경계점들의 값을 얻게 된다.

77.9, 155.8, 233.7, 311.6

이 경계점들에 가장 가까운 곳으로 층화를 하면 다음과 같은 결과를 얻는다.

표 3.1 누적 $\sqrt{f}$ 방법에 의한 층 경계의 결정

%	f	$\sqrt{f}$	누적 $\sqrt{f}$	%	f	$\sqrt{f}$	누적 $\sqrt{f}$
0- 5	3464	58.9	58.9	50-55	126	11.2	340.3
5-10	2516	50.2	109.1	55-60	107	10.3	350.6
10-15	2157	46.4	155.5	60-65	82	9.1	359.7
15-20	1581	39.8	195.3	65-70	50	7.1	366.8
20-25	1142	33.8	229.1	70-75	39	6.2	373.0
25-30	746	27.3	256.4	75-80	25	5.0	378.0
30-35	512	22.6	279.0	80-85	16	4.0	382.0
35-40	376	19.4	298.4	85-90	19	4.4	386.4
40-45	265	16.3	314.7	90-95	2	1.4	387.8
45-50	207	14.4	329.1	95-100	3	1.7	389.5

	층				
	1	2	3	4	5
경계	0-5%	5-15%	15-25%	25-45%	45-100%
누적 $\sqrt{f}$ 의 구간	58.9	96.6	73.6	85.6	74.8

그런데 이상과 같은 식의 층화는 관심 변수 자체를 놓고 층화를 한다는 비현실적인 면이 있다. 따라서 더 현실적인 대안은 관심 변수 y와 아주 밀접한 연관이 있는 다른 변수 x를 선택하여 이 변수 x에 대해서 누적 $\sqrt{f}$ 방법을 적용하여 y를 층화하는 것이다. 물론 원래 관심 변수와 가장 밀접한 연관이 있는 변수 x는 아마도 과거에 시행된 동일한 조사에서 얻은 y 값들일 것이다.

참고로 x와 y 간의 상관계수가 0.95를 넘지 않으면 층의 개수 H는 5 개 이하로 잡아야 한다. 또 층의 개수가 늘어나면 조사 관리비용 역시 증가하는데, 비용함수의 형태에 관계없이 H가 6 이상이면 층의 개수를 더 늘려도 추정량의 정밀도에는 실익이 없음이 알려져 있다.

3.6 표본선택 후의 층화 - 사후층화

서울시 송파구에서 가구별 평균 식비를 조사하려고 한다. 구청에는 송파구 전체에 거주하는 가구들의 목록이 있다. 이런 경우 바람직한 층화 변수는 가구의 크기일 것이다. 왜냐하면 식구가 많은 집은 더 많이 먹을 테니까.

과거 시행된 인구 및 주택 총조사에서 송파구의 가구 크기에 대한 분포 자료를 얻었다. 그런데 우리가 보유한 표집틀에는 단지 가구들의 목록만 있지. 가구의 크기까지 반영할 정보가 없는 점이 문제다. 따라서 가구 크기를 층화변수로 잡아 직접적인 층화표집을 할 방법이 없다.

가구원의 수	%
1	10.75
2	15.17
3	28.50
4	35.58
≥ 5	10.00

이런 경우에는 일단 단순임의표집을 하여 가구별 식비뿐 아니라 가구의 크기까지 함께 조사한 다음, 조사로 결과된 데이터를 다시 가구 크기별로 층화하여 층화추정량을 구하는 방법을 사용한다. 다시 말해서 층화표집은 한 일이 없지만 조사 결과가 층화표집에서 나온 것인 양 생각하는 것이다.

그래서 이런 류의 분석을 **사후층화**(poststratification)라고 부른다. 일단 표본을 선택한 후에 층화를 하기 때문에 사후층화인 것이다.

표본크기 n이 충분히 크면 단순임의표집은 비례배정한 층화표집과 매우 유사할 것이라고 기대할 수 있다. 즉 n이 충분히 크면 단순임의표집을 해도 예를 들어 가구원의 수가 3인 가구들의 비율이 28.5% 정도로 나올 것임을 짐작할 수 있는 것이다.

사후층화의 활용례는 많다.

전화로 여론조사를 하는데, 성별로 층화를 하고 싶지만 통화하기 전에 미리 응답자의 성별을 알 수는 없다. 따라서 이런 경우에도 성별을 층화변수로 하는 층화표집이 불가능하다. 이때도 사후층화를 한다.

사후층화를 활용할 수 있는 또 다른 예로써, 남녀 비율이 같은 집단에서 $n=100$ 명의 체중(kg)을 측정하였다. 물론 이 100 명은 단순임의표집한 것이다. 조사 결과가 다음과 같이 요약되었다.

남자	여자
$n_1 = 20$	$n_2 = 80$
$\bar{y}_1 = 70$	$\bar{y}_2 = 50$

이 경우 표본평균을 계산하면

$$\bar{y} = \frac{20 \times 70 + 80 \times 50}{20 + 80} = 54 \ .$$

그런데 데이터를 보면 여자가 지나치게 많이 표집되어 결국 평균 체중이 과소추정되었음을 알 수 있다. 이를 어떻게 보정할 수 있을까?

이 경우 남녀 비율이 같다는 점을 알고 있기 때문에, 층화 평균을 사용하면 적절히 보정이 된다. 즉

$$\bar{y}_{st} = \frac{N_1}{N}\bar{y}_1 + \frac{N_2}{N}\bar{y}_2 = 0.5(70) + 0.5(50) = 60$$

만일 모집단의 남녀 비율을 모르면 사후층화가 가능할까? 그렇지 않다. 사후층화는

층비중 N_h/N을 아는 경우에만 사용하는 것이다.

지금과 같은 경우는 애초부터 층화표집에는 관심이 없었지만 관심 변수에 영향을 미치는 주요 변수가 모집단을 잘 대표하지 못하는 현상을 보정하는 목적으로 사후층화를 하는 것이다. 이와 같이 사후층화는 과소포함(undercoverage)을 보정하는 수단으로 사용되기도 한다.

그런데 사후층화를 만일 자신이 바라는 결론을 끌어내기 위한 수단으로 남용하면 절대 안 된다. 통계 분석은 객관적이어야 하기 때문에 데이터를 보고 나서 분석 방향을 결정하면 애초부터 잘못된 것이다. 분석 목적은 데이터를 얻기 전에 이미 확립되어 있어야 하며 데이터를 보고 나서 자신의 분석 목적을 바꾸면 안 된다. 데이터를 보고 나서 가설을 세우면 언제나 유의한 결과를 끌어낼 수 있듯이, 데이터를 보고 나서 층을 선택하면 얼마든지 정밀도가 높은 추정값을 얻을 수 있다. 그러나 이는 진실이 아니다.

또 무응답을 보정하는 목적으로 사용할 수도 있지만 내재된 편향을 피하지는 못한다. 전화조사를 하는데 조사 결과 남자들의 무응답이 여자들에 비해 지나치게 많다고 하자. 이런 경우 사후층화를 하는 것은 결국 응답자 기준으로 무응답을 처리하는 것이 되기 때문에 무응답자들의 근본적인 성향이 다르면 왜곡된 결과만 얻게 된다.

이상에서 논의한 사후층화에 대한 수리적인 면을 살펴보자.

크기 n의 단순임의표본을 얻는다. 층화변수를 기초로 층을 분류하고 층마다 평균을 구한다. 이때 층의 표본크기는 n_h, 층의 표본평균은 $\bar{y}_h$ 다. 참고로 사후층화에서 총표본크기 n은 고정된 상수지만 추후 분류된 층의 표본크기 n_h는 확률변수다. 왜냐하면 미리 n_h들의 값을 알지 못하기 때문이다.

관측값들을 얻은 후 μ에 대한 층화추정값을 계산한다.

$$\bar{y}_{post} = \sum_{h=1}^{H} \frac{N_h}{N} \bar{y}_h \tag{3.34}$$

만일 n이 충분히 크고 n_h들이 30 이상이면 $\bar{y}_{post}$의 추정분산은 비례배정한 층화표집에서 $\bar{y}_{st}$의 추정분산으로 근사한다. 다시 말해서 사후층화는 비례배정한 층화표집만큼 정밀하다.

$$\widehat{var}(\bar{y}_{post}) \approx \left(1 - \frac{n}{N}\right) \sum_{h=1}^{H} \frac{N_h}{N} \frac{s_h^2}{n} \tag{3.35}$$

3.7 층화를 위한 이중표집

층화표집을 하려면 조사 전에 **층비중**(strata weight) W_h 즉 층 h에 속하는 모집단의 비율을 알아야한다. 그러나 조사 전에 층비중을 알기 어려운 경우들이 있다.

이런 상황에서는 먼저 크기 n'의 단순임의표본을 추출해서 각 층의 표본층비중 w_h를 구한다. 여기서

$$W_h = \frac{N_h}{N} = \text{층 } h\text{에 떨어진 모집단의 비율}$$

$$w_h = \frac{n_h{}'}{n'} = \text{층 } h\text{에 떨어진 첫 번째 표본의 비율}$$

이때 w_h는 W_h에 대한 비편향추정량이다.

참고로 $n_h{}'$들은 확률변수들이다. 왜냐하면 다른 단순임의표본을 추출하면 $n_h{}'$ 값들 역시 달라지기 때문이다.

이제 첫 번째 단순임의표본으로부터 모집단의 층비중을 추정했다. 이를 기초로 두 번째 표집을 하는 바, 이 두 번째 표집으로 크기 n의 층화표본을 뽑는다. 각 층의 표본 크기는 n_h다.

이와같이 두 번 표집을 하기 때문에 이런 류의 표집을 **이중표집**(double sampling) 또는 **이상표집**(two-phase sampling)이라 부른다.

현재 상황에서 첫 번째 표집의 목적은 모집단 층비중을 추정하기 위함이고, 두 번째 표집의 목적은 층별 모수 이를테면 층별 모평균 μ_h를 추정하려는 것이다. 이런 식의 이중표집에서는 반드시 첫 번째 표본의 크기가 상당히 커야 하며 상대적으로 본 조사를 위한 두 번째 표본의 크기는 감소될 수밖에 없다. 두 번째 표본 크기의 감소는 정밀도의 손실로 이어지지만 첫 번째 표본에서 층비중을 식별함으로써 얻어지는 정밀도의 이득이 크면 이중표집의 가치가 있는 것이다. 이런 형태로 진행되는 표집법을 특히 **층화용 이중표집**(double sampling for stratification)이라 한다.

이중표집에서 가장 큰 문제는 표본크기 n'을 얼마로 해야하고 또 n_h들을 어떻게 최적배정하는가를 결정하는 것이다. 여기에 대해서는 Cochran (1977)의 제 12.3 절을 참조하라.

모평균 $\mu = \sum W_h \mu_h$ 이므로 μ에 대한 추정량은 다음과 같다.

$$\bar{y}_{st} = \sum_{h=1}^{H} w_h \bar{y}_h \tag{3.36}$$

그리고 $\bar{y}_{st}$에 대한 추정 분산은 다음과 같다.

$$\widehat{var}(\bar{y}_{st}) \approx \sum_{h=1}^{H}\left[\frac{w_h^2 s_h^2}{n_h}+\frac{w_h(\bar{y}_h-\bar{y}_{st})^2}{n'}\right] \tag{3.37}$$

만일 모비율 추정시 이중표집을 한다면 추정분산 공식 (3.37)에서 $\bar{y}_h$ 대신 $\hat{p}_h$를, s_h^2 대신 $n_h\hat{p}_h(1-\hat{p}_h)/(n_h-1)$을 넣는다. 즉

$$\widehat{var}(\hat{p}_{st}) \approx \sum_{h=1}^{H}\left[\frac{w_h^2\hat{p}_h(1-\hat{p}_h)}{n_h-1}+\frac{w_h(\hat{p}_h-\hat{p}_{st})^2}{n'}\right] \tag{3.38}$$

(3.37)과 (3.38)의 우변을 보면 분산이 두 항의 합으로 나타나고 있는 바, 특히 두 번째 항은 층비중을 미리 알지 못해 추정하기 때문에 나타나는 부분이다. 따라서 두 개 항 중 더 중요한 것은 첫 번째 항이다.

예 3.10

서울시 송파구청에서 세대주가 종교 신자인지 여부를 층화변수로 잡아 이 지역에서 불우이웃 돕기 성금을 내는 가구들의 비율을 추정하려고 한다. $n'=374$ 세대를 단순임의표집하였더니 $n_1'=292$ 명의 세대주는 종교 신자였고, $n_2'=82$ 명은 종교를 믿지 않는 사람들이었다. 이미 표집된 374 세대를 종교 기준으로 다시 층화하여 각 층별로 약 1/4 씩 층화표본을 추출하였다. $n=92$. 데이터는 다음과 같다.

	성금 ○	성금 ×	합계
종교신자	43	31	$n_1=74$
무교	14	4	$n_2=18$

첫 번째 표본에서 $w_1=292/374 \doteq 0.78$, $w_2=82/374 \doteq 0.22$. 각 층의 표본비율은

$$\hat{p}_1=43/74 \doteq 0.58, \qquad \hat{p}_2=14/18 \doteq 0.78.$$

따라서

$$\hat{p}_{st}=0.78(0.58)+0.22(0.78)=0.624$$

$$\widehat{var}(\hat{p}_{st}) \approx \frac{0.78^2(0.58)(1-0.58)}{73-1} + \frac{0.22^2(0.22)(1-0.22)}{18-1} = 0.00252$$

그러므로 이 지역에서 불우이웃 돕기 성금을 내는 가구들의 비율에 대한 95% 신뢰구간은 $0.624 \pm 2\sqrt{0.00252} = 0.62 \pm 0.1$. ∎

《 연 습 문 제 》

1. 100 명의 성인을 표본으로 추출하여 체중을 측정하였다. 이 표본의 평균 체중은 75 kg이었다. 그러나 아쉽게도 이 표본에는 남자가 지나치게 많이 선택되었음이 밝혀졌다. 즉 남자가 75 명, 여자가 25 명이었다. 모집단에는 남자와 여자의 비율이 거의 같다고 알려져있기 때문에, 75 kg은 대체로 과대 추정된 값으로 여겨진다. 만일 표본에서 남자들만의 평균 체중이 80 kg, 여자들만의 평균 체중이 60 kg이라면 남자가 지나치게 많이 선택된 현상을 보정하는 새로운 모평균의 추정값을 구하라.

2. 맞으면 O, 틀리면 ×.
   ① 층화임의표집에서 각 층마다 조사비용이 비슷하면 이때의 최적배정을 네이만 배정이라 하며 $n_h \propto N_h\,\sigma_h$ 라고 할 수 있다.
   ② 층화임의표집에서 최적배정을 하는 경우 어떤 층의 크기가 크고, 그 층내 변동이 크고, 또 그 층에서 조사비용이 싸게 들면 표본을 많이 추출하는 것이 유리하다.
   ③ 층화임의표집은 층간분산이 작을수록 유리하다.
   ④ 층화임의표집에 대한 네이만 배정법을 따르면 층내분산이 작은 층에서 표본을 더 많이 선택해야한다.
   ⑤ 층화임의표집의 최대 단점은 표본 선택에 많은 시간을 필요로 하는 점인데 그 이유는 각 층마다 완전한 표본틀이 마련되어야하고 각 층내에서 독립적인 표집을 해야하기 때문이다.

3. 어떤 도시의 모든 가구에 대하여, 각 가구당 당장 현금화할 수 있는 평균 자산을 추정하려하며 모든 가구들을 고소득층(층 1)과 저소득층(층 2)의 두 층으로 구분하였다. 고소득층 가구는 대체로 저소득층 가구보다 약 9 배의 자산을 보유하고 있다고 생각되며 σ_h는 층평균의 제곱근에 비례한다고 기대된다. 고소득층에는 4000 가구, 그리고 저소득층에는 20000 가구가 있다. (1) 1000 가구를 표집한다고 할 때 위에서

언급한 정보를 이용하여 각 층의 표본크기를 결정하라. (2) 이 표본조사의 목적이 두 층간의 평균 자산의 차이에 대한 추정이라면 1000 가구의 표본을 두 층에 어떻게 배분해야할까?

4. 유명한 치과의사인 무치석 선생과 아말감 선생이 독립적으로 한 마을의 200 명 아이들을 대상으로 치아 상태를 조사하였다. 무선생은 20 명의 아이들을 단순임의표집하여 충치의 갯수를 세었고, 그 결과를 다음 표로 요약하였다.

충치개수/아이	0	1	2	3	4	5	6	7	8	9	10
빈도	8	4	2	2	1	1	0	0	0	1	1

예를 들어 위 표에서 충치가 3개 있는 아이는 모두 2 명인 것이다. 그리고 아 선생은 동일한 치과 기술로 200 명의 아이들을 모조리 검사하였으되, 단지 충치가 전혀 없는 아이들의 수가 60 명이라고만 보고하였다.

(1) 이 마을 아이들의 총 충치 갯수를 무선생의 자료만을 이용하여 추정하라.
(2) 이 마을 아이들의 총 충치 갯수를 무선생과 아선생의 자료를 모두 이용하여 추정하라.
(3) 위의 두 추정값에 대하여 맞는 것은?
① 모두 비편향 ② (1)만 비편향 ③ (2)만 비편향 ④ 모두 편향
(4) 위의 두 추정 방법 중 어느 것이 더 정확할까? 그 이유는?

5. 층화표집에서 표본크기 n이 주어져있을 때, 라그랑즈 승수법을 사용하여 표본평균 $\bar{y}_{st}$의 분산을 최소화하는 배정법을 유도하라. 비용 함수는 고려하지 않는다. 이 배정법의 이름은 무엇인가?

6. 광고회사에서 어느 군 지역의 주민들을 대상으로 주당 평균 TV 시청시간을 조사한다. 이 군에는 두 개의 읍이 있으며 나머지는 농경지역이다. 두 개의 읍을 A 읍과 B 읍이라 하자. A 읍에는 공장이 하나 있고 대부분의 주민은 공장에서 일하며 아이들은 대개 국민학생들이다. B 읍은 순수한 주거지역으로 주민들의 대부분은 나이가 들었고 자식이 집에서 같이 사는 가구를 찾기가 어렵다. A 읍에는 155 가구, B 읍에는 62 가구, 농경지역에는 모두 93 가구가 살고있다. 이 상황에서 층화임의표집을 할 때의 장점에 대하여 언급하라.

7. 문제 6에서 기술한 상황을 기초로 A 읍, B 읍, 농경지역에 대한 층화임의표집을 하여 다음과 같은 결과를 얻었다. 전체 표본 크기는 40이다. 이하 문제에서 신뢰도는 95%로 놓는다.

층 1 (A 읍)	층 2 (B 읍)	층 3 (농촌)
$n_1 = 20$	$n_2 = 8$	$n_3 = 12$
$\bar{y}_1 = 33.900$	$\bar{y}_2 = 25.125$	$\bar{y}_3 = 19.000$
$s_1^2 = 35.358$	$s_2^2 = 232.411$	$s_3^2 = 87.636$
$N_1 = 155$	$N_2 = 62$	$N_3 = 93$

① B 읍에 사는 주민의 평균 TV 시청시간을 추정하고 오차한계를 계산하라.
② 모든 군민에 대한 평균 TV 시청시간을 추정하고 오차한계를 계산하라.
③ 군민들의 주당 TV 시청 총시간을 추정하고 오차한계를 계산하라.

8. 문제 6에서 기술한 상황을 기초로 광고회사에서는 모두 57 명에 대한 면접조사를 계획하고 있다고 하자. 그런데 농경지역을 조사하는데는 읍 지역보다 비용이 더 많이 든다. 즉 읍 지역에서 하나의 관측당 조사비용은 9 단위, 농경지역에서는 16 단위가 소모된다. 작년도 조사를 기초로 A 읍, B 읍, 농경지역의 층표준편차를 각각 5, 15, 10으로 놓을 수 있음을 알고있다. 각 층마다 표본 크기를 최적 배정하라.

9. 문제 8에서 조사 책임자 갈대 양의 마음이 바뀌어 면접조사대신 전화조사로 시청 시간에 대한 정보를 수집하기로 하였다. 군 내에서 전화 요금은 동일하기 때문에 층별 조사비용은 전부 동일하며 모집단 층표준편차의 값은 문제 8에 주어진대로다. 각 층별 표본 크기를 최적 배정하라.

10. 작년도 조사에 참여했던 연구원 하나가 문제 9에서 가정된 모집단 층표준편차의 값들은 전혀 믿을 수 없다고 귀띔해 주었다. 다시 마음이 흔들린 갈대 양은 각 층표준편차를 전부 10으로 동일하게 놓았다. 각 층의 표본 크기를 최적 배정하라.

11. 문제 6의 상황에서 9시 뉴스를 시청하는 가구들의 비율을 추정하려고 40 명의 표본을 각 층에 비례배정하여 조사하였다. 다음은 그 결과를 요약한 것이다. 9시 뉴

스를 시청하는 가구들의 비율을 추정하고 신뢰도 95%에서 오차한계를 계산하라.

층	표본크기	뉴스보는 가구수
1	20	16
2	8	2
3	12	6

12. 미국의 4년제 대학들에 대한 상세한 정보가 한 페이지씩 나와 있는 미국 대학 총람으로부터 대학의 평균 재학생수를 추정하고싶다. 일반적으로 미국에서는 사립대학의 규모가 공립대학보다 작다. 따라서 사립과 공립을 층으로 잡았다. 1/10 계통표집을 하여 일단 표집된 대학들이 사립인지 공립인지 확인하였다. 결과는 다음과 같다.

사립	공립	합
$n_1{}'=84$	$n_2{}'=57$	$n'=141$

이 대학들로부터 다시 11 개 사립대학과 12 개 공립대학들을 부표집하였다. 재학생 데이터는 다음과 같다. 미국 4년제 대학의 평균 재학생수를 추정하라. 신뢰도는 95%.

사립	1618	1140	1000	1225	791	1600
$(n_1=11)$	746	1701	701	6918	1050	
공립	7332	2356	21879	935	1293	5894
$(n_2=12)$	8500	6491	781	7255	2136	5380

4

비추정과 회귀추정

4.1 비추정

비추정(ratio estimation)이란 관심변수 y에 대한 직접적인 추정이 어려울 때 y와 밀접한 상관이 있는 **보조변수**(auxiliary variable) x에 대한 정보를 **비**(ratio)의 형태로 이용하여 y를 추정하는 방법이다. 제 4 장에서 설명하는 비추정과 회귀추정은 관심모수에 대한 효율적인 추정을 위한 기법이지, 단순임의표집이나 층화표집처럼 조사설계 방식은 아니다.

예를 들어 어떤 농촌지역에서 올해 총 쌀 생산량(τ_y)을 추정하고 싶다고 하자. 쌀 농사를 지은 사람들이 모두 1,000 명(N)이라고 하자. 이들 중 50 명을 단순임의표집하여 생산량(y_i)을 조사했더니 총 2,000 섬을 추수했음을 알았다. 1인당 평균 생산량($\bar{y}$)은 40 섬이므로 결국 지역 내 총 생산량은 $N\bar{y} = 1000 \times 40 = 40{,}000$ 섬으로 추정된다. 그런데 이런 식의 추정에는 한 가지 문제점이 있는데 즉 농부들이 소유한 논의 평수가 일정치 않은 것이다. 만일 대규모로 쌀을 경작하는 농부들이 표본에 들어오지 않거나 하면 추정값이 왜곡될 가능성이 있다. 이런 경우에는 동일 지역에서 평당 생산량은 비슷할 것이므로 표집된 농부들마다 소유한 논의 평수(x_i)와 생산량(y_i)을 동시에 조사하여 평당 생산량($b = \sum y_i / \sum x_i$)을 계산하고, 계산된 평당 생산량에 지역 내 논의 총평수 (τ_x)를 곱하는 편이 더 낫다. 물론 이 경우 지역 내 논의 총평수는 알고 있어야한다. 이런 논의를 수식으로 표현하면 다음과 같다.

$$\hat{\tau}_y = \frac{\sum_{i=1}^{n} y_i}{\sum_{i=1}^{n} x_i} \tau_x = b\,\tau_x \tag{4.1}$$

더 간단히 말하자면, '(총 생산량(?)) : (총 평수) = (표본 생산량) : (표본 평수)'라는 생산량과 평수 간 성립하는 밀접한 비례 관계를 이용하여 총 생산량을 추정하는 것이다. 이 경우 경작 평수가 보조변수 역할을 한다. 비추정의 원리는 이러한 것이다.

물론 비추정의 목적은 모합이나 모평균 등의 추정에만 있지 않다. 비 자체의 추정에 관심이 있는 경우도 많다. 즉 평당 평균 쌀 생산량 자체도 농업통계에서 주된 관심사다. 경제 관련 뉴스 등에서 항상 나오는 전년대비 몇 % 증가니 감소니 하는 통계량들은 전부 비추정을 한 것들이다.

비추정은 모평균이나 모합의 추정시 정밀도를 향상시키려는 목적으로 사용되며 무응답을 보정하는 목적으로 사용되기도 한다. 즉 무응답이 있더라도 무응답자에 대한 보조변수를 알 수 있으면 이를 이용하여 무응답자들의 반응을 예측하는 것이다. 또 제 3.6 절에서 언급한 사후층화 역시 일종의 비추정에 해당한다.

비추정을 이용하려면 각 표집단위마다 (y_i, x_i)를 동시에 측정해야한다. 물론 x는 보조변수다. 크기 N의 모집단에 대해서 다음과 같은 표기를 약속하자,

모합: $\tau_y = \sum_{i=1}^{N} y_i$, $\tau_x = \sum_{i=1}^{N} x_i$

모평균: $\mu_y = \dfrac{\tau_y}{N}, \qquad \mu_x = \dfrac{\tau_x}{N}$

모비: $\beta = \dfrac{\tau_y}{\tau_x} = \dfrac{\mu_y}{\mu_x}$

가장 간단한 비추정은 크기 n의 단순임의표본을 추출해서 β, τ_y, μ_y 등을 추정하는 것이다. 크기 n의 단순임의표본 $\{(x_1, y_1), \cdots, (x_n, y_n)\}$을 추출하였다. 표본통계량들은 다음과 같이 표기한다.

표본합: $t_y = \sum_{i=1}^{n} y_i, \quad t_x = \sum_{i=1}^{n} x_i$

표본평균: $\bar{y} = \dfrac{t_y}{n}, \qquad \bar{x} = \dfrac{t_x}{n}$

표본비: $$b = \frac{t_y}{t_x} = \frac{\bar{y}}{\bar{x}} \tag{4.2}$$

따라서 τ_y, μ_y에 대한 비추정 공식은 다음과 같이 주어진다.

$$\hat{\tau}_y = b\,\tau_x, \qquad \hat{\mu}_y = b\,\mu_x \tag{4.3}$$

이 경우 τ_x와 μ_x의 값은 알고있어야 한다.

그리고 비추정과 회귀추정에서는 x와 y 간의 상관관계를 이용하는데 물론 상관도가 높을수록 비추정과 회귀추정이 잘 된다. 모상관계수 ρ는 다음과 같이 정의한다.

$$\rho = \frac{\sum_{i=1}^{N}(x_i - \mu_x)(y_i - \mu_y)/N}{\sigma_x\,\sigma_y} = \frac{\sigma_{xy}}{\sigma_x\,\sigma_y}$$

여기서 σ_x는 x_i들의 모표준편차, σ_y는 y_i들의 모표준편차다. 대응되는 표본상관계수는 다음과 같이 표기한다.

$$r = \frac{\sum_{i=1}^{n}(x_i - \bar{x})(y_i - \bar{y})/(n-1)}{s_x\,s_y} = \frac{s_{xy}}{s_x\,s_y}$$

여기서 s_x는 x_i들의 표본표준편차, s_y는 y_i들의 표본표준편차다.

그런데 (4.2)에서 정의한 **표본비**(sample ratio) b는 기실 **모비**(population ratio) β

에 대한 **편향추정량**(biased estimator)이다. 즉 $E(b) \neq \beta$. 표본비 b에 대한 기대값은 정확히 구하기 어려운데, 이는 b의 분자와 분모가 모두 확률변수이기 때문이다. 때때로 비율(proportion)과 비(ratio)의 구분이 혼동되는 경우가 있는데, 이런 경우에 둘을 구분하는 간단한 방법은 '만일 표본이 달라지면 분모가 변하는가?'하고 자문하는 것이다. 이것이 사실이면 그 통계량은 비에 해당한다. 비율이라면 분모는 항상 상수다. 그러나 비의 경우에는 표본에 따라 분모값이 변하므로 결국 비의 분모도 확률변수가 된다.

b의 기대값과 분산은 n이 클 때 다음 근사 공식으로 주어진다.

$$E(b) \approx \beta \tag{4.4}$$

$$var(b) \approx \frac{1}{\mu_x^2}\frac{\sigma_\epsilon^2}{n}\frac{N-n}{N} \tag{4.5}$$

여기서 σ_ϵ^2는 다음과 같이 정의한다.

$$\sigma_\epsilon^2 = \frac{\sum_{i=1}^{N} \epsilon_i^2}{N} = \frac{\sum_{i=1}^{N}(y_i - \beta x_i)^2}{N} \tag{4.6}$$

그리고 b의 추정 분산은 다음 식으로 주어진다.

$$\widehat{var}(b) \approx \frac{1}{\mu_x^2}\frac{s_e^2}{n}\frac{N-n}{N}, \qquad \text{여기서} \quad s_e^2 = \frac{\sum_{i=1}^{n}(y_i - b x_i)^2}{n-1} = \frac{\sum_{i=1}^{n} e_i^2}{n-1} \tag{4.7}$$

(4.7)에서 $e_i = y_i - b\,x_i$를 **잔차**(residual)라 부른다. 그리고 만일 (4.7)에서 μ_x를 모른다면 $\bar{x}$를 대용하여 근사한다. 즉

$$\widehat{var}(b) \approx \frac{1}{\bar{x}^2}\frac{s_e^2}{n}\frac{N-n}{N} \tag{4.8}$$

이 공식들을 유도한다.

n이 크면 $\bar{x} \approx \mu_x$가 되므로 즉 표본평균이 모평균에 근접할 것이라 기대할 수 있기 때문에 $(b-\beta)$는 다음과 같이 근사적인 표현이 가능하다. 이렇게 표현하는 이유는 기대값 연산시 분모에 확률변수가 존재한다는 곤란한 상황을 타개하기 위함이다.

$$b - \beta = \frac{\bar{y}}{\bar{x}} - \beta = \frac{\bar{y} - \beta\,\bar{x}}{\bar{x}} \approx \frac{\bar{y} - \beta\,\bar{x}}{\mu_x}$$

따라서 $E(b-\beta) \approx \dfrac{E(\bar{y}-\beta\,\bar{x})}{\mu_x} = \dfrac{\mu_y - \beta\,\mu_x}{\mu_x} = 0$. 즉 $E(b) \approx \beta$.

또한 $var(b) = E(b-\beta)^2 \approx \dfrac{1}{\mu_x^2} E(\bar{y}-\beta\,\bar{x})^2$.

여기서 $y_i - \beta\,x_i \equiv \epsilon_i$ 로 놓고, $\{\epsilon_1, \cdots, \epsilon_n\}$을 모평균이 $\mu_\epsilon = \mu_y - \beta\,\mu_x = 0$, 모분산은 (4.6)에서 정의한대로 σ_ϵ^2 인 모집단에서 단순임의표집된 n 개의 표본으로 간주하자. 그러면 $E(\bar{\epsilon}) = 0$ 이므로 $var(\bar{\epsilon}) = E(\bar{\epsilon}-0)^2 = E(\bar{\epsilon})^2$ 이 성립한다. 물론 여기서 $\bar{\epsilon} = \bar{y} - \beta\bar{x}$ 이다. 단순임의표집시 표본분산의 공식 (2.2)를 $\bar{\epsilon}$ 에 적용하면

$$var(\bar{\epsilon}) = \frac{\sigma_\epsilon^2}{n}\frac{N-n}{N-1} \qquad (= E(\bar{y}-\beta\,\bar{x})^2)$$

따라서 $var(b)$ 는 다음과 같이 근사된다.

$$var(b) \approx \frac{1}{\mu_x^2}\frac{\sigma_\epsilon^2}{n}\frac{N-n}{N-1} \approx \frac{1}{\mu_x^2}\frac{\sigma_\epsilon^2}{n}\frac{N-n}{N}$$

이로써 (4.5)를 증명하였다.

※ σ_ϵ^2 을 추정하는 다른 방법

$$N\sigma_\epsilon^2 = \sum_{i=1}^{N}(y_i - \beta x_i)^2$$

$$= \sum_{i=1}^{N}\left[(y_i - \beta x_i) - (\mu_y - \beta\mu_x)\right]^2$$

$$= \sum_{i=1}^{N}(y_i - \mu_y)^2 + \beta^2\sum_{i=1}^{N}(x_i - \mu_x)^2 - 2\beta\sum_{i=1}^{N}(y_i - \mu_y)(x_i - \mu_x)$$

따라서

$$\widehat{\sigma_\epsilon^2} = s_e^2 = \frac{\sum_{i=1}^{n}(y_i - \bar{y})^2 + b^2\sum_{i=1}^{n}(x_i - \bar{x})^2 - 2b\sum_{i=1}^{n}(y_i - \bar{y})(x_i - \bar{x})}{n-1}$$

$$= s_y^2 + b^2 s_x^2 - 2\,b\,s_{xy}$$

그런데 표본상관계수 $r = s_{xy} / s_x s_y$ 이므로 $s_e^2 = s_y^2 + b^2 s_x^2 - 2br s_x s_y$.
이 경우 공식 (4.7)은 다음과 같이 쓸 수 있다.

$$\widehat{var}(b) \approx \left(\frac{N-n}{N}\right)\frac{1}{n\mu_x^2}(s_y^2 + b^2 s_x^2 - 2br s_x s_y) \tag{4.9}$$

주의 깊은 독자라면 이상의 논의에서 사용된 표기들이 **회귀분석**의 통상적인 표기와 흡사함을 알 수 있었을 것이다. 사실상 비추정이란 회귀모형의 개념을 표본설계에 응용하는 것으로 파악할 수 있다.

단순선형회귀모형(simple linear regression model)은 다음과 같이 쓸 수 있다.

$$y_i = \alpha + \beta x_i + \epsilon_i \qquad (i = 1, \cdots, n) \tag{4.10}$$

만일 (4.10)에서 $\alpha = 0$이면, (4.10)은 **원점**(origin) 즉 $(x, y) = (0, 0)$을 지나는 단순선형회귀모형이 되며 따라서 이 경우 모형은 다음과 같이 축약된다.

$$y_i = \beta x_i + \epsilon_i \qquad (i = 1, \cdots, n) \tag{4.11}$$

모형 (4.11)에서 오차항 ϵ_i를 제거하면 β는 결국 y 대 x의 비가 됨을 알 수 있다. 즉 비추정이란 따라서 원점을 지나는 단순선형회귀모형을 표본설계에 적용한 것이다.

만일 모형 (4.10)을 그대로 표본설계에 적용하여 추정에 이용한다면 이를 **회귀추정**(regression estimation)이라 한다. 또 만일 모형 (4.10)에서 $\beta = 1$을 가정하는 경우를 **차이추정**(difference estimation)이라 부른다. 차이추정시 가정하는 회귀모형은 아래와 같다.

$$y_i = \alpha + x_i + \epsilon_i \qquad (i = 1, \cdots, n) \tag{4.12}$$

한 가지 유의할 점은, 회귀모형에서 가정하는 몇 가지 기본적인 사항들이 표본설계에 직접적으로 적용되지 못하기 때문에 일반적인 회귀분석 이론이나 계산 결과가 그대로 비추정이나 회귀추정에 들어맞지는 않는다. 그러나 표본 크기가 크면 그 차이는 무시할 수 있다.

비추정에서 관심 모수들에 대한 추정을 정리한다.

- **모비 β에 대한 추정**

$$b = \frac{t_y}{t_x} = \frac{\bar{y}}{\bar{x}} \tag{4.13}$$

$$\widehat{var}(b) \approx \frac{1}{\mu_x^2}\frac{s_e^2}{n}\frac{N-n}{N} \approx \frac{1}{\bar{x}^2}\frac{s_e^2}{n}\frac{N-n}{N} \tag{4.14}$$

- **모합 τ_y에 대한 추정**

$$\hat{\tau}_y = b\,\tau_x \tag{4.15}$$

$$\widehat{var}(\hat{\tau}_y) = \tau_x^2\,\widehat{var}(b) = \tau_x^2\,\frac{1}{\mu_x^2}\frac{s_e^2}{n}\frac{N-n}{N} \tag{4.16}$$

만일 모집단 크기 N을 알고있다면 $\tau_x = N\mu_x$ 이므로 (4.16)은 다시 다음과 같이 표현된다.

$$\widehat{var}(\hat{\tau}_y) = N^2\frac{s_e^2}{n}\frac{N-n}{N} \tag{4.17}$$

- **모평균 μ_y에 대한 추정**

$$\hat{\mu}_y = b\,\mu_x \tag{4.18}$$

$$\widehat{var}(\hat{\mu}_y) = \mu_x^2\,\widehat{var}(b) = \frac{s_e^2}{n}\frac{N-n}{N} \tag{4.19}$$

- **비율 p에 대한 추정**

때로 비를 비율로 생각하는 경우가 있다. 예를 들어 1998년도에 소나무 묘목들(x_i)을 심은 조림지 중 10 개 지역을 선택하고, 또 동일 지역들에 심은 소나무 묘목들 중 2000년 현재 아직도 생존하고 있는 소나무들의 수(y_i)를 세는 경우에, 2000년에도 여전히 생존하는 묘목들의 비율 p는 비추정으로 계산된다. 즉 $\hat{p} = \bar{y}\,/\,\bar{x}$. 따라서 이런 식의 비율 추정시에는 공식 (4.13)과 (4.14)를 그대로 적용하면 된다.

그런데 비추정으로 계산된 $\hat{p}$의 추정 분산 등을 구할 때 공식 (2.17)과 같은 이항 공식은 적용할 수 없다. 왜냐하면 공식 (2.17)은 분모가 원래부터 상수인 경우의 비율에만 적용할 수 있는 것이며 또 소나무 묘목들의 생존율같이 비추정된 비율에서는 두 확률변수 x와 y가 서로 독립이 아니기 때문이다.

- **95% 신뢰구간 추정**

이하 공식에서se$=\sqrt{var}$ 임을 유념하라.

비: $b \pm 2\widehat{\text{se}}(b)$

합: $\hat{\tau}_y \pm 2\widehat{\text{se}}(\hat{\tau}_y)$

평균: $\hat{\mu}_y \pm 2\widehat{\text{se}}(\hat{\mu}_y)$

예 4.1

산림청에서 관리하는 수목원에 있는 전나무들의 평균 나이를 알고싶다. 가장 좋은 방법은 모든 나무를 베어 나이테를 헤아리는 것이겠지만 나이테를 일일이 헤아리기란 쉽지 않다. 대신 나무의 나이는 나무의 지름에 비례하는 사실을 추정에 이용하고자 수목원에 있는 $N=1132$ 그루의 전나무 모두에 대해서 지름을 측정하였고, 이 결과 모평균이 $\mu_x=10.3$임을 알았다. 그 후 $n=20$ 그루를 임의표집하여 표 4.1과 같은 데이터를 얻었다. 그림 4,1은 데이터에 대한 **산점도**(scatter diagram)다. 산점도를 보면 데이터들이 패턴이 원점을 통과함을 짐작할 수 있다. 그림 4.1에 보이는 직선은 원점을 통과하는 적합된 회귀선이다. 나무 데이터에서 나이 대 지름의 비를 추정하고 추정량에 대한 추정 분산을 구해보자. 비추정과 관련된 연산시 표 4.2에 주어진 형식의 계산표를 작성하는 것이 안전하다. 표 4.2에서 $\bar{y}=107.4$, $\bar{x}=9.405$. 따라서 표본비 b와 나무들의 평균 나이 μ_y는 다음과 같이 추정한다.

$$b=\frac{107.4}{9.405}=11.42\,, \qquad \hat{\mu}_y=b\,\mu_x=11.42(10.3)=117.6$$

표 4.1 나무 데이터

나무	지름, x	나이, y	나무	지름, x	나이, y
1	12.0	125	11	5.7	61
2	11.4	119	12	8.0	80
3	7.9	83	13	10.3	114
4	9.0	85	14	12.0	147
5	10.5	99	15	9.2	122
6	7.9	117	16	8.5	106
7	7.3	69	17	7.0	82
8	10.2	133	18	10.7	88
9	11.7	154	19	9.3	97
10	11.3	168	20	8.2	99

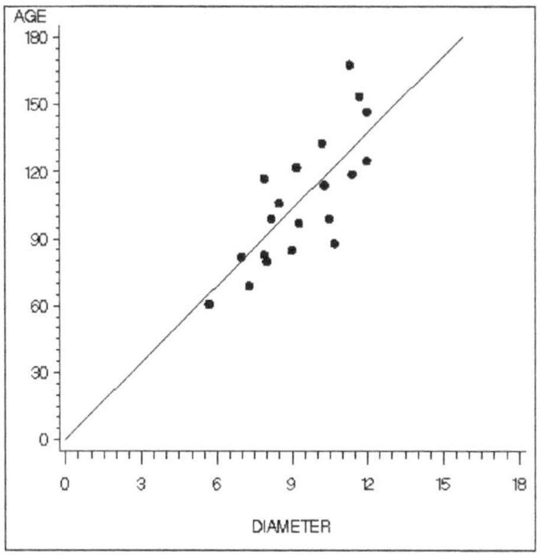

그림 4.1 원점을 통과하는 회귀선이 적합된 나무 나이 대 지름에 대한 산점도

표 4.2 비추정을 위한 계산표

나무	나이 y	지름 x	잔차 $e_i = y_i - bx_i$
1	125	12.0	-12.0335
2	119	11.4	-11.1818
3	83	7.9	-7.2137
4	85	9.0	-17.7751
5	99	10.5	-20.9043
6	117	7.9	26.7863
7	69	7.3	-14.3620
8	133	10.2	16.5215
9	154	11.7	20.3923
10	168	11.3	38.9601
11	61	5.7	-4.0909
12	80	8.0	-11.3557
13	114	10.3	-3.6204
14	147	12.0	9.9665
15	122	9.2	16.9410
16	106	8.5	8.9346
17	82	7.0	2.0638
18	88	10.7	-34.1882
19	97	9.3	-9.2010
20	99	8.2	5.3604
합	$t_y = 2148$	$t_x = 188.1$	
평균	$\bar{y} = 107.4$	$\bar{x} = 9.405$	
표준편차	$s_y = 28.67$	$s_x = 1.829$	$s_e = 17.94$
비	$b = 11.42$		

그리고 $\hat{\mu}_y$에 대한 추정분산은

$$\widehat{var}(\hat{\mu}_y) = \frac{s_e^2}{n}\frac{N-n}{N} = \frac{17.94^2}{20}\frac{1132-20}{1132} = 15.81$$

따라서 μ_y에 대한 95% 신뢰구간은 다음과 같다.

$$117.6 \pm 2\sqrt{15.81} = 117.6 \pm 7.95 = (109,6,\ 125.6)$$ ∎

표 4.2에 주어진 계산표 항목들을 얻는 SAS 코드를 소개한다. SAS에서 회귀분석은 REG 절차에서 담당하지만 표 4.2의 숫자 값들은 통상적인 회귀분석으로는 얻을 수 없다. 비추정은 원점을 지나는 단순선형회귀라고 앞서 언급했지만 더 정확히는 '원점을 지나는 **가중단순선형회귀**(weighted simple linear regression)'라고 해야 한다.

모형 (4.11)에서 β에 대한 통상적인 최소제곱 회귀추정량은 다음과 같다.

$$\hat{\beta} = \frac{\sum x_i y_i}{\sum x_i^2}$$

그런데 $\hat{\beta}$의 모양은 표본비 b와는 다르다. 그러나 각 관측마다 비중 w_i를 달리 놓는 **가중회귀**(weighted regression)에서 β는 다음과 같이 추정된다.

$$b = \frac{\sum w_i x_i y_i}{\sum w_i x_i^2}$$

따라서 만일 $w_i = 1/x_i$로 놓으면 가중회귀에서 β에 대한 추정량 b는 표본비와 일치한다.

예 4.1의 데이터를 처리하는 SAS 프로그램은 다음과 같다.

```
data tree;
  input tree x y @@;
  inv_x=1/x;
cards;
 1 12.0 125   2 11.4 119   3  7.9  83   4  9.0  85   5 10.5  99
 6  7.9 117   7  7.3  69   8 10.2 133   9 11.7 154  10 11.3 168
11  5.7  61  12  8.0  80  13 10.3 114  14 12.0 147  15  9.2 122
16  8.5 106  17  7.0  82  18 10.7  88  19  9.3  97  20  8.2  99
run;
```

```
proc means n sum mean std; var x y; run;

proc corr; run;

goptions device=win border hsize=4 vsize=4 htext=0.7;
symbol1 h=0.6 v=dot i=rl0;
proc gplot;
  plot y*x=1 / haxis=0 to 18 by 3 vaxis=0 to 180 by 30;
run;

proc reg;
  model y = x / noint p r;
  weight inv_x;
  output out=resid residual=residual;
run;

proc means data=resid n mean std var; var residual; run;
```

프로그램에서 특기할 사항은, 데이터 입력 단계에서 관측별 가중치 inv_x를 계산하여 REG 절차에서 WEIGHT 문장에 지정한 점이다. 이렇게 하면 가중회귀분석이 이루어진다. 또 MODEL 문장에 NOINT를 지정하면 절편이 없는 회귀모형 즉 원점을 통과하는 회귀모형이 적합된다. 가장 마지막 문장은 잔차들의 표준편차 s_e를 계산하기 위함이다. 요약된 출력은 다음과 같다.

계산표 4.2가 어떻게 만들어졌는지 스스로 확인해보라.

```
                    The SAS System

Variable   N          Sum          Mean       Std Dev
------------------------------------------------------
X         20  188.1000000     9.4050000     1.8288550
Y         20      2148.00   107.4000000    28.6620967
------------------------------------------------------

                    The SAS System

NOTE: No intercept in model. R-square is redefined.
Dependent Variable: Y
```

Analysis of Variance

Source	DF	Sum of Squares	Mean Square	F Value	Prob>F
Model	1	24528.99522	24528.99522	759.412	0.0001
Error	19	613.69981	32.29999		
U Total	20	25142.69503			

Root MSE	5.68331	R-square	0.9756
Dep Mean	102.93933	Adj R-sq	0.9743
C.V.	5.52103		

Parameter Estimates

Variable	DF	Parameter Estimate	Standard Error	T for H0: Parameter=0	Prob > |T|
X	1	11.419458	0.41438764	27.557	0.0001

Obs	Weight	Dep Var Y	Predict Value	Std Err Predict	Residual
1	0.0833	125.0	137.0	4.973	-12.0335
2	0.0877	119.0	130.2	4.724	-11.1818
3	0.1266	83.0000	90.2137	3.274	-7.2137
4	0.1111	85.0000	102.8	3.729	-17.7751
5	0.0952	99.0000	119.9	4.351	-20.9043
6	0.1266	117.0	90.2137	3.274	26.7863
7	0.1370	69.0000	83.3620	3.025	-14.3620
8	0.0980	133.0	116.5	4.227	16.5215
9	0.0855	154.0	133.6	4.848	20.3923
10	0.0885	168.0	129.0	4.683	38.9601
11	0.1754	61.0000	65.0909	2.362	-4.0909
12	0.1250	80.0000	91.3557	3.315	-11.3557
13	0.0971	114.0	117.6	4.268	-3.6204
14	0.0833	147.0	137.0	4.973	9.9665
15	0.1087	122.0	105.1	3.812	16.9410
16	0.1176	106.0	97.0654	3.522	8.9346
17	0.1429	82.0000	79.9362	2.901	2.0638
18	0.0935	88.0000	122.2	4.434	-34.1882
19	0.1075	97.0000	106.2	3.854	-9.2010
20	0.1220	99.0000	93.6396	3.398	5.3604

```
Sum of Residuals                -0.63046
Sum of Squared Residuals        613.6998
NOTE: The above statistics use observation weights or frequencies.

                         The SAS System

Variable  Label     N          Mean       Std Dev       Variance
----------------------------------------------------------------
RESIDIAL  Residual  20  -1.19904E-14    17.9424927   321.9330427
```

예 4.2

표 4.3의 자료는 1998년도에 소나무 묘목을 심은 조림지 중 임의선택한 10 개 지역에서 2000년에도 생존하고 있는 소나무들의 수를 헤아린 것이다. 1998년도 대비 2000년의 소나무 생존률을 95% 신뢰구간 추정해보자.

표 4.3에서 $b = \hat{p} = \dfrac{10753}{15720} = 0.684$. 유한모집단수정을 무시하면 추정분산은

$$\widehat{var}(\hat{p}) = \frac{1}{1572^2}\frac{45.038^2}{10} = 0.0041 .$$

따라서 $\widehat{se}(\hat{p}) = 0.02$. 95% 신뢰구간은 0.684±2(0.02) = (0.644, 0.724).

표 4.3 소나무 묘목의 생존율 추정

지역	00 묘목수 y	98 묘목수 x	잔차 $e_i = y_i - bx_i$
1	360	500	17.9835
2	1436	2000	67.9338
3	189	300	-16.2099
4	95	120	12.9160
5	3033	4500	-45.1489
6	2205	3300	-52.3092
7	1720	2400	78.3206
8	803	1200	-17.8397
9	542	800	-5.2265
10	370	600	-40.4198
합	$t_y = 10753$	$t_x = 15720$	
평균	$\bar{y} = 1075.3$	$\bar{x} = 1572$	
표준편차	$s_y = 987.07$	$s_x = 1452.3$	$s_e = 45.038$
비	$b = 0.684$		

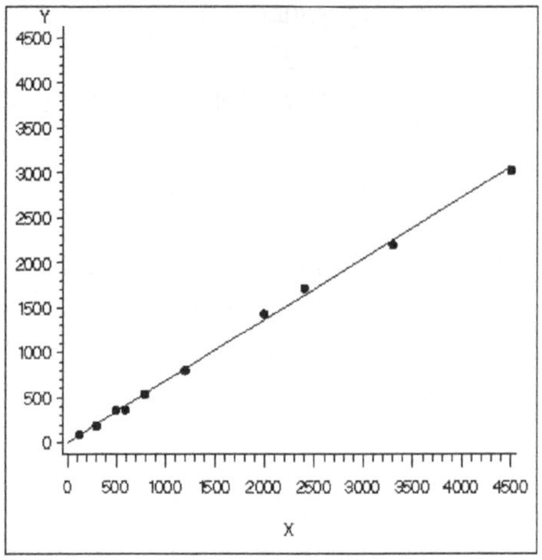

그림 4.2 소나무 묘목의 생존율

그림 4.2의 소나무 묘목의 생존율 데이터에 대한 산점도를 보면 두 변수간 상관도가 거의 1에 가까움을 알 수 있다. 실제로 표본상관계수를 계산하면 0.99899로서 거의 완벽한 정선형 관계를 보여준다. 공식 (4.9)에 의하면 s_e^2은 다음과 같이 구할 수도 있다.

$$\begin{aligned} s_e^2 &= s_y^2 + b^2 s_x^2 - 2br\, s_x\, s_y \\ &= 987.07^2 + 0.684^2(1452.3)^2 - 2(0.684)(0.99899)(987.07)(1452.3) \\ &= 2028.46 \end{aligned}$$

참고로 손 계산을 하면 반올림 오차 때문에 정확한 값이 나오지 않는다. ∎

4.2 표본 크기

표본설계론에서 표본 크기의 결정은 언제나 지정된 신뢰수준 $(1-\alpha)$와 허용 오차한계 B에 의존한다. 또 신뢰수준은 표준정규분포의 임계값 $z_{\alpha/2}$의 형태로 삽입된다. 반복하지만 관심 모수 θ에 대한 추정시, 표본크기 n은 신뢰수준과 오차한계로 표현된 다음 방정식을 풀어서 얻는다.

$$z_{\alpha/2}\sqrt{var(\hat{\theta})} = B\,, \qquad \text{또는} \qquad z_{\alpha/2}\,\widehat{\mathrm{se}}(\hat{\theta}) = B \tag{4.20}$$

(4.20)에서 신뢰도가 95%라면 $z=2$로 놓는다.

모비 β를 추정할 때 표본비 b에 대한 분산은 (4.5)에 주어져있다. 따라서 (4.5)를 (4.20)에 대입하여 결과되는 방정식을 n에 대하여 풀면 다음과 같은 결과를 얻는다.

$$z_{\alpha/2}\sqrt{\frac{1}{\mu_x^2}\frac{\sigma_\epsilon^2}{n}\frac{N-n}{N}}=B \quad \Rightarrow \quad n=\frac{N\sigma_\epsilon^2}{NB^2\mu_x^2/z_{\alpha/2}+\sigma_\epsilon^2} \tag{4.21}$$

그런데 (4.21)을 이용하여 n을 구하려면 μ_x와 σ_ϵ^2의 값을 알아야한다. 그러나 과거에 수행된 동일한 조사 기록이 없는 한 이 두 값에 대한 정보를 얻기는 어렵다. 이런 경우에는 크기 n'의 예비표본을 취하여 μ_x와 σ_ϵ^2를 추정하여 본조사의 표본크기를 결정한다. 예비표본에서 μ_x와 σ_ϵ^2의 추정량은 다음과 같다.

$$\hat{\mu}_x=\frac{\sum_{i=1}^{n'}x_i}{n'}, \qquad \widehat{\sigma_\epsilon^2}=\frac{\sum_{i=1}^{n'}(y_i-b\,x_i)^2}{n'-1}$$

- **모비 β에 대한 추정시 표본 크기**

$$n=\frac{N\sigma_\epsilon^2}{ND+\sigma_\epsilon^2}, \qquad D=\left(\frac{B\mu_x}{z_{\alpha/2}}\right)^2 \tag{4.22}$$

- **모합 τ_y에 대한 추정시 표본 크기**

$$n=\frac{N\sigma_\epsilon^2}{ND+\sigma_\epsilon^2}, \qquad D=\left(\frac{B}{z_{\alpha/2}N}\right)^2 \tag{4.23}$$

- **모평균 μ_y에 대한 추정시 표본 크기**

$$n=\frac{N\sigma_\epsilon^2}{ND+\sigma_\epsilon^2}, \qquad D=\left(\frac{B}{z_{\alpha/2}}\right)^2 \tag{4.24}$$

예 4.3

1000 채의 아파트를 보유한 아파트 단지 관리인이 현재 아파트 1 채당 평균 거주인

(μ_y)이 몇 명인지 알고싶어 표본조사를 계획하고 있다. 작년에 아파트별로 거주인의 수를 조사한 자료를 갖고 있으며 이 자료에 의하면 작년도에 아파트 1 채당 평균 거주인은 4.52 명이었다. 현재 조사에서는 95% 신뢰도에서 $B=\pm0.5$의 오차한계를 유지하려한다. 그런데 몇 채를 조사해야하는지 알기 위하여 $n'=10$ 채의 아파트를 임의표집하여 작년도와 현재 거주인의 수를 기록하였다. 이 상황을 정리한 데이터가 표 4.4에 나와 있다. 그림 4.3에 주어진 산점도와 적합된 회귀선을 참조하라. 공식 (4.24)를 이용하여 n을 구해보자. $D=(B/4)^2=(0.5/4)^2=1/16$, $N=1000$이므로

$$n=\frac{1000(2.59977)}{\frac{1000}{16}+2.59977}=39.9\approx 40$$

따라서 30 채의 아파트를 더 임의표집해서 조사하면 바라는 정밀도를 갖는 비추정값을 얻을 수 있을 것이다. 그런데 표 4.4 우하단에 나와있는 표본상관계수 값을 보면 상관도가 0.50으로 그리 상관도가 높다고 할 수 없다. 데이터를 살펴보면 3번 아파트 거주인들의 숫자가 작년에는 3인데 비하여 현재는 7로써 다른 아파트에 비하여 변화가 컸음을 알 수 있다. 갑자기 네 쌍둥이를 출산했는지 모르겠지만 여하간 이는 비정상적인 데이터라는 의심이 간다. 이와 같이 대다수의 다른 데이터들과 지나치게 다른 성향을 보이는 한두 개의 관측들을 **바깥점**(outlier) 또는 **특이값**이라 한다. 이 3번 관측에 대한 잔차는 3.9286으로 다른 관측들의 잔차에 비하여 유독 크다.

표 4.4 아파트당 평균 거주인들의 추정

아파트	올해 거주인 y	작년 거주인 x	잔차 $e_i=y_i-bx_i$
1	5	4	0.9048
2	4	5	-1.1190
3	7	3	3.9286
4	2	2	-0.0476
5	3	3	-0.0714
6	6	6	-0.1429
7	3	5	-2.1190
8	3	3	-0.0714
9	6	7	-1.1667
10	4	4	-0.0952
합	$t_y=43$	$t_x=42$	
평균	$\bar{y}=4.3$	$\bar{x}=4.2$	
표준편차	$s_y=1.64$	$s_x=1.55$	$s_e=1.612$
비	$b=1.02$		$(r=0.50)$

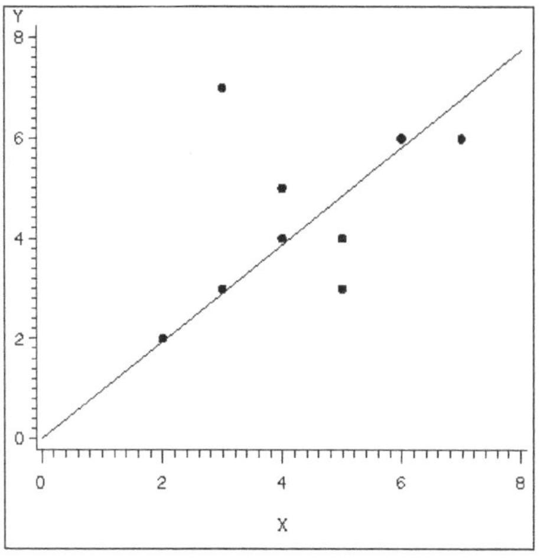

그림 4.3 아파트당 거주인들에 대한 산점도

그런데 어떤 관측이 바깥점이냐 아니냐는 기실 회귀모형을 기초로 **잔차분석**(residual analysis) 및 **영향진단**(influence diagnostics)을 해봐야 하겠지만 이 부분은 회귀분석의 영역이라 본서에서는 다루지 않겠다. 일단 아파트 3을 바깥점이라 인정하고 이 관측을 데이터에서 제거한 다음 다시 표본 크기를 결정해보자. 표 4.5는 따라서 9 개 관측들로만 계산한 결과다. 이 경우 $n' = 9$가 된다. 표본상관계수의 값은 0.84로서 바깥점 제거 전에 비하여 현저한 향상을 보이고 있다. 이 점은 그림 4.4의 산점도에서도 엿볼 수 있다.

표 4.5 아파트당 평균 거주인들의 추정 - 바깥점 제거

아파트	올해 거주인 y	작년 거주인 x	잔차 $e_i = y_i - bx_i$
1	5	4	1.3077
2	4	5	-0.6154
4	2	2	0.1538
5	3	3	0.2308
6	6	6	0.4615
7	3	5	-1.6154
8	3	3	0.2308
9	6	7	-0.4615
10	4	4	0.3077
합	$t_y = 39$	$t_x = 36$	
평균	$\bar{y} = 4.33$	$\bar{x} = 4.0$	
표준편차	$s_y = 1.58$	$s_x = 1.41$	$s_e = 0.818$
비	$b = 0.923$		$(r = 0.84)$

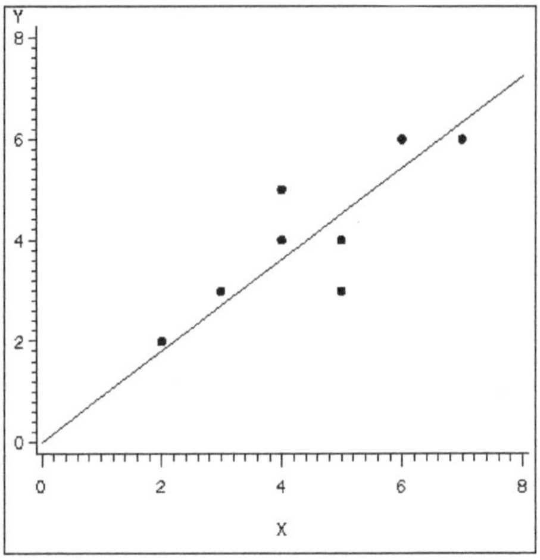

그림 4.4 아파트당 거주인들에 대한 산점도 - 바깥점 제거

또한 추정된 비의 값도 바깥점 제거 전에는 1.02로 추정되었지만 제거 후에는 0.923으로 바뀌었다. 즉 바깥점 제거 전에는 아파트 인구가 미세하나마 느는 추세지만 제거 후에는 상당한 감소 추세로 바뀌었다. 이 경우 조사에 필요한 표본 크기를 계산하면

$$n = \frac{1000(0.66864)}{\frac{1000}{16} + 0.66864} = 10.6 \approx 11$$

따라서 아파트 2 채만 더 표집하면 되겠다. 결국 바깥점 하나를 제거한 덕분에 요구되는 표본 크기가 40에서 11로 줄어들었다. 그리고 현재 표집한 9 채 아파트 거주인들의 자료를 기준으로 평균 거주인들의 수를 추정하면 작년도에 아파트 1 채당 평균 거주인은 4.52 명이었으니 4.52×0.923 = 4.17 명이 된다. ▌

4.3 층화표집에서 비추정

층화표집에서 모합 τ를 추정하기 위하여 비추정을 활용하는데는 두 가지 방법이 있다. 하나는 각 층별로 독립적으로 비추정을 하여 층합을 추정한 다음 그 층별 결과를 합하는 방법이다. 이런 추정을 **분리 비추정**(separate ratio estimation)이라 부른다. 다른 하나는 모든 층을 통틀어 단 하나의 비를 추정해서 모합을 추정하는 방법인데 이를 **병합 비추정**(combined ratio estimation) 또는 결합비추정이라 부른다. 어느 방법이든 층마다 표본 크기가 커야 쓸모가 있다.

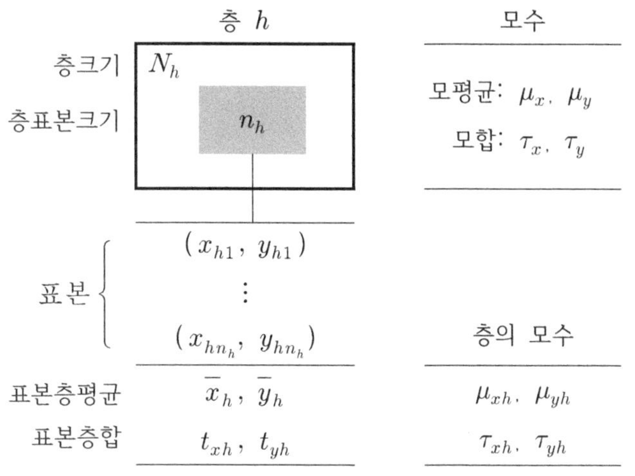

그림 4.5 층화표집에서 비추정

그림 4.5에 층화표집에서 비추정을 하는 상황을 도시하였다. 각 층마다 쌍을 이룬 관측 (x_{hi}, y_{hi})들이 n_h 개씩 표집된다. 이때 변수 x에 대한 층의 표본평균, 표본합을 $\bar{x}_h$, t_{xh}로 표기한다. 마찬가지로 변수 y에 대한 층의 표본평균, 표본합은 $\bar{y}_h$, t_{yh}로 표기한다. 층의 모수 및 모집단 전체의 모수들에 표기는 그림 4.5의 오른쪽을 참조하라.

분리비추정에서는 각 층마다 독립적으로 비를 계산한 다음 이를 기초로 층 모수에 대한 추정을 하고, 각 층별 추정 결과를 모아 모집단 전체에 대한 추정을 한다.

각 층별 표본비는 다음과 같이 정의한다.

$$b_h = \frac{t_{yh}}{t_{xh}} = \frac{\bar{y}_h}{\bar{x}_h} \tag{4.25}$$

따라서 층 h의 모합 τ_{yh}에 대한 비추정은 다음과 같다.

$$\hat{\tau}_{yh} = b_h \, \tau_{xh} \tag{4.26}$$

결국 모합 τ_y에 대한 추정은 다음과 같다.

$$\hat{\tau}_{yRs} = \sum_{h=1}^{H} \hat{\tau}_h = \sum_{h=1}^{H} b_h \, \tau_{xh} \tag{4.27}$$

(4.27)에서 사용된 첨자 Rs는 분리비추정을 나타낸다. 공식 (4.14)로부터 층 h의 표본비 b_h의 추정분산은 다음과 같이 쓸 수 있다.

$$\widehat{var}(b_h) \approx \frac{1}{\mu_{xh}^2}\frac{s_{eh}^2}{n_h}\frac{N_h - n_h}{N_h} \tag{4.28}$$

여기서 $s_{eh}^2 = \dfrac{\sum_{j=1}^{n_h}(y_{hj} - b_h x_{hj})^2}{n_h - 1}$.

따라서 (4.27)에 주어진 추정량 $\hat{\tau}_{yRs}$ 에 대한 추정 분산은 다음과 같다.

$$\begin{aligned} \widehat{var}(\hat{\tau}_{yRs}) &= \widehat{var}\left(\sum_{h=1}^{H} b_h \tau_{xh}\right) \\ &= \sum_{h=1}^{H} \tau_{xh}^2 \widehat{var}(b_h) \\ &= \sum_{h=1}^{H} \tau_{xh}^2 \frac{1}{\mu_{xh}^2}\frac{s_{eh}^2}{n_h}\frac{N_h - n_h}{N_h} \end{aligned} \tag{4.29}$$

또 모평균 μ_y 는 비추정된 층평균 $\hat{\mu}_{yh}$ 들의 가중평균으로 구한다. 여기서 가중치는 층 비중 $W_i = N_i/N$이다. 따라서 모평균에 대한 추정량과 추정분산은 다음과 같다.

$$\hat{\mu}_{yRs} = \sum_{h=1}^{H}\left(\frac{N_h}{N}\right) b_h \mu_{xh} \tag{4.30}$$

$$\widehat{var}(\hat{\mu}_{yRs}) = \sum_{h=1}^{H}\left(\frac{N_h}{N}\right)^2 \frac{s_{eh}^2}{n_h}\frac{N_h - n_h}{N_h} \tag{4.31}$$

이번에는 병합비추정에 대하여 알아보자. 이 경우에는 모든 층을 통틀어 오직 하나의 비를 추정하여 모수 추정에 사용한다.

먼저 표본 데이터로부터 x와 y에 대한 모합 또는 모평균들을 추정한다.

$$\hat{\tau}_y = \sum_{h=1}^{H} N_h \bar{y}_h , \qquad \hat{\tau}_x = \sum_{h=1}^{H} N_h \bar{x}_h$$

$$\hat{\mu}_y = \bar{y}_{st} = \frac{\hat{\tau}_y}{N} , \qquad \hat{\mu}_x = \bar{x}_{st} = \frac{\hat{\tau}_x}{N}$$

이들은 층화표본에서 계산한 모합 τ_y, τ_x 또 모평균 μ_y, μ_x 들에 대한 표준적인 추정량들이다. 이때 병합비의 추정량은 다음과 같이 정의한다.

$$b_c = \frac{\hat{\tau}_y}{\hat{\tau}_x} = \frac{\bar{y}_{st}}{\bar{x}_{st}} \tag{4.32}$$

따라서 모합 τ_y에 대한 추정량은 다음과 같다. 기호에서 Rc는 병합비를 의미한다.

$$\hat{\tau}_{yRc} = b_c \, \tau_x \tag{4.33}$$

따라서 $\hat{\tau}_{yRc}$에 대한 추정분산은 다음과 같다.

$$\widehat{var}(\hat{\tau}_{yRc}) = \widehat{var}(b_c \, \tau_x) = \sum_{h=1}^{H} \tau_x^2 \, \widehat{var}(b_c) \tag{4.34}$$

$$= \sum_{h=1}^{H} \tau_x^2 \frac{1}{\mu_{xh}^2} \frac{s_{ec}^2}{n_h} \frac{N_h - n_h}{N_h}$$

여기서 $s_{eh}^2 = \dfrac{\sum_{j=1}^{n_h} (y_{hj} - b_c x_{hj})^2}{n_h - 1}$.

모평균 μ_y에 대한 병합비 추정량 $\hat{\mu}_{yRc}$와 그 추정 분산은 다음과 같다.

$$\hat{\mu}_{yRc} = b_c \, \mu_x \tag{4.35}$$

$$\widehat{var}(\hat{\mu}_{yRc}) = \sum_{h=1}^{H} \left(\frac{N_h}{N}\right)^2 \frac{s_{ec}^2}{n_h} \frac{N_h - n_h}{N_h} \tag{4.36}$$

분리비추정과 병합비추정을 비교하면 분리비추정 시에는 층별 모비가 일정하다는 가정이 불필요하지만 반드시 층의 모합 τ_{xh}를 알고있어야 한다. 반면에, 병합비를 사용하려면 층별 모비가 일정하다는 가정을 할 수 있어야하고 또 층별 모합 τ_{xh}는 몰라도 상관없지만 전체 모집단의 합 τ_x를 알고있어야 한다.

일반적으로 비추정량은 편향되어 있으며 표본크기가 작으면 편향이 더 심해진다. 따라서 분리비든 병합비든 이들을 사용하려면 우선 표본크기가 커야만 한다. 굳이 둘을 비교한다면 층별 표본크기가 충분히 큰 경우에는 분리비추정이 유리하고, 층별 표본크기가 작은 경우에는 병합비추정이 유리하다고 하겠다.

예 4.4

표 4.6에 정리된 데이터는 어떤 농촌지역의 센서스에서 나온 것이다.

표 4.6 센서스 데이터

층	경지면적	N_h	$\bar{y}_h$	$\bar{x}_h$	σ_{yh}^2	σ_{xyh}	σ_{xh}^2	β_h	n_h
1	≤160	1580	19.40	82.56	312	494	2055	0.2350	70
2	> 160	430	51.63	244.85	922	858	7357	0.2109	30

	N	$\bar{y}_{st}$	$\bar{x}_{st}$	σ_y^2	σ_{xy}	σ_x^2	β	n
모집단	2010	26.30	117.28	620	1453	7619	0.2242	100

지역내 2010 개 농가들에 대하여 y는 농가별로 벼를 재배한 경지의 면적, x는 농가별 총 경작 면적이다. 이 농가들을 농가별 경작 면적을 기준으로 2 개 층으로 나누었다. 층 1은 160 단위 면적 이하의 농가들, 층 2는 그 이상의 농가들을 포함한다. $N_1=1580$, $N_2=430$이었다. $N=2010$ 개 농가들 중에서 $n=100$ 개 농가를 표집하였다. 층 1의 표본크기는 $n_1=70$, 층 2 의 표본크기는 $n_2=30$이다. 물론 현재와 같이 센서스 결과가 있으면 다시 표본조사를 할 이유는 없다. 여기서는 다만 농가별로 벼를 재배한 평균 면적을 추정할 때 단순임의표집에서 평균 추정, 단순임의표집에서 비추정, 층화표집에서 평균 추정, 층화표집에서 분리비 추정, 층화표집에서 병합비 추정들의 효율성을 추정량의 분산들로써 상호 비교하려한다. 이하 계산에서 편의상 유한모집단 수정은 무시하였다.

① 단순임의표집에서 평균 추정 - 공식 (2.2) 참조

$$v_1=\frac{\sigma_y^2}{n}=\frac{620}{100}=6.20$$

② 단순임의표집에서 비추정 - 공식 (4.19) 참조

$$v_2=\frac{\sigma_\epsilon^2}{n}=\frac{\sigma_y^2+\beta^2\sigma_x^2-2\beta\,\sigma_{xy}}{n}$$

$$=\frac{620+0.2242^2(7619)-2(0.2242)(1453)}{100}=3.51$$

③ 층화임의표집에서 평균 추정 - 공식 (3.5) 참조

$$v_3=\sum_{h=1}^{2}\left(\frac{N_h}{N}\right)^2\frac{\sigma_{yh}^2}{n_h}=\left(\frac{1580}{2010}\right)^2\frac{312}{70}+\left(\frac{430}{2010}\right)^2\frac{922}{30}=4.16$$

④ 층화임의표집에서 분리비 추정 - 공식 (4.31) 참조

$$v_4 = \sum_{h=1}^{2}\left(\frac{N_h}{N}\right)^2 \frac{\sigma_{\epsilon h}^2}{n_h} = \sum_{h=1}^{2}\left(\frac{N_h}{N}\right)^2 \frac{\sigma_{yh}^2 + \beta_h^2\sigma_{xh}^2 - 2\beta_h\sigma_{xyh}}{n_h}$$

$$= \left(\frac{1580}{2010}\right)^2 \frac{312^2 + 0.2350^2(2055) - 2(0.2350)(494)}{70}$$

$$+ \left(\frac{430}{2010}\right)^2 \frac{922^2 + 0.2109^2(7357) - 2(0.2109)(858)}{30} = 3.06$$

⑤ 층화임의표집에서 병합비 추정 - 공식 (4.36) 참조

$$v_5 = \sum_{h=1}^{2}\left(\frac{N_h}{N}\right)^2 \frac{\sigma_{\epsilon c}^2}{n_h} = \sum_{h=1}^{2}\left(\frac{N_h}{N}\right)^2 \frac{\sigma_{yh}^2 + \beta_c^2\sigma_{xh}^2 - 2\beta_c\sigma_{xyh}}{n_h}$$

$$= \left(\frac{1580}{2010}\right)^2 \frac{312^2 + 0.2242^2(2055) - 2(0.2242)(494)}{70}$$

$$+ \left(\frac{430}{2010}\right)^2 \frac{922^2 + 0.2242^2(7357) - 2(0.2242)(858)}{30} = 3.10$$

단순임의표집의 분산 v_1을 기준으로 나머지 추정량들의 상대 정밀도를 다음과 같이 정의하자.

$$\text{상대 정밀도} = \frac{v_1}{v_i} \times 100, \quad (i = 1, 2, 3, 4, 5)$$

정리된 결과는 다음과 같다.

표집방법	추정방법	분산	상대 정밀도
① 단순임의표집	평균	6.20	100
② 단순임의표집	비	3.51	177
③ 층화임의표집	평균	4.16	149
④ 층화임의표집	분리비	3.06	203
⑤ 층화임의표집	병합비	3.10	200

즉 최고 효율을 보이는 추정은 층화임의표집에서 분리비 추정이며 별 차이는 없지만 병합비 추정이 그 뒤를 따르고 있다. 요컨대 층화임의표집에 비추정이 결합되면 추정

효율이 가장 높다.

이 두 경우의 효율성은 단순임의표집에서 평균을 직접적으로 추정하는데 비하여 2 배 (200/100)다. 다른 말로 단순임의표집과 동일 정밀도를 유지하려한다면 표본 수를 절반으로 줄여도 된다.

한 가지 흥미로운 사실은 단순임의표집에서 비추정의 효과(177)와 층화의 효과(149)가 서로 엇비슷하다는 점이다. 기실 농가의 경지 면적을 기준으로 하는 층화나 분모로 농가의 경지 면적을 사용하는 비추정이 단순임의표집에서 직접적인 평균 추정보다 더 효율적임은 자명하다. 왜냐하면 층화와 비의 두 가지 개념 모두 농가의 경지 면적이 농가별 평균 쌀 재배 면적 추정에 끼치는 변동을 줄이려고 고안된 것이기 때문이다.

따라서 층화와 비의 개념을 동시에 사용하는 분리비 추정이나 병합비 추정의 효율성이 가장 뛰어남은 당연하다.

그리고 정리된 결과를 보면 단순임의표집시 비추정이 단순임의표집시 직접적인 평균 추정에 비하여 77% (177/100)의 이득을 보이지만 층화임의표집시 비추정은 층화임의표집시 직접적인 평균 추정에 비하여 36% (203/149)의 이득을 얻는데 그치고 있다. ▌

4.4 회귀추정

비추정은 데이터들의 산점도를 그렸을 때 점들이 원점을 지나는 직선으로 잘 적합이 되는 경우에 유용하게 쓰인다. 그런데 만일 점들이 직선적 관계를 보이고 있지만 원점을 통과하지 않는 경우에는 어떻게 해야할까? 이런 경우에는 통상적인 단순선형회귀모형을 고려하여 **회귀추정**(regression estimation)을 해야한다.

$$y = \alpha + \beta x + \epsilon \tag{4.37}$$

적합된 회귀선의 식을 다음과 같이 쓰자.

$$\hat{y} = a + b x \tag{4.38}$$

회귀계수 a, b의 추정식은 다음과 같다.

$$\hat{\beta} = b = \frac{\sum_{i=1}^{n}(x_i - \overline{x})(y_i - \overline{y})}{\sum_{i=1}^{n}(x_i - \overline{x})^2} = \frac{s_{xy}}{s_x^2} = \frac{r s_y}{s_x}$$

$$\hat{\alpha} = a = \overline{y} - b\overline{x}$$

따라서 (4.38)의 적합된 회귀선은 항상 $(\bar{x}, \bar{y})$를 통과한다.
이 사실을 이용하면 $x=\mu_x$ 에서 모평균 μ_y에 대한 회귀추정량은 다음과 같다.

$$\hat{\mu}_y = a + b\,\mu_x = \bar{y} + b(\mu_x - \bar{x}) \tag{4.39}$$

그런데 (4.39)로 주어진 회귀추정량은 편향되어있다. 증명은 하지 않지만 다음과 같은 사실이 성립한다.

$$E(\hat{\mu}_y - \mu_y) = -\operatorname{cov}(b, \bar{x}) \quad .$$

그리고 $\hat{\mu}_y$에 대한 추정분산은 다음과 같다.

$$\widehat{var}(\hat{\mu}_y) \approx \frac{s_e^2}{n}\frac{N-n}{N} \tag{4.40}$$

여기서 s_e^2은 잔차 $e_i = y_i - (\bar{y} + b(x_i - \bar{x}))$ 들의 분산으로 n이 크다면 다음 공식으로 근사된다.

$$s_e^2 \approx \frac{\sum_{i=1}^{n} e_i^2}{n-1} = \frac{\sum_{i=1}^{n}[(y_i - \bar{y}) - b(x_i - \bar{x})]^2}{n-1} \tag{4.41}$$

참고로 회귀분석에서 계산되는 MSE 값은 $\sum e_i^2/(n-2)$로 정의되는 바 (4.41)과 비교하여 분모항이 다소 다르다. 그러나 n이 크면 $1/(n-1)$과 $1/(n-2)$의 값에 별 차이가 없으므로 편의상 (4.40)을 다음과 같이 쓰기도 한다.

$$\widehat{var}(\hat{\mu}_y) \approx \frac{\text{MSE}}{n}\frac{N-n}{N} \tag{4.42}$$

만일 모합 τ_y에 대한 추정을 하려면 다음 공식을 이용한다.

$$\hat{\tau}_y = N\hat{\mu}_y \tag{4.43}$$

$$\widehat{var}(\hat{\tau}_y) = N^2\frac{s_e^2}{n}\frac{N-n}{N} \tag{4.44}$$

예 4.5

산림지역에서 죽은 나무의 숫자를 추정하기 위하여 이 지역을 100 개의 정방으로 구획을 지은 다음 항공사진을 판독하여 각 구획별 죽은 나무의 숫자를 헤아렸다. 항공사진 판독 결과 사진 상으로 죽은 나무수의 평균은 12.2 그루였다. 그러나 항공사진 판독(x)만으로는 죽은 나무인지 아닌지 판별이 어려운 경우가 있기 때문에 100 개의 정방 구획 중 24 개를 단순임의표집하고 실사(y)를 하여 죽은 나무들의 숫자를 헤아렸다. 데이터는 다음과 같다.

x	31	24	17	13	13	6	27	15	10	14	12	10	5	12	10	10	9	6	11	7	9	11	10	10
y	26	18	19	16	10	5	22	18	15	11	15	12	8	13	9	11	12	9	12	13	11	10	9	8

회귀추정량을 구하려면 회귀분석이 선행되어야한다. 이를 위한 SAS 코드와 정리된 출력을 첨부한다. 산점도는 그림 4.6을 보라.

```
data tree;
  input x y @@;
cards;
31 26 24 18 17 19 13 16 13 10  6  5 27 22 15 18 10 15 14 11 12 15 10 12
 5  8 12 13 10  9 10 11  9 12  6  9 11 12  7 13  9 11 11 10 10  9 10  8
run;

proc corr; run;

goptions device=win border hsize=4 vsize=4 ftext=swiss htext=0.7;
symbol1 h=0.6 v=dot i=rl;
proc gplot;
  plot y*x=1 / haxis=0 to 32 by 4 vaxis=0 to 32 by 4;
run; quit;

proc reg;
  model y = x / r;
  output out=resid residual=residual;
run;

proc means n mean std var;
  var residual;
run;
```

```
                          The SAS System

                        Simple Statistics

Variable      N          Mean         Std Dev            Sum

X            24     12.583333        6.433044     302.000000
Y            24     13.000000        4.881197     312.000000
```

```
Pearson Correlation Coefficients / Prob > |R| under Ho: Rho=0 / N = 24

                                 Y
                     X      0.87369
```

```
                          The SAS System

Model: MODEL1
Dependent Variable: Y

                       Analysis of Variance

                         Sum of          Mean
Source        DF        Squares        Square     F Value     Prob>F

Model          1      418.30958     418.30958      70.960     0.0001
Error         22      129.69042       5.89502
C Total       23      548.00000

    Root MSE        2.42797      R-square        0.7633
    Dep Mean       13.00000      Adj R-sq        0.7526
    C.V.           18.67666

                       Parameter Estimates

                   Parameter       Standard    T for H0:
Variable  DF        Estimate          Error   Parameter=0    Prob > |T|

INTERCEP   1        4.658116     1.10737509         4.206        0.0004
X          1        0.662931     0.07869772         8.424        0.0001

Sum of Squared Residuals         129.6904
```

```
                         The SAS System

              Analysis Variable : RESIDUAL Residual

     N           Mean        Std Dev        Variance
    -----------------------------------------------
    24  1.221245E-15       2.3745977       5.6387140
    -----------------------------------------------
```

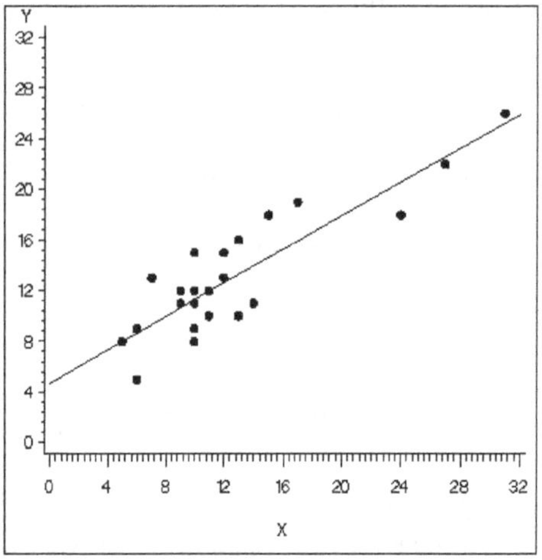

그림 4.6 항공사진 판독 대 실사 간 산점도

그림 4.6을 보면 데이터들의 패턴이 원점을 지나지 않고 있지만 상관은 높다. 출력을 읽으면, 표본상관계수는 0.874. 적합된 회귀선의 식은 $\hat{y} = 4.6581 + 0.6629x$. 따라서

$$\hat{\mu}_y = 4.6581 + 0.6629(12.2) = 12.75$$

잔차 분산 $s_e^2 = 129.6904/(24-1) = 5.6387$. 따라서 $\hat{\mu}_y$에 대한 추정 표준오차는

$$\widehat{\text{se}}(\hat{\mu}_y) = \sqrt{\frac{100-24}{100}\frac{5.6387}{24}} = 0.423$$

μ_y에 대한 95% 신뢰구간은 12.75±2.074(0.423) = (11.87, 13.63). 표본 크기가 30 이하이므로 표준정규분포의 임계값 $z_{0.025}$ 대신 $t_{22,0.025}$를 사용했다. 이런 식으로 t 분포의 임계값을 사용할 때는 자유도로 $(n-2)$를 사용한다. 만일 비추정을 하지 않고 단순임의표집된 y 데이터만을 이용했다면 μ_y에 대한 추정량 $\bar{y}$에 대한 추정 표준오차

는 다음과 같이 계산한다.

$$\widehat{\text{se}}(\hat{y}) = \sqrt{\frac{100-24}{100}\frac{4.8812^2}{24}} = 0.869$$

비추정과 비교하여 거의 2 배의 차이가 난다. 결국 비추정을 함으로써 정밀도가 상당히 향상되었는데 이는 두 변수간 상관도가 $r = 0.874$로서 매우 높기에 가능했다. 만일 이 산림지역 전체에서 죽은 나무들의 총수를 추정하려면 (4.43)과 (4.44)로부터 다음과 같이 연산한다.

$$\hat{\tau}_y = N\hat{\mu}_y = 100(12.75) = 1275$$
$$\widehat{\text{se}}(\hat{\tau}_y) = N\widehat{\text{se}}(\hat{\mu}_y) = 100(0.423) = 42.3$$

따라서 모합 τ_y에 대한 95% 신뢰구간은 1275±2.074(42.3)=(1187, 1363). 앞서 연산한 잔차분산 s_e^2 대신 출력의 MSE를 사용하면$\hat{\mu}_y$에 대한 추정 표준오차는

$$\widehat{\text{se}}(\hat{\mu}_y) = \sqrt{\frac{100-24}{100}\frac{5.8950}{24}} = 0.432\ .$$

s_e^2 대신 MSE를 사용하면 표준오차가 다소 증가하기는 하지만 n이 크면 무시할 수 있는 정도다. ∎

4.5 차이추정

차이추정(difference estimation)은 $\beta = 1$임을 이미 아는 경우의 회귀추정이다. 차이추정은 주로 회계 분야에서 단순임의표집을 하는 경우에 유용하다고 알려져 있다.

회사의 수취계정에는 계정별 장부가(book value)가 기록되어있다. 그러나 장부가와 실제가는 차이가 날 수 있다. 총 수취계정의 오류를 추정하기 위하여 감사는 계정들을 임의표집하여 정밀 조사한 후 감사가(audited value)를 결정한다. 이런 경우 우리가 고려하는 변수는 다음 두 개다.

y_i = i 번째 계정의 감사가

x_i = i 번째 계정의 장부가

이때 $(\bar{y} - \bar{x})$ 는 감사받은 계정들의 **평균차이**(mean difference)다.

차이추정을 위한 회귀모형은 다음과 같다.

$$y = \alpha + 1\,x + \epsilon \tag{4.45}$$

적합된 회귀선의 식을 다음과 같이 쓰자.

$$\hat{y} = a + x \tag{4.46}$$

회귀계수 a의 추정식은 다음과 같다.

$$\hat{\alpha} = a = \bar{y} - \bar{x}$$

따라서 $x = \mu_x$에서 μ_y에 대한 차이추정은 다음과 같이 이루어진다.

$$\hat{\mu}_y = (\bar{y} - \bar{x}) + \mu_x \tag{4.47}$$

여기서 잔차 e_i를 $e_i = y_i - x_i$로 정의하자. 그러면 $\bar{e} = \bar{y} - \bar{x}$ 가 된다. 이 경우 다음과 같이 $\hat{\mu}_y$에 대한 분산을 나타낼 수 있다.

$$\widehat{var}(\hat{\mu}_y) = \widehat{var}(\bar{e} + \mu_x) = \widehat{var}(\bar{e}) = \left(\frac{N-n}{N}\right)\frac{s_e^2}{n} \tag{4.48}$$

여기서 $s_e^2 = \dfrac{1}{n-1}\displaystyle\sum_{i=1}^{n}(e_i - \bar{e})^2$.

만일 모합 τ_y에 대한 추정이라면 추정량과 분산은 다음과 같이 주어진다.

$$\hat{\tau}_y = \tau_x + N(\bar{y} - \bar{x}) = \tau_x + N\bar{e} \tag{4.49}$$

$$\widehat{var}(\hat{\tau}_y) = N^2\,\widehat{var}(\bar{e}) \tag{4.50}$$

예 4.6

회사의 300 개 계정의 평균 장부가는 100만원이다. 10 개 계정을 단순임의표집하여 감사를 하였다. 다음은 표집된 10 개 계정에 대한 장부가와 감사가 데이터다. 이런 데이터에 대한 추정시 필요한 통계량들을 연산하려면 다음과 같이 SAS 코드를 작성한다.

감사가 y_i	장부가 x_i	잔차 e_i
18	17	+1
29	27	+2
9	8	+1
56	54	+2
45	47	-2
240	238	+2
300	299	+1
123	119	+4
62	63	-1
140	139	+1

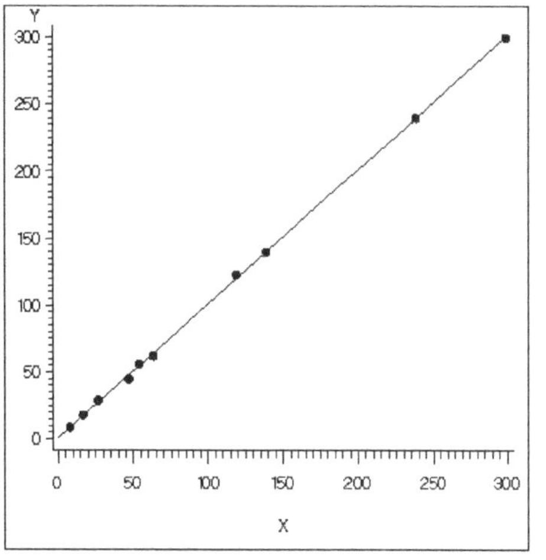

그림 4.7 장부가 대 감사가의 산점도

```
data diff;
  input y x @@; e=y-x;
cards;
18 17 29 27 9 8 56 54 45 47 240 238 300 299 123 119 62 63 140 139
run;

proc means n mean std var; run;
```

```
                          The SAS System

Variable   N          Mean        Std Dev       Variance
---------------------------------------------------------
Y         10   102.2000000    98.9565561        9792.40
X         10   101.1000000    98.5962023        9721.21
E         10     1.1000000     1.6633300      2.7666667
---------------------------------------------------------
```

출력 데이터를 읽으면 $\bar{e} = 1.1$, $s_e^2 = 2.77$ 이므로

$$\hat{\mu}_y = \bar{e} + \mu_x = 1.1 + 100 = 101.1$$

$$\widehat{var}(\hat{\mu}_y) = \frac{300-10}{300}\frac{2.77}{10} = 0.268$$

∎

4.6 층과 비 - 블록과 공변수

층(strata)을 나누는 층화표집과 비(ratio)를 이용한 비추정의 기본 아이디어는 각각 실험설계에서 블록(block)과 공변수(covariate)를 도입하는 개념과 일치한다. 층, 비, 블록, 공변수 등은 관심 변수에 대한 정보를 더 정확히 도출하기 위한 목적으로 삽입된 **보조변수**(auxiliary variable)들이다. 보조변수의 도움을 받으면 추정은 당연히 더 정확해진다.

실험설계의 경우 블록과 공변수의 활용은 다음과 같이 이루어진다.

예를 들어 어떤 품종의 콩의 수확량에 미치는 비료들간에 효과 차이가 있는지 알고싶다고 하자. 이런 류의 단일요인실험을 하는 간단한 방법은 콩이 심겨진 전체 농지를 구획지어 구획마다 비료를 임의배정하는 것이다. 그러나 넓은 농지의 토질이 균일한 것은 아니다. 따라서 비료에 따라 수확량 차이가 존재한다는 결론에 도달하더라도, 이것이 과연 비료 효과 때문인지 아니면 토질 차이 때문인지 알 수가 없다. 이런 문제를 해결하는 손쉬운 방법은 아예 농지를 토질에 따라 미리 구분한 다음, 동일 토질의 농지를 다시 분할하여 비료들을 임의 배정하는 것이다. 이와 같이 토질을 블록으로 잡아 실험을 진행하면 토질이 수확량에 미치는 영향을 제거할 수 있다. 그런데 이런 식으로 전체 농지를 토질을 기준으로 블록화하는 것은 표적모집단을 층화하는 것과 전혀 다를 바 없다. 이 경우 블록내 토질은 동질적이지만 블록간 토질은 이질적이 된다. 마찬가지로 층화를 하면 층내 동질적, 층간 이질적이 된다.

그리고 이번에는 몇 가지 샴푸의 세척력(y)을 비교하는 실험을 한다고 가정하자. 많은 사람들을 동원해서 샴푸에 임의 배정하고 머리를 감긴 뒤 얼마나 기름때가 빠졌나를 측정하면 샴푸의 세척력을 비교할 수는 있겠으나, 만일 어떤 샴푸에는 뚱뚱한 사람들이 주로 배치되었고 또 어떤 샴푸에는 마른 사람들이 주로 배치되었다면 몸무게(x)가 세척력에 미치는 효과를 무시할 수 없기 때문에 샴푸의 세척력 비교의 정확성이 감소한다. 왜냐하면 대체로 사람들의 몸무게에 비례하여 기름때가 생성된다고 믿어지기 때문이다. 이런 경우에는 우선 세척력(y)을 공변수인 몸무게(x)로 설명한 다음, 공변수로 설명이 되지 않는 나머지 부분을 대상으로 샴푸 효과 차이를 보기 위한 분산분석을 하는 것이 타당하다. 그리고 세척력을 몸무게로 설명하는 쉬운 방법은 회귀분석을 하는 것이다. 이와 같은 아이디어는 비추정시 관심변수 y뿐 아니라 보조변수 x까지 함께 관측하는 비추정의 개념과 전혀 다를 바 없다.

그렇다면 블록과 공변수의 차이는 무엇인가? 둘다 보조변수지만 블록은 이산형, 공변수는 연속형 변수라는 것이 차이점이다. 마찬가지로 층은 이산 변수, 비추정시 관측하는 x는 연속 변수에 해당한다.

결국 블록이나 층을 활용하는 경우라면 모집단을 일단 분할한 다음 분할된 집합마다 데이터 $\{y_{hj}\}$ $(h=1,\cdots,H;\ j=1,\cdots,n_h\ )$를 얻게 되며 공변수를 활용하거나 비추정을 하는 경우라면 n 쌍의 데이터 $\{y_i, x_i\}$ $(i=1,\cdots,n\,)$를 함께 얻어 분석에 활용하는 것이다. 예 4.4에서도 이미 언급했지만 층화와 비를 동시에 활용하는 추정의 효율성이 가장 높게 나오는 현상은 매우 자명한데 이는 2 개의 보조변수를 동시에 추정에 이용하는 것이 되기 때문이다.

실험설계에 관한 보조변수의 활용에 대해서 더 상세한 논의는 필자의 「실험설계와 분석」을 참조하라.

《 연 습 문 제 》

1. 다음 표는 모두 196 개 마을에서 단순임의표집된 49 개 마을에 대한 1920 년도의 인구(x_i)와 1930 년도의 인구(y_i)다. 이 자료를 이용하여 196 개 마을에 대한 1930 년도의 총 인구수를 추정하라. 단, 1920년도의 이 196 개 마을의 총인구는 22919였다. (※ $\Sigma x_i = 5054, \Sigma y_i = 6262$)

i	x_i	y_i	i	x_i	y_i	i	x_i	y_i	i	x_i	y_i	i	x_i	y_i
1	76	80	11	93	104	21	50	64	31	116	130	41	43	50
2	138	143	12	172	183	22	44	58	32	46	53	42	298	317
3	67	67	13	78	106	23	77	89	33	243	291	43	36	46
4	29	50	14	66	86	24	64	63	34	87	105	44	161	232
5	381	464	15	60	57	25	64	77	35	30	111	45	74	93
6	23	48	16	46	65	26	56	142	36	71	79	46	45	53
7	37	63	17	2	50	27	40	60	37	256	288	47	36	54
8	120	115	18	507	634	28	40	64	38	43	61	48	50	58
9	61	69	19	179	260	29	38	52	39	25	57	49	48	75
10	387	459	20	121	113	30	136	139	40	94	85			

2. 비추정, 회귀추정, 차이추정들에 각각 대응되는 회귀모형을 써라.

3. 과수원 경영에 경험이 많은 농장주는 복숭아 나무를 보고 나무에 달린 복숭아들의 총무게를 눈어림하여 추정한다. 이 사람이 $N=200$ 그루의 복숭아 나무들을 둘러보고 총무게를 11600 kg으로 추산하였다. 임의표집한 10 그루 복숭아 나무에 달린 복숭아들을 전부 따서 무게를 달았더니 다음 데이터를 얻었다.

나무	1	2	3	4	5	6	7	8	9	10	합
실제무게(y_i)	61	42	50	58	67	45	39	57	71	53	543
어림무게(x_i)	59	47	52	60	67	48	44	58	76	58	569

실제 총무게를 공식 (4.49)를 사용하여 추정하라. 또 표준오차를 계산하라.

4. 문제 3의 상황에서 회귀추정을 하는 것이 더 낫지 않을까?

5. 으뜸대학교 통계학부에 입학이 확정된 486 명의 고등학교 3학년 학생들을 대상으로 통계학 이해력 시험을 실시하였더니 평균 점수가 52 점이었다. 이 학생들 중 $n=10$ 명을 단순임의표집하여 기초통계학 과목의 기말시험 성적을 조사하였다. μ_y에 대한 95% 신뢰구간을 구하라.

학생	이해력 시험 성적(x)	기말시험 성적(y)
1	39	65
2	43	78
3	21	52
4	64	82
5	57	92
6	47	89
7	28	73
8	75	98
9	34	56
10	52	75

6. 한 회사에서 금년도 제3사분기 중 직원 일인당 평균 의료비 보조액(μ_y)을 추정하려한다. 지난 해 재무보고서에서 작년도 3사분기의 의료비 보조액 자료(x_i)를 얻을 수 있다. 총 1000 명의 직원들중 100 명을 임의추출한 결과 다음 데이터를 얻었다. 비추정을 하여 μ_y에 대한 95% 신뢰구간을 구하라. 단위는 만원.

$$\sum_{i=1}^{100} y_i = 1750, \qquad \sum_{i=1}^{100} x_i = 1200, \qquad \tau_x = 12500, \qquad SSE = 530$$

5

계통표집

5.1 계통표집 개요

단순임의표집이나 층화임의표집의 원리는 간단하지만 시행하기 위해서는 조사 전에 표집틀의 목록이 반드시 마련되어야하며 또 이 표집틀 목록으로부터 임의표본을 추출하는 등 까다로운 과정을 거쳐야한다.

계통표집(systematic sampling)은 표집틀이 존재하기는 하지만 목록화가 불가능하거나 또는 표집틀 목록이 있더라도 목록의 나열된 순서가 대체로 임의화되었다고 간주할 수 있는 상황에서 시행하는 단순임의표집의 대용 표집기법이다. 계통표집의 장점은 시행의 편리성에 있다.

계통표본(systematic sample)은 얻으려면 다음과 같이 한다.

① 표본크기 n을 결정한다.
② N/n에 가까운 바로 위의 정수 k를 구한다.
③ 1 이상 k 이하의 정수 R을 임의 선택한다.
④ $R,\ R+k,\ R+2k,\ \cdots,\ R+(n-1)k$ 번째 표집단위들을 추출한다.

즉 R번째 표집단위부터 시작하여 매 k번째 단위들을 순차적으로 표본으로 추출하는 것이다. 이렇게 표집하면 모집단의 약 $1/k$이 표본으로 추출된다. 이와 같은 표본을 **$1/k$ 계통표본**(1 in k systematic sample)이라 부르자. 이는 곧 표집률이 $1/k$이라는 의미가 된다. 이때 k를 **표집구간**(sampling interval)이라 한다.

예를 들어 으뜸대학교 재학생 15,948 명중에서 $n=160$ 명을 계통표집한다고 하자. 표집구간 k는 다음과 같이 결정한다.

$$k=\frac{15948}{160}=99.675\simeq 100$$

1부터 100까지의 정수들 중 하나를 임의 선택하여 시작점 R을 결정하였더니 $R=12$가 되었다고 하자. 이 경우 12, 112, 212, ⋯, 15912 번 학생들을 표집한다.

그런데 모집단 크기 N이 항상 k로 나누어 떨어지는 정수가 아니기 때문에 시작점 R 값에 따라 계통표본의 크기는 1만큼 차이날 수 있다. 즉 만일 $R\geq 49$면 $n=159$가 될 수밖에 없다.

계통표집은 표본추출이 쉽고 오류 없이 시행할 수 있으며 완전한 틀의 목록이 없어도 표집할 수 있는 장점이 있다. 조사원의 훈련도 필요 없으며 시간 절약에 도움이 된다. 예를 들어 사무실에 보관된 고객카드철에서 계통표집을 하는 경우 '매 k번째'의 규칙에 다소 어긋나기는 하지만 이를테면 파일박스를 열고 자를 들고 측정하여 매 1 cm마다 한 장씩 카드를 꺼내 조사를 할 수도 있다. 이와 같이 표집틀이 존재하기는 하지만 일일이 목록화되지 않았어도 계통표집에는 전혀 문제가 없다. 만일 이런 경우에 단순임의표집을 한다면 먼저 표집틀을 완전히 목록화해야하고, 임의추출된 카드 번호를 서류함에서 하나씩 찾아야 하는 번거로움이 따른다. 이와 같은 계통표집의 조사 편리성 때문에 대규모 표본조사에서는 어떤 형태로든 계통표집을 채용하지 않는 경우가 드물다.

계통표집을 하면 대체로 단순임의표집에 버금가는 효과를 얻을 수 있다. 으뜸대학교 학생들에 대한 조사시 전체 학생들의 이름이 한글 자모순으로 배열되어있다면 계통표본을 얻으나 단순임의표본을 얻으나 결과는 비슷할 것이다. 왜냐하면 학생들이 나열된 순서에 따라 관심 특성이 변한다고 볼 수는 없기 때문이다. 병원의 환자 카드철 역시 내원 순서로 정리되어 있는데 환자들의 병력과 내원 순서에 무슨 관계가 있다고 생각되지 않기 때문에 이 경우에도 단순임의표집보다 계통표집이 더 유용할 것이다.

그렇다해서 계통표집이 단순임의표집과 같지는 않다. 즉 계통표집에서는 단순임의표집처럼 모든 가능한 표본이 동일 확률로 표집되지는 않기 때문이다. 예를 들어 으뜸대학생 112 번과 113 번이 동시에 표본으로 선택될 수는 없는 것이다.

계통표집을 할 때는 표집틀이 대표하는 표적모집단에 대한 정의를 명확히 할 필요가 있다. 예를 들어 으뜸대학교 학생들에 대한 조사를 계획할 때 표집틀은 학생 전체일 것이다. 그런데 만일 도서관에 들어오는 매 10 번째 학생들을 계통표집한다면 이 계통표본은 분명히 전체 학생들을 대표한다고 보기 어렵다. 도서관에 출입하지 않는 학생들은 제외했기 때문이다. 이는 계통표본이 추출된 표집틀과 애초에 생각하던 표적모집단이 다른 경우다. 그러나 김포공항에서 출국하는 사람들에 대한 조사에서 출구로 나가는 매 10 번째 사람들을 계통표집한다면 이는 대표성이 있는 표본이 될 것이다. 이 경우 표적모집단인 출국자들에 대한 표집틀을 비록 목록화할 방법은 없지만 표집틀이 분명히 존재하기는 한다.

계통표집은 시행 원리상 층화표집으로 생각할 수도 있다. 즉 모집단을 n 개의 층으로 분할하는데, 각 층은 순서대로 처음 k 개의 단위들, 그 다음 k 개의 단위들 등으로 구성된다. 이렇게 생각하면 계통표집은 층마다 단 하나의 단위만 표집하는 층화임의표집만큼 정밀한 결과를 줄 수 있음을 알 수 있겠다. 다만 이 경우 계통표본은 각 층마다 상대적으로 동일한 위치에서 표본이 추출되지만 층화임의표본이라면 표본 추출 위치가 층마다 서로 다를 것이다. 그림 5.1은 층화임의표집과 비교한 계통표집을 보여준다.

그런데 기실 계통표집은 기술적으로 제 6 장에서 다룰 **집락표집**(cluster sampling)의 한 가지 형태다. 편의상 $N=nk$라고 가정하자. 이 경우 우리가 표집할 수 있는 k 개의 가능한 계통표본들은 표 5.1에서 열로 나타나고 있다. 즉 모집단 전체가 k 개의 큰 표집단위 즉 **집락**(cluster)들로 나누어졌고, 각 집락은 n 개 원소들을 포함한다. 결국 계통표집이란 k 개의 **집락단위**(cluster unit)들 중 하나의 집락단위를 단순임의추출하는 것이다.

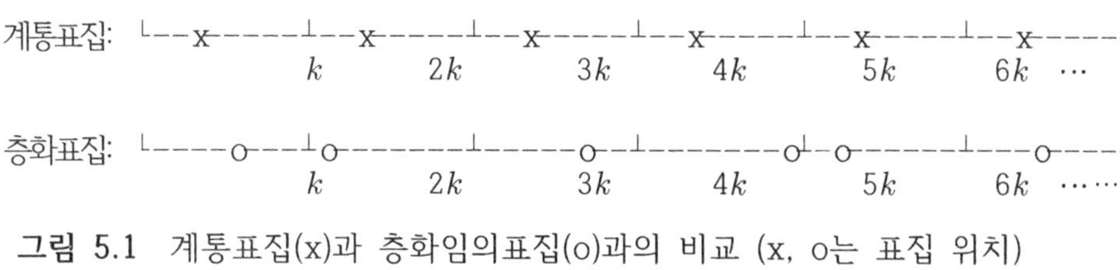

그림 5.1 계통표집(x)과 층화임의표집(o)과의 비교 (x, o는 표집 위치)

표 5.1 k 개의 가능한 계통표본들

	(집락)표본 번호				
	1	$\cdots$	i	$\cdots$	k
	y_1		y_i		y_k
	y_{k+1}	$\cdots$	y_{k+i}	$\cdots$	y_{2k}
	$\vdots$		$\vdots$		$\vdots$
	$y_{(n-1)k+1}$		$y_{(n-1)k+i}$		y_{nk}
평균:	$\bar{y}_1$	$\cdots$	$\bar{y}_i$	$\cdots$	$\bar{y}_k$

계통표집이 확률표집법인 이유는 최초의 시작점을 임의추출하기 때문이다. 물론 시작점 이후는 규칙적으로 원소들을 추출한다. 따라서 최초의 시작점이 어디냐에 따라 어떤 계통표본이 결과될지 아는 것이다. 즉 시작점에 따라 표집될 집락이 자동적으로 결정된다. 이런 이유로 계통표집은 k 개 집락단위들 중 하나를 단순임의표집하는 과정으로 파악할 수 있는 것이다.

그렇다면 계통표본이 항상 모집단을 잘 대표할 수 있는가? 반드시는 아니다. 계통표본의 대표성 여부는 표집틀의 나열이 어떤 순서로 이루어졌느냐에 따라 좌우된다.

만일 표집틀이 특별한 순서 없이 잘 섞여있다면 결과되는 계통표본은 단순임의표본과 흡사할 것이다.

그러나 표집틀에서 표집단위들의 나열 순서가 주기성을 보유한다면 계통표본은 단순임의표본보다 더 나쁜 결과를 초래한다. 즉 만일 백화점 매상을 조사하는데 표집구간 k를 7의 배수로 잡으면 항상 같은 요일에만 조사를 하는 셈이 된다. 또 목록에 남녀가 번갈아 나타나고있는데 k를 짝수로 잡으면 계통표본은 전부 남자거나 전부 여자가 나올 수밖에 없다. 물론 이런 예는 극단적이지만 주기적 순서로 나열된 표집틀에서 추출된 계통표본은 모집단에 대한 대표성이 없다.

그런데 표집틀 목록의 순서가 증가 또는 감소하는 순서로 정리된 경우도 있다. 회사의 수취계정 등은 장부 금액이 큰 순서 또는 작은 순서로 정리될 수 있다. 이런 경우에는 계통표본이 단순임의표본보다 더 나은 추정값을 줄 수 있다. 즉 순서화된 목록에서 추출된 계통표본에는 금액이 큰 것부터 작은 것까지 골고루 포함되기 때문이다. 반면에 단순임의표집을 하면 금액이 작은 단위들만 집중적으로 표집될 가능성이 있다.

계통표집에서는 이상과 같은 표집틀 목록의 나열 순서에 따라 모집단을 다음 세 가지로 구분한다.

- **임의모집단**(random population)
- **순서모집단**(ordered population) 또는 **자동상관모집단**(autocorrelated population)
- **주기모집단**(periodic population 또는 cyclical population)

임의모집단에서 계통표집은 단순임의표집과 비슷한 효과를 얻는다. 순서모집단에서서는 계통표집이 더 낫고, 주기모집단이면 계통표집이 더 못한 결과를 초래한다. 이에 대해서는 **급내상관계수**(intraclass correlation coefficient)와 연관하여 제 5.3 절에서 상술한다.

5.2 추정과 표본크기의 결정

편의상 $N=nk$를 가정한다. 그리고 표 5.1에서 i번째 집락이 계통표본으로 추출되었다고 하자. 이하 논의에서 표기 y_{ij}는 i번째 계통표본의 j번째 원소를 나타낸다. 여기서 $i=1,\cdots,k;\ j=1,\cdots,n$. 다시 말해서 y_{ij}는 표 5.1의 $y_{(j-1)k+i}$에 해당한다. 또 계통표본으로 추출된 i번째 집락의 평균 $\bar{y}_i$를 $\bar{y}_{sy}$로 표기하겠다.

$N=nk$인 경우에 $\bar{y}_{sy}$는 모평균 μ에 대한 비편향추정량이다. 즉

$$E(\bar{y}_{sy})=\mu=\frac{1}{k}\sum_{i=1}^{k}\bar{y}_i \tag{5.1}$$

계통표본에 대한 통계적 추론을 전개하려면 $\bar{y}_{sy}$에 대한 분산을 추정할 수 있어야한다. 그러나 계통표본에서는 이것이 불가능하다. 왜냐하면 $\bar{y}_{sy}$에 대한 분산을 계산하려면 모든 k 개 계통표본들에 대한 정보가 있어야하는데 계통표집을 하는 실제 상황에서는 바랄 수 없는 일이기 때문이다. 그렇더라도 $\bar{y}_{sy}$의 분산에 대한 분석은 어떤 상황에서 계통표집이 단순임의표집에 비하여 유리하고 불리한지 이해할 수 있는 이론적 근거를 제시한다.

$\bar{y}_{sy}$의 분산은 분산의 정의에 의하여 다음과 같이 쓸 수 있다.

$$var(\bar{y}_{sy})=\frac{1}{k}\sum_{i=1}^{k}(\bar{y}_i-\mu)^2 \tag{5.2}$$

이 경우 $\bar{y}_{sy}$의 분산을 구하려면 모든 집락들의 평균을 알아야한다. 그러나 우리는 k 개 집락 중 어느 하나만을 계통표본으로 선택하기 때문에 계산이 불가능하다는 것이다.

모분산 σ^2는 계통표집의 경우 다음과 같이 정의한다.

$$\sigma^2 = \frac{1}{N}\sum_{i=1}^{k}\sum_{j=1}^{n}(y_{ij}-\mu)^2$$

표 5.1에 주어진 데이터 구조를 k 개 처리에 대한 **일원분산분석**(1-way ANOVA)으로 간주하자. 통상적인 제곱합의 분할을 생각하면 다음과 같은 결과를 얻는다.

$$\begin{aligned} N\sigma^2 &= \sum_i^k\sum_j^n(\bar{y}_i-\mu)^2 + \sum_i^k\sum_j^n(y_{ij}-\bar{y}_i)^2 \\ &= n\sum_i^k(\bar{y}_i-\mu)^2 + \sum_i^k\sum_j^n(y_{ij}-\bar{y}_i)^2 \\ &= nk\,var(\bar{y}_{sy}) + \sum_i^k\sum_j^n(y_{ij}-\bar{y}_i)^2 \end{aligned} \tag{5.3}$$

제곱합(SS: sum of squares)의 분할 (5.3)을 분산분석의 표준 표기법을 따라 SST = SSB + SSW로 표기하자. 여기서 SST는 **총제곱합**(total SS), SSB는 **집락간제곱합**(between-cluster SS), SSW는 **집락내제곱합**(within-cluster SS)이다. 특히 SSW는 집락내 관측들과 집락평균 간 변동의 측도며 또 SSB는 집락평균들과 총평균간 변동의 측도다. 그리고 SSB의 자유도는 $(k-1)$, SSW의 자유도는 $k(n-1)$이다.

평균제곱(MS: mean square)은 제곱합을 자유도로 나눈 통계량이다. 따라서 **집락간평균제곱**(between-cluster MS) MSB와 **집락내평균제곱**(within-cluster MS) MSW는 각각 다음과 같이 정의한다: MSB = SSB/$(k-1)$, MSW = SSW/$k(n-1)$. 또 MSW를 더욱 간단히 σ_w^2로 표기하자.

$N=nk$이므로 (5.3)으로부터 $\bar{y}_{sy}$의 분산은 다음과 같이 표현할 수 있다.

$$var(\bar{y}_{sy}) = \sigma^2 - \frac{\mathrm{SSW}}{N} = \sigma^2 - \frac{k(n-1)}{N}\sigma_w^2 = \sigma^2 - \frac{N-k}{N}\sigma_w^2 \tag{5.4}$$

만일 $\bar{y}$가 크기 n의 단순임의표본의 평균이라면 $\bar{y}$의 분산은 공식 (2.2)에 의하여 다음과 같이 주어진다.

$$var(\bar{y}) = \frac{\sigma^2}{n}\left(\frac{N-n}{N-1}\right)$$

그렇다면 언제 $\bar{y}_{sy}$의 분산이 $\bar{y}$의 분산보다 작을까? 간단한 연산에 의하여 다음과 같은 사실을 보일 수 있다.

$$var(\bar{y}_{sy}) < var(\bar{y}) \iff \sigma_w^2 > \frac{N}{N-1}\sigma^2 \approx \sigma^2 \tag{5.5}$$

(5.5)에 보인 결과는 매우 중요한 사실을 시사한다. 즉 계통표본내 분산이 모분산보다 더 크다면 계통표집은 단순임의표집보다 더 정밀하다. 이는 일반적으로 집락표집에서도 그대로 성립하는 사실이다.

다른 말로 계통표본내 단위들이 **이질적**(heterogeneous)일수록 계통표집은 단순임의표집에 비하여 더 정밀하고, 반대로 표본내 단위들이 **동질적**(homogeneous)일수록 계통표집은 단순임의표집에 비하여 덜 정밀한 것이다. 이는 자명한 것이, 만일 계통표본내 변동이 없다면 순차적으로 계속 원소들을 더 뽑아봐도 추가적인 정보를 얻지 못하기 때문이다.

간단한 예를 든다. 다음에 주어진 바와 같이 모두 9 개의 동일한 원소들로 이루어진 모집단을 세 개 집락으로 분할하는 두 가지 상황을 생각해보자.

경우 1 - 이질적 계통표본

집락 1	집락 2	집락 3
1	1	1
2	2	2
3	3	3

경우 2 - 동질적 계통표본

집락 1	집락 2	집락 3
1	2	3
1	2	3
1	2	3

어느 경우든 모집단 원소들은 동일하다. 그러나 경우 1에서 집락 2를 계통표본으로 추출하는 것과 경우 2에서 집락 2를 계통표본으로 추출하는 것의 효과는 사뭇 다르다. 어느 경우의 계통표본이 모집단을 더 잘 대표하겠는가? 당연히 경우 1이다.

이와 같이 계통표집에서는 선택된 계통표본 내에 이질적 원소들이 많아 집락내 분산이 클수록 효과가 좋다.

그렇다면 이러한 이질성 또는 동질성을 어떻게 측정할 수 있을까?

계통표본에서 표본내 원소들의 동질성의 정도를 나타내는 측도는 소위 **급내상관계수**(intraclass correlation coefficient) ρ_w 로서 동일 계통표본내 단위들의 쌍들간의 상관계수다. 급내상관계수를 **집락내상관계수**(intracluster correlation coefficient)라고도 하는데 ρ_w 는 아래와 같이 정의한다.

$$\rho_w = \frac{E[(y_{ij}-\mu)(y_{ij'}-\mu)]}{E(y_{ij}-\mu)^2}, \quad (i=1,\cdots,k\,;\ j,\ j'=1,\cdots,n\,;\ j \neq j') \tag{5.6}$$

이때, (5.2)에서 정의한 분산은 다시 다음과 같은 형식으로 표현할 수 있다.

$$var(\bar{y}_{sy}) = \frac{\sigma^2}{n}[1+(n-1)\rho_w] \tag{5.7}$$

※ 공식 (5.7)의 증명

(5.6)에 정의한 ρ_w의 분자 부분의 기대값은, 모두 k 개 집락이 있고 각 집락마다 $\binom{n}{2}$ 개의 가능한 쌍이 존재하기 때문에, 다음과 같이 표현된다.

$$\rho_w \text{의 분자} = \frac{1}{kn(n-1)/2}\sum_{i=1}^{k}\sum_{j\neq j'}^{n}(y_{ij}-\mu)(y_{ij'}-\mu)$$

또 ρ_w의 분모 부분의 기대값은, 모두 N 개 원소들이 있으므로

$$\rho_w \text{의 분모} = \frac{1}{N}\sum_{i=1}^{k}\sum_{j=1}^{n}(y_{ij}-\mu)^2 = \sigma^2 .$$

따라서 $\rho_w = \dfrac{kn(n-1)}{2\sigma^2}\sum_{i=1}^{k}\sum_{j\neq j'}^{n}(y_{ij}-\mu)(y_{ij'}-\mu)$. 공식 (5.2)로부터,

$$
\begin{aligned}
n^2k\,var(\bar{y}_{sy}) &= n^2\sum_{i=1}^{k}(\bar{y}_i-\mu)^2 \\
&= \sum_{i=1}^{k}(n\bar{y}_i - n\mu)^2 \\
&= \sum_{i=1}^{k}\left(\sum_{j=1}^{n}y_{ij}-n\mu\right)^2 \\
&= \sum_{i=1}^{k}\left(\sum_{j=1}^{n}(y_{ij}-\mu)\right)^2 \\
&= \sum_{i=1}^{k}\left(\sum_{j=1}^{n}(y_{ij}-\mu)^2+2\sum_{j\neq j'}^{n}(y_{ij}-\mu)(y_{ij'}-\mu)\right) \\
&= \sum_{i=1}^{k}\sum_{j=1}^{n}(y_{ij}-\mu)^2+2\sum_{i=1}^{k}\sum_{j\neq j'}^{n}(y_{ij}-\mu)(y_{ij'}-\mu)
\end{aligned}
$$

따라서 $n^2 k\, var(\bar{y}_{sy}) = N\sigma^2 + kn(n-1)\sigma^2\rho_w$. 이때 $N = nk$로 양변을 나누면 (5.7)을 얻는다.

그런데 분산은 항상 0 이상이며 상관계수는 항상 -1 이상, +1 이하의 값을 취하므로 (5.7)로부터 ρ_w가 정의되는 범위를 구하면 다음과 같다.

$$-\frac{1}{n-1} \le \rho_w \le 1$$

(5.7)의 결과를 해석하면 동일 표본내 단위들간에 양의 상관이 존재하면 표본평균의 분산이 커진다. 설사 그 상관도가 작더라도 $(n-1)$을 곱하기 때문에 결국 크게 나쁜 영향을 미치게 된다.

간단한 예를 들어 급내상관계수가 어떻게 표본내 원소들의 동질성을 측정하는지 살펴보자. {1, 2, 3, 4, 5, 6, 7, 8, 9}를 모집단이라 하자. 아래 그림에서 경우 1은 이질적 집락들로 나눠진 모집단을, 경우 2는 동질적 집락들로 나눠진 모집단을 보여주고 있다.

경우 1 - 이질적 계통표본

집락 1	집락 2	집락 3
1	2	3
4	5	6
7	8	9

$\rho_w = -21/60$, $var(\bar{y}_{sy}) = 2/3$

경우 2 - 동질적 계통표본

집락 1	집락 2	집락 3
1	4	7
2	5	8
3	6	9

$\rho_w = 51/60$, $var(\bar{y}_{sy}) = 6$

이질적인 경우 급내상관계수 ρ_w는 -21/60으로 음의 값을 갖지만 동질적인 경우에는 51/60으로 1에 가까운 값을 갖는다. 또 표본평균의 분산을 보면 2/3에서 6으로 엄청난 증가를 보이고 있다. 이 경우 계산을 해보면 모분산 σ^2의 값은 60/9가 된다. 따라서 단순임의표집을 했다면 표본평균의 분산은 5/3로 나온다. 다시 말해서 동질적 계통표본이면 단순임의표집보다 더 나쁜 결과를 주게되고, 이질적 계통표본이면 단순임의표집보다 더 나은 결과를 주는 것이다. 아주 동질적인 경우 급내상관계수의 값은 1에 가까운 양수로 나타나며 반대로 이질적인 경우에는 계수가 양수라도 0에 가깝거나 아니면 0 이하의 값을 갖게 된다.

일반적으로 $\rho_w = -1/(N-1) \approx 0$이면 계통표집과 단순임의표집의 분산이 일치하며 두 표집의 효율은 같다. 만일 $\rho_w < 0$ 이면 계통표집이 더 우월하며 $\rho_w > 0$ 이면 단순 임의표집이 더 우월하다.

그리고 급내상관계수 ρ_w 를 공식 (5.3)에 주어진 분산분석에서 나타난 제곱합들의 함수로 표현할 수 있는데, 공식 (5.3)으로부터 $var(\bar{y}_{sy}) = \text{SSB}/N$ 이 된다.

이것을 (5.7)에 대입하여 정리하면

$$\text{SSB} = \frac{\text{SST}}{n}[1+(n-1)\rho_w]$$

그런데 SSB = SST - SSW이므로 이를 다시 대입하고 정리하면 다음을 얻는다.

$$\rho_w = 1 - \frac{n}{n-1}\frac{\text{SSW}}{\text{SST}}$$

분산분석에서 **결정계수**(coefficient of determination) R^2는 다음과 같이 정의된다.

$$R^2 = \frac{\text{SSB}}{\text{SST}}$$

급내상관계수 ρ_w 를 결정계수의 함수로 표시하면

$$\rho_w = \frac{nR^2 - 1}{n-1}$$

결국 $R^2 < 1/n$ 일 때 $\rho_w < 0$ 이 된다. 결정계수가 0에 가깝다함은 집락 평균들의 값이 서로 거의 비슷하고 집락내 변동은 크다는 것이다. 즉 계통표집으로 좋은 효과를 얻으려면 집락 평균들 간에는 동질적, 집락내 단위들은 이질적이어야 한다.

지금까지 우리는 k 개의 계통표본 모두를 알고 있어야만 계산가능한 $\bar{y}_{sy}$ 의 분산을 기초로 여러 가지 논의를 전개하였다. 그런데 실제 계통표집을 하는 경우 $\bar{y}_{sy}$ 의 분산을 어떻게 추정할 수 있을까? 계통표집을 실제로 하면 단 하나의 계통표본만을 얻게되기 때문에 $\bar{y}_{sy}$ 의 분산의 추정값은 얻을 방법이 없다.

그런데 실제 계통표집을 할 때 대체로 모집단 크기 N은 상당히 크다. 따라서 추가적으로 $\rho_w \approx 0$ 을 가정하면 계통표본은 단순임의표본과 흡사하게된다. 그래서 「급내상관계수가 0인 임의모집단에서 계통표본을 추출한다」는 가정 하에 단순임의표집시 사용하는 추정분산 공식을 계통표집에도 그대로 적용하여 표본평균의 추정분산을 계산함이 상례다.

· 모평균 μ에 대한 추정

- $\hat{\mu} = \bar{y}_{sy}$
- $\widehat{var}(\bar{y}_{sy}) \approx \left(\frac{N-n}{N}\right)\frac{s^2}{n}$ (5.8)

여기서 s^2은 추출된 단일 계통표본에서 계산한 표본분산이다.

· 모합 τ에 대한 추정

- $\hat{\tau}_{sy} = N\,\bar{y}_{sy}$
- $\widehat{var}(\hat{\tau}_{sy}) \approx N^2\left(\frac{N-n}{N}\right)\frac{s^2}{n}$

· 모비율 p에 대한 추정

- $\hat{p}_{sy} = \bar{y}_{sy}$
- $\widehat{var}(\hat{p}_{sy}) \approx \left(\frac{N-n}{N}\right)\frac{\hat{p}_{sy}(1-\hat{p}_{sy})}{n-1}$

예 5.1

$N=162$ 명의 직원을 보유한 사업체에서 작년 한 해 동안 직원별 평균 결근일수를 산정하고자 $n=18$ 명 직원들의 신상카드를 계통표집하였다. 이는 1/9 계통표본이다. 선택된 직원들의 결근일수 데이터는 다음과 같다.

6, 2, 7, 4, 4, 5, 6, 4, 2, 5, 3, 2, 6, 12, 3, 7, 3, 0

계산 결과 이 데이터의 평균과 분산은 각각 4.5와 7.2다. 따라서

$$\bar{y}_{sy} = 4.5$$

$$\widehat{var}(\bar{y}_{sy}) \approx \left(\frac{162-18}{162}\right)\frac{7.2}{18} = 0.356$$

평균 결근일수에 대한 95% 신뢰구간은 $4.5 \pm 2\sqrt{0.356} = (3.3,\ 5.7)$. ▮

계통표집에서 모수 추정시 필요한 표본 크기의 결정은 단순임의표집에서 유도한 공식

들을 그대로 적용한다. 물론 이 경우에도 임의모집단에서 계통표본이 추출됨을 가정하는 것이다. 이하에서 B는 최대 오차한계를 나타낸다.

- **표본 크기의 결정**

$$\text{모평균 } \mu:\ n=\frac{N\sigma^2}{(N-1)D+\sigma^2}, \qquad D=\left(\frac{B}{z_{\alpha/2}}\right)^2$$

$$\text{모합 } \tau:\ n=\frac{N\sigma^2}{(N-1)D+\sigma^2}, \qquad D=\left(\frac{B}{N z_{\alpha/2}}\right)^2$$

$$\text{모비율 } p:\ n=\frac{Np(1-p)}{(N-1)D+p(1-p)}, \quad D=\left(\frac{B}{z_{\alpha/2}}\right)^2$$

예 5.2

어떤 지역에서 지역 현안에 대한 찬반 여론조사를 하기 위하여 $N=250000$ 명의 가구별 전화번호부를 기초로 계통표집을 계획하고있다. 신뢰도 95%에서 ±3% 이내의 오차한계를 유지하려면 k를 얼마로 잡아야할까? 모비율에 대한 사전 정보가 없으므로 이 경우 p의 값은 0.5로 놓는다. $D=(0.03)^2/4=0.000225$이므로 요구되는 표본크기는

$$n=\frac{250000(0.5)(0.5)}{(250000-1)(0.000225)+(0.5)(0.5)}=1106.2\approx 1107$$

따라서 $k=250000/1107=225.8\approx 225$. 즉 1/225 계통표집을 하면 될 것이다. ▮

5.3 모집단의 구조

공식 (5.7)로부터 우리는 급내상관계수가 음이면 계통표집이 단순임의표집보다 더 정밀함을 알았다. 급내상관계수가 음이라 함은 계통표본내 분산 또는 집락내 분산이 모분산보다 더 큰 것이다. 이 경우 집락평균들의 값은 서로 비슷하게 된다. 그러나 집락내 원소들의 변동은 크다. 이를 두고 이질적 계통표본이라는 것이다. 분산분석 식으로 표현하자면, 처리 평균들간에는 값 차이가 별로 없지만 각 처리내 관측들 간에는 변동이 심해서 결국 오차 분산이 커지는 경우로 이런 경우에 분산분석을 하면 절대 유의한 결과를 얻지 못한다.

반대로 급내상관계수가 0보다 커서 집락내 변동이 없으면 계통표본내 원소들은 모두 동일한 정보밖에 주지 못하며 따라서 계통표집은 단순임의표집보다 더 큰 분산을 주게 된다. 이런 동질적 계통표본의 경우에는 집락평균들의 값들은 변동이 크지만 집락내 원소들의 변동은 없다. 분산분석 식으로 표현하면 처리간 효과 차이가 크지만 처리내 관측들의 변동이 없어 오차 분산이 작아지는 정밀 측정의 경우에 해당하며 이때에는 처리간 유의한 효과 차이를 결론짓게 된다.

그런데 급내상관계수나 집락내 분산 따위들은 결국 모집단의 구조를 반영하는 통계측도들이다. 따라서 이 절에서는 세 가지 다른 형태의 모집단 구조를 살펴보고, 모집단 구조가 어떤 형태라야 이질적인 계통표본을 얻게되는지 생각해보자.

(1) 임의모집단

모집단의 목록이 임의순서(random order)로 배열된 경우로서 대부분의 모집단이 여기에 해당한다.

예를 들어 으뜸대학생 16000 명을 대상으로 평균 체중을 측정하고자 계통표집을 고려한다면 학생들의 무게와 명부는 별 관련이 없을 것이다. 이런 경우 학생들의 체중은 임의순서로 배열되었다고 말한다.

또 잡지 편집인이 구독자들이 좋아하는 기사의 유형을 조사할 때 구독자 명부와 구독자의 선호도간에 어떤 관계가 있다고 생각하기는 어렵다. 이 경우 구독자들의 선호 기사는 임의순서로 배열된 것이다.

농촌지역에서 젖소를 키우는 농가들의 목록을 기초로 계통표집을 고려할 때 농가 목록과 농가별 우유 생산량에 어떤 관계가 있다고 믿기는 어렵다. 즉 농가별 우유 생산량은 임의순서로 배열된 것이다.

이와 같이 모집단의 표집단위들이 임의순서로 배열되었다면 추출된 계통표본에 속한 표집단위들 역시 임의순서화되었다고 간주할 수 있다. 이런 경우에, 계통표본을 단순임의표본으로 간주하고 분석하는 것이다.

또 이런 임의순서화된 표본은 모집단을 잘 대표하는 이질성을 보유하며 급내상관계수는 0에 가깝게되고 $\bar{y}_{sy}$의 분산값은 단순임의표집시 분산과 거의 같게된다. 따라서 계통표본에 대한 추론 시 단순임의표집에서 유도한 공식들을 그대로 사용할 수 있다. 제 5.2절에서 제시한 모수에 대한 추정 방법과 표본 크기 결정 등에 대한 공식들은 전부 임의모집단에서 추출된 계통표본을 가정한 상태에서 성립되는 것들이다.

다음 그림은 임의모집단에서 각 원소들이 점유하는 표집틀 목록의 위치에 따른 y 값들에 대한 산점도다. 특별한 패턴을 찾을 수 없다.

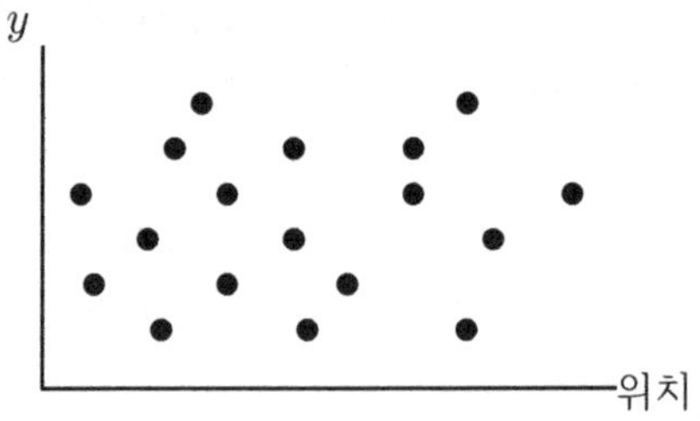

(2) 순서모집단

이는 표집틀이 **증가순서**(increasing order) 또는 **감소순서**(decreasing order)로 배열된 경우다.

회사의 회계 기록은 금액이 큰 것부터 작은 순서로 정리되었을 수 있다. 이런 경우에 계통표집을 시행하면 표본값들을 강제로 흩어놓는 효과를 얻는다. 순서모집단에 계통표집을 적용하면 급내상관계수 ρ_w가 0보다 작게되며 따라서 동일 크기의 단순임의표집보다 분산이 더 작게되는 좋은 결과를 얻는다. 그러나 이 경우에 제 5.2 절에 제시한 추정 공식을 사용하게되면 추정 분산이 실제보다 더 과대추정되며 따라서 신뢰구간의 폭도 더 넓어진다. 그러나 보수적 추론의 관점에서 보면 그리 나쁜 현상은 아니다.

농가별 쌀 생산량을 추정하는 경우 농가별 쌀 재배 면적을 기준으로 표집틀을 순서화한 다음 계통표집을 시행하면 결과되는 계통표본은 매우 이질적일 것이다. 이 경우에 그냥 단순임의표집을 시행하면 생산량이 많은 또는 적은 농가들이 집중적으로 선택될 위험성이 있다.

순서모집단을 **자동상관모집단**(autocorrelated population)이라고도 하는데, **자동상관**(autocorrelation)이란 인접한 원소들의 값은 서로 비슷하지만 멀리 떨어진 원소들의 값은 다른 경우를 말한다. 다음 그림을 보라.

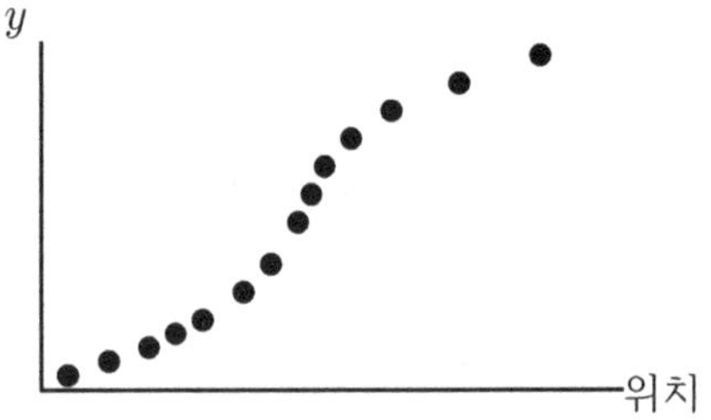

(3) 주기모집단

만일 표집틀이 동일 구간별로 **주기성**(periodicity)을 보이면 계통표집은 단순임의표집보다 덜 정밀하다. 사실상 주기모집단에 계통표집을 적용하면 최악의 상황이라고 하겠다. 계통표본내 원소들은 매우 동질적이 되며 따라서 급내상관계수는 매우 크게 나온다.

백화점의 매상이 금요일, 토요일에 높고 월요일, 화요일에 낮다면 이는 일주일 단위의 주기성이 있는 것이다. 공장 조립라인의 불량률이 근로자의 피로도 누적에 따라 오전, 오후가 다르다면 이 역시 오전, 오후의 주기성이 있는 것이다. 이 경우 오후에만 라인에 가서 조사하면 결과가 왜곡된다. 만일 사전 조사에서 명확한 주기성이 있다고 판단되면, 다른 표집 기법을 사용하는 것이 최상이다.

하지만 주기모집단에서 나쁜 계통표본이 나오는 것을 회피하기 위한 차선책으로 매번 선택하는 표집단위들의 위치는 이동시키는 방법을 고려할 수 있다. 즉 표집구간이 k라면 처음에는 k번째 단위를 뽑고 그 다음에는 $(k+1)$번째 단위를 뽑고 그 다음에는 $(k+2)$번째 단위를 뽑는 식이다.

또 다른 방법으로 시작점을 여러 번 바꾸는 계통표집을 고려할 수도 있다. 예를 들어 1/10 계통표집으로 모두 200 개의 단위들을 계통표집한다고 할 때, 20 개 단위마다 시작점을 바꾸는 것이다. 예를 들어 처음에 1부터 10 사이의 10 개 숫자들 중 임의추출된 시작점이 4라면, 4, 14, 24, ⋯, 194 번 단위들을 표집한다. 두 번째 단계에서는 195부터 204까지의 10 개 숫자들 중 하나를 임의추출하다. 그 번호가 201이면, 201, 211, 221, ⋯, 391 번 단위들을 표집한다. 세 번째 단계에서는 392부터 401까지의 10 개 숫자들 중 하나를 임의추출하여, 그 번호부터 다시 20 개 단위를 표집하는 식이다.

그밖에 주기성이 심각하게 걱정되는 경우 상호관입 계통표본을 추출할 수 있는 바 여기에 대해서는 제 5.4 절에서 설명한다.

이상과 같이 주기모집단이라도 주기성을 회피하는 방법을 시행하여 계통표본을 구하면 주기모집단에서 나온 계통표본이라도 단순임의표본과 비슷하다고 간주할 수 있으며 따라서 제 5.2 절의 추론을 그대로 적용할 수 있다.

다음 그림은 주기모집단의 한 가지 형태다.

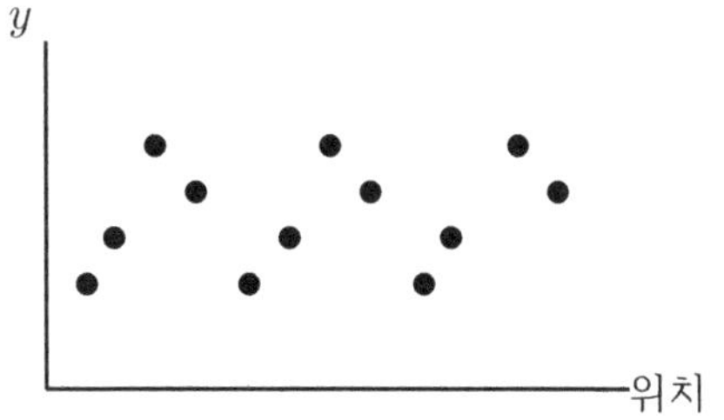

5.4 단일 표본에서 분산 추정

지금까지의 논의를 종합해보면 단일 계통표집에서 표본평균의 분산 추정은 근원적으로 불가능하며 차선책으로 임의모집단을 가정하여 단순임의표집의 추론 형식을 빌리는 것이 고작이었다. 그러나 순서모집단에 단순임의표집 식의 추론을 적용하면 분산이 과대추정되며 주기모집단이면 그 반대 현상이 일어난다. 이 절에서는 이를 해결하는 방안들을 소개한다.

5.4.1 상호관입 계통표집

상호관입 계통표집(interpenetrating systematic sampling)은 모집단에 어떤 유형의 주기성 또는 순서가 존재하든 상관없이 관심 모수에 대한 추정량의 추정 분산을 계산하기 위하여 고안된 방법으로 **반복 계통표집**(repeated systematic sampling)이라고도 한다. 이는 모집단에서 단일 계통표본을 취하는 것이 아니라, 동시에 여러 개의 계통표본을 독립적으로 추출하는 것이다. 이는 실상 집락표집과 동일한 개념인 바 각 계통표본이 하나의 집락이 된다. 따라서 상호관입 계통표집 시 모든 통계적 추론은 제 6 장에서 설명하는 집락표집의 추론 형식을 따른다.

예 5.1을 보면 $N=162$ 명의 모집단에서 $n=18$ 명의 계통표본을 추출하고 있다. 이때 표집구간은 $k=9$다. 즉 현재 1/9 계통표본을 얻고 있다. 그런데 이와 같이 단일 계통표본을 얻는 대신 $n'=3$인 6 개($=n_s$)의 독립적인 계통표본들을 추출해도 전체 표본 수는 여전히 $n=18$이다. 이 경우 6 개의 계통표본에서 표집구간은 $k'=n_s k=6(9)=54$.

표집 과정은 다음과 같다. 우선 1부터 54까지의 숫자들 중 하나를 임의로 선택한다. 이 숫자가 2라면 2, 56, 110 번 카드를 선택하고, 이 표본이 첫 번째 계통표본이다. 다시 숫자 하나를 임의 선택한다. 만일 31이면 이번에는 31, 85, 139 번 카드를 선택한다. 이 표본이 두 번째 계통표본이다. 이런 식으로 진행하여 모두 여섯 개의 계통표본을 독립적으로 추출하는 표집기법을 상호관입 계통표본이라 부른다.

표 5.2에 일반적인 상황을 요약하였다. 이와 같이 표집하면 각 계통표본마다 독립적인 평균을 얻을 수 있으므로 모두 n_s 개의 표본평균들을 이용하여 분산을 추정할 수 있다. 물론 모평균은 n_s 개의 계통표본평균들의 평균으로 추정한다. 즉

$$\hat{\mu}=\sum_{i=1}^{n_s}\bar{y}_i/n_s$$

또 $\hat{\mu}$의 추정 분산은 다음과 같이 구한다.

$$\widehat{var}(\hat{\mu})=\left(\frac{N-n}{N}\right)\frac{s_m^2}{n_s}=\left(\frac{k'-n_s}{k'}\right)\frac{s_m^2}{n_s}, \quad \text{여기서,} \quad s_m^2=\frac{\sum_{i=1}^{n_s}(\bar{y}_i-\hat{\mu})^2}{n_s-1}$$

표 5.2 n_s 개의 상호관입 계통표본들

	계통표본				
	1	$\cdots$	i	$\cdots$	n_s
	y_{11}		y_{i1}		y_{n_s1}
	y_{12}	$\cdots$	y_{i2}	$\cdots$	y_{n_s2}
	$\vdots$		$\vdots$		$\vdots$
	$y_{1n'}$		$y_{in'}$		$y_{n_sn'}$
평균:	$\bar{y}_1$	$\cdots$	$\bar{y}_i$	$\cdots$	$\bar{y}_{n_s}$

즉 k' 개의 평균값들로 이루어진 모집단에서 n_s 개의 평균들 $\{\bar{y}_1, \bar{y}_2, \cdots, \bar{y}_{n_s}\}$을 단순임의표집한 것으로 생각하면 위 공식이 어떻게 나왔는지 짐작할 수 있을 것이다.

예 5.3

예 5.1의 상황에서 $n_s=6$ 개의 독립적인 1/54 계통표본들을 추출하였다. $n'=3$. 데이터는 다음과 같다.

	상호관입 계통표본					
	1	2	3	4	5	6
	6, 2, 7	4, 4, 5	6, 4, 2	5, 3, 2	6, 12, 3	7, 3, 0
평균	5.00	4.33	4.00	3.33	7.00	3.33

$\hat{\mu}$과 s_m^2는 다음과 같이 계산한다.

$$\hat{\mu} = (5.00 + \cdots + 3.33)/6 = 4.5$$
$$s_m^2 = [(5.00-4.5)^2 + \cdots + (3.33-4.5)^2]/(6-1) = 1.9$$

따라서 $\hat{\mu}$에 대한 추정 분산은

$$\widehat{var}(\hat{\mu}) = \left(\frac{54-6}{54}\right)\frac{1.9}{6} = 0.2815$$

평균 결근일수에 대한 95% 신뢰구간은 $4.5 \pm 2\sqrt{0.2815} = (3.44, 5.56)$. ∎

5.4.2 모형을 이용한 추정법

$N = nk$를 가정한다. 그리고 y_{ij}는 계통표본으로 선택된 i번째 집락의 j번째 단위를 나타낸다. 여기서 $i = 1, \cdots, k;\ j = 1, \cdots, n$. 또 계통표본으로 추출된 i번째 집락의 평균 $\overline{y}_i$를 $\overline{y}_{sy}$로 표기함은 전과 동일하다.

이러한 모집단 원소 $\{y_{ij}\}$들을 나열된 순서대로 다시 $\{y_1, y_2, \cdots, y_N\}$라고 표기하자. 표 5.1을 참조하라. 이 경우 y_{ij}는 $y_{(j-1)k+i}$에 해당한다. $y_l\ (l = 1, \cdots, N)$에 대하여 다음과 같은 모형을 가정한다.

$$y_l = \mu_l + \epsilon_l \tag{5.9}$$

여기서 μ_l는 l에 대한 함수로서 **추세성분**(trend component)라고 부른다. 또 ϵ_l은 **오차성분**(error component)으로 평균이 0, 분산이 σ_l^2인 확률변수다.

이하 제시하는 추정 분산의 공식 중 어느 것을 사용할지는 전적으로 조사분석가의 몫이다.

- **모형 1 - 임의모집단**

μ_l을 상수(μ)로 가정한다. 즉 모형은 다음과 같다.

$$y_l = \mu + \epsilon_l \qquad (l = 1, \cdots, N)$$

이 경우 추정 분산은 다음과 같다.

$$s_1^2 = \frac{N-n}{N}\frac{1}{n}\frac{\sum_{j=1}^{n}(y_{ij} - \overline{y}_{sy})^2}{n-1}$$

이는 단순임의표집시 분산 공식과 동일하다.

- **모형 2 - 층화 효과**

표 5.1의 데이터 구조에서 각 행을 층으로 생각한다. 즉 전체 모집단이 k 개 층으로 분할된다. 그리고 각 층마다 고유의 모평균 $\mu_r (r = 1, \cdots, k)$ 을 가정한다. 표현이 다소 어색하지만 계통표본으로 선택된 i번째 집락내 단위들에 대한 모형은 따라서 다음과 같다.

$$y_{ir} = \mu_r + \epsilon_{ir}$$

이 경우 계통표집내 단위들간 연속적인 차이값 즉 **계차**(successive difference)를 이용한 추정 분산은 다음과 같다.

$$s_2^2 = \frac{N-n}{N}\frac{1}{n}\frac{\sum_{j=1}^{n-1}(y_{i,j+1}-y_{ij})^2}{2(n-1)}$$

• **모형 3 - 선형추세**

μ_l이 l에 대하여 **선형추세**(linear trend)를 보이는 경우다. 즉 $\mu_l = \mu + \beta l$과 같은 직선 관계가 성립한다. β는 직선의 기울기에 해당한다. 모형은 다음과 같다.

$$y_l = \mu + \beta l + \epsilon_l$$

이 경우 계통표집내 단위들간 연속적인 이차항들에 기초한 추정 분산은 다음과 같다.

$$s_3^2 = \frac{N-n}{N}\frac{1}{n}\frac{\sum_{j=1}^{n-2}(y_{i,j+2}-2y_{i,j+1}+y_{ij})^2}{6(n-2)}$$

예 5.4

$N=100$인 모집단에서 $n=10$의 계통표본을 추출한 결과 데이터가 추출 순서대로 다음과 같았다.

2.3 3.2 1.8 4.3 6.8 12.5 23.3 28.2 30.2 29.5

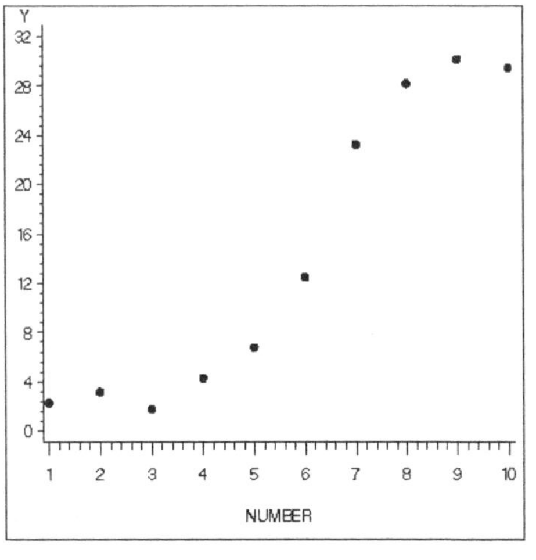

그림 5.2 증가 추세를 보이는 데이터

그림 5.2와 같이 추출 순서대로 산점도를 그려보니 확실한 증가 추세를 알 수 있다. 이 경우 모형 2에서 언급한 계차를 이용한 분산 추정은 다음과 같이 계산한다. 먼저 데이터들의 평균을 구하면 $\bar{y}_{sy} = 14.21$. 계차를 구하면

0.9 -1.4 2.5 2.5 5.7 10.8 4.9 2.0 -0.7

계차 제곱합은 192.9. 따라서 추정 분산은

$$s_2^2 = \frac{100-10}{100}\frac{1}{10}\frac{192.9}{2(10-1)} = 0.9645$$ ▎

《 연 습 문 제 》

1. KT에서는 잠실 지역의 전화 사용량에 대한 정보를 얻고자, 1년 즉 365 일간 계통표본을 취하기로 계획하였다. 이러기 위하여, 1 에서 14 사이의 난수 하나를 선택하였더니, 8이 나왔다. 따라서 그 달의 8일이 선택되었고, 그 다음에는 8+14=22가 되어 22일의 전화 사용량을 측정하며 이런 식으로 1년간 매 14 일마다 조사한다. 이 조사를 계획한 연구원은 제출한 보고서에서 이런 표본이 연간 전화 사용량에 대한 비편향추정값을 줄 수 있다고 언급하였다. 이 표본조사계획을 평가하라.

2. 맞으면 O, 틀리면 ×.
   ① 계통표집에서 급내상관계수가 1에 가까우면 표본평균의 분산이 커지며 이것은 계통표본이 이질적임을 뜻한다.
   ② 계통표집에서는 가능한한 표본내 원소들이 이질적이어야 좋으며 바꿔 말해서 급내상관계수의 값이 커야한다.
   ③ 계통표집은 실상 가장 많이 쓰이는 표본조사방법인데, 이는 적용하기가 극히 쉽고 조사원에게 표본추출에 관련된 통계 지식을 가르칠 필요가 거의 없기 때문이다.
   ④ 순서모집단에 계통표집을 적용하면 최악의 결과가 초래된다.

3. 어느 농촌지역은 김씨, 이씨, 박씨의 세 개의 집성촌으로 구성되어있다. 최근에 작성된 주민 명부에는 가구별 구성원이 다음 순서로 기록되어있다: 남편, 아내, 아이들(나이순), 기타. 그리고 명부는 집성촌별로 작성되었다. 가구당 평균 가구원 수는 5명이다. 이 명부에서 매 다섯 번째 사람을 계통표집하는 안과 명부에 기재된 사람들 중 20%를 단순임의표집하는 안 중 어느 하나를 선택하려한다. 다음 어느 경우에 계

통표집이 더 유리할까? 그 이유는?

① 김씨들의 비율
② 아이들의 비율
③ 남자들의 비율

4. 13 가구의 주민 명부가 다음 형식으로 기재되었다. M= 남자 어른, F= 여자 어른, m = 남자 아이, f= 여자 아이.

가 구												
1*	2*	3*	4	5	6	7	8	9	10	11	12*	13*
M	M	M	M	M	M	M	M	M	M	M	M	M
F	F	F	F	F	F	F	F	F	F	F	F	F
f	f	m		m	f	f	m	m	m	f	f	
m	m	f		m	m	f	f		f	m		
f	f			f		m						

다음 각 경우에 매 다섯 번째 사람을 계통표집하는 안과 20% 단순임의표집을 하는 안을 각각의 분산을 계산하여 비교하라. 단, 계통표집시 위에서 아래로 왼쪽에서 오른쪽으로 읽는다. 문제 3의 결과와 일치하는가?

① 남자들의 비율
② 아이들의 비율
③ 전문직 가구(*)에 사는 사람들의 비율

※ **출구조사**(exit poll)

선거 때마다 방송사들은 빠른 결과 보도를 위해 출구조사를 시행한다. 이미 투표한 상황에서 조사하는 것이기에 출구조사의 정확성은 매우 높다. 물론 터무니없이 실패한 사례도 있기 때문에 맹신할 수는 없지만 투표 전 여론조사에 비해 신뢰도는 더 높다고 하겠다. 이 출구조사를 시행할 때는 언제나 계통표집이 활용된다. 선택된 투표소에서 투표를 마치고 나오는 사람들을 대상으로 예를 들어 매 50명마다 한 명씩 누구에게 투표했는지 묻는다. 물론 응답자의 성별, 연령 등 주요 배경변수들도 기입한다. 응답을 거부하는 경우에도 배경변수는 기록하여 더 정확한 결과 분석이 가능토록 한다. 여기에 덧붙여 그렇게 투표하게된 가장 중요한 이슈가 무엇이었는지도 질문하면 더 좋다.

6

집락표집

6.1 집락표집 개요

지금까지 논의한 단순임의표집, 층화임의표집, 계통표집들은 일단 모집단이 주어지면 마련된 표집틀을 기초로 각 표집 방법에 의거하여 조사 목적에 맞는 적당한 크기의 표본을 추출한다는 공통점을 갖고 있다.

그러나 표집틀의 확보가 불가능하거나, 표집틀의 마련에 비용이 많이 들거나, 표집틀이 마련되더라도 추출된 표집단위들에 대한 접근 및 조사비용이 지나치게 많이 드는 경우에는 더 경제적인 표집 방법을 고려해야한다. **집락표집**(cluster sampling)은 바로 이런 상황에서 사용하는 표집 기법이다.

서울시에서 각 가구별로 보유한 컴퓨터의 총수를 추정하는 경우를 생각해보자. 조사 방법으로 가구별 면접조사를 선택하였다.

이 상황에서 단순임의표집을 시행하려면 서울시에 존재하는 모든 가구들의 목록이 필요하다. 그러나 이런 목록을 얻기란 현실적으로 불가능하다. 이런 문제는 계통표집에서도 마찬가지로 일어난다. 유권자 명부를 기초로 목록을 만들 수도 있겠지만 말이 쉽지 실제 그런 작업이 그리 간단히 끝나는 것은 아니다. 여하간 엄청난 비용을 들여 서울시내 모든 가구들을 목록화하였다고 가정하자. 그리고 이 목록에서 단순임의표본을 추출하였다. 그런데 문제는 또 있다. 이렇게 단순임의표본을 추출하면 선택된 가구들은 서울시내 전역에 골고루 산재할 것이다. 따라서 지리적으로 넓게 흩어진 선택된 가구들을 방문하는데 드는 조사비용은 엄두를 내기 힘들 정도로 높게 산정될 것이다. 게다가 표집단위들과 조사원들이 도시 전역에 산재한 상황에서 계획된 조사를 관리하는 행정적인 문제 또한 간단치 않을 것이다. 층화임의표집을 시행한다고 해도 문제는 마찬가지다. 오히려 문제는 더 커진다. 조사 목적에 적절한 층화변수를 잡아 도시 전체를 층으로 분할해야하며 또 각 층별로 따로따로 표집틀을 마련해야하니 말이다.

결국 이와 같은 경우에는 조사의 준비, 조사비용, 조사 관리 등 여러 가지 면에서 지금까지 논의한 표집 방법들은 그렇게 효율적이지 못하다.

그러나 서울시에 존재하는 모든 동의 목록을 마련해서 예를 들어 50 개 동을 임의선택하고, 또 선택된 동마다 각 동을 구성하는 모든 통들의 목록에서 5 개 통씩 임의선택하고, 또 선택된 통 내 모든 가구들을 조사하는 방식으로 표집계획을 세운다면 무엇보다 가구 목록을 마련하는 수고가 없어지고 또 지리적으로 몇 군데만 집중적으로 조사하게 되므로 조사비용이 훨씬 절감되며 조사 관리 또한 쉬워진다. 이는 바로 집락표집을 활용한 한 가지 예다.

그리고 이런 상황의 집락표집을 특히 **이단집락표집**(two-stage cluster sampling)이라 한다. 왜 이단인가 하면 일 단계에서는 동들을 임의표집하고, 이 단계에서는 통들을 임의표집하기 때문이다.

이 경우 동들을 **일차표집단위**(psu: primary sampling unit) 또는 **집락**(cluster)이라 한다. 앞으로 필요한 경우에는 일차표집단위를 간단히 **psu**로 표기하겠다.

또 임의선택된 각 동에서 다시 통들을 **부표집**(subsampling)하는 바 각 동에 속한 통들을 **이차표집단위**(ssu: secondary sampling unit)라고 부른다. 앞으로 이차표집단위는 **ssu**로 표기하겠다.

그리고 서울시와 같이 아주 넓지 않은 소규모 지역이라면 지도를 펼쳐놓고 이를테면 약 20 가구 정도를 포함하는 블록들로 지역을 구획 짓고 이러한 블록들 중 일부를 임의

추출하여 선택된 블록들 내 모든 가구들을 조사할 수도 있을 것이다. 이는 가장 단순한 형태의 집락표집의 예가 된다. 이 경우 블록들이 집락이 되며 이런 식의 집락표집을 **일단집락표집**(one-stage 또는 single-stage cluster sampling) 또는 간단히 **집락표집**이라 부른다.

그런데 **집락표본**(cluster sample)을 기초로 모수에 대한 추정을 하노라면 동일 크기의 단순임의표집에 비하여 추정의 정밀도가 낮아짐을 피할 수 없다. 다시 말해서 서울시 전역에 흩어진 단순임의표본이 보여주는 개체들의 다양성이 특정 지역에 국한된 집락표본에도 나타날 가능성은 적기 때문이다. 예를 들어 집락표집으로 선택된 아파트 단지에 주로 30 대 이하의 청년층이 많이 살고있다면 컴퓨터 보유대수가 많을 것이다. 그러나 나이 든 사람들이 많이 사는 아파트 단지라면 컴퓨터 보유대수는 상당히 적을 것이다. 일반적으로 동일 집락내 구성원들의 성향은 비슷하다. 따라서 집락표본내 관측들이 줄 수 있는 정보는 단순임의표본에서 선택된 관측들이 주는 정보에 비하여 제한적일 수밖에 없다. 그러나 대부분의 경우 단순임의표집에 비하여 표본오차가 커서 정확도와 효율이 낮은 것이 집락표집의 단점이더라도, 단위 비용당 얻는 정보의 양을 생각한다면 집락표집의 매력은 전혀 삭감되지 않는다.

집락표집이란 기본적인 표집단위가 바로 집락인 확률표집법인 바, 집락표집에서 독자들이 반드시 유념해야할 중요한 사실은 집락표집의 표본크기는 선택된 집락의 개수지 조사한 개체들의 수가 아니라는 점이다. 집락표집은 단순임의표집과 다르다. 이 점을 착각하고 분석하면 집락표집을 했음에도 불구하고 추정량의 정밀도가 매우 높다는 이상한 결론을 내리게된다.

예를 들어 남자 교수와 여자 교수에 대한 학생들의 평가가 교수의 성별에 따라 과연 달라지는지 알기 위하여 남자 교수 20 명, 여자 교수 20 명을 선정하여 그들의 강좌를 수강하는 모든 학생들 1500 명을 대상으로 설문조사를 했다면 이 경우 표본 크기는 40이지 1500이 아니다. 물론 관찰단위의 수는 1500이지만 우리는 40 명의 교수들을 표집한 것이지 학생들을 표집한 것이 아니다. 또 교수의 강의 스타일에 따라 학생들의 평가는 다르겠지만 한 교수의 강의를 듣는 학생들의 평가는 서로 일치되는 점이 많을 것이고 전반적으로 비슷할 것이다. 따라서 동일 강좌를 듣는 학생들의 평가를 서로 독립적이라고 보기 어렵다. 오히려 양의 상관관계를 보여줄 것이다. 만일 이 경우에 표본크기를 1500으로 잡는다면 전술한 상관관계가 없음을 가정하는 것이고, 게다가 표본크기가 지나칠 정도로 크기 때문에 무슨 가설에 대한 검증을 하든 검증력이 아주 커지게 되며 결과적으로 남녀 교수별 평가 차이가 통계적으로 극히 유의하다는 식의 결론을 아주 쉽게 내리게된다. 그러나 이는 잘못된 분석이다. 이런 경우에는 교수 40 명을 수많은 교수들 중에서 임의선택된 일차표집단위 즉 집락으로 간주해야하며 수강 학생들은 집락에 속한 관찰단위일 뿐이다.

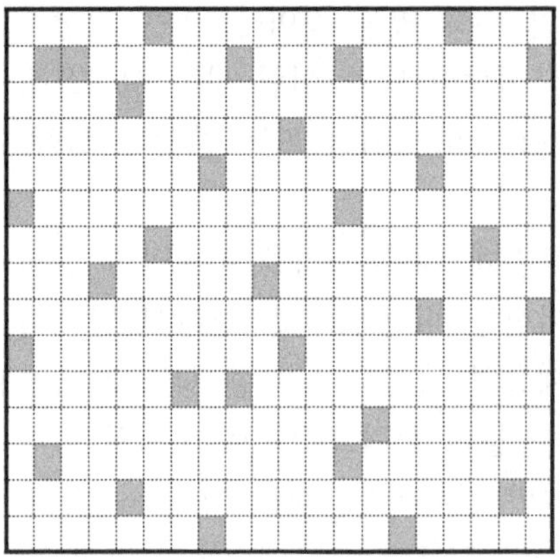

그림 6.1 단순임의표집

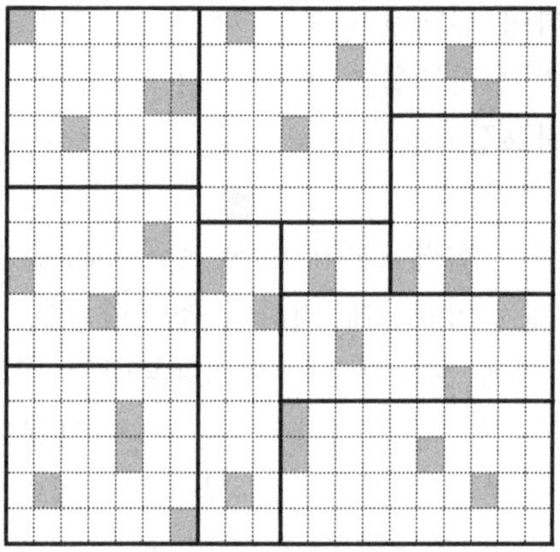

그림 6.2 층화임의표집

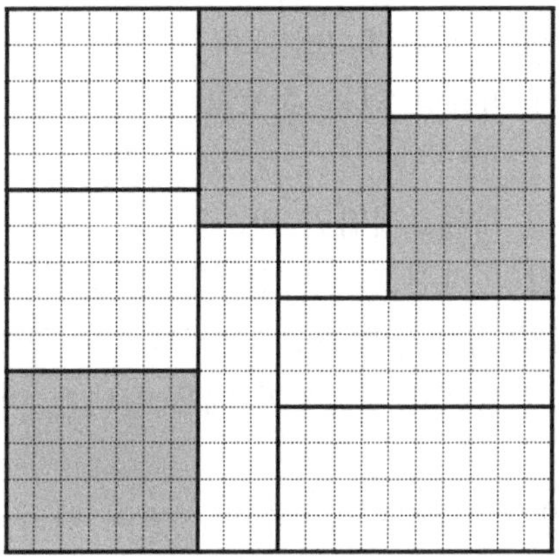

그림 6.3 (일단)집락표집

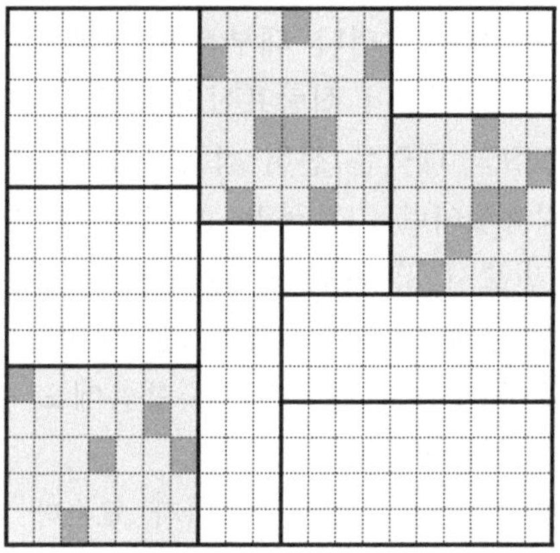

그림 6.4 이단집락표집

집락표집에서 표본선택 과정 및 표본 특성이 추정에 미치는 영향 등을 단순임의표집, 또 층화임의표집과 비교하여 어떻게 다른지 그림 6.1부터 그림 6.4까지 제시한 도해를 통하여 구체적으로 살펴보자.

그림 6.1의 단순임의표집에서는 표집단위(□)들의 총수가 바로 모집단 크기 N이고, 임의표집된 표집단위(■)들의 총수가 표본 크기 n이다.

그림 6.2의 층화임의표집에서는 먼저 크기 N의 모집단이 H 개의 크기 N_h의 층들로 분할된다. 그림에서는 분할된 층을 굵은 실선의 사각형으로 나타내고 있다. 모집단 원소들은 반드시 하나의 층에만 속한다. 층화표집에서는 각 층마다 독립적으로 n_h 개의 단순임의표본을 추출한다. 따라서 $\bar{y}_{st}$의 분산은 층내변동에 의존한다. 즉 층내변동이 작으면서 덧붙여 층간변동이 커야 추정량의 정밀도가 높아진다. 다시 말해서 각 층에 소속

된 개체들이 서로 비슷한 값을 갖고, 또 층평균들은 서로 최대한 달라야 층화표집의 효과가 높다. 즉 층내는 동질적, 층간은 이질적이어야 층화표집이 유리하다.

그림 6.3의 일단집락표집에서는 모집단이 N 개의 집락 즉 일차표집단위(psu)들로 나눠진다. 즉 집락이 표집단위다. 그림에서 굵은 실선으로 나타난 구획이 하나의 표집단위다. 층화표집과 마찬가지로 각 모집단 원소는 정확히 하나의 집락에만 소속되어야한다. N 개의 집락들 중 n 개의 집락들을 단순임의표집한다. 그리고 표본으로 선택된 집락들에 속한 모든 원소들 즉 이차표집단위들(ssu)을 관측한다. 표집된 psu들에 속한 모든 ssu들을 표집하는 것이다. 그림에서 선택된 집락 전부가 검게 칠해져있음은 바로 이를 의미한다. 표집단위가 집락이므로 더 많은 집락을 표집할수록 추정량의 분산은 더 작아진다. 그리고 추정량의 분산은 기본적으로 집락 평균들의 변동에 좌우된다. 즉 집락간 변동이 작아야 효율적이다. 최대 정밀도를 이루려면 집락내 원소들은 서로 이질적이어야 하고, 집락 평균들은 서로 비슷한 값을 유지해야한다. 간단히 말해서 집락내는 이질적, 집락간은 동질적이어야 집락표집의 효과가 있다. 이 점에서 층화표집과 반대다. 집락내는 이질적, 집락간은 동질적인 경우에는 적은 수의 집락들에 대한 조사만으로도 더 정확한 추정을 할 수 있고 또 비용이 덜 든다.

계통표집은 일단집락표집의 특수한 경우에 해당한다. 모집단을 k 개의 집락으로 분할하고, 그 중 하나의 집락만을 임의선택하는 것이다.

그림 6.4의 이단집락표집은 일단 N 개의 psu들 중 n 개의 psu들을 단순임의표집한 다음, 표집된 i 번째 psu에서 다시 크기 m_i의 ssu들을 단순임의표집하는 것이다. 이와 같이 단순임의표집이 두 번 이루어지기 때문에 이단표집이 된다.

집락표본을 추출할 때 선결 사항은 집락 크기와 집락들의 개수라고 하겠다. 즉 모집단을 크기가 어느 정도인 몇 개 집락으로 나누어야하는가? 집락을 크게 잡으면 모집단을 분할하는 집락들의 개수는 줄어든다. 반대로 집락 크기가 작으면 집락들의 총수는 늘어난다. 어느 선이 적당한가? 물론 이런 문제에 정답은 없고 사안에 따라 달라진다. 만일 추정량의 분산을 줄이려면 집락을 많이 선택해야한다. 그러나 이 경우 조사비용이 늘어나는 문제가 있다.

6.2 집락표집에 대한 표기

집락표집의 표기는 다소 복잡하다. 이하, 집락표집에 관련된 각종 모수와 표본통계량들을 이단집락표집을 기준으로 psu 수준과 ssu 수준으로 구분하여 정리하였다. 표 6.1에 이단집락표집의 일반적 상황을 요약하였다. 여기서 y_{ij}는 i번째 psu에서 관측된 j번째 ssu의 관측값이다.

표 6.1 이단집락표집

집락:	M_1	M_2	M_3	M_4	$\cdots$	M_N	N= 집락의 수 M_i = 집락크기
집락표집:		$\downarrow$		$\downarrow$		$\downarrow$	
집락표본:		m_1		m_2	$\cdots$	m_n	n = 표집된 집락수
관측:		y_{11} $\vdots$ y_{1m_1}		y_{21} $\vdots$ y_{2m_2}	$\cdots$	y_{n1} $\vdots$ y_{nm_n}	
표본합:		t_1		t_2	$\cdots$	t_n	
표본평균:		$\overline{y}_1$		$\overline{y}_2$	$\cdots$	$\overline{y}_n$	
표본분산:		s_1^2		s_2^2	$\cdots$	s_n^2	

참고로 집락표집에서는 모수 추정을 비롯한 제반 논의 시 psu 수준에서 집락합을 기준으로 생각하는 것이 편하다.

- **psu 수준의 모수**

N= 모집단에서 psu들의 총수

M_i= i 번째 집락의 크기; i 번째 psu에 속한 ssu들의 총수

$K=\sum_{i=1}^{N} M_i=$ 모집단에서 ssu들의 총수

$\overline{M}=K/N=\sum_{i=1}^{N} M_i/N=$ psu당 평균 크기

$\tau_i=\sum_{j=1}^{M_i} y_{ij}=$ i 번째 psu의 모합

$\tau=\sum_{i=1}^{N}\tau_i=\sum_{i=1}^{N}\sum_{j=1}^{M_i} y_{ij}=$ 모합

$\overline{\tau}=\dfrac{\tau}{N}=$ psu당 평균합

$$\sigma_b^2 = \frac{1}{N-1}\sum_{i=1}^{N}(\tau_i - \bar{\tau})^2 = \text{ psu 합들에 대한 모분산}$$

- **ssu 수준의 모수**

$$\mu = \frac{\tau}{K} = \text{ (ssu당) 모평균}$$

$$\mu_i = \frac{\tau_i}{M_i} = \ i \text{ 번째 psu의 모평균}$$

$$\sigma^2 = \frac{1}{K-1}\sum_{i=1}^{N}\sum_{j=1}^{M_i}(y_{ij} - \mu)^2 = \text{ (ssu당) 모분산}$$

$$\sigma_i^2 = \frac{1}{M_i - 1}\sum_{j=1}^{M_i}(y_{ij} - \mu_i)^2 = \ i \text{ 번째 psu의 모분산}$$

- **표본통계량**

$n=$ 표본으로 선택된 psu들의 총수

$m_i=$ i 번째 psu에서 추출하는 표본크기

$$\overline{m} = \sum_{i=1}^{n} m_i / n = \text{ 추출된 psu당 평균 표본크기}$$

$$t_i = \sum_{j=1}^{m_i} y_{ij} = \ i \text{ 번째 psu의 표본합}$$

$$\bar{y}_i = \frac{t_i}{m_i} = \ i \text{ 번째 psu의 표본평균}$$

$$\hat{\tau}_i = \frac{M_i}{m_i} t_i = \ i \text{ 번째 psu의 모합 } \tau_i \text{에 대한 추정량}$$

$$\hat{\tau} = \frac{N}{n}\sum_{i=1}^{n}\hat{\tau}_i = \text{ 모합에 대한 추정량}$$

$$\bar{t} = \frac{\hat{\tau}}{N} = \text{ psu당 평균합 } \bar{\tau} \text{에 대한 추정량}$$

$$s_b^2 = \frac{1}{n-1}\sum_{i=1}^{n}(\hat{\tau}_i - \bar{t})^2 = \text{ psu 합들에 대한 추정분산}$$

$$s_i^2 = \frac{1}{m_i - 1}\sum_{j=1}^{m_i}(y_{ij} - \bar{y}_i)^2 = \ i \text{ 번째 psu의 표본분산}$$

6.3 일단집락표집

일단집락표집에서는 선택된 psu에 속한 모든 ssu들을 전부 조사한다. 일단집락표집은 psu를 표집하는 비용에 비하여 ssu를 조사하는 비용이 무시할 수 있는 정도일 때 사용한다. 고등학생들에 대한 설문조사시 학급을 psu로 잡아, 선택된 학급의 학생들 전부에게 설문지를 나눠주는 상황을 생각해보라. 선택된 학급으로 이동하는데 드는 비용에 비하면 학생들에게 설문지를 나눠주고 거두는데는 별로 돈이 들지 않는다. 또 폐렴으로 입원한 환자를 조사하려면 병원을 psu로 잡으면 될 것이다.

일단집락표집에서는 집락내 모든 원소들을 조사하기 때문에 표 6.1에서 $m_i = M_i$가 된다.

6.3.1 동일한 집락 크기

모든 집락 크기가 동일한 가장 간단한 경우부터 생각한다. 편의상 $M_1 = \cdots = M_N \equiv M$으로 표기하겠다. 이때 $K = NM$이 성립한다.

일단집락표집에서는 선택된 집락내 모든 원소들을 조사하며 또 집락표집에서는 집락이 표집단위임을 유념하라. 집락이 표집단위이기 때문에 집락합이나 집락평균들이 관측의 역할을 한다. 따라서 집락내 개별 원소들은 무시하면 된다.

집락합 τ_i를 기준으로 표현하자면 집락표집 결과 얻게되는 데이터는 $\{\tau_1, \cdots, \tau_n\}$인 것이다. 물론 여기서 τ_i는 i 번째 집락에 속한 모든 원소들에 대한 합이다. 일단집락표집의 경우 집락내 모든 원소들을 조사하기 때문에 τ_i를 알 수 있다.

아파트 단지에서 부부만 사는 가구들에 대하여 소득 조사를 한다고 가정하자. 부부만 사는 가구들의 총수는 N이다. 가구를 집락(psu)으로 잡아 n 가구를 단순임의표집하였다. 이 경우 집락 크기는 $M=2$. y_{ij}는 i 번째 가구의 j 번째 사람의 소득이다. 이 경우 $j=1, 2$. 그리고 τ_i는 i 번째 가구의 소득이다. 아파트 단지 전체에 대하여 총소득 τ는 다음과 같이 추정한다.

$$\hat{\tau} = \frac{N}{n} \sum_{i=1}^{n} \tau_i \tag{6.1}$$

즉 조사한 n 개 가구에 대하여 가구별 평균소득을 계산한 다음, 여기에 아파트 단지 내 가구들의 총수 N을 곱하여 아파트 단지 전체에 대한 총소득을 계산하는 것이다. 그런데 이런 식의 생각은 단순임의표집에서 모합에 대한 추정과 동일한 것이다. 단지 데이터가 τ_i임이 다를 뿐이다. 따라서 공식 (2.11)을 그대로 적용하면 $\hat{\tau}$에 대한 추정분산은 다음과 같다.

$$\widehat{var}(\hat{\tau}) = N^2 \frac{s_b^2}{n}\left(\frac{N-n}{N}\right) \tag{6.2}$$

여기서 집락합들간 표본분산 s_b^2은 다음과 같이 주어진다.

$$s_b^2 = \frac{1}{n-1}\sum_{i=1}^{n}(\tau_i - \bar{t})^2, \qquad \bar{t} = \frac{\hat{\tau}}{N}$$

여기서 $\bar{t}$는 아파트 단지 전체를 통틀어 가구별 평균 총소득을 추정한 값이다.

만일 개인별 평균소득 즉 모평균 μ를 추정하려면 $\bar{t}$를 가구원의 수 M으로 나누면 될 것이다. 따라서 μ에 대한 추정량과 추정량의 추정 분산은 다음과 같다.

$$\hat{\mu} = \frac{\hat{\tau}}{K} = \frac{\hat{\tau}}{NM} = \frac{\bar{t}}{M} \tag{6.3}$$

$$\widehat{var}(\hat{\mu}) = \frac{1}{M^2}\frac{s_b^2}{n}\left(\frac{N-n}{N}\right) \tag{6.4}$$

이상을 종합하면 일단집락표집은 다만 집락합들을 관측으로 간주하는 단순임의표집일 뿐이다. 새로운 개념의 도입은 전혀 없었다.

예 6.1

아파트 단지에서 부부만 사는 가구들에 대한 소득조사를 한다. 그와 같은 가구들의 총수는 100이다. 여기서 5 개 가구를 임의선택하여 소득을 조사한 결과 다음 데이터를 얻었다.

소득(백만원)	아파트				
	1	2	3	4	5
남편	3.1	1.8	1.5	0.7	4.3
아내	1.2	2.0	0.8	2.5	3.7
합	4.3	3.8	2.3	3.2	8.0

$N=100$, $n=5$, $M=2$이므로 모합에 대한 추론은 다음과 같다.

$$\hat{\tau}=\frac{100}{5}(4.3+3.8+2.3+3.2+8.0)=432$$

따라서 가구별 평균 총소득은 $\bar{t}=432/100=4.32$. 또

$$s_b^2=\frac{1}{5-1}[(4.3-4.32)^2+\cdots+(8.0-4,32)^2]=4.787$$

따라서 1인당 평균소득 μ는 다음과 같이 추정된다.

$$\hat{\mu}=\frac{4.32}{2}=2.16$$

또 $\hat{\mu}$에 대한 표준오차는

$$\widehat{\mathrm{se}}\,(\hat{\mu})=\frac{1}{2}\sqrt{\left(\frac{100-5}{100}\right)\frac{4.787}{5}}=0.477$$

따라서 $\hat{\mu}$에 대한 95% 신뢰구간은 2.16±2(0.477) = (1.21, 3.11). 그런데 이 경우 표본수가 작으므로 더 정확한 95% 신뢰구간을 구하려면, $t_{4,0.025}$ =2.776을 임계값으로 잡아 2.16±2.776(0.477) = (0.84, 3.48). 이상의 모든 계산에 동원된 데이터는 가구별 합이다. 각 개인의 데이터는 사용하지 않고 있음에 유의하라. ∎

6.3.2 집락표집의 효율

일반적으로 집락표집을 하면 단순임의표집에 비하여 추정량의 정밀도가 떨어진다. 이 절에서는 이런 사실들에 대하여 논의한다.

제 3.3.3 절에서는 층화표집시 데이터들의 변동을 층내변동과 층간변동으로 구분하여, 층내변동이 작고 층간변동이 크면 층화표집이 유리함을 설명하였다. 집락표집에서는 이와 정반대의 현상이 일어난다. 즉 집락내변동이 크고 집락간변동이 작아야 집락표집의 정밀도가 향상된다. 이런 사실은 제 6.3.1 절의 (6.2)와 (6.4)에 주어진 추정량의 분산 공식을 봐도 알 수 있지만 집락표집시 추정량의 분산은 결국 s_b^2의 값에 좌우된다. 그런데 s_b^2은 집락합들의 분산이다. 따라서 집락합들간에 별 차이가 없다면 다시 말해서 집락간변동이 작다면 s_b^2의 값은 작을 수밖에 없다.

집락표집에 대한 모집단 분산분석은 다음과 같이 표현된다.

$$\begin{array}{ccccc} \sum_{i=1}^{N}\sum_{j=1}^{M}(y_{ij}-\mu)^2 = & \sum_{i=1}^{N}\sum_{j=1}^{M}(\mu_i-\mu)^2 + & \sum_{i=1}^{N}\sum_{j=1}^{M}(y_{ij}-\mu_i)^2 & \\ \text{SST} \quad = & \text{SSB} \quad + & \text{SSW} & \\ NM-1 \quad = & N-1 \quad + & N(M-1) & \leftarrow \text{자유도} \end{array}$$

여기서 SST는 총변동, SSB는 **집락간변동**(between-cluster variation), SSW는 **집락내변동**(within-cluster variation)이다. 집락간변동 및 집락내변동에 대한 평균제곱을 각각 MSB, MSW로 표기하자.

이때, 집락합들에 대한 모분산 σ_b^2는 다음과 같이 표현된다.

$$\sigma_b^2 = \frac{1}{N-1}\sum_{i=1}^{N}(\tau_i-\bar{\tau})^2 = \frac{1}{N-1}\sum_{i=1}^{N}(M\mu_i-M\mu)^2 = \frac{M}{N-1}\text{SSB} = M\,\text{MSB}$$

따라서 집락표집(CS)에서 $\hat{\tau}$에 대한 분산은 다음과 같다.

$$var(\hat{\tau}_{CS}) = N^2\left(\frac{N-n}{N}\right)\frac{M\,\text{MSB}}{n} \tag{6.5}$$

결국 집락표집에서 모합이나 모평균에 대한 추정량의 분산은 전적으로 MSB 즉 집락간 분산에 의존한다. 따라서 집락합들이 서로 비슷하여 값에 별 차이가 없다면 다시 말해서 집락간 동질적이면 MSB 값은 작게되고, 이때 집락표집의 정밀도는 증가한다. 반대로 특히 MSW에 비하여 상대적으로 MSB가 크다면 집락표집의 정밀도는 떨어진다.

그렇다면 집락표집과 단순임의표집(SRS)을 비교해보자. 임의표집된 n 개 집락에서 각각 M 개씩의 집락표본을 추출하는 대신 NM 개 원소로 구성된 모집단에서 단순임의표집으로 nM 개의 관측을 얻었다고 간주하자. 이 경우 $\hat{\tau}$에 대한 분산은 다음과 같다.

$$var(\hat{\tau}_{SRS}) = (NM)^2\left(\frac{NM-nM}{NM}\right)\frac{\sigma^2}{nM} = N^2\left(\frac{N-n}{N}\right)\frac{M\sigma^2}{n} \tag{6.6}$$

(6.6)을 (6.5)와 비교하면 만일 $\text{MSB} > \sigma^2$ 이면 집락표집이 단순임의표집보다 덜 효율적임을 알 수 있다. 그리고 이미 제 5.2 절에서 소개하였지만 집락내 원소들의 **유사성**(similarity)을 재는 측도가 급내상관계수 ρ_w로서 집락표집의 경우 ρ_w는 $NM(M-1)$ 개의 서로 다른 쌍 $(y_{ij}, y_{ij'})$들에 대한 상관계수로 정의된다.

$$\rho_w = 1 - \frac{M}{M-1}\frac{\text{SSW}}{\text{SST}}$$

따라서 MSB를 ρ_w의 함수로 표시하면

$$\text{MSB} = \frac{N}{N-1}\sigma^2 [1+(M-1)\rho_w]$$

그렇다면 단순임의표집에 비하여 집락표집을 시행하면 어느 정도의 정밀도 상실이 초래될까? 이를 알기 위하여, (6.5)와 (6.6)의 비를 취하면 다음과 같다.

$$\frac{var(\hat{\tau}_{CS})}{var(\hat{\tau}_{SRS})} = \frac{\text{MSB}}{\sigma^2} = \frac{N}{N-1}[1+(M-1)\rho_w] \approx 1+(M-1)\rho_w$$

이 결과를 표본 크기로 바꿔 해석하면 집락표집에서 $1+(M-1)\rho_w$ 개의 원소가 줄 수 있는 정보량과 단순임의표집에서 1 개의 원소가 줄 수 있는 정보량이 같은 것이다.

그런데 급내상관계수 ρ_w의 범위는 $-1/(M-1) \le \rho_w \le 1$이다. 그리고 집락내 원소들이 모두 동일한 경우에 $\rho_w = 1$이 된다. 반대로 집락내 원소들이 아주 이질적이면 ρ_w는 0 이하가 된다. 결국 급내상관계수가 0보다 작지 않은 이상 집락표집의 정밀도가 단순임의표집을 능가하기는 어렵다. 그리고 현실적으로 동일 집락내 원소들의 성향은 대개 비슷한 경우가 많으므로 급내상관계수가 0보다 작기를 기대하기란 어렵다.

만일 $\rho_w = 1/3$이고 $M=10$이라면, 이때 $1+(M-1)\rho_w = 4$가 된다. 즉 표본 크기 100의 단순임의표집 대신 집락표집을 한다면 동일 정밀도를 얻기 위하여 400 개의 관측값을 얻어야하는 것이다. 다만 집락표집의 경우 조사비용이 싸고 데이터 수집이 더 쉽다는 점으로 정밀도의 감소를 허용하는 것이다.

6.3.3 크기가 다른 집락들

이 절에서 집락들의 크기가 서로 다른 보다 더 일반적인 상황을 생각한다. 즉 N 개의 psu들 중 n 개의 psu들을 임의선택하는 일단집락표집에서 선택된 i 번째 psu의 크기가 M_i다. 이런 경우 모합 또는 모평균을 추정하는데는 비편향추정과 비추정의 2 가지 방법이 가용하다.

(1) 비편향추정

모합 τ에 대한 비편향추정량은 (6.1)에 주어진 그대로다. 다만 여기서는 비편향추정량임을 표시하기 위하여 다음과 같이 $\hat{\tau}_u$로 표기한다.

$$\hat{\tau}_u = \frac{N}{n}\sum_{i=1}^{n}\tau_i \tag{6.7}$$

$$\widehat{var}(\hat{\tau}_u) = N^2\frac{s_b^2}{n}\left(\frac{N-n}{N}\right) \tag{6.8}$$

여기서 집락합에 대한 표본분산 s_b^2은 다음과 같이 주어진다.

$$s_b^2 = \frac{1}{n-1}\sum_{i=1}^{n}(\tau_i - \bar{t})^2, \qquad \bar{t} = \frac{\hat{\tau}_u}{N}$$

그런데 집락 크기들이 서로 다르면 s_b^2의 값은 커지는 경향이 있다. 왜냐하면 예를 들어 크기가 100인 집락의 합과 크기가 10인 집락의 합은 값에 서로 간에 차이가 많이 날 것이기 때문이다. 대체로 집락 크기가 동일한 경우가 크기가 서로 현격히 다른 경우에 비하여 분산 면에서 효율이 더 낫다.

모집단 원소들의 총수를 K라 하자.

$$K = \sum_{i=1}^{N} M_i$$

모평균 μ에 대한 비편향추정량은 다음과 같다.

$$\hat{\mu}_u = \frac{\hat{\tau}_u}{K} \tag{6.9}$$

$$\widehat{var}(\hat{\mu}_u) = \frac{1}{K^2}N^2\frac{s_b^2}{n}\left(\frac{N-n}{N}\right) \tag{6.10}$$

(2) 비추정

집락크기 M_i와 집락합 τ_i는 밀접한 상관이 있다고 기대할 수 있다. 왜냐하면 집락크기가 크면 집락합 또한 커질테니 말이다. 따라서 모평균 μ와 모합 τ를 추정함에 있어 집락크기 M_i를 보조변수로 간주하여 비추정을 할 수 있다.

모평균 μ는 다음과 같이 추정한다.

$$\hat{\mu}_r = \frac{\sum_{i=1}^{n}\tau_i}{\sum_{i=1}^{n}M_i} \tag{6.11}$$

이는 전형적인 비추정의 형태다. 즉 N 개 집락들에서 n 개를 단순임의표집하여 데이터로 $\{\tau_1, \cdots, \tau_n\}$을 얻었다. 이때 보조변수 $\{M_1, \cdots, M_n\}$을 함께 관측한 것이다.

(6.11)은 제 4 장의 표본비 b에 해당한다. 따라서 공식 (4.14)를 이 상황에 적용하면 다음과 같은 추정 분산의 공식을 얻는다.

$$\widehat{var}(\hat{\mu}_r) = \frac{1}{\overline{M}^2} \frac{s_e^2}{n} \frac{N-n}{N} \tag{6.12}$$

여기서

$$\overline{M} = \frac{\sum_{i=1}^{N} M_i}{N} = \frac{K}{N} = \text{ 모집단의 평균 집락크기}$$

$$s_e^2 = \frac{\sum_{i=1}^{n} (\tau_i - \hat{\mu}_r M_i)^2}{n-1} = \frac{\sum_{i=1}^{n} M_i^2 (\overline{y}_i - \hat{\mu}_r)^2}{n-1}$$

그런데 만일 (6.12)에서 모집단의 평균 집락크기 $\overline{M}$를 모르면 그 대신 표본의 집락크기들의 평균 $\overline{M}_s$로 추정하여 사용한다.

$$\overline{M}_s = \frac{1}{n} \sum_{i=1}^{n} M_i .$$

즉 $K = N\overline{M}$ 에 대한 추정값은 $\hat{K} = N\overline{M}_s$ 로 주어진다.

따라서 모합 τ에 대한 추정은 다음과 같이 정리할 수 있다.

$$\hat{\tau}_r = K \hat{\mu}_r \tag{6.13}$$

$$\widehat{var}(\hat{\tau}_r) = N^2 \frac{s_e^2}{n} \frac{N-n}{N} \tag{6.14}$$

참고로 잔차분산 s_e^2는 공식 (4.9)를 따라 다음과 같이 계산해도 된다.

$$s_e^2 = s_b^2 + \hat{\mu}_r^2 s_M^2 - 2\hat{\mu}_r r s_b s_M \tag{6.15}$$

여기서 r은 n 쌍의 데이터 (τ_i, M_i)들 간의 상관계수, s_b^2와 s_M^2는 각각 τ_i들과 M_i들의 표본분산이다.

비추정의 단점은 추정량들이 편향되어있으며 특히 모합 τ에 대한 추정시 모집단내 원소들의 총수 K를 알아야한다는 점이다. 그러나 일반적으로 비추정의 분산은 비편향추정에 비하여 훨씬 작다. 또 집락크기가 동일한 경우에는 비추정량도 비편향추정량이 된다.

예 6.2

$N=500$ 가구로 이루어진 아파트 단지에서 가구들에 대한 소득조사를 한다. $n=25$개 가구를 임의선택하여 연간 총소득(단위: 백만원)을 조사한 결과 표 6.2의 데이터를 얻었다.

표 6.2 소득 데이터

집락 i	가구원의 수 M_i	총소득 τ_i	잔차 e_i
1	4	40	0.0426
2	2	25	5.0213
3	3	23	-6.9681
4	6	55	-4.9362
5	4	39	-0.9574
6	3	32	2.0319
7	4	36	-3.9574
8	4	40	0.0426
9	4	37	-2.9574
10	5	42	-7.9468
11	7	58	-11.9255
12	2	30	10.0213
13	2	31	11.0213
14	3	36	6.0319
15	4	42	2.0426
16	5	44	-5.9468
17	3	29	-0.9681
18	4	42	2.0426
19	4	48	8.0426
20	4	51	11.0426
21	3	33	3.0319
22	3	24	-5.9681
23	2	27	7.0213
24	4	39	-0.9574
25	5	36	-13.9468
표본합	$\sum M_i = 94$	$\sum \tau_i = 939$	
표본평균	$\overline{M}_s = 3.76$	$\bar{t} = 37.56$	
표본분산	$s_M^2 = 1.523$	$s_\tau^2 = 84.423$	$s_e^2 = 46.335$
표본상관계수	$r=0.839$		

아파트 전체의 연간 총소득과 연간 일인당 평균소득을 추정하고자 한다. 먼저 비편향 추정을 해보자. 연간 총소득 τ에 대한 추정값과 추정분산은 (6.7)에 의하여 다음과 같이 계산한다.

$$\hat{\tau}_u = \frac{N}{n}\sum_{i=1}^{n}\tau_i = \frac{500}{25}(939) = 18780$$

$$\widehat{var}(\hat{\tau}_u) = N^2\frac{s_b^2}{n}\left(\frac{N-n}{N}\right) = 500^2\frac{84.423}{25}\frac{500-25}{500} = 802018.5$$

연간 일인당 평균소득 μ를 구하려면 아파트 단지내 총 거주인의 숫자 K를 알아야한다. 그러나 이 값은 알지 못하므로 대신 표본의 평균 집락크기에 총 가구수를 곱한 값으로 추정한다. 즉 $\hat{K} \approx \overline{M}_s N$. 따라서 μ에 대한 추정값과 추정분산은 다음과 같다.

$$\hat{\mu}_u = \frac{18780}{3.76(500)} = 9.989\ , \quad \text{또는}\ \hat{\mu}_u = \frac{939}{3.76(25)} = 9.989$$

$$\widehat{var}(\hat{\mu}_u) = \frac{1}{\overline{M}_s^2}\frac{s_b^2}{n}\left(\frac{N-n}{N}\right) = \frac{1}{3.76^2}\frac{84.423}{25}\frac{500-25}{500} = 0.227$$

μ에 대한 95% 신뢰구간을 구하면 $9.989 \pm 2\sqrt{0.227} = (9.04,\ 10.94)$를 얻는다. 일인당 연간 평균소득은 대략 900만원에서 1100만원 사이에 있다. 이번에는 비추정을 이용하여 모수 추정을 해보자. (6.11)과 (6.12)를 사용하여,

$$\hat{\mu}_r = \frac{\sum_{i=1}^{n}\tau_i}{\sum_{i=1}^{n}M_i} = \frac{939}{94} = 9.989$$

$$\widehat{var}(\hat{\mu}_r) = \frac{1}{\overline{M}^2}\frac{s_e^2}{n}\frac{N-n}{N} = \frac{1}{3.76^2}\frac{46.335}{25}\frac{500-25}{500} = 0.125$$

비편향추정에 비하여 추정분산의 값이 약 절반으로 떨어졌다. μ에 대한 95% 신뢰구간은 $9.989 \pm 2\sqrt{0.125} = (9.28,\ 10.69)$. 물론 이 같은 추정분산의 감소는 집락크기(M_i)와 집락합(τ_i) 간의 상관도($r=0.839$)가 높음에 기인한다. 집락크기와 집락합간의 산점도가 그림 6.5에 주어져있다. 눈에 띄는 선형 추세를 확인할 수 있다. 참고로 잔차분산 s_e^2를 (6.15) 공식으로 구하면 다음과 같다.

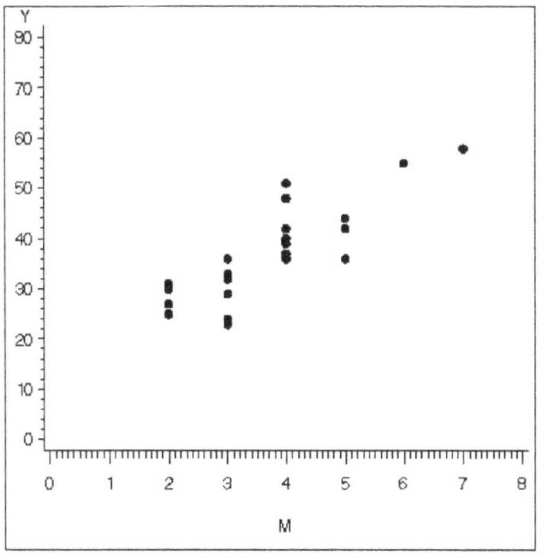

그림 6.5 집락크기 대 집락합의 산점도

$$
\begin{aligned}
s_e^2 &= s_b^2 + \hat{\mu}_r^2 s_M^2 - 2\,\hat{\mu}_r\, r\, s_b\, s_M \\
&= 84.423 + 9.989^2(1.523) - 2(9.989)(0.839)(9.188)(1.234) \\
&= 46.335
\end{aligned}
$$

총소득 τ에 대한 추정은 불가능하다. 아파트 전체 거주민의 총수 K를 모르기 때문이다. 그러나 만일 이 아파트 단지에 총 K=2000 명이 사는 사실을 알고있다면

$$
\hat{\tau}_r = K\,\hat{\mu}_r = 2000(9.989) = 19978
$$

$$
\widehat{var}(\hat{\tau}_r) = N^2 \frac{s_e^2}{n}\frac{N-n}{N} = 500^2 \frac{46.335}{25}\frac{500-25}{500} = 440182.5
$$

따라서 아파트 단지 전체의 연간 총소득에 대한 95% 신뢰구간은

$$
19978 \pm 2\sqrt{440182.5} = (18651,\ 21305)
$$

다음은 표 6.2 하단의 통계량들을 계산하는 SAS 코드다. ▎

```
data; input m y @@;
  inv_m=1/m;
cards;
4 40 … 5 36
run;
```

```
proc corr nosimple;
  var m y;
run;

proc reg;
  model y = m / noint r;
  weight inv_m;
  output out=resid residual=residual;
run;

proc means n sum mean std var;
  var m y residual;
run;
```

(3) 모비율의 추정

비율 추정을 하는 집락표집의 경우에는 앞에서 설명한 비편향추정과 비추정 기법을 그대로 적용하면 된다. 다만 집락표집에서 모비율 추정시 추정 비율에 대한 분산 계산에 통상적인 이항 자료에 관한 이론은 적용할 수 없다. 대신 집락별 비율 p_i들을 연속변량으로 간주하여 단순임의표집 또는 비추정 시 사용하는 공식을 이용한다.

n 개 집락을 단순임의표집하였다. 각 집락의 크기는 M_i다. i 번째 집락에서 관심 특성을 보유한 단위들의 총수를 a_i라고 표기하자.

집락표집에서 모비율의 추정 형식은 두 가지 상황으로 구분한다. 첫째는 집락크기들이 서로 같은 경우 둘째는 집락크기가 서로 다른 경우다.

① $M_1 = \cdots = M_N \equiv M$ 인 경우

이 경우에는 집락별 비율 p_i들의 평균이 바로 모비율 p의 추정량이다. 즉

$$p_i = \frac{a_i}{M}, \quad (i = 1, \cdots, n) \tag{6.16}$$
$$\hat{p} = \sum_{i=1}^{n} p_i / n$$

현재 우리가 갖고있는 집락별 비율 데이터 $\{p_1, \cdots, p_n\}$는 N 개의 단위 $\{p_1, \cdots, p_N\}$

으로 이루어진 모집단에서 n 개의 단위를 단순임의표집한 것에 불과하다. 그리고 $\hat{p}$ 은 p_i 들의 평균이므로 단순임의표집시 표본평균에 대한 추정분산 공식을 적용하면 $\hat{p}$ 에 대한 추정분산은 다음과 같이 주어진다.

$$\widehat{var}(\hat{p}) = \frac{N-n}{N}\frac{s_p^2}{n}, \qquad s_p^2 = \frac{1}{n-1}\sum_{i=1}^{n}(p_i - \hat{p})^2$$

② M_i 들이 서로 다른 경우

이 경우에는 비추정을 하여 p를 추정한다. 공식 (6.11)을 적용하면

$$\hat{p} = \sum_{i=1}^{n} a_i \Big/ \sum_{i=1}^{n} M_i \tag{6.17}$$

또 $\hat{p}$ 에 대한 추정분산은 다음과 같다.

$$\widehat{var}(\hat{p}) = \frac{N-n}{N}\frac{1}{\overline{M}^2}\frac{s_e^2}{n}, \qquad s_e^2 = \frac{\sum_{i=1}^{n}(a_i - \hat{p}M_i)^2}{n-1}$$

예 6.3

예 6.2와 동일한 상황에서 각 가구별로 가구원들에게 주차장 면적을 늘이기 위하여 화단을 없애는 방안에 대하여 찬반 여부를 물었다. 표 6.3에 각 가구별로 찬성하는 사람들의 수가 주어져있다. 집락크기가 서로 다른 경우이므로 (6.17)로 추론한다.

$$\hat{p} = \frac{41}{94} = 0.436 \ .$$

추정분산을 구하려면 $\overline{M}$를 알아야 하지만 이에 대한 정보가 없으므로 대신 $\overline{M}_s$ 를 사용한다. 이 경우

$$\widehat{var}(\hat{p}) = \frac{N-n}{N}\frac{1}{\overline{M}^2}\frac{s_e^2}{n} = \frac{500-25}{500}\frac{1}{3.76^2}\frac{1.3725}{25} = 0.00369$$

따라서 모비율에 대한 95% 신뢰구간은

$$0.436 \pm 2\sqrt{0.00369} = (0.31,\ 0.56)$$ ∎

표 6.3 찬성률 데이터

집락(i)	가구원의 수(M_i)	찬성자 수(a_i)	잔차(e_i)
1	4	2	0.2553
2	2	0	-0.8723
3	3	0	-1.3085
4	6	4	1.3830
5	4	1	-0.7447
6	3	1	-0.3085
7	4	0	-1.7447
8	4	2	0.2553
9	4	4	2.2553
10	5	4	1.8191
11	7	5	1.9468
12	2	0	-0.8723
13	2	1	0.1277
14	3	1	-0.3085
15	4	1	-0.7447
16	5	2	-0.1809
17	3	0	-1.3085
18	4	0	-1.7447
19	4	1	-0.7447
20	4	2	0.2553
21	3	0	-1.3085
22	3	2	0.6915
23	2	2	1.1277
24	4	3	1.2553
25	5	3	0.8191
표본합	$\sum M_i = 94$	$\sum a_i = 41$	
표본평균	$\overline{M}_s = 3.76$	$\bar{a} = 1.64$	
표본분산	$s_M^2 = 1.523$	$s_a^2 = 2.240$	$s_e^2 = 1.3725$
표본상관계수	$r = 0.718$		

(4) 표본 크기의 결정

집락표집의 정밀도는 근본적으로 집락간변동 즉 집락합들간의 변동에 좌우된다. 일단 집락표집에서 주어진 신뢰도와 허용 오차한계를 만족시키려면 몇 개의 집락을 표집해야 할까? n을 결정해보자.

• 모평균 추정시 표본 크기

모평균 μ에 대한 추정시 비추정량 $\hat{\mu}_r$의 분산은 근사적으로 아래와 같이 주어진다.

$$var(\hat{\mu}_r) = \frac{1}{\overline{M}^2} \frac{\sigma_\epsilon^2}{n} \frac{N-n}{N} \tag{6.18}$$

(6.18)과 (6.12)를 혼동하지 말라. (6.18)은 $\hat{\mu}_r$의 모분산이고, (6.12)는 추정분산이다.

신뢰도 $100(1-\alpha)\%$에서 최대 허용 오차한계를 B로 표기하면 바라는 표본크기 n은 다음 관계식에서 구할 수 있다.

$$z_{\alpha/2}\sqrt{var(\hat{\mu}_r)} = z_{\alpha/2}\,\mathrm{se}(\hat{\mu}_r) = B$$

이 관계식을 n에 대하여 풀면 다음을 얻는다.

$$n = \frac{N\sigma_\epsilon^2}{ND+\sigma_\epsilon^2}, \qquad D = \left(\frac{B\overline{M}}{z_{\alpha/2}}\right)^2 \tag{6.19}$$

그런데 통상 σ_ϵ^2과 $\overline{M}$의 값을 조사 전에 알지 못하므로 소량의 예비표본을 취해서 σ_ϵ^2과 $\overline{M}$의 값을 각각 s_e^2와 $\overline{M}_s$로 추정하여 대입하거나 또는 과거 동일한 조사시 얻은 값들을 σ_ϵ^2과 $\overline{M}$로 사용한다.

• 모합에 대한 비편향추정시 표본 크기

모합 τ에 대한 추정시 요구되는 표본 크기는 비편향추정을 할 것인가, 아니면 비추정을 할 것인가에 따라 다르다.

τ에 대한 비편향추정량 $\hat{\tau}_u$에 대한 분산은 근사적으로 다음과 같다.

$$var(\hat{\tau}_u) = N^2 \frac{\sigma_b^2}{n}\left(\frac{N-n}{N}\right)$$

따라서 $z_{\alpha/2}\,\mathrm{se}(\hat{\tau}_u) = B$ 에서

$$n = \frac{N\sigma_b^2}{ND+\sigma_b^2}, \qquad D = \left(\frac{B}{z_{\alpha/2}N}\right)^2$$

• 모합에 대한 비추정시 표본 크기

τ에 대한 비추정량 $\hat{\tau}_r$의 분산은 근사적으로 아래와 같이 주어진다.

$$var(\hat{\tau}_r) = N^2 \frac{\sigma_\epsilon^2}{n} \frac{N-n}{N}$$

그리고 $z_{\alpha/2}\,\text{se}(\hat{\tau}_r) = B$ 을 풀면,

$$n = \frac{N\sigma_\epsilon^2}{ND + \sigma_\epsilon^2}, \qquad D = \left(\frac{B}{z_{\alpha/2}N}\right)^2$$

• **모비율에 대한 비추정시 표본 크기**

모비율 p에 대한 추정시 표본 크기의 결정은 공식 (6.19)를 그대로 사용한다.

예 6.4

예 6.3과 동일한 상황에서 몇 달 뒤 다시 똑같은 조사를 해서 주민들의 반응에 변화가 있는지 알려고 한다. 99% 신뢰도에서 최대 오차한계 ±3%를 유지하려면 표본 크기를 얼마로 해야할까? 선행조사에서 얻은 다음 값들을 이용하자.

$$s_e^2 = 1.3725, \quad \overline{M}_s = 3.76$$

따라서

$$D = \left(\frac{0.03(3.76)}{2.57}\right)^2 = 0.00193$$

$$n = \frac{500(1.3725)}{500(0.00193) + 1.3725} = 293.8$$

결국 294 가구에 대한 조사를 해야한다. ▮

6.4 층화집락표집

층화집락표집(stratified cluster sampling)은 먼저 모집단을 동질적인 층으로 층화한 다음, 각 층마다 독립적인 집락표집을 하는 방법이다.

예를 들어 서울시 교육청에서 관내 고등학교 3학년 학생들에 대한 조사를 계획하고 있다. 서울에 총 600 개 고등학교가 있다고 하자. 각 고등학교는 지역적 동질성을 갖고 있다. 따라서 600 개 고등학교를 각각 층으로 간주한다. 그리고 각 고등학교마다 공문을 보내 3학년 학급수의 약 1/3을 단순임의선택하여 선택된 학급의 모든 학생들에게 설문지를 배포 및 회수해서 결과를 보고하란다면 이것이 바로 층화집락표집이 된다. 여기서 각 고등학교 내의 3학년 학급들이 집락이다.

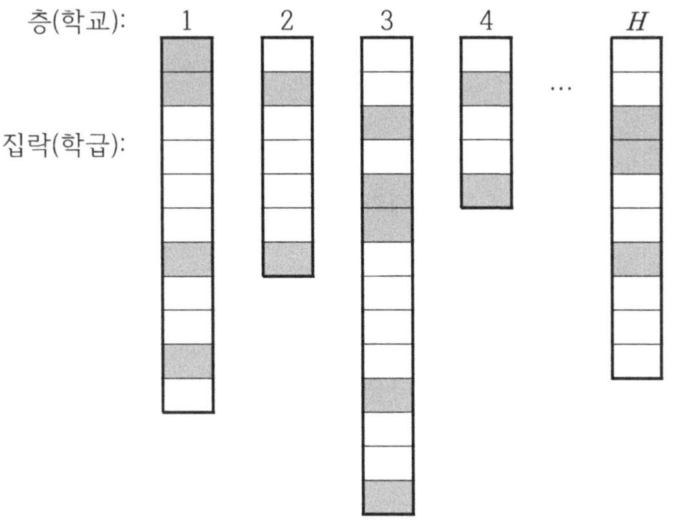

그림 6.6 층화집락표집의 도해

현재 상황을 일반화하자. 그림 6.6을 참조하라.

모집단을 H 개의 층으로 분할하고, 각 층마다 독립적인 집락표집을 한다. 각 층이 보유한 집락수는 N_h다. 일단집락표집에 의하여 h 번째 층의 N_h 개 집락들 중 n_h 개를 표집한다. 그림 6.6에서 검게 칠해진 사각형들이 표집된 집락을 나타낸다. τ_{hj}를 h 번째 층의 j 번째 집락에서 관측한 집락합, 그리고 M_{hj}를 h 번째 층의 j 번째 집락의 크기라 하자.

제 4.3 절에서 설명한 층화표집에서의 비추정 방법을 현 상황에 적용하여 층화임의표집시 모수의 추정을 생각해보자.

층화표집에서 비추정시 병합비추정과 분리비추정의 두 가지 추정 방법이 있었다. 그런데 분리비추정을 적용하려면 층크기 즉 각 고등학교의 3학년 학생 수를 미리 알아야 한다. 그러나 층화집락표집시 층크기를 알지 못하는 경우가 많기 때문에 여기서는 병합비추정만 고려한다.

모집단 전체의 총 집락수를 N이라 하자. 즉 $N = N_1 + \cdots + N_H$.

h 번째 층에서 n_h 개의 집락합 $\{\tau_{h1}, \cdots, \tau_{h n_h}\}$들이 관측된다. 따라서 h 번째 층의 평균집락합 $\bar{\tau}_h$는 다음과 같이 계산한다.

$$\bar{\tau}_h = \frac{1}{n_h}\sum_{j=1}^{n_h}\tau_{hj}$$

그런데 h 번째 층에는 모두 N_h 개 집락이 있으므로 h 번째 층의 총합 τ_h는 다음과 같이 추정한다.

$$\hat{\tau}_h = N_h \bar{\tau}_h = \frac{N_h}{n_h} \sum_{j=1}^{n_h} \tau_{hj}$$

따라서 모든 층을 통틀어 모집단 전체의 총합 τ는 다음과 같이 추정된다.

$$\hat{\tau} = \sum_{h=1}^{H} \hat{\tau}_h = \sum_{h=1}^{H} N_h \bar{\tau}_h = \sum_{h=1}^{H} \frac{N_h}{n_h} \sum_{j=1}^{n_h} \tau_{hj} \tag{6.20}$$

$\hat{\tau}$에 대한 추정분산은 (3.7)을 따라 다음과 같다.

$$\widehat{var}(\hat{\tau}) = \sum_{h=1}^{H} N_h^2 \left(\frac{N_h - n_h}{N_h} \right) \frac{s_h^2}{n_h}$$

여기서

$$s_h^2 = \frac{1}{n_h - 1} \sum_{j=1}^{n_h} (\tau_{hj} - \bar{\tau}_h)^2 \quad .$$

모평균을 추정하려면 $\hat{\tau}$을 모집단내 총 원소들의 수로 나누기만 하면 된다. 모집단 크기 K를 추정하기 위하여 지금까지와 동일한 논리를 전개하자.

h 번째 층에서 n_h 개의 집락크기 $\{M_{h1}, \cdots, M_{hn_h}\}$들이 관측된다. 따라서 h 번째 층의 평균집락크기 $\overline{M}_h$는 다음과 같이 계산한다.

$$\overline{M}_h = \frac{1}{n_h} \sum_{j=1}^{n_h} M_{hj}$$

그런데 h 번째 층에는 모두 N_h 개 집락이 있으므로 h 번째 층의 총집락크기 M_h는 다음과 같이 추정한다.

$$\widehat{M}_h = N_h \overline{M}_h = \frac{N_h}{n_h} \sum_{j=1}^{n_h} M_{hj}$$

따라서 모든 층을 통틀어 모집단 전체의 크기 K는 다음과 같이 추정된다.

$$\widehat{K} = \sum_{h=1}^{H} \widehat{M}_h = \sum_{i=1}^{H} N_h \overline{M}_h = \sum_{h=1}^{H} \frac{N_h}{n_h} \sum_{j=1}^{n_h} M_{hj} \tag{6.21}$$

이상의 논의로부터 모평균은 (6.20)을 (6.21)로 나누어 추정한다. 즉 모평균 μ에 대한 병합비추정량 $\hat{\mu}_c$는 (6.20) 대 (6.21)의 비다.

$$\hat{\mu}_c = \frac{\sum_{h=1}^{H} N_h \bar{\tau}_h}{\sum_{h=1}^{H} N_h \overline{M}_h} \tag{6.22}$$

따라서 h 번째 층에서 $\hat{\mu}_c$의 추정분산은 (4.7)에 의하여

$$\frac{1}{\overline{M}^2}\frac{s_{eh}^2}{n_h}\frac{N_h - n_h}{N_h}$$

여기서 $\overline{M} = K/N$는 모집단의 평균 집락크기다. 부연하면 (6.22)의 비추정에서 분자 부분의 데이터는 집락합 $\{\tau_{hj}\}$들이고, 분모 부분의 데이터는 집락크기 $\{M_{hj}\}$들이기 때문에 (4.7)의 μ_x 대신 $\overline{M}$를 대입한 것이다.

모든 층을 통틀어 층비중을 고려하여 $\hat{\mu}_c$의 추정분산을 계산하면

$$\widehat{var}(\hat{\mu}_c) = \sum_{h=1}^{H}\left(\frac{N_h}{N}\right)^2 \frac{1}{\overline{M}^2}\frac{N_h - n_h}{N_h}\frac{s_{eh}^2}{n_h} = \frac{1}{K^2}\sum_{h=1}^{H} N_h (N_h - n_h)\frac{s_{eh}^2}{n_h} \tag{6.23}$$

여기서 h 번째 층의 잔차분산은 다음과 같이 정의한다.

$$s_{eh}^2 = \frac{1}{n_h - 1}\sum_{j=1}^{n_h}(\tau_{hj} - \hat{\mu}_c M_{hj})^2$$

예 6.5

예 6.2의 데이터를 층 1에서 얻은 데이터로 간주한다. 인접한 아파트 단지를 층 2로 잡고 동일한 조사를 시행하였다. 데이터와 관련 통계량들은 표 6.4를 보라. 일인당 연간 평균소득을 추정해보자. (6.22)에 의하여,

$$\hat{\mu}_c = \frac{500(37.56) + 300(29.2)}{500(3.76) + 300(3.8)} = \frac{27540}{3020} = 9.1192$$

두 아파트에 거주하는 총 주민수 K를 (6.21)의 $\hat{K}$으로 추정하면 추정분산은 공식 (6.23)에 의하여,

$$\widehat{var}(\hat{\mu}_c) = \frac{1}{3020^2}\left\{500(500-25)\frac{37.565}{25} + 300(300-15)\frac{18.472}{15}\right\} = 0.05$$

표 6.4 층화집락표집으로 얻은 소득 데이터

아파트 단지 1 ($h=1$) $N_1=500$, $n_1=25$				아파트 단지 2 ($h=2$) $N_2=300$, $n_2=15$			
집락 j	가구원 수 M_{1j}	총소득 τ_{1j}	잔차 e_{1j}	집락 j	가구원 수 M_{2j}	총소득 τ_{2j}	잔차 e_{2j}
1	4	40	3.5232	1	3	25	-2.3576
2	2	25	6.7616	2	2	15	-3.2384
3	3	23	-4.3576	3	4	28	-8.4768
4	6	55	0.2848	4	6	45	-9.7152
5	4	39	2.5232	5	4	30	-6.4768
6	3	32	4.6424	6	3	23	-4.3576
7	4	36	-0.4768	7	4	28	-8.4768
8	4	40	3.5232	8	4	29	-7.4768
9	4	37	0.5232	9	4	31	-5.4768
10	5	42	-3.5960	10	5	42	-3.5960
11	7	58	-5.8344	11	7	48	-15.8344
12	2	30	11.7616	12	2	15	-3.2384
13	2	31	12.7616	13	2	21	2.7616
14	3	36	8.6424	14	3	26	-1.3576
15	4	42	5.5232	15	4	32	-4.4768
16	5	44	-1.5960				
17	3	29	1.6424				
18	4	42	5.5232				
19	4	48	11.5232				
20	4	51	14.5232				
21	3	33	5.6424				
22	3	24	-3.3576				
23	2	27	8.7616				
24	4	39	2.5232				
25	5	36	-9.5960				
합	94	939	$s_{e1}^2=37.565$	합	57	438	$s_{e2}^2=18.472$
평균	3.76	37.56		평균	3.80	29.20	

참고로 이때 층 1과 층 2의 잔차분산들은 다음과 같이 계산하였다.

$$s_{e1}^2=\frac{1}{n_1-1}\sum_{j=1}^{n_1}e_{1j}^2=\frac{1}{25-1}\sum_{j=1}^{25}(\tau_{1j}-9.1192\,M_{1j})^2$$

$$s_{e2}^2=\frac{1}{n_2-1}\sum_{j=1}^{n_2}e_{2j}^2=\frac{1}{15-1}\sum_{j=1}^{15}(\tau_{2j}-9.1192\,M_{2j})^2$$

따라서 모평균 μ에 대한 95% 신뢰구간은

$$9.1192 \pm 2\sqrt{0.05} = (8.67, 9.57)$$ ∎

6.5 크기비례확률표집

지금까지 우리가 다룬 모든 표집법들은 하나의 표집단위가 선택될 확률이 모두 동일한 **등확률표집**(sampling with equal probabilities)이었다. 그리고 항상 비복원추출만을 고려하였다.

그런데 이 절에서 논의할 **크기비례확률표집**(sampling with probabilities proportional to size: pps 표집)은 **복원추출 부등확률표집**(sampling with unequal probabilities)의 대표적인 형태다. 이 표집법의 영문명을 우리 말로 엄밀히 번역하자면 '크기에 비례한 확률들로 표집'이라 해야 마땅하나 편의상 줄였다.

예를 들어 으뜸대학교는 통계학과, 컴퓨터과학과, 수학과의 세 개의 첨단학과들만 보유한다. 으뜸대학생 총원은 1000 명, 또 통계학과는 500 명, 컴퓨터과학과는 300 명, 수학과는 200 명이다. 학교에서는 학생들이 갖고있는 전공서적의 총 권수를 추정하려한다. 이 경우에 과를 집락으로 간주하고 일단집락표집을 하여 집락 하나를 단순임의추출하는 조사 계획을 세웠다면 각 과가 선택될 확률은 1/3이다. 즉 N 개 집락에서 n 개를 단순임의표집하는 집락표집에서 하나의 집락이 선택될 확률은 $1/N$인 것이다. 그러나 현재와 같이 각 집락 크기에 차이가 많이 나면 차라리 각 집락이 표집될 확률을 집락크기에 비례하도록 맞추는 편이 더 낫다.

편의상, 각 과별로 학생들이 보유한 총 전공서적수(단위: 천권)가 다음과 같다고 하자.

과(i)	크기(M_i)	표집 확률(z_i)	서적수(τ_i)
통계학과	500	5/10	60
컴퓨터과학과	300	3/10	40
수학과	200	2/10	20
합계	1000(K)	1	120

그렇다면 표에 나타난 크기에 비례한 표집확률을 반영하는 표본을 어떻게 임의추출할 수 있을까? 쉬운 방법은 1부터 10까지 번호가 적힌 카드를 주머니에 넣고 흔든 다음 하나를 뽑아 만일 그 숫자가 1~5면 통계학과를 선택하고, 6~8이면 컴퓨터과학과를, 9~10이면 수학과를 선택하는 것이다.

이런 선택 방법을 **누적크기법**(cumulative-size method)라고 한다. 집락이 많을 때는

기각적 방법(rejective method)을 사용할 수 있는데 이에 대해서는 예 6.6을 보라.

그런데 만일 수학과가 선택된다면 불과 200 명으로 1000 명을 대표하는 폭이 된다. 따라서 부등확률로 표집을 했다면 반드시 그만큼 추정에서 보정을 해줘야한다.

위의 표에서 각 과의 표집확률 $z_i = M_i / K$의 역수를 **표집비중**(sampling weight)이라 한다. 즉 표집비중 w_i는 다음과 같이 정의한다.

$$w_i = \frac{1}{z_i} = \frac{K}{M_i} \tag{6.24}$$

참고로 표집비중의 개념은 이미 논의한 표집법에도 마찬가지로 적용된다.

만일 으뜸대학교에서 단순임의표집으로 100 명을 추출했다면 표본내 학생 한 명마다 모집단의 10 명을 대표하는 것이다.

또 만일 우리가 으뜸대학교에서 각 과를 층으로 잡아 층화임의표집을 하여 $n=100$ 명을 추출했고, 층별 표본크기는 통계학과 학생이 $n_1=25$ 명, 컴퓨터과학과 학생이 $n_2=60$ 명, 수학과 학생이 $n_3=15$ 명이었다고 하자. 그렇다면 표본으로 선택된 통계학과 학생 25 명은 전체 통계학과 학생들 500 명을 대표하는 것이다. 다른 말로 표집된 통계학과 학생 한 사람은 기실 통계학과 학생 20 명을 대표하는 것이다. 마찬가지로 표집된 컴퓨터과학과 학생 한 사람은 컴퓨터과학과 학생 5 명을 대표하며 또 표집된 수학과 학생 한 사람은 수학과 학생 10 명을 대표한다.

이와 같이 선택된 모든 표집단위들은 모집단의 일정 부분을 대표하며 결국 수집된 표본은 모집단 전체를 대표하는 것이다. 따라서 표본내 단위들의 표집비중들을 모두 더하면 당연히 층화표집에서의 모집단 크기 N이 된다.

특히 층화표집에서 층화변수를 기준으로 모집단을 정확히 반영하는 표본을 추출하려면 표집설계시 반드시 비례배정을 해야한다. 비례배정에서는 각 층마다 표집되는 단위들의 수를 층크기에 비례하여 배정한다. 따라서 각 표집단위가 선택될 확률은 동일하며 그 확률은 $n_h / N_h = n / N$이다. 으뜸대학교의 학생들 $N=1000$에서 $n=100$을 비례배정으로 추출하자면, 통계학과 학생들은 $n_1=50$, 컴퓨터과학과 학생들은 $n_2=30$ 명, 수학과 학생들은 $n_3=20$ 명 뽑아야한다. 결국 과에 즉 층에 관계없이 표본내 각 단위는 모집단의 10 명을 대표하는 것이다.

이와 같이 표본내 각 단위의 표집비중이 동일하고 모집단을 기준으로 동일한 숫자의 단위들을 대표하는 경우 그 표본을 **자가가중표본**(self-weighting sample)이라 부른다.

그렇다면 층화표집은 부등확률표집인가? 그렇지 않다.

왜냐하면 층화표집에서는 각 층을 새로운 모집단으로 간주하여 층마다 독립적으로 단순임의표집을 하기 때문에 등확률표집법이다. 각 층에서 단위들을 추출할 때 각 단위가 추출될 확률은 n_h/N_h로서 다 똑같기 때문이다. 다만 층마다 크기가 다르고 표집비중이 같지 않기에 이를 보정하려면 추정시 표집비중을 고려하여 추정값을 계산하여야 한다. 예를 들어 모합 τ에 대한 추정시 다음과 같이 표집비중을 삽입한다.

$$\hat{\tau}_{st} = \sum_{h=1}^{H}\sum_{j=1}^{n_h}\frac{N_h}{n_h}y_{hj} = \sum_{h=1}^{H}\sum_{j=1}^{n_h}w_h y_{hj}$$

이러한 층화표집과 크기비례확률표집의 차이는 무엇인가? 층화표집에서는 먼저 층화를 한 다음 모든 층에서 등확률로 표집을 하는 반면, 크기비례확률표집에서는 층화를 먼저 하지 않는 대신 층크기를 고려한 부등확률로 표집하여 분산을 줄인다. 그리고 부등확률표집으로 야기된 불균형은 표집비중을 고려한 추정으로 보정한다. 이때 중요한 점은 표집단위가 선택될 확률을 미리 알고있다는 점이다.

선택편향(selection bias)이 심각한 조사라면 대부분의 경우 선택 확률도 모른 채로 부등확률표집을 한 것이다. 이런 경우에는 그런 확률을 추정할 방법도 없기 때문에 결과적으로 추정시 선택편향의 문제를 보정할 수도 없다. 예를 들어 으뜸대학생들을 대상으로 조사를 할 때 도서관 앞에 앉아서 조사한다면 분명히 도서관을 자주 이용하는 학생들이 표본에 많이 들어올 것이다. 이 학생들은 분명히 전체 학생들을 대표하지 못한다. 그러나 이런 학생들이 전체 모집단의 몇 %인지는 알지 못하기 때문에 나중에 추정시 보정할 방법이 없는 것이다.

그러나 집락표집시 psu 수준에서 부등확률표집을 하면 오히려 모집단을 그대로 반영하는 표본을 얻게 된다. 물론 이 경우에 각 psu를 선택할 확률은 미리 알고있어야 한다.

그런데 으뜸대학교의 세 과에 대한 집락표집시 표집확률 z_i를 반드시 집락 크기에 비례하도록 정해야할까? 반드시는 아니지만 집락표집시 분석의 기초가 되는 집락합은 결국 집락크기에 연관되기 때문에 집락크기에 비례한 표집확률 z_i의 사용이 합리적인 선택이라고 할 수 있다.

따라서 i 번째 집락내 원소들의 수를 M_i, 모집단의 총 원소 수를 K라 할 때 표집확률을 $z_i = M_i/K$로 잡으면 이를 두고 크기비례확률표집 또는 pps 표집이라 부르는 것이다.

다시 으뜸대학교에서 학생들이 갖고있는 전공서적의 총 권수를 추정하는 문제로 돌아가자. 만일 통계학과가 표집되었고, 통계학과 학생들이 보유한 총 전공서적수 즉 집락합이 60이라고 하자. 그렇다면 으뜸대학교 전교생이 보유한 책의 총 권수는 얼마인가? 이 경우 통계학과의 표집비중은 2이므로 전교생이 보유한 전공서적의 총수는 60×2 = 120으로 추정된다. 비슷하게 만일 수학과가 집락으로 표집되었다면 20×5 = 100이 될 것이다.

정리하면 크기비례확률표집으로 i 번째 집락 1 개를 추출하는 경우 모합 τ에 대한 추정량은 다음과 같이 쓸 수 있다.

$$\hat{\tau}_{pps} = w_i \tau_i = \frac{\tau_i}{z_i} \tag{6.25}$$

그런데 크기비례확률표집으로 만일 두 개 집락을 선택한다면 모합을 어떻게 추정해야 할까? 즉 통계학과와 수학과가 선택되었다. 각각으로부터 모합을 추정하면

$$\hat{\tau}_1 = \frac{60}{5/10} = 120\,, \qquad \hat{\tau}_2 = \frac{20}{2/10} = 100\,.$$

모합은 단일값인데 서로 독립적이면서 적법한 모합의 추정값이 2 개가 있는 셈이다. 이런 경우에는 추정값들의 평균으로 모합을 추정한다. 따라서

$$\hat{\tau} = \frac{1}{2}\left(\frac{60}{5/10} + \frac{20}{2.10}\right) = 110\,.$$

일반화하면 크기 K의 모집단을 구성하는 N 개 집락들에서 크기비례확률표집으로 n 개 집락들을 부등확률표집한다. 각 집락의 크기는 M_i, 표집확률은 $z_i = M_i/K$. 따라서 표집비중은 $w_i = K/M_i$. 이때 모합 τ에 대한 pps 추정량은 다음과 같다.

$$\hat{\tau}_{pps} = \frac{1}{n}\sum_{i=1}^{n}\frac{\tau_i}{z_i} = \frac{1}{n}\sum_{i=1}^{n}\frac{\tau_i}{M_i/K} = \frac{K}{n}\sum_{i=1}^{n}\frac{\tau_i}{M_i} = \frac{K}{n}\sum_{i=1}^{n}\mu_i \tag{6.26}$$

또한 모평균 μ에 대한 pps 추정량은 다음과 같다.

$$\hat{\mu}_{pps} = \frac{\hat{\tau}_{pps}}{K} = \frac{1}{n}\sum_{i=1}^{n}\mu_i \tag{6.27}$$

크기비례확률표집은 언제나 복원표집을 가정한다. 다시 말해서 동일한 집락이 2 번 이상 선택될 수 있다. 그리고 이렇게 해야 매번 표집 시마다 크기에 비례한 선택확률이 변하지 않는다. 따라서 앞으로 선택될 집락은 이미 선택된 집락과 무관하게 즉 독립적으로 결정된다.

이와 같은 복원표집에서는 분산 계산시 유한모집단수정(fpc)을 생각하지 않아도 되기 때문에 공식이 간단해지는 이점이 있다.

각 집락에서 계산한 집락평균들 즉 n 개의 서로 독립인 데이터 $\{\mu_1, \cdots, \mu_n\}$의 표본평균이 $\hat{\mu}_{pps}$라면 $\hat{\mu}_{pps}$의 추정분산은 다음과 같이 주어진다.

$$\widehat{var}(\hat{\mu}_{pps}) = \frac{1}{n}\frac{\sum_{i=1}^{n}(\mu_i - \hat{\mu}_{pps})^2}{n-1} \tag{6.28}$$

또 $\hat{\tau}_{pps} = K\,\hat{\mu}_{pps}$ 이므로 $\hat{\tau}_{pps}$ 의 추정분산은 다음과 같다.

$$\widehat{var}(\hat{\tau}_{pps}) = \frac{K^2}{n} \frac{\sum_{i=1}^{n} (\mu_i - \hat{\mu}_{pps})^2}{n-1} \tag{6.29}$$

모비율 추정은 모평균 추정 공식 (6.27)과 (6.28)을 그대로 사용하면 된다. 이 경우 데이터는 $\{p_1, \cdots, p_n\}$이 되며 추정량 표기를 $\hat{p}_{pps}$ 로 바꾼다.

예 6.6

으뜸대학교에 개설된 기초통계학 강좌는 모두 12 개로 총 642 명이 수강하고 있다. 통계학과에서는 지난 주 기초통계학 강좌를 수강하는 학생들이 통계학을 공부하는

강좌	M_i	z_i
1	36	0.0560748
2	18	0.0280374
3	64	0.0996885
4	42	0.0654206
5	38	0.0591900
6	55	0.0856698
7	69	0.1074766
8	132	0.2056075
9	53	0.0825545
10	82	0.1277259
11	25	0.0389408
12	28	0.0436137
	642	1

데 소비한 평균 시간을 추정하고자 한다. 이를 위하여, 복원추출로 5 개 강좌를 임의 표집하되, 강좌별 수강인원수 M_i에 비례하는 확률로 집락표집하여 선택된 강좌의 모든 학생들에게 설문지를 배포하여 조사하기로 하였다. 이런 경우에 5 개 집락을 추출하기 위하여 누적크기법을 사용할 수도 있겠으나 여기서는 집락의 개수가 많을 때 유용한 기각적 방법을 소개한다. 이 방법을 사용하면 귀찮게 M_i들의 누적합을 계산할 필요가 없다. N을 모집단에서 집락들의 총수라 하자. 또 집락들 중 최대 집락크기를 $\max\{M_i\}$로 표기하자. 이때,

① 1에서 N 사이의 난수 R_1을 추출한다. 이 난수는 집락 번호를 선정하는 것이다.
② 1에서 $\max\{M_i\}$ 사이의 난수 R_2를 추출한다. 만일 이 난수가 M_i 이하면 집락 i를 표본으로 선택하고, 아니면 ①로 돌아간다.
③ 바라는 표본크기를 얻으면 중지한다.

기각적 방법에서는 하나의 집락을 선택하기 위하여 한 쌍의 난수를 추출한다. 그래서 조건에 맞으면 표본으로 선택하고, 아니면 선택하지 않는 것이다. 현재의 경우 $N=12$, $\max\{M_i\}=132$다. 이 경우에 5 개 집락을 선택하는 과정을 다음에 요약하였다. 비교 란에 '≤' 표시가 된 집락들을 추출한다.

$1 \le R_1 \le 12$ (집락 i)	$1 \le R_2 \le 132$	비교	M_i
2	98	>	18
7	47	≤	69
12	62	>	28
6	31	≤	55
8	118	≤	132
1	27	≤	36
1	103	>	36
7	12	≤	69

따라서 표집해야할 집락들은 {7, 6, 8, 1, 7}의 다섯 개다. 그런데 7 번 집락이 두 번 선택되었음에 유의하라. 이런 경우 동일한 조사를 2 회 시행하는 것이 아니라, 한 번의 조사 결과를 두 번 그대로 사용하면 된다. 다음 데이터는 조사 결과를 요약한 것이다.

강좌	z_i	τ_i	τ_i/z_i
7	0.1074766	300	2791.3
6	0.0856698	280	3268.4
8	0.2056075	810	3939.5
1	0.0560748	225	4012.5
7	0.1074766	300	2791.3

따라서 총합에 대한 추정은 다음과 같다.

$$\hat{\tau}_{pps} = \frac{2791.3 + 3268.4 + 3939.5 + 4012.5 + 2791.3}{5} = 3360.6$$

추정표준오차를 구하려면 표의 마지막 열(τ_i / z_i)에 나온 다섯 숫자들의 표준오차를 계산한다. 즉

$$\widehat{\mathrm{se}}(\hat{\tau}_{pps}) = \frac{1}{\sqrt{5}} \sqrt{\frac{(2791.3-3360.6)^2 + (3268.4-3360.6)^2 + \cdots + (2791.3-3360.6)^2}{5-1}}$$
$$= 266.16$$

또 1인당 평균 공부시간은 다음과 같이 추정한다.

$$\hat{\mu}_{pps} = \frac{3360.6}{642} = 5.23 \qquad \widehat{\mathrm{se}}(\hat{\mu}_{pps}) = \frac{266.16}{642} = 0.42$$

따라서 95% 신뢰구간은 5.23±2(0.42) = (4.40, 6.06). 만일 공식 (6.26)과 (6.28)을 이용하여 1인당 평균 공부시간을 직접 계산하려면 우선 다음과 같은 표를 만든다.

강좌	τ_i	M_i	$\mu_i = \tau_i / M_i$
7	300	69	4.3478
6	280	55	5.0909
8	810	132	6.1364
1	225	36	6.2500
7	300	69	4.3478
		$\hat{\mu}_{pps} =$	5.2346

공식 (6.26)에 의하여 $\hat{\mu}_{pps}$는 다음과 같이 μ_i들의 평균으로 계산한다.

$$\hat{\mu}_{pps} = \frac{1}{n}\sum_{i=1}^{n} \mu_i = \frac{4.3478 + 5.0909 + \cdots + 4.3478}{5} = \frac{26.1729}{5} = 5.23$$

또 공식 (6.28)에 의하여 $\hat{\mu}_{pps}$의 추정분산은 다음과 같이 계산한다.

$$\widehat{var}(\hat{\mu}_{pps}) = \frac{1}{5}\frac{(4.3478-5.2346)^2 + \cdots + (4.3478-5.2346)^2}{5-1} = 0.1719 \ .$$

따라서 $\widehat{\mathrm{se}}(\hat{\mu}_{pps}) = \sqrt{0.1719} = 0.42$ ∎

6.6 세 가지 추정법의 비교

일단집락표집에서 우리가 지금까지 고려한 모합 τ에 대한 추정방법을 정리하면 다음 3 가지다.

선택방법	추정량		성질
등확률 비복원	비편향추정량: $\hat{\tau}_u$	(6.7)	비편향
등확률 비복원	비추정량: $\hat{\tau}_r$	(6.13)	편향
부등확률 복원	pps 추정량: $\hat{\tau}_{pps}$	(6.26)	비편향

그런데 어느 방법이 가장 정확한가는 상황에 따라 다르다. 이러한 방법 선택의 문제는 대체로 집락평균(μ_i)과 집락크기(M_i) 간의 관계, 그리고 M_i의 함수로서 μ_i들의 분산에 좌우된다.

만일 집락평균과 집락크기 간에 아무 상관도 없다면 비추정량 또는 pps 추정량이 유리하다. 이 둘 간에는 우열을 가리기 어렵지만 대체로 pps 추정량이 더 나은 결과를 보여준다.

그러나 만일 집락합(τ_i)과 집락크기 간에 아무 상관도 없다면 비편향추정량이 유리하다. 이 점에 대하여 더 상세한 논의는 Cochran (1977)의 9A.5를 참조하라.

6.7 이단집락표집

일단집락표집에서는 선택된 psu들에 속한 모든 ssu들을 조사하였다. 그러나 집락내 원소들이 너무 비슷해도 굳이 다 조사할 필요가 없거나 또는 ssu에 대한 조사비용이 상대적으로 높으면 **이단집락표집**(two-stage cluster sampling)을 고려한다. 즉 선택된 각 psu 내에서 **부표본**(subsample)을 얻는 것이다. 일반적으로 부표본을 얻는 과정을 **부표집**(subsampling) 또는 **이단표집**(two-stage sampling)이라 한다.

가장 간단한 등확률 이단집락표집의 단계는 다음과 같다.

① 모집단의 N 개 psu들로부터 n 개 psu들을 단순임의표집한다.

② 선택된 psu들로부터 m_i 개 원소들을 단순임의표집한다. 이때, i 번째 psu의 크기는 M_i다.

이단집락표집의 도해가 제 6.1 절의 그림 6.4에 나와있다.

이단집락표집의 한 가지 예로써, 전국의 모든 대학생들에 대한 여론조사를 계획한다고 하자. 그러나 전국 대학생들의 명부 또는 목록을 얻기는 어렵다. 그러나 대학들의 목록은 있다. 이 경우 먼저 대학들(psu)을 대상으로 단순임의표집을 한 다음, 선택된 대학들 내에서 학생들(ssu)의 일부를 다시 단순임의표집하면 이단집락표본을 얻게된다.

6.7.1 모수의 추정

일단집락표집에서는 선택된 psu들의 모든 ssu들을 표집하기 때문에 psu의 모합 τ_i들을 알 수 있었다. 따라서 모합 τ를 추정할 때 다음 공식을 이용하였다.

$$\hat{\tau}_u = \frac{N}{n}\sum_{i=1}^{n}\tau_i$$

그러나 이단집락표집에서는 선택된 psu들의 모든 ssu들을 표집하기 않기 때문에 각 psu 합 τ_i를 추정해야한다. 즉

$$\hat{\tau}_i = \frac{M_i}{m_i}\sum_{j=1}^{m_i} y_{ij} = M_i\,\frac{t_i}{m_i} = M_i\,\bar{y}_i \tag{6.30}$$

따라서 모합에 대한 비편향추정량은

$$\hat{\tau}_u = \frac{N}{n}\sum_{i=1}^{n}\hat{\tau}_i = \frac{N}{n}\sum_{i=1}^{n}\frac{M_i}{m_i}\sum_{j=1}^{m_i} y_{ij} = \frac{N}{n}\sum_{i=1}^{n}\frac{M_i}{m_i}t_i = \frac{N}{n}\sum_{i=1}^{n}M_i\,\bar{y}_i \tag{6.31}$$

일단집락표집과는 달리 이단집락표집에서는 psu 합 τ_i를 추정하였다. 따라서 $\hat{\tau}$의 분산은 psu 간 변동과 psu 내 ssu들의 변동의 두 성분의 합으로 표현된다. 일단집락표집 때는 psu 간 변동만 생각하였음을 상기하라.

$$var(\hat{\tau}_u) = N^2\left(\frac{N-n}{N}\right)\frac{\sigma_b^2}{n} + \frac{N}{n}\sum_{i=1}^{N}M_i^2\left(\frac{M_i-m_i}{M_i}\right)\frac{\sigma_i^2}{m_i} \tag{6.32}$$

여기서 σ_b^2은 psu 합들간의 모분산, σ_i^2은 i 번째 psu 내 원소들 간의 모분산이며 다음과 같이 정의한다.

$$\sigma_b^2 = \frac{1}{N-1}\sum_{i=1}^{N}(\tau_i - \bar{\tau})^2\,, \qquad \left(\bar{\tau} = \frac{\tau}{N} : \text{psu당 평균합}\right)$$

$$\sigma_i^2 = \frac{1}{M_i - 1}\sum_{j=1}^{M_i}(y_{ij} - \mu_i)^2 \ , \qquad \left(\mu_i = \frac{\tau_i}{M_i} : i \text{ 번째 psu의 모평균}\right)$$

그리고 (6.32)에 대한 추정량은 다음과 같이 주어진다.

$$\widehat{var}(\hat{\tau}_u) = N^2\left(\frac{N-n}{N}\right)\frac{s_b^2}{n} + \frac{N}{n}\sum_{i=1}^{n}M_i^2\left(\frac{M_i - m_i}{M_i}\right)\frac{s_i^2}{m_i} \tag{6.33}$$

여기서

$$s_b^2 = \frac{1}{n-1}\sum_{i=1}^{n}(\hat{\tau}_i - \bar{t})^2, \qquad s_i^2 = \frac{1}{m_i - 1}\sum_{j=1}^{m_i}(y_{ij} - \bar{y}_i)^2$$

그리고 s_b^2에 나타나는 psu 당 평균합의 추정량 $\bar{t}$ 는 다음 식으로 정의한다.

$$\bar{t} = \frac{1}{n}\sum_{i=1}^{n}\hat{\tau}_i = \frac{1}{n}\sum_{i=1}^{n}M_i\,\bar{y}_i$$

(6.33)을 보면 첫째 항의 N^2에 비하여 둘째 항의 N/n은 상대적으로 작기 때문에, 대부분의 경우 추정분산에 대한 기여도 면에서 둘째 항은 무시할 수 있다.

참고로 만일 $M_i = m_i$면 즉 일단집락표집이면 부표집을 하기 때문에 나타난 (6.33)의 두 번째 항은 없어진다. 또한 만일 $N = n$이면 즉 층화임의표집이면 (6.33)의 첫 번째 항이 없어진다. 다시 말해서 모든 psu들에서 표집을 하는 것은 층화표집과 다를 바 없는 것이다.

모집단 내 원소들의 총수 K를 알고있다면 모평균 μ의 추정은 간단하다. 즉

$$\hat{\mu}_u = \hat{\tau}_u / K \tag{6.34}$$

또 $\hat{\mu}_u$에 대한 추정분산은 (6.33)을 K^2으로 나누기만 하면 된다.

$$\begin{aligned}\widehat{var}(\hat{\mu}_u) &= \frac{1}{K^2}\left\{N^2\left(\frac{N-n}{N}\right)\frac{s_b^2}{n} + \frac{N}{n}\sum_{i=1}^{n}M_i^2\left(\frac{M_i - m_i}{M_i}\right)\frac{s_i^2}{m_i}\right\} \\ &= \frac{1}{\overline{M}^2}\left(\frac{N-n}{N}\right)\frac{s_b^2}{n} + \frac{1}{nN\overline{M}^2}\sum_{i=1}^{n}M_i^2\left(\frac{M_i - m_i}{M_i}\right)\frac{s_i^2}{m_i}\end{aligned} \tag{6.35}$$

여기서 $\overline{M} = K/N$ 은 모집단에서 psu 당 평균 집락크기다.

(6.33)과 (6.35)를 말로 간단히 요약하자면, 결국 이단집락표집에서 추정량의 정밀도

는 '(psu간 변동)+(psu내 변동)'으로 표현되며 특히 집락 크기 M_i가 서로 다르면 그 영향을 직접 받는 psu간 변동은 매우 커질 수 있다. 따라서 이단집락표집에서도 psu간은 동질적으로 psu내는 이질적으로 유지할 수 있어야 정밀도가 향상된다.

※ 분산 공식 (6.32)의 유도

이단집락표집에서 기대값을 구할 때는 조건부 기대값의 개념을 이용하여 2 단계로 연산한다. 즉 첫 단계에서는 i 번째 psu를 고정시켜놓고 i 번째 psu 내에서 이단표집시 모든 가능한 ssu들의 표본들에 대하여 기대값(E_2)을 구한다. 둘째 단계에서는 일단표집에서 모든 가능한 psu들의 표본들에 대하여 기대값(E_1)을 구한다.

따라서 어떤 추정량 $\hat{\theta}$에 대하여 이단집락표집에서 나타날 수 있는 모든 가능한 표본들에 대한 기대값 $E(\hat{\theta})$를 구하려면 다음과 같이 기대값을 두 번 계산한다.

$$E(\hat{\theta}) = E_1[E_2(\hat{\theta})] \tag{6.36}$$

이때, $\hat{\theta}$의 분산은 다음과 같이 결정된다.

$$var(\hat{\theta}) = var_1[E_2(\hat{\theta})] + E_1[var_2(\hat{\theta})] \tag{6.37}$$

참고로 이와 같은 조건부 기대값 연산을 더 확장하여 삼단집락표집에서 분산을 구하려면 다음 공식을 사용해야한다.

$$var(\hat{\theta}) = var_1\{E_2[E_3(\hat{\theta})]\} + E_1\{var_2[E_3(\hat{\theta})]\} + E_1\{E_2[var_3(\hat{\theta})]\}$$

먼저 (6.36)을 이용하여 $\hat{\tau}_u$가 τ에 대하여 비편향임을 보인다. 이하 연산에서 E_1은 첨자 i에 대해서만 또 E_2는 첨자 j에 대해서만 적용됨을 상기하라.

$$\begin{aligned} E(\hat{\tau}_u) &= E_1\left\{E_2\left(\frac{N}{n}\sum_{i=1}^{n}\frac{M_i}{m_i}\sum_{j=1}^{m_i}y_{ij}\right)\right\} \\ &= E_1\left\{\frac{N}{n}\sum_{i=1}^{n}\frac{M_i}{m_i}E_2\left(\sum_{j=1}^{m_i}y_{ij}\right)\right\} \\ &= E_1\left\{\frac{N}{n}\sum_{i=1}^{n}\frac{M_i}{m_i}\sum_{j=1}^{m_i}E_2(y_{ij})\right\} \qquad (1) \end{aligned}$$

$$= E_1\left\{\frac{N}{n}\sum_{i=1}^{n}\frac{M_i}{m_i}\sum_{j=1}^{m_i}\mu_i\right\}$$

$$= E_1\left\{\frac{N}{n}\sum_{i=1}^{n}M_i\,\mu_i\right\}$$

$$= E_1\left\{\frac{N}{n}\sum_{i=1}^{n}\tau_i\right\} \qquad (2)$$

$$= \frac{N}{n}E_1\left\{\sum_{i=1}^{n}\tau_i\right\}$$

$$= \frac{N}{n}\sum_{i=1}^{n}E_1(\tau_i) \qquad (3)$$

$$= \frac{N}{n}\sum_{i=1}^{n}\left(\sum_{k=1}^{N}\frac{1}{N}\tau_k\right)$$

$$= \frac{N}{n}n\frac{1}{N}\tau = \tau$$

(1)에서 $E_2(y_{ij})$는 i 번째 psu에 속한 원소들의 기대값이므로 i 번째 psu의 모평균 μ_i가 된다. 또 (3)의 $E_1(\tau_i)$에서 τ_i는 고정된 모수가 아니라 확률변수다. 왜냐하면 모집단을 구성하는 N 개 psu들 중 n 개를 단순임의표집하기 때문이다. 따라서 τ_i의 기대값은 확률 $1/N$으로 집합 $\{\tau_1, \cdots, \tau_N\}$에서 원소 하나를 선택하는 경우를 생각하여 연산한 것이다.

그리고 (2)에서 다음 사실을 알 수 있다.

$$E_2(\hat{\tau}_u) = N\left(\frac{1}{n}\sum_{i=1}^{n}\tau_i\right) \qquad (6.38)$$

$\hat{\tau}_u$의 분산은 (6.37)을 따라 다음 형식으로 표현할 수 있다.

$$var(\hat{\tau}_u) = var_1[E_2(\hat{\tau}_u)] + E_1[var_2(\hat{\tau}_u)]$$

먼저 첫 번째 항 $var_1[E_2(\hat{\tau}_u)]$를 계산하자. (6.38)에서 $\sum\tau_i/n$은 $\{\tau_1, \cdots, \tau_N\}$에서 n 개의 τ_i들을 단순임의표집하여 표본평균을 계산한 것이므로 이때의 분산은 단순임의표집의 결과를 그대로 적용하여,

$$var_1[E_2(\hat{\tau}_u)] = N^2\, var_1\left(\frac{1}{n}\sum_{i=1}^{n}\tau_i\right) = N^2\left(\frac{N-n}{N}\right)\frac{\sigma_b^2}{n}$$

여기서 σ_b^2은 모든 가능한 N 개의 psu 합들간의 모분산으로 다음과 같이 정의한다.

$$\sigma_b^2 = \frac{1}{N-1}\sum_{i=1}^{N}(\tau_i - \bar{\tau})^2\ , \qquad \left(\bar{\tau} = \frac{\tau}{N}\right)$$

이번에는 두 번째 항 $E_1[var_2(\hat{\tau}_u)]$를 연산하자. (6.31)로부터,

$$var_2(\hat{\tau}_u) = var_2\left(\frac{N}{n}\sum_{i=1}^{n}M_i\,\bar{y}_i\right)$$

$$= \left(\frac{N}{n}\right)^2\sum_{i=1}^{n}M_i^2\, var_2(\bar{y}_i)$$

그런데 $\bar{y}_i$는 크기가 M_i인 i 번째 psu에 속한 원소들 $\{y_{i1}, \cdots, y_{iM_i}\}$에서 m_i 개 원소들을 선택확률 $1/M_i$로 단순임의표집하여 계산한 표본평균이다. 따라서 $\bar{y}_i$의 분산은

$$var_2(\bar{y}_i) = \left(\frac{M_i - m_i}{M_i}\right)\frac{\sigma_i^2}{m_i}$$

여기서 σ_i^2은 i 번째 psu 내 원소들 간의 모분산으로 다음과 같이 정의한다.

$$\sigma_i^2 = \frac{1}{M_i - 1}\sum_{j=1}^{M_i}(y_{ij} - \mu_i)^2\ , \qquad \left(\mu_i = \frac{\tau_i}{M_i}\right)$$

결국 $var_2(\hat{\tau}_u)$의 형태는 다음과 같이 정리된다.

$$var_2(\hat{\tau}_u) = \left(\frac{N}{n}\right)^2\sum_{i=1}^{n}M_i^2\left(\frac{M_i - m_i}{M_i}\right)\frac{\sigma_i^2}{m_i} \equiv \left(\frac{N}{n}\right)^2\sum_{i=1}^{n}U_i$$

여기서 U_i를 다음과 같이 정의하였다.

$$U_i = M_i^2\left(\frac{M_i - m_i}{M_i}\right)\frac{\sigma_i^2}{m_i}\ .$$

따라서 $E_1[var_2(\hat{\tau}_u)]$는 다음 형식으로 표현된다.

$$E_1[var_2(\hat{\tau}_u)] = E_1\left\{\left(\frac{N}{n}\right)^2 \sum_{i=1}^{n} U_i\right\} = \left(\frac{N}{n}\right)^2 \sum_{i=1}^{n} E_1(U_i)$$

그런데 U_i $(i=1,\cdots,N)$ 는 N 개의 가능한 값을 갖는 psu 수준의 확률변수로서 단순임의표집을 하기 때문에 각 U_i가 선택될 확률은 $1/N$로 동일하다. 따라서

$$\begin{aligned} E_1[var_2(\hat{\tau}_u)] &= \left(\frac{N}{n}\right)^2 \sum_{i=1}^{n} E_1(U_i) \\ &= \left(\frac{N}{n}\right)^2 \sum_{i=1}^{n} \left(\sum_{k=1}^{N} \frac{1}{N} U_k\right) \\ &= \left(\frac{N}{n}\right)^2 n \frac{1}{N} \sum_{i=1}^{N} U_i \\ &= \frac{N}{n} \sum_{i=1}^{N} M_i^2 \left(\frac{M_i - m_i}{M_i}\right) \frac{\sigma_i^2}{m_i} \end{aligned}$$

이번에는 이단집락표집에서 모비율 추정 문제를 생각해보자. i 번째 psu에서 관심특성을 보유한 개체들의 총수를 a_i라고 하자. 그러면 i 번째 psu에서 표본비율 $\hat{p}_i$는 다음과 같다.

$$\hat{p}_i = \frac{a_i}{m_i}$$

임의선택된 m 개 psu들로부터 계산한 비율 데이터 $\{\hat{p}_1, \hat{p}_2, \cdots, \hat{p}_n\}$들의 표본평균을 $\bar{p}$라 하자. 즉

$$\bar{p} = \frac{1}{n} \sum_{i=1}^{n} \hat{p}_i \tag{6.39}$$

이같이 계산된 $\bar{p}$가 모비율 p의 비편향추정량이다. $\bar{p}$의 추정분산 공식은 (6.35)를 그대로 적용하면 다음과 같이 주어진다.

$$\widehat{var}(\bar{p}) = \frac{1}{K^2}\left\{N^2\left(\frac{N-n}{N}\right)\frac{1}{n}\frac{1}{n-1}\sum_{i=1}^{n}\left(M_i\hat{p}_i - \sum_{i=1}^{n} M_i\hat{p}_i/n\right)^2\right. \tag{6.40}$$

$$+ \frac{N}{n}\sum_{i=1}^{n} M_i^2 \left(\frac{M_i - m_i}{M_i}\right)\frac{\hat{p}_i(1-\hat{p}_i)}{m_i - 1}\Bigg\}$$

이 경우 (6.35)에 나타난 psu 간 분산과 psu 내 분산은 아래와 같이 주어지고 있다.

$$s_b^2 = \frac{1}{n-1}\sum_{i=1}^{n}\left(M_i\,\hat{p}_i - \sum_{i=1}^{n} M_i\,\hat{p}_i / n\right)^2$$

$$\frac{s_i^2}{m_i} = \frac{\hat{p}_i\,(1-\hat{p}_i)}{m_i - 1}$$

참고로, psu 내 분산 부분은 단순임의표집에서 모비율 추정시 사용하는 분산 공식으로 대체한 것이다.

만일 각 집락 크기 M_i들이 전부 동일하고 또 각 집락내 표본크기 m_i가 전부 동일하다고 하자. 이 경우 공통된 집락크기를 M으로 또 공통된 집락내 표본크기를 m으로 표기한다. 즉

$$M_1 = \cdots = M_N \equiv M$$

$$m_1 = \cdots = m_n \equiv m$$

이때 (6.40)은 다음과 같이 축약된다.

$$\widehat{var}\,(\bar{p}) = \frac{N-n}{nN}\,\frac{1}{n-1}\sum_{i=1}^{n}\left(\hat{p}_i - \bar{p}\right)^2 + \frac{1}{nN}\,\frac{M-m}{M}\,\frac{1}{m-1}\sum_{i=1}^{n}\hat{p}_i\,(1-\hat{p}_i) \tag{6.41}$$

예 6.7

으뜸대학교에는 $N=60$ 개 학과가 있다. 학교에서는 교수들의 주당 평균 강의준비 시간을 추정하고자 $n=6$ 개 학과를 임의표집한 다음, 선택된 학과마다 약 50%의 교수들을 임의표집하여 지난 주에 강의준비에 소모한 시간을 조사하였다. 데이터는 다음 쪽을 보라. 학교 전체에서 모든 교수들의 강의준비 시간의 총합 즉 모합에 대한 비편향추정량은

$$\hat{\tau}_u = \frac{60}{6}(1375.337) = 13753.37$$

따라서 이 값을 교수들의 총수 K로 나누면 모평균을 추정할 수 있다. 그런데 만일 K를 모른다면 데이터에서 추정해야한다. 데이터에서 과당 평균 교수 수는 7.833. 학교에 60 개 과가 있으므로 K는 60(7.833) = 470 명으로 추정된다. 따라서

과	M_i	m_i	y_{ij}	$\bar{y}_i$	s_i^2	$\hat{\tau}_i = M_i \bar{y}_i$
1	12	6	30, 25, 41, 33, 35, 32	32.667	28.267	392.004
2	6	3	49, 51, 43	47.667	17.333	286.002
3	7	4	25, 28, 20, 9	20.500	69.667	143.500
4	5	2	12, 13	12.500	0.500	62.500
5	10	5	29, 31, 19, 38, 26	28.600	48.300	286.000
6	7	3	33, 36, 19	29.333	82.333	205.331
합	47					1375.337
평균	7.833					$\bar{t} =$ 229.223
분산						$s_b^2 =$ 13732.191

과	M_i	m_i	s_i^2	M_i^2	$\frac{M_i - m_i}{M_i}$	s_i^2/m_i	(곱)
1	12	6	28.267	144	0.5000	4.7112	339.2064
2	6	3	17.333	36	0.5000	5.7777	103.9986
3	7	4	69.667	49	0.4286	17.4168	365.7772
4	5	2	0.500	25	0.6000	0.2500	3.7500
5	10	5	48.300	100	0.5000	9.6600	483.0000
6	7	3	82.333	49	0.5714	27.4443	768.4020
합	47						2064.1342

$$\hat{\mu}_u = \frac{13753.37}{470} = 29.26$$

결국 각 교수들의 주당 평균 강의준비 시간은 29.26 시간으로 추정된다. (6.35)를 이용하여 추정분산을 구해보자. 계산표를 참조하면

$$\widehat{var}(\hat{\mu}_u) = \frac{1}{470^2}\left\{60^2\left(\frac{60-6}{60}\right)\frac{13732.191}{6} + \frac{60}{6}(2064.1342)\right\} = 33.665$$

따라서 95% 신뢰구간은 $29.26 \pm 2\sqrt{33.665} = 29.26 \pm 11.60 = (17.66,\ 40.86)$. ▍

예 6.8

소나무에 생기는 솔잎혹파리 병에 대한 연구를 위하여 각 9 그루씩의 소나무 묘목이 심겨진 160 개 온실을 마련하였다. 40 개 온실을 임의표집하고 또 표집된 온실마다 3 그루씩을 다시 임의표집하여 병의 존재 여부를 확인하였다. 그 결과 22 개 온실에서는 병에 걸린 묘목이 없었고, 11 개 온실에서는 1 그루씩, 4 개 온실에서는 2 그루씩, 3 개 온실에서는 3 그루 모두 병에 걸린 것으로 집계되었다. 전체에서 병에 걸린 묘목의 비율을 추정하고 신뢰구간을 구해보자. 주어진 조건에서 $K=1440$, $N=160$, $n=40$, $M=M_i=9$, $m=m_i=3$이다. 조사 대상 120 그루 묘목들에서 병에 걸린 묘목들의 숫자는 22×0 + 11×1 + 4×2 + 3×3 = 28이다. 따라서 모비율 p에 대한 추정값은

$$\bar{p}=\frac{28}{120}=0.233$$

추정 분산을 구하기 위하여 (6.41)을 적용하면

$$\widehat{var}(\bar{p})=\frac{160-40}{40(160)}\frac{1}{40-1}\sum_{i=1}^{40}\left(\hat{p}_i-\bar{p}\right)^2+\frac{1}{40(160)}\frac{9-3}{9}\frac{1}{3-1}\sum_{i=1}^{40}\hat{p}_i(1-\hat{p}_i)$$

$$=0.0004808\sum_{i=1}^{40}\left(\hat{p}_i-\bar{p}\right)^2+0.00005208\sum_{i=1}^{40}\hat{p}_i\,(1-\hat{p}_i)$$

그런데

$$\sum_{i=1}^{40}(\hat{p}_i-\bar{p})^2=22(0-0.233)^2+11(0.333-0.233)^2+4(0.667-0.233)^2+3(1-0.233)^2$$

$$=3.822$$

$$\sum_{i=1}^{40}\hat{p}_i(1-\hat{p}_i)=22(0)(1-0)+11(0.333)(1-0.333)+4(0.667)(1-0.667)+3(1)(1-1)$$

$$=3.333$$

이 값들을 대입하면

$$\widehat{var}(\bar{p})=0.0004808(3.822)+0.00005208(3.333)=0.00201$$

따라서 추정표준오차는

$$\widehat{se}(\bar{p})=\sqrt{0.00201}=0.0448\ .$$

모비율에 대한 95% 신뢰구간은 0.233±2(0.045) = (0.143, 0.323). ∎

6.7.2 비추정

제 6.7.1 절에서 설명한 추정 방법들은 기본적으로 모집단 크기 K를 알아야 사용 가능하다. 물론 K를 모르면 데이터에서 추정할 수도 있지만 이런 경우에는 비추정을 사용하는 편이 좋다.

비추정시 우리는 표본 관측마다 집락합과 집락크기로 구성되는 한 쌍의 데이터를 기록하여 각각 분자와 분모로 사용한다. 물론, 이단집락표집의 경우 집락합은 추정값을 사용한다. 따라서 n 개 데이터로 $\{(\hat{\tau}_1, M_1), \cdots, (\hat{\tau}_n, M_n)\}$을 얻었다고 생각한다.

이때 모평균에 대한 비추정량은 다음과 같이 주어진다.

$$\hat{\mu}_r = \frac{\sum_{i=1}^{n} \hat{\tau}_i}{\sum_{i=1}^{n} M_i} = \frac{\sum_{i=1}^{n} M_i \bar{y}_i}{\sum_{i=1}^{n} M_i} \tag{6.42}$$

또 추정분산은 근사적으로 다음과 같다.

$$\widehat{var}(\hat{\mu}_r) = \frac{1}{\overline{M}^2}\left[\frac{N-n}{N}\frac{s_r^2}{n} + \frac{1}{nN}\sum_{i=1}^{n} M_i^2 \frac{M_i - n_i}{M_i}\frac{s_i^2}{m_i}\right] \tag{6.43}$$

여기서

$$\begin{aligned} s_r^2 &= \frac{1}{n-1}\sum_{i=1}^{n}(\hat{\tau}_i - M_i \hat{\mu}_r)^2 \\ &= \frac{1}{n-1}\sum_{i=1}^{n}(M_i \bar{y}_i - M_i \hat{\mu}_r)^2 \\ &= \frac{1}{n-1}\sum_{i=1}^{n} M_i^2 (\bar{y}_i - \hat{\mu}_r)^2 \end{aligned}$$

$$s_i^2 = \frac{1}{m_i - 1}\sum_{j=1}^{m_i}(y_{ij} - \bar{y}_i)^2, \qquad i = 1, \cdots, n$$

(6.43)에서 만일 모집단에서의 psu 당 평균 집락크기 $\overline{M} = K/N$ 를 모르면, 예 6.7과 같이 표본에서 추정한다.

모합 τ에 대한 비추정은 간단하다. (6.42)와 (6.43)을 직접 이용하면 되기 때문이다.

$$\hat{\tau}_r = K \hat{\mu}_r \tag{6.44}$$

$$\widehat{var}(\hat{\tau}_r) = N^2 \left[\frac{N-n}{N} \frac{s_r^2}{n} + \frac{1}{nN} \sum_{i=1}^{n} M_i^2 \frac{M_i - n_i}{M_i} \frac{s_i^2}{m_i} \right] \tag{6.45}$$

모비율을 추정하는 문제를 생각해보자. 선택된 psu마다 표본비율 $\hat{p}_i$들이 계산된다. 이때 i 번째 psu에서 관심 특성을 보유한 개체들의 총수 즉 집락합은 $M_i \hat{p}_i$이 된다. 따라서 모평균에 대한 비추정을 그대로 적용하면 다음 공식을 얻는다.

$$\hat{p}_r = \frac{\sum_{i=1}^{n} M_i \hat{p}_i}{\sum_{i=1}^{n} M_i} \tag{6.46}$$

또 추정분산은 근사적으로 다음과 같다.

$$\widehat{var}(\hat{\mu}_r) = \frac{1}{\overline{M}^2} \left[\frac{N-n}{N} \frac{s_r^2}{n} + \frac{1}{nN} \sum_{i=1}^{n} M_i^2 \frac{M_i - n_i}{M_i} \frac{\hat{p}_i (1-\hat{p}_i)}{m_i - 1} \right] \tag{6.47}$$

여기서

$$s_r^2 = \frac{1}{n-1} \sum_{i=1}^{n} (M_i \hat{p}_i - M_i \hat{p}_r)^2 = \frac{1}{n-1} \sum_{i=1}^{n} M_i^2 (\hat{p}_i - \hat{p}_r)^2$$

예 6.9

예 6.7에서 교수들의 주당 평균 강의준비 시간을 추정할 때 모집단 크기를 몰라서 데이터에서 모집단 크기를 추정해서 사용했는 바 이는 바로 비추정을 한 것이다.

$$\hat{\mu}_r = \frac{1375.337}{47} = 29.26$$

(6.43)을 이용하여 추정분산을 구해보자. 계산표를 참조하여 s_r^2의 값을 계산하면

$$s_r^2 = \frac{1}{n-1} \sum_{i=1}^{n} M_i^2 (\bar{y}_i - \hat{\mu}_r)^2 = \frac{1}{6-1}(17673.02) = 3534.60$$

psu 내 변동의 값은 예 6.7과 동일하다. 따라서

$$\widehat{var}(\hat{\mu}_r) = \frac{1}{7.833^2} \left\{ \left(\frac{60-6}{60} \right) \frac{3534.60}{6} + \frac{1}{6(60)} (2064.1342) \right\} = 8.735$$

과	M_i	$\bar{y}_i$	M_i^2	$(\bar{y}_i-\hat{\mu}_r)^2$	(곱)
1	12	32.667	144	11.608	1671.552
2	6	47.667	36	338.818	12197.448
3	7	20.500	49	76.738	3760.162
4	5	12.500	25	280.898	7022.450
5	10	28.600	100	0.436	43.600
6	7	29.333	49	0.005	0.260
합	47				17673.022

교수들의 주당 평균 강의준비 시간에 대한 95% 신뢰구간은

$$29.26 \pm 2\sqrt{8.735} = 29.26 \pm 5.91 = (23.35,\ 35.17)\ .$$

예 6.7에 비하여 오차한계가 작다. ∎

6.7.3 동일 크기의 부표집

때로 집락 크기 M_i들이 전부 동일하고, 또 각 집락에서 추출되는 부표본의 크기 m_i 역시 전부 동일한 경우가 있다.

이런 상황은 농업실험 등에서 자주 나타나는데, 예를 들어 10,000 평의 지역을 각 1,000 평씩의 10 개 블록으로 구분한 후, 각 블록을 다시 각 50 평씩의 소구획 20 개로 나누어 작물 재배를 하는 경우를 생각해보자. 이때 만일 4 개 블록을 임의표집하고, 또 선택된 블록에서 5 개 소구획들을 임의표집하는 이단집락표집을 시행한다면 동일한 집락 크기에 동일한 부표본 크기를 갖게 된다.

편의상 다음과 같은 표기를 약속하자.

$$M_1 = \cdots = M_N \equiv M$$
$$m_1 = \cdots = m_n \equiv m$$

즉 집락 크기를 M으로 또 부표본 크기를 m으로 표기한다.

이와 같은 경우 모평균 μ에 대한 추정량은 $K=MN$인 관계를 이용하여 다음과 같이 표현할 수 있다.

$$\hat{\mu} = \frac{N}{Kn}\sum_{i=1}^{n}\frac{M}{m}\sum_{j=1}^{m}y_{ij} = \frac{1}{nm}\sum_{i=1}^{n}\sum_{j=1}^{m}y_{ij} = \frac{1}{n}\sum_{i=1}^{n}\bar{y}_i \tag{6.48}$$

그리고 공식 (6.35)를 기초로 $\hat{\mu}$의 분산은 다음과 같다.

$$\widehat{var}(\hat{\mu}) = \frac{1}{M^2}\frac{N-n}{N}\frac{s_b^2}{n} + \frac{1}{nN}\frac{M-m}{M}\sum_{i=1}^{n}\frac{s_i^2}{m} \tag{6.49}$$

이때, $\hat{\tau}_i = M\bar{y}_i$ 이므로

$$s_b^2 = \frac{1}{n-1}\sum_{i=1}^{n}\left(\hat{\tau}_i - \frac{\sum_{i=1}^{n}\hat{\tau}_i}{n}\right)^2 = \frac{M^2}{n-1}\sum_{i=1}^{n}(\bar{y}_i - \hat{\mu})^2$$

$$s_i^2 = \frac{1}{m-1}\sum_{j=1}^{m}(y_{ij} - \bar{y}_i)^2$$

현재 상황에 분산분석의 개념을 도입하면 집락간변동 SSB와 집락내 변동 SSW는 아래와 같이 쓸 수 있다.

$$\text{SSB} = \sum_{i=1}^{n}\sum_{j=1}^{m}(\bar{y}_i - \hat{\mu})^2 \qquad (\text{자유도} = n-1)$$

$$\text{SSW} = \sum_{i=1}^{n}\sum_{j=1}^{m}(y_{ij} - \bar{y}_i)^2 \qquad (\text{자유도} = n(m-1))$$

(6.49)에서 s_b^2과 s_i^2을 MSB와 MSW의 함수로서 표현하면 (6.49)는 다음과 같이 쓸 수 있다.

$$\widehat{var}(\hat{\mu}) = \frac{N-n}{N}\frac{\text{MSB}}{nm} + \frac{M-m}{M}\left(\frac{1}{N}\right)\frac{\text{MSW}}{m} \tag{6.50}$$

(6.50)에서 만일 N이 아주 크면 $\widehat{var}(\hat{\mu}) = \text{MSB}/nm$으로 귀착된다. 따라서 추정의 정밀도가 향상되려면 반드시 집락간 동질적이어서 MSB가 작아야한다. 이런 경우에는 집락내 변동, 다시 말해서 부표본내 변동이 심하더라도 전체적인 정밀도에는 영향을 주지 못한다.

현재와 같이 동일 크기의 부표집을 하는 경우에 한정하여 n과 m의 최적배정을 생각해보자. 예산은 고정되어있다.

고정비용을 c_0, psu 한 단위를 조사하는데 드는 단위비용을 c_1, ssu 한 단위를 조사

하는데 드는 단위비용을 c_2라 하자. 이 경우 비용함수 C는 다음 형식으로 설정할 수 있다.

$$C = c_0 + c_1 n + c_2 nm \tag{6.51}$$

편의상 $c_0 = 0$으로 놓자.

$\hat{\mu}$의 분산을 다음 형식으로 표현하자.

$$var(\hat{\mu}) = \frac{N-n}{N}\frac{1}{n}\left(\frac{\sigma_b}{M}\right)^2 + \frac{1}{nm}\frac{M-m}{M}\left(\sum_{i=1}^{n}\frac{\sigma_i^2}{N}\right) \tag{6.52}$$

$$= \frac{N-n}{N}\frac{1}{n}\tilde{\sigma}_b^2 + \frac{M-m}{M}\frac{\tilde{\sigma}_w^2}{nm}$$

여기서 $\tilde{\sigma}_b^2$은 psu 평균들 간의 모분산이고, $\tilde{\sigma}_w^2$은 각 psu 내 원소들간의 병합모분산(pooled variance)이다. 유한모집단수정항들을 전부 무시하자. 그러면 (6.52)는 다시 다음과 같이 간략화 된다.

$$var(\hat{\mu}) = \frac{\tilde{\sigma}_b^2}{n} + \frac{\tilde{\sigma}_w^2}{nm} \tag{6.53}$$

(6.53)에 주어진 분산 공식을 기초로 비용을 최소로 하는 n과 m을 결정하는 문제에 라그랑지안 승수법을 이용하면 다음 단계들을 거쳐 최적배정 공식을 얻을 수 있다.

- 목적: minimize $var(\hat{\mu}) = \dfrac{\tilde{\sigma}_b^2}{n} + \dfrac{\tilde{\sigma}_w^2}{nm}$
- 조건: $C = c_1 n + c_2 nm$
- 라그랑지안: $L = var(\hat{\mu}) - \lambda(C - nc_1 - nmc_2)$
- 편미분:

$$\frac{\partial L}{\partial n} = -\frac{\tilde{\sigma}_b^2}{n^2} - \frac{\tilde{\sigma}_w^2}{n^2 m} + \lambda(c_1 + c_2 m) = 0$$

$$\frac{\partial L}{\partial m} = -\frac{\tilde{\sigma}_w^2}{nm^2} + \lambda c_2 n = 0$$

- 결과: $m = \sqrt{\dfrac{c_1}{c_2}\dfrac{\tilde{\sigma}_w^2}{\tilde{\sigma}_b^2}}$ (6.54)

이상에서는 m에 대한 최적배정 공식만을 유도하였는데, 만일 비용이 고정된 경우라면 위에서 구한 m을 (6.51)에 대입하여 n을 결정하고, 만일 정밀도가 고정된 경우라면 m을 (6.53)에 대입하여 n을 결정한다.

(6.54)의 의미를 해석해보자. 부표본 크기 m은 $c_1/c_2 > 1$ 이거나 $\tilde{\sigma}_w^2 / \tilde{\sigma}_b^2 > 1$ 이면 증가한다. 즉 psu의 표집 비용이 많이 들면 ssu들을 더 많이 표집해야한다. 또 상대적으로 집락내 원소들이 동질적이면 ssu를 덜 선택해야한다. 이 결과는 상식과 맞아떨어진다.

분산분석에서 평균제곱 MS의 기대값 연산 결과를 차용하면 각 psu 내 원소들간의 병합모분산인 $\tilde{\sigma}_w^2$의 추정량은 MSW 또 psu 평균들 간의 모분산 $\tilde{\sigma}_b^2$의 추정량은 (MSB −MSW)/m으로 주어진다.

따라서 만일 소량의 예비표본을 취해서 분산분석을 했다면 m은 다음 식으로 구할 수 있다.

$$m = \sqrt{\frac{c_1}{c_2}\frac{m\,\mathrm{MSW}}{(\mathrm{MSB}-\mathrm{MSW})}} \qquad (6.55)$$

6.7.4 pps 표집

pps 표집을 포함하여 일반적으로 이단 복원추출 부등확률 표집시 모수 추정 방법은 일단 때와 거의 동일하다.

이단집락표집에 크기비례확률표집을 적용하려면, 먼저 n 개의 psu들을 복원추출한다. 물론 이때 추출확률 z_i는 psu 크기에 비례한다. 그 다음, i 번째 psu에서 m_i 개의 부표본을 확률표집한다. 부표집시 어떤 종류의 확률표집을 사용해도 상관없지만 대체로 비복원 단순임의표집 또는 계통표집이 많이 사용된다.

결국 통상적인 이단집락표집과 pps 표집이 적용된 이단집락표집 간의 유일한 다른 점은, pps 표집에서는 psu들을 표집할 때 표집확률을 psu마다 달리 놓는다는 것이다.

그리고 복원추출로 pps 표집을 하는 일단 및 이단집락표집 간의 다른 점은, 일단집락표집에서는 동일한 psu가 두 번 이상 임의선택되더라도 실제 조사는 단 한 번만 하지만 pps 이단집락표집에서는 동일한 psu가 두 번 이상 선택되면 그 횟수만큼 독립적으로 동일 집락에 대한 조사를 반복한다는 것이다. 왜냐하면 일단집락표집에서는 선택된 psu 내 모든 단위들을 다 조사하기 때문에 두 번 조사할 이유가 없지만 이단집락표집에서는 선택된 psu 내의 일부 단위들만 조사하기 때문이다. 따라서 예를 들어 예 6.6에서와 같이 7 번 psu가 두 번 선택되면, 동일한 표집계획 하에 7 번 psu에 대하여 두 번 조사를 반복하는 것이다. 물론 조사마다 때로 겹치는 개체들도 있겠지만 그것은 상관없다. 요컨대 서로 독립적인 표본만 얻으면 되는 것이다.

만일 이를 무시하고, 7 번 psu에 대하여 한 번만 조사하고 추정시 2 회 사용해버리면 독립성이 깨지고 결과적으로 편향추정값을 얻게 된다.

집락크기에 비례하는 확률로 이단집락표집을 할 때 대부분의 추정량들의 형태는 일단 때와 거의 같다. 다른 점 하나는 일단 때는 집락합 τ_i가 참값이지만 이단에서는 집락합을 모르므로 데이터로부터 추정을 해야한다는 것이다.

모평균 μ에 대한 pps 추정량은 다음과 같다.

$$\hat{\mu}_{pps} = \frac{1}{n}\sum_{i=1}^{n} \bar{y}_i \tag{6.56}$$

즉 모평균 μ에 대한 pps 추정량은 서로 독립인 n 개의 집락평균들 $\{\bar{y}_1, \cdots, \bar{y}_n\}$의 표본평균이다. 따라서 $\hat{\mu}_{pps}$의 추정분산은 $\bar{y}_i$들의 표본분산으로 주어진다.

$$\widehat{var}(\hat{\mu}_{pps}) = \frac{1}{n}\frac{\sum_{i=1}^{n}(\bar{y}_i - \hat{\mu}_{pps})^2}{n-1} \tag{6.57}$$

또한 모합에 대한 추정량 $\hat{\tau}_{pps}$과 추정분산은 다음과 같다.

$$\hat{\tau}_{pps} = K\hat{\mu}_{pps} \tag{6.58}$$

$$\widehat{var}(\hat{\tau}_{pps}) = \frac{K^2}{n}\frac{\sum_{i=1}^{n}(\bar{y}_i - \hat{\mu}_{pps})^2}{n-1} \tag{6.59}$$

모비율 추정시에는 공식 (6.56)과 (6.57)을 그대로 사용한다. 이 경우 데이터는 $\{p_1, \cdots, p_n\}$이 되며 추정량 표기만 $\hat{p}_{pps}$로 바꾼다.

결국 이상의 어느 공식에서도 부표본의 크기 등은 나타나지 않는다. 이 점은 이미 몇 번이고 강조했지만 집락표집에서는 기본 표집단위가 집락합 즉 psu 합들이다. 따라서 부표본내 개체들의 값이 얼마로 나오든, 부표본의 크기가 얼마든 추정 공식에 직접적으로 반영되지 않는다.

이하에서는 pps 이단집락표집법을 정리한다.

① 각 psu에 대한 선택확률 $z_i = M_i / K$를 결정한다. 물론 i 번째 psu의 크기 M_i들

의 값은 미리 알고있어야 한다.

② 표집할 psu의 개수 n을 결정한다.

③ 각 psu 내에서 사용할 부표집 절차를 정한다. 대체로 비복원 단순임의표집이 채용된다. 모든 psu에 대하여 동일한 방식으로 표집해야한다.

④ 복원추출로 n 개 psu들을 표집한다. psu 크기에 비례한 부등확률표집을 해야하므로 누적크기법이나 기각적 방법을 사용한다.

⑤ 이미 결정된 부표집 절차에 따라 부표본을 선택한다. 동일 psu가 두 번 이상 나타나더라도, 매번 독립적인 부표집을 반복 시행해야한다.

⑥ 집락합 즉 psu 합들을 추정한다. 이 결과 각 psu마다 $\hat{\tau}_i = M_i \bar{y}_i$ 을 얻는다.

⑦ 각 psu마다 독립적으로 모합 τ에 대한 추정을 한다. 이 결과 $\hat{\tau}_i / z_i$로 계산되는 n 개의 추정값들을 얻는다. 즉 $\{\hat{\tau}_1 / z_1, \cdots, \hat{\tau}_n / z_n\}$.

⑧ $\hat{\tau}$은 이 n 개 추정값들의 평균이다.

⑨ $\hat{\tau}$의 추정분산은 이 n 개 추정값들의 표본분산을 구해서 n으로 나누어 얻는다.

예 6.10

예 6.6과 동일한 상황에서 선택된 다섯 강좌들 {7, 6, 8, 1, 7}마다 각 다섯 명의 학생들을 임의표집하여 공부 시간을 조사하였다.

강좌	M_i	z_i	y_{ij}	$\bar{y}_i$	$\hat{\tau}_i$	$\hat{\tau}_i / z_i$
7	69	0.1074766	4, 3, 5, 4, 4	4.0	276.0	2568.0
6	55	0.0856698	5, 6, 6, 5, 5	5.4	297.0	3466.8
8	132	0.2056075	7, 8, 9, 8, 7	7.8	1029.6	5007.6
1	36	0.0560748	5, 6, 5, 6, 4	5.2	187.2	3338.4
7	69	0.1074766	4, 3, 7, 3, 4	4.2	289.8	2696.4
평균				5.32		3415.44
분산						944679.89

계산표에서 두 개의 7 번 강좌에 대한 관측값들이 같지 않음을 확인하라. 이는 7 번 강좌를 듣는 학생들 중 5 명씩을 2 회 독립적으로 추출했기 때문이다. 모합에 대한 추정은 다음과 같다.

$$\hat{\tau}_{pps} = 3415.44$$

$$\widehat{var}(\hat{\tau}_{pps}) = \frac{944679.89}{5} = 188935.98$$

$$\widehat{\mathrm{se}}(\hat{\tau}_{pps}) = \sqrt{188935.98} = 434.67$$

또 1인당 평균 공부시간 μ는 다음과 같이 추정한다.

$$\hat{\mu}_{pps} = \frac{3415.44}{642} = 5.32$$
$$\widehat{\mathrm{se}}(\hat{\mu}_{pps}) = \frac{434.67}{642} = 0.68$$

따라서 95% 신뢰구간은 5.32±2(0.68) = (3.96, 6.68). ▎

예 6.10에서 각 강좌는 크기에 비례한 확률 $z_i = M_i / K$로 선택되었고, 각 강좌마다 똑같은 숫자의 학생들을 단순임의표집했는 바 이렇게 얻는 표본은 자가가중표본이 된다.

일반적으로 이단에서 비복원 단순임의표집을 하는 pps 이단집락표집의 경우 i 번째 psu 내 한 원소의 표집비중 w_i는 다음과 같이 주어진다.

$$w_i = \frac{1}{n}\frac{M_i}{m_i}\frac{1}{z_i} \tag{6.60}$$

그런데 pps 표집의 경우 (6.60)에서 $z_i = M_i / K$이다. 이를 대입하면 표집비중은 다음과 같이 쓸 수 있다.

$$w_i = \frac{K}{n\,m_i} \tag{6.61}$$

그리고 예 6.10에서와 같이 모든 m_i들을 동일하게 놓으면 즉 $m_i \equiv m$이면 (6.61)은 다시 다음과 같이 표현되며

$$w_i = \frac{K}{n\,m} \tag{6.62}$$

결국 w_i는 첨자에 무관하게 나타난다. 즉 자가가중표본인 것이다.

예를 들어 1500 명의 모집단이 각각 크기 100, 200, 300, 400, 500의 다섯 개 psu로 구분된다. 이들 중 2 개 psu를 크기에 비례한 확률표집으로 추출하였고, 선택된 psu마다 5 명씩 임의추출하였다고 하자. 만일 3 번 psu가 추출되었다면 선택된 개체 1 명은 300/5 = 60 명을 대표한다. 그런데 모집단에서 3 번 psu의 비율이 3/15이므로 선택된 개체 1 명은 기실 모집단을 기준으로 60×(15/3) = 300 명을 대표하는 것이다. 그렇지만 또 다른 psu 하나가 더 추출됨을 감안하면 선택된 개체 1 명은 80×(15/3)/2 =

150 명을 대표하는 셈이 된다. 만일 선택된 두 번째 psu가 4 번 psu라면, 여기서 선택된 사람들에게도 동일한 논리를 적용시킬 수 있는데, (400/5)×(15/4)/2 = 150이기 때문에, 결국 어떤 psu가 선택되든 상관없이 누구나 표집비중은 150 명이다. 따라서 10 명이 각각 150 명씩을 대표하니, 결국 10 명의 표본은 모집단 전체를 대표한다.

그런데 관찰단위 하나에 대한 표집비중이란 언제나 그 관찰단위가 표본으로 선택될 확률의 역수다.

이와 같은 자가가중표본의 경우에 모합을 추정하려면 예 6.10에서와 같이 굳이 복잡한 계산표를 동원하지 않고, 단순히 집락평균들의 평균에 모집단 크기를 곱하기만 하면 된다. 즉

$$\hat{\tau}_{pps} = 5.32(642) = 3415.44 \ .$$

6.8 삼단집락표집

지금까지 논의한 일단 및 이단집락표집의 개념은 얼마든지 더 확장할 수 있다. 이 절에서는 삼단집락표집에 대하여 간단히 설명하겠다.

삼단집락표집(three-stage cluster sampling)이란 이단집락표집시 말단의 이차표집단위에서 **삼차표집단위**(tertiary sampling unit: **tsu**)를 또 표집하는 것이다.

예를 들어보자.

서울시 교육청에서 관내 초등학교들에 대한 조사를 하려한다. 모두 N 개의 초등학교들 중 n 개를 임의표집하고, 선택된 학교 내에 존재하는 M_i 개 학급들 중 m_i 개를 다시 임의표집하고, 또 선택된 학급에 소속된 L_{ij} 명의 학생들 중 l_{ij} 명을 임의표집하면 바로 이것이 삼차집락표집이다. 이때 초등학교가 psu, 학급이 ssu, 학생이 tsu가 된다.

또 다른 예로 으뜸대학교에서 조사를 하는데 14 개 단과대학 중에서 2 개를 임의표집하였더니 자연과학대학과 가정대학이 추출되었다. 자연대학에는 통계학과, 수학과, 물리학과, 화학과, 생물학과가 있는데 여기서 2 개 과를 임의추출했더니 통계학과와 수학과가 뽑혔다. 그리고 가정대학에는 의류직물학과, 가정관리학과, 식품영양학과가 있는데 이들 중 하나를 임의표집했더니 식품영양학과가 뽑혔다. 그런데 각 과 학생들이 많기 때문에 전부 조사를 할 수가 없어 선택된 과마다 10 명씩 학생들을 임의표집한다면 이 역시 삼단집락표집의 예가 된다.

y_{ijk}를 i 번째 psu의 j 번째 ssu에서 k 번째 tsu에 대한 관측이라고 하자. 이때 모합 τ는 다음과 같이 추정한다.

$$\hat{\tau} = \frac{N}{n}\sum_{i=1}^{n}\frac{M_i}{m_i}\sum_{j=1}^{m_i}\frac{L_{ij}}{l_{ij}}\sum_{l=1}^{l_{ij}} y_{ijk} \tag{6.63}$$

K를 모집단 크기라고 하면 모평균 μ에 대한 추정은 다음과 같다.

$$\hat{\mu} = \frac{\hat{\tau}}{K} \tag{6.64}$$

이러한 추정량들에 대한 추정분산의 계산은 언뜻 매우 복잡하기는 하지만 원리는 간단하다.

이단집락표집에서 추정량의 분산은 거두절미해서 psu 수준의 분산과 ssu 수준의 분산의 합으로 표현되었다. 즉

psu .... ssu

$\widehat{var}(\hat{\tau}) =$ (psu 분산 s_b^2) + (psu 분산 s_i^2)

삼단집락표집을 2 개의 이단집락표집이 겹친 것으로 파악하자. 즉

psu .... ssu

ssu .... tsu

이단집락표집에서 'psu ... ssu'에 대한 $\hat{\tau}$의 추정분산은 다음과 같았다.

$$N^2\left(\frac{N-n}{N}\right)\frac{s_b^2}{n} + \frac{N}{n}\sum_{i=1}^{N} M_i^2\left(\frac{M_i - m_i}{M_i}\right)\frac{s_i^2}{m_i}$$

그렇다면 이 결과를 새로운 이단집락표집 'ssu ... tsu'에 적용하면 'ssu ... tsu' 수준에서 다음과 같은 추정분산의 공식을 얻는다.

$$M_i^2\left(\frac{M_i - m_i}{M_i}\right)\frac{s_i^2}{m_i} + \frac{M_i}{m_i}\sum_{j=1}^{m_i} L_{ij}^2\left(\frac{L_{ij} - l_{ij}}{L_{ij}}\right)\frac{s_{ij}^2}{l_{ij}}$$

이상의 두 결과를 종합하면

$$\widehat{var}(\hat{\tau}) = N^2\left(\frac{N-n}{N}\right)\frac{s_b^2}{n} + \frac{N}{n}\sum_{i=1}^{N}\left[M_i^2\left(\frac{M_i - m_i}{M_i}\right)\frac{s_i^2}{m_i} + \frac{M_i}{m_i}\sum_{j=1}^{m_i} L_{ij}^2\left(\frac{L_{ij} - l_{ij}}{L_{ij}}\right)\frac{s_{ij}^2}{l_{ij}}\right]$$

여기서

$$s_b^2 = \frac{1}{n-1}\sum_{i=1}^{n}(\hat{\tau}_i - \frac{1}{n}\sum_{i=1}^{n}\hat{\tau}_i)^2$$

$$s_i^2 = \frac{1}{m_i-1}\sum_{j=1}^{m_i}(\hat{\tau}_{ij} - \frac{1}{m_i}\sum_{j=1}^{m_i}\hat{\tau}_{ij})^2$$

$$s_{ij}^2 = \frac{1}{l_{ij}-1}\sum_{k=1}^{l_{ij}}(y_{ijk} - \frac{1}{l_{ij}}\sum_{k=1}^{l_{ij}}y_{ijk})^2$$

그리고 $\hat{\tau}_i$와 $\hat{\tau}_{ij}$는 각각 다음과 같다.

$$\hat{\tau}_i = \frac{M_i}{m_i}\sum_{j=1}^{m_i}\hat{\tau}_{ij}\ , \qquad \hat{\tau}_{ij} = \frac{L_{ij}}{l_{ij}}\sum_{k=1}^{l_{ij}}y_{ijk}$$

그런데 $N \gg n$인 경우에는 근사적으로 다음이 성립한다.

$$\widehat{var}(\hat{\tau}) \approx N^2\frac{s_b^2}{n} \tag{6.65}$$

따라서 삼단집락표집에서도 psu 간 변동이 작아야 유리하다.

예 6.11

N=580 개 초등학교에서 n=5 개 학교를 임의표집하였다. 각 학교마다 학급 수는 M=6, 또 학급의 학생 수는 L=40 명씩이다. 따라서 K=580(6)(40) = 139200. 학교마다 m=2 개씩의 학급을 임의선택하고, 또 각 학급마다 l=4 명씩의 학생들을 임의선택하여 학생들이 학원에서 따로 배우는 과외 과목의 수를 조사하였다. 데이터는 다음과 같다.

학교 (i)	학급(j) 1	학급(j) 2	$\hat{\tau}_{ij}$ 1	$\hat{\tau}_{ij}$ 2	$\hat{\tau}_i$
1	5, 4, 7, 7 (23)	4, 6, 1, 5 (16)	230	160	3(390)
2	4, 4, 5, 3 (16)	2, 3, 6, 6 (17)	160	170	3(330)
3	4, 2, 5, 1 (12)	1, 3, 8, 3 (15)	120	150	3(270)
4	2, 4, 1, 3 (10)	1, 5, 6, 9 (21)	100	210	3(310)
5	7, 3, 4, 7 (21)	9, 3, 2, 3 (17)	210	170	3(380)
	(합)	(합)		평균 →	3(336)

$$\hat{\tau}=\frac{580}{5}\frac{6}{2}\frac{40}{4}(23+16+\cdots+21+17)=584640$$

$$s_b^2=\frac{1}{5-1}\{[3(390)-3(336)]^2+\cdots+[3(380)-3(336)]^2\}=22320$$

$$\widehat{\text{se}}(\hat{\tau})=\sqrt{580^2\frac{22320}{5}}=38751.64$$

또 학생 1인당 평균 과외 과목의 수는 다음과 같이 추정한다.

$$\hat{\mu}=\frac{584640}{139200}=4.2$$

$$\widehat{\text{se}}(\hat{\mu})=\frac{38751.64}{139200}=0.28$$

따라서 95% 신뢰구간은 $4.2\pm2(0.28)=(3.6,\ 4.8)$. ▮

《 연 습 문 제 》

1. 맞으면 O, 틀리면 ×.
   ① 비용면에서 표본조사계획을 고려한다면 언제나 집락표집을 선택할 수 밖에 없다.
   ② 추정값의 신뢰도를 기준으로 표본조사를 선택한다면 집락표집은 절대 선택될 수 없다.
   ③ 층화집락표집에서는 표본합의 분산을 계산할 때 층간 변동을 전혀 고려할 필요가 없다.
   ④ 층화임의표집은 이단집락표집에서 선택된 psu들 내의 모든 ssu를 표본으로 선택하는 경우와 동일하다.
   ⑤ 집락표집에서 비율 추정을 할 때, 선택된 psu들의 평균 크기가 전체 psu들의 평균 크기보다 작으면, 모비율의 추정값은 대체로 과대 추정되는 경향이 있다.
   ⑥ 집락표집에서는 집락내 단위들이 가급적 이질적일수록 좋기 때문에, psu의 크기를 가능한 한 작게 잡는 편이 유리하다.

2. 이단집락표집에서 집락 크기를 기준으로 크기비례확률표집법을 사용하고자 한다. 모두 M 개의 집락중 m 개의 집락을 임의표집하여 모합 τ를 추정할 때 i 번째 집락의 크기는 N_i, 집락내 표본크기는 n_i, 그리고 y_{ij}는 i 번째 집락의 j 번째 관측이다.

또 $p_i = N_i / \sum N_i$라 할 때 이 부호들을 사용하여 τ의 추정값의 공식을 써라.

3. 층화표집과 집락표집 간의 근본적인 차이점을 기술하라.

4. 어느 마을에서 남자의 비율을 추정하려 하는데, 이 마을의 구성원 전부로부터 개인을 단순임의표집하지 않고, 각 가구를 집락으로 간주하여 표본조사를 시행한다. 이 때, 어느 가구나 모두 4 명 즉 부모와 두 자녀로 구성되어 있고, 한 아이의 성별이 남자 또는 여자일 확률은 동등하다. 급내상관계수 ρ_w를 구하라. 여기서 급내상관계수는 집락 내 관측들의 쌍에 대한 상관계수임을 상기하라.

5. 으뜸대학교에는 60 개 학과가 있다. 학교에서는 교수들의 주당 평균 강의준비 시간을 추정하고자, 6 개 학과를 임의표집한 다음 선택된 학과마다 약 50%의 교수들을 임의표집하여 지난 주에 강의준비에 소모한 시간을 조사하였다. 데이터는 다음과 같았다. 학교 전체에서 교수들의 주당 평균 강의준비 시간의 추정값을 계산하라.

과	총원	표본수	표본평균
1	12	6	30
2	6	3	12
3	7	4	20
4	5	2	12
5	10	5	30
6	7	3	21

6. 으뜸대학교 통계학과에 개설된 기초통계학 강좌는 모두 12 개로 총 642 명의 학생들이 수강하고 있다. 통계학과에서는 지난 주 기초통계학 강좌를 수강하는 학생들이 통계학을 공부하는데 소비한 평균 시간을 추정하고자 한다. 이를 위하여 표집된 강좌를 수강하는 모든 학생들에게 설문지를 배포하여 조사하기로 하였다. 모집단 데이터는 다음과 같다고 가정하자.

강좌	1	2	3	4	5	6	7	8	9	10	11	12
학생수	36	18	64	42	38	55	69	132	53	82	25	28
τ_i	225	80	330	135	144	280	300	810	298	444	110	135

기각적 방법을 사용하여 강좌를 pps 표집하려한다. 다음에 주어진 난수쌍들을 이용

하여 5 개 강좌를 임의선택하고, 학생 1인당 평균 공부시간을 추정하고 95% 신뢰구간을 구하라.

(2,98), (7,47), (12,62), (6,31), (8,118), (1,27), (1,103), (7,12), (4,36), (10,88), (3,26), …

7

기타 표집관련 기법

7.1 포획-재포획 추정

우리는 지금까지 모집단 크기 N을 알고있다는 전제하에 여러 가지 표집 방법들에 대하여 논의하였다. 그러나 때로 모집단 크기 N을 추정해야하는 경우가 있다.

예를 들어 어떤 호수에 서식하는 물고기의 총수 N을 추정하고 싶다고 하자. 한 가지 방법은 이를테면 300 마리의 물고기를 잡아 꼬리표(tag)를 붙이는 등 식별 가능한 표식을 한 다음 도로 놓아준다. 잡았다 놓아준 물고기들이 호수 내 다른 물고기들과 잘 섞일 수 있을 만큼 충분한 시간이 경과한 다음 다시 독립표본으로 100 마리의 물고기를 잡는다. 이때 새로 잡은 100 마리 물고기들 중에 꼬리표가 달린 물고기가 10 마리였다면 호수 전체에서 표시된 물고기는 10%로 추정할 수 있다. 따라서 호수 전체에 사는 물고기의 총수는 3000 마리라고 추산된다.

이와 같이 모집단 크기를 추정하는 방법을 **이표본 포획-재포획 추정**(two-sample capture-recapture estimation)이라 부른다.

포획-재포획 추정이 타당성을 유지하려면 몇 가지 전제 조건이 만족되어야한다.

우선, 포획과 재포획이라는 2 번의 표집을 하는 바, 경과 시간에 상관없이 모집단 크기는 항상 일정하다고 가정할 수 있어야한다. 이런 성질을 지닌 모집단을 **닫힌 모집단**(closed population)이라 한다. 즉 호수에 새로 들어오거나 나가거나 새로 태어나거나 죽는 물고기는 없다. 그리고 각 표본은 모집단으로부터 단순임의표집된 것으로 간주하며 또 두 표본은 서로 독립적이어야 한다. 예를 들어 한 번 잡혔던 물고기가 그물이 그리워 다시 일부러 잡히는 확률이 커지거나, 반대로 그물이 싫어 그물만 보이면 재빨리 도망치는 일은 없어야하는 것이다. 그리고 꼬리표와 같은 식별용 표식은 지워지지 않아야 한다.

그런데 이상과 같은 포획-재포획 추정은 사실상 모합에 대한 비추정의 특별한 경우가 된다.

모집단 크기를 N이라 하자. 첫 번째 표본의 크기는 n_1, 두 번째 표본의 크기는 n_2다. 그리고 m을 두 번째 표본에서 꼬리표 달린 개체들의 수라고 하자. 그렇다면 비례적으로 다음과 같은 관계가 성립한다.

$$N : n_1 = n_2 : m$$

따라서 N에 대한 추정량은 다음과 같이 주어진다.

$$\hat{N} = \frac{n_1 n_2}{m} \tag{7.1}$$

이를 비추정 식으로 생각할 수 있는데, 다음과 같은 표기를 약속하자.

$$y_i = 1 \quad (i = 1, \cdots, N)$$

$$x_i = \begin{cases} 1, & \text{만일 } i \text{ 번째 물고기에 꼬리표가 달렸으면} \\ 0, & \text{만일 } i \text{ 번째 물고기에 꼬리표가 달리지 않았으면} \end{cases}$$

즉 모든 물고기에 대하여 y_i는 항상 1이다. 그리고 $\sum y_i = N$ 이므로 N을 추정하는 것은 결국 y_i들의 총합을 추정하는 문제에 보조변수 x를 사용하는 비추정과 다를 바가 없다.

비추정 표기에 맞추어 현재 상황을 표현해보자.

모집단에서 y와 x에 대한 모합들 τ_y와 τ_x는 다음과 같이 주어진다.

$$\tau_y = \sum_{i=1}^{N} y_i = N$$
$$\tau_x = \sum_{i=1}^{N} x_i = n_1$$

여기서 N은 모르지만 n_1은 아는 값이다. 이 상황에서 크기 n_2의 임의표본을 얻었다. 즉 $\{(y_1, x_1), \cdots, (y_{n_2}, x_{n_2})\}$를 관측한 것이다.

이때 표본에서 y와 x에 대한 표본합들은 다음과 같다.

$$\sum_{i=1}^{n_2} y_i = n_2$$
$$\sum_{i=1}^{n_2} x_i = m$$

따라서 모비의 추정량은 다음과 같다.

$$b = \frac{\sum_{i=1}^{n_2} y_i}{\sum_{i=1}^{n_2} x_i} = \frac{n_2}{m}$$

결국 $\tau_y = N$ 은 다음 형식으로 비추정된다.

$$\hat{N} = \hat{\tau}_y = b\,\tau_x = \frac{n_2}{m} n_1 = \frac{n_1 n_2}{m}$$

공식 (4.8)을 적용하여 $\hat{N}$의 추정분산을 구하면

$$\widehat{var}(\hat{N}) = (\tau_x)^2\, \widehat{var}(b) = (\tau_x)^2 \frac{N - n_2}{N} \frac{s_e^2}{n_2\, \bar{x}^2} \tag{7.2}$$

여기서 $\tau_x = n_1$, $\bar{x} = m/n_2$ 이며 s_e^2는 다음과 같이 계산된다.

$$s_e^2 = \frac{1}{n_2 - 1} \sum_{i=1}^{n_2} (y_i - bx_i)^2$$

$$= \frac{1}{n_2 - 1} \left\{ m \left(1 - \frac{n_2}{m}(1) \right)^2 + (n_2 - m) \left(1 - \frac{n_2}{m}(0) \right)^2 \right\} = \frac{n_2(n_2 - m)}{m(n_2 - 1)}$$

유한모집단수정을 무시하고 이상의 결과를 (7.2)에 대입하면 다음을 얻는다.

$$\widehat{var}(\hat{N}) = n_1^2 \frac{1}{n_2(m/n_2)^2} \frac{n_2(n_2 - m)}{m(n_2 - 1)} \tag{7.3}$$

또 $n_2 \approx n_2 - 1$ 이므로 이 사실을 (7.3)에 넣고 더 간단히 하면

$$\widehat{var}(\hat{N}) = \frac{n_1^2 n_2 (n_2 - m)}{m^3} \tag{7.4}$$

그런데 모집단 크기 N에 대한 추정량 (7.1)은 비추정을 한 관계로 편향추정량이다. 물론 n_1과 n_2를 충분히 크게 잡으면 근사적으로 비편향이 되기는 하지만 실용성 면에서 바라기는 어렵다.

그래서 한 가지 대안은 다음 형식으로 주어진 덜 편향된 추정량을 사용하는 것이다.

$$N^* = \frac{(n_1 + 1)(n_2 + 1)}{m + 1} - 1 \tag{7.5}$$

$$\widehat{var}(N^*) = \frac{(n_1 + 1)(n_2 + 1)(n_1 - m)(n_2 - m)}{(m+1)^2(m+2)} \tag{7.6}$$

예 7.1

$n_1 = 300$, $n_2 = 100$, $m = 10$이다. N을 추정해보자. 공식 (7.1)을 사용하면

$$\hat{N} = 3000, \quad \widehat{var}(\hat{N}) = 810000, \quad \widehat{se}(\hat{N}) = 900$$

따라서 N에 대한 95% 신뢰구간은 3000±2(900) = (1200, 4800). 공식 (7.5)를 사용하면

$$N^* = 2763, \quad \widehat{var}(N^*) = 546464, \quad \widehat{se}(N^*) = 739$$

이 경우 N에 대한 95% 신뢰구간은 2763±2(739) = (1285, 4242). ∎

예 7.1에서 사용한 95% 신뢰구간 공식은 사실상 $\hat{N}$이 정규분포를 따른다는 가정 하에 구축된 것이다. 그러나 모집단 크기도 작고 표본 크기도 작은 경우에는 그다지 신뢰할만한 결과를 얻지 못한다. 또한 표본 크기가 작으면 $\hat{N}$의 편향이 매우 커지는 문제가 있다. 두 번째 표본에서 꼬리표 달린 물고기가 한 마리도 없었다면 $\hat{N}=\infty$ 라는 우스운 결과를 얻게 된다.

지금까지 설명한 포획-재포획 추정을 위한 표집 방법을 **직접표집**(direct sampling)이라고 한다. 그런데 **역표집**(inverse sampling)으로 포획-재포획 추정을 할 수도 있다.

역표집에서는 n_1 마리의 물고기들을 임의표집하여 꼬리표를 붙인 다음 다시 놓아준다. 일정 기간 후, m 마리의 꼬리표 달린 물고기들이 잡힐 때까지 물고기들을 임의표집한다. 따라서 역표집을 하는 경우에는 두 번째 표본 크기 n_2가 얼마나 될지 미리 알 수 없다.

즉 직접표집에서는 n_2가 미리 고정된 상수고 m이 확률변수지만 역표집에서는 m이 미리 고정된 상수고 n_2가 확률변수인 것이다.

역표집의 경우 모집단 크기 N의 추정 공식은 직접표집의 경우와 동일하다. 게다가 이 경우 (7.1)에 주어진 $\hat{N}$은 직접표집과는 달리 N에 대한 비편향추정량이 된다. 다만 분산 공식은 다음과 같이 주어진다.

$$\widehat{var}(\hat{N}) = \frac{n_1^2 n_2 (n_2 - m)}{m^2 (m+1)} \tag{7.7}$$

추정량의 성질 면에서 역표집이 직접표집보다 좋아 보이지만 미리 정한 크기 m의 꼬리표 달린 물고기를 잡을 때까지 하염없이 표집해야할 수도 있다.

7.2 사각표집

사각표집(quadrat sampling) 역시 모집단 크기 N을 추정하는 방법으로 단위 면적당 개체들의 수 즉 **밀도**(density)를 측정하여, 측정된 밀도에 총면적을 곱해 전 지역내 개체들의 총수를 추정한다. 따라서 이런 식의 추정을 하려면 우선 관심 지역을 일정 면적의 구획으로 분할해야하는데, 이같이 분할된 구획을 **사각**(quadrat)이라 부른다.

예를 들어 남산에 사는 토끼들의 수효를 추정하려면, 남산을 10000 평 단위로 구획지은 다음, 이들 중 일부를 임의선택하여 그 곳에 서식하는 토끼들이 몇 마리인지 헤아린다. 그리고 표집된 구획별 평균 마리 수에 총 구획 수를 곱하면 남산에 사는 토끼들의 총수가 나오는 것이다.

그런데 위에서 밀도를 사각구획당 개체수라 했지만 반드시 밀도를 면적을 기준으로 생각할 필요는 없다. 예를 들어 서울시 송파구 관내에서 2012년도에 일어난 교통사고의 총수를 추정하려면, 사각을 날로 잡아 일년 365일 중 30일을 임의표집하여 표집된 날들마다 관내에서 몇 번이나 교통사고가 있었는지 조사한 다음, 이들의 평균값에 365를 곱하면 일년 동안 일어난 교통사고 횟수를 추정할 수 있는 것이다.

사각표집에 의한 모집단 크기 N의 추정 문제를 일반화하자.

총면적 A의 관심 지역에 존재하는 개체들의 총수 N을 추정하려 한다. 따라서 모집단에서 단위면적당 관심 개체에 대한 밀도는 $\lambda = N/A$ 다. 관심지역을 면적 a의 K 개의 사각으로 분할한다. 즉 $A = Ka$. 이들 중 k 개의 사각들을 단순임의표집하여 그 안에 존재하는 관심 개체들의 수 y_i $(i=1,\cdots,k)$를 헤아린다. 단위면적이 각각 a인 표집된 k 개의 사각들로부터 λ를 추정하면

$$\hat{\lambda} = \frac{\sum_{i=1}^{k} y_i}{ka} = \frac{\bar{y}}{a} \tag{7.8}$$

그런데 모집단 밀도는 $\lambda = N/A$ 이다. 따라서

$$\hat{N} = \hat{\lambda} A \tag{7.9}$$

그리고 표본밀도 $\hat{\lambda}$의 추정분산은 단순임의표집의 결과를 적용하여 다음과 같이 쓸 수 있다.

$$\widehat{var}(\hat{\lambda}) = \left(\frac{1}{a}\right)^2 \widehat{var}(\bar{y}) = \frac{1}{a^2}\frac{K-k}{K}\frac{s^2}{k} \approx \frac{1}{a^2}\frac{s^2}{k} \tag{7.10}$$

여기서 $s^2 = \frac{1}{k-1}\sum_{i=1}^{k}(y_i - \bar{y})^2$. 따라서 $\hat{N}$의 추정분산은 다음과 같다.

$$\widehat{var}(\hat{N}) = K^2 \frac{s^2}{k} \tag{7.11}$$

이와 같이 사각표집으로 밀도를 측정하여 모집단 크기를 추정하는 아이디어는 매우 간단하다.

그런데 밀도를 측정하여 모집단 크기를 추정하는 현재 상황에서는 소위 **포아송 과정**(Poisson process)을 이용하여 통계 추론을 전개할 수도 있다. 이산분포의 하나인 포아송 분포는 단위 시공간에서 일어나는 관심 사건의 횟수를 모형화하는 중요한 도구다. 특히 포아송 분포는 사건의 발생 횟수가 단위 시공간의 크기에 비례한다는 가정 하에 구

축된 모형이다. X를 포아송 확률변수라 하면 X의 확률분포는 다음 형식으로 주어진다.

$$P(X=x)=\frac{e^{-\lambda}\lambda^x}{x!}, \qquad x=0,1,\cdots$$

여기서 모수 λ를 **밀도**(density) 또는 **강도**(intensity)라 부르며 포아송 분포에서는 다음 관계가 성립한다.

$$E(X)=var(X)=\lambda$$

그런데 앞서 언급한 면적 a의 k 개의 사각 안에 존재하는 개체들의 수를 나타내는 y_i는 모수가 λa인 포아송 분포를 따르는 확률변수라고 간주할 수 있다. 즉

$$E(y_i)=var(y_i)=\lambda a$$

따라서 $\bar{y}$의 기대값과 분산은 다음과 같다.

$$E(\bar{y})=\lambda a, \quad var(\bar{y})=\frac{\lambda a}{k}$$

(7.8)에서 $\hat{\lambda}=\bar{y}/a$ 이므로

$$var(\hat{\lambda})=\frac{1}{a^2}\frac{\lambda a}{k}=\frac{\lambda}{ak}$$

따라서

$$\widehat{var}(\hat{\lambda})=\frac{\hat{\lambda}}{ak}$$

그리고 $\hat{N}=\hat{\lambda}A$ 이므로

$$\widehat{var}(\hat{N})=A^2\left(\frac{\hat{\lambda}}{ak}\right) \tag{7.12}$$

이상에서 논의한 사각표집의 경우 표집된 각 사각 내에 존재하는 개체들의 수를 일일이 헤아려야한다. 그러나 남산의 토끼는 소나무처럼 한 곳에만 머무르지 않는다. 설사 토끼의 수효를 센다고 하더라도 그것이 과연 얼마나 정확한지 알 수 없다. 이런 경우에는 **적재사각표집**(stocked-quadrat sampling)을 사용한다.

적재사각표집에서는 토끼를 숫자를 헤아리지 않는 대신 단지 그 구획 안에 토끼가 있는지 없는지만 확인한다. 그리고 토끼가 있는 사각 즉 관심 개체가 하나라도 존재하는 사각을 **적재사각**(stocked quadrat)이라 부른다. 그리고 관심 개체가 하나도 없는 사각

을 **비적재사각**(nonstocked quadrat)이라 부른다.

표집된 k 개의 사각들 중 비적재사각의 개수를 q라고 하자. 그런데 앞서도 언급했지만 사각 안에 존재하는 개체들의 수를 나타내는 확률변수 y_i는 모수가 λa인 포아송 분포를 따른다. 즉 y_i의 확률분포는 다음과 같다.

$$P(y_i = y) = \frac{e^{-\lambda a}(\lambda a)^y}{y!}, \quad y = 0, 1, \cdots$$

따라서 $y_i = 0$인 확률은 $P(y_i = 0) = e^{-\lambda a}$. 그런데 표집된 k 개 사각들 중 $y_i = 0$인 비적재사각들의 개수는 q였다. 따라서

$$\exp(-\hat{\lambda} a) = \frac{q}{k}$$

양변에 log를 취하고 정리하면

$$\hat{\lambda} = -\left(\frac{1}{a}\right)\log\left(\frac{q}{k}\right)$$

그리고 표본밀도 $\hat{\lambda}$의 추정분산은 다음과 같이 주어진다.

$$\widehat{var}(\hat{\lambda}) = \frac{1}{ka^2}\left(\exp(a\hat{\lambda}) - 1\right)$$

따라서 모집단 크기 N에 대한 추정량과 추정 분산은 다음 식으로 주어진다.

$$\hat{N} = \hat{\lambda} A$$
$$\widehat{var}(\hat{N}) = \frac{K^2}{k}\left(\exp(a\hat{\lambda}) - 1\right) \tag{7.13}$$

예 7.2

남산 숲 A=20만평을 a=1000평 단위의 K=200 개 구획으로 분할한 뒤 k=20 개 구획들을 임의표집하여 토끼의 숫자를 세었다.

발견된 토끼 숫자	빈도
0	10
1	4
2	3
3	2
4	1
	20

y_i들의 평균과 분산은 다음과 같다.

$$\bar{y} = \frac{0(10)+1(4)+2(3)+3(2)+4(1)}{20} = 1$$

$$s^2 = \frac{10(0-1)^2+4(1-1)^2+3(2-1)^2+2(3-1)^2+1(4-1)^2}{20-1} = 1.58$$

(7.8)에 의하여 $\hat{\lambda} = 1/1000 = 0.001$ (마리/평). 따라서 남산 숲에 사는 토끼의 총수는 0.001×200000 = 200 마리로 추산된다. 추정분산은

$$\widehat{var}(\hat{N}) = (200)^2 \frac{1.58}{20} = 3160 \ .$$

추정 표준오차는 56.2. 따라서 N에 대한 95% 신뢰구간은 200±2(56.2) = (88, 312).
만일 포아송 모형을 이용한다면 (7.12)로부터 추정분산은 다음과 같이 주어진다,

$$\widehat{var}(\hat{N}) = (200000)^2 \frac{(0.001)}{1000(20)} = 2000 \ .$$

추정 표준오차는 44.7이다. N에 대한 95% 신뢰구간은 200±2(44.7) = (110, 290).
적재사각표집의 이론을 따라 밀도를 추정하면 $q = 10$이므로

$$\hat{\lambda} = -\frac{1}{1000} log \frac{10}{20} = 0.000693$$

따라서 $\hat{N} = 0.000693(200000) = 139$ 마리로 추정되며

$$\widehat{var}(\hat{N}) = \frac{200^2}{20}(\exp(1000 \times 0.000693) - 1) = 2000 \ .$$

이 경우 사각표집과 동일한 추정분산값을 얻었다.
N에 대한 95% 신뢰구간은 139±2(44.7) = (50, 229). ∎

7.3 임의화 반응

기혼남녀들 중 혼외정사를 하는 이들의 비율을 알고싶다고 하자. 왜 일부 사회학자들이 이런 질문에 관심을 기울이는지는 알 수 없지만 여하간 우리가 이 질문에 대한 답을 조사하기 위하여 다음과 같은 문항을 만들었다고 하자.

(1) 현재 귀하께서는 혼외정사를 하십니까? ① 예 ② 아니오

상당히 정중한 질문이기는 하지만 모르긴 해도 지나가는 사람을 붙잡고 이 질문에 대답을 하라면 신발짝으로 얻어맞지 않는 것이 다행 아닐까? 이런 류의 문항에서는 솔직한 대답을 얻기가 매우 어렵다. 솔직한 대답을 하지 않을 뿐 아니라 응답 거절률이 매우 높을 것이다.

이와 같이 사람들이 공개적으로 진실을 밝히기를 매우 꺼려하는 민감한 질문을 던졌을 때 응답자들이 편안한 마음으로 진실을 말할 수 있도록 고안한 기법을 **임의화반응기법**(randomized response technique)이라 한다.

민감한 질문의 예는 많다. 한국 사회에서 가장 진실된 답을 얻기 어려운 민감한 질문이라면 아마도 '댁이 빨갱이시죠?'라고 묻는 것일 테고, 또 대학생들에게 '지난 번 시험에서 부정행위를 했습니까?'라고 묻거나, 공무원들에게라면 '뇌물을 받습니까?'와 같은 질문이 정답을 얻기 어려운 민감한 질문이 될 것이다. 또 '마약을 상용하십니까?'와 같은 질문도 민감한 질문의 하나다.

임의화 반응 기법이란 응답자로 하여금 임의화 기구를 이용하여 '예'와 '아니오'로 대답해야하는 두 가지 문장 또는 질문 중에 어느 하나를 선택토록 하는 방법이다. 두 질문중 하나는 **민감한 질문**(sensitive question), 다른 하나는 **무해한 질문**(innocuous question)이다. 이때 면접원은 응답자가 어느 질문에 대답하는지는 알지 못하지만 두 질문이 제시되는 상대적 확률은 알고있다.

앞에서 예로 든 혼외정사를 하는 사람들의 비율을 굳이 알고싶다고 하자. 혼외정사를 하는 사람들을 외도 그룹, 하지 않는 사람들을 일편단심 그룹이라 부르자. 우리는 물론 외도 그룹이 모집단에서 차지하는 비율 p_s를 추정하고자 한다. 다음과 같은 두 종류의 카드를 만든다.

카드 1: 나는 외도 그룹입니다.
카드 2: 나는 일편단심 그룹입니다.

그리고 예를 들어 7 장의 카드 1과 3장의 카드 2를 주머니에 넣고 잘 섞은 다음 응답자더러 카드 하나를 임의선택케 하고, 그 카드에 쓰여진 내용에 동의하면 '예', 부인하면 '아니오'로 대답케 하는 것이다.

π를 민감한 질문 또는 문장을 선택할 확률이라 하자. 현재의 경우 $\pi = P$[카드 1을

선택] = 0.7이 된다.

그리고 '예'라는 응답의 모비율을 $\phi = P$[예]라고 하자. 그러면 실험에 참여한 모든 사람들이 솔직한 대답을 한다는 전제 하에 다음과 같은 확률 관계가 성립함을 쉽게 알 수 있다. 참고로 이 확률 관계를 **총확률의 법칙**(law of total probability)이라 부른다.

$$\begin{aligned}\phi &= P[\text{예}]\\ &= P[\text{예} \mid \text{카드 1을 선택}]P[\text{카드 1을 선택}]\\ &\quad + P[\text{예} \mid \text{카드 2를 선택}]P[\text{카드 2를 선택}]\\ &= p_s \pi + (1-p_s)(1-\pi)\end{aligned}$$

이와 같은 실험을 단순임의표집된 n 명의 사람들에게 시행한 결과 m 명의 사람들이 '예'라고 대답하였다고 하자. 그러면 $\hat{\phi} = m/n$ 이 된다. 또 π는 우리가 알고있는 확률이므로 결국

$$\hat{p}_s = \frac{\hat{\phi} - (1-\pi)}{2\pi - 1} \quad \left(\pi \neq \frac{1}{2}\right) \tag{7.14}$$

여기서 m은 성공확률 ϕ의 이항확률변수로서 $var(m) = n\phi(1-\phi)$이므로 (7.14)에 대한 추정분산은 유한모집단수정을 무시하면 다음과 같이 주어진다.

$$\widehat{var}(\hat{p}_s) = \frac{1}{(2\pi-1)^2 n^2}\widehat{var}(m) = \frac{1}{(2\pi-1)^2}\frac{1}{n}\left(\frac{m}{n}\right)\left(1-\frac{m}{n}\right) \tag{7.15}$$

따라서 만일 외도에 대한 질문을 300 명에게 하였더니 그 중 186 명이 '예'라고 대답하였다면 외도를 자행하는 이들의 비율은 다음과 같이 계산한다.

$$\hat{p}_s = \frac{186/300 - (1-0.7)}{2(0.7)-1} = 0.8$$

즉 80%의 기혼남녀들이 외도를 하고 있는 셈이다. 또 $\hat{p}_s$에 대한 추정분산은

$$\widehat{var}(\hat{p}_s) = \frac{1}{(2(0.7)-1)^2}\frac{1}{300}(0.62)(0.38) = 0.005$$

따라서 p_s에 대한 95% 신뢰구간은

$$0.8 \pm 2\sqrt{0.005} = (0.66,\ 0.94)\ .$$

이러한 임의화 반응 기법의 성패는 응답자들로 하여금 민감한 질문에 대한 개인적 상태가 결코 드러나지 않음을 주지시키는데 있다.

이상에서 설명한 임의화 반응 기법은 Warner (1965)가 최초로 제안한 원형을 따른 것인데 이후 각종 변종 기법들이 많이 등장하였다.

이하에서는 변형된 임의화 반응 기법들을 소개한다.

예 7.3

세 종류의 카드를 준비한다.

카드 1: '예'라고 대답하시오.
카드 2: '아니오'라고 대답하시오.
카드 3: 외도하십니까?

카드 1을 10장, 카드 2를 10장, 카드 3을 30장 준비하여 주머니에 넣고 잘 섞는다. 물론 응답자들에게도 구별이 안 되는 세 종류 카드가 있음을 보여주어 설사 '예'라고 대답하더라도 거리낄 것이 없음을 알려주어야 한다. 그리고 응답자들은 선택한 카드를 면접원에게 보여줄 필요 없이 카드에서 지시한대로만 따르면 된다. 여기서 카드 1과 카드 2는 무해한 질문에 해당하며 카드 3이 민감한 질문이다. 무해한 질문에서 '예'라고 대답할 확률을 p_I로 표기하자. 민감한 질문에서 '예'라고 대답할 확률은 p_s다. 총확률의 법칙을 적용하면

$$\begin{aligned}\phi &= P[\text{예}]\\ &= P[\text{예} \mid \text{카드 1, 또는 2를 선택}]\,P[\text{카드 1, 또는2를선택}]\\ &\quad + P[\text{예} \mid \text{카드 3을선택}]\,P[\text{카드 3을 선택}]\\ &= p_I(1-\pi)+p_s\,\pi\end{aligned}$$

따라서 p_s는 다음과 같이 추정한다.

$$\hat{p}_s = \frac{\hat{\phi}-(1-\pi)p_I}{\pi} \tag{7.16}$$

$$\widehat{var}(\hat{p}_s) = \frac{\widehat{var}(\hat{\phi})}{\pi^2} = \frac{1}{\pi^2}\frac{\hat{\phi}(1-\hat{\phi})}{n} = \frac{1}{\pi^2}\frac{1}{n}\left(\frac{m}{n}\right)\left(1-\frac{m}{n}\right) \tag{7.17}$$

이 경우 만일 $n=300$ 명을 대상으로 조사했더니 $m=204$ 명이 '예'라고 대답하였다

면 $\phi = 204/300 = 0.68$, $\pi = 30/50 = 0.6$, $p_I = 10/20 = 0.5$이므로

$$\hat{p}_s = \frac{0.68 - (1-0.6)(0.5)}{0.6} = 0.8$$

$$\widehat{\mathrm{se}}(\hat{p}_s) = \sqrt{\frac{1}{0.6^2}\frac{(0.68)(0.32)}{300}} = \sqrt{0.002} = 0.045$$

따라서 p_s에 대한 95% 신뢰구간은 0.8±2(0.045) = (0.71, 0.89). 이와 같은 임의화 반응 기법에서 (7.17)에 주어진 분산을 보면 π를 크게 하면 정밀도가 향상됨을 알 수 있다. 그러나 덮어놓고 민감한 질문이 쓰여진 카드의 숫자를 늘리면 응답자들은 면접원이 내가 어떤 카드를 가졌는지 알 것으로 오해하기 때문에 대체로 0.5 근방의 값을 잡는다. ▌

예 7.4

이 경우에는 민감한 질문과는 전혀 상관이 없는 다음과 같은 두 번째 질문을 준비한다.

(2) 동전을 던지십시오. 앞면이 나왔습니까? ① 예 ② 아니오

그리고 임의화 기구로서 이를테면 8 개의 빨간 구슬과 2 개의 흰 구슬이 들어있는 주머니와 백원 짜리 동전 하나를 준비한다. 응답자로 하여금 빈방에 들어가 우선 눈을 감고 주머니에서 구슬 하나를 꺼내도록 한다. 그리고 만일 이 구슬이 빨간색이면 질문 (1)에, 흰색이면 질문 (2)에 대답토록 요구한다. 이때 조사원은 응답자와 격리되어 있기 때문에 응답자가 꺼낸 구슬이 무슨 색인지 전혀 알지 못하며 따라서 응답자가 어느 질문에 대답을 하였는지 전혀 알지 못한다. 만일 이 조사에서 100 명의 응답자 중 30 명이 '예'라고 대답했다면 혼외정사를 하는 사람들의 비율을 얼마로 추정할 수 있을까? 이 경우 $n = 100$, $m = 30$, $\phi = 30/100 = 0.3$, $\pi = 8/10 = 0.8$, $p_I = 1/2 = 0.5$이므로 예 7.3에 주어진 공식들을 이용하여,

$$\hat{p}_s = \frac{0.3 - (1-0.8)(0.5)}{0.8} = 0.25$$

$$\widehat{\mathrm{se}}(\hat{p}_s) = \sqrt{\frac{1}{0.8^2}\frac{(0.3)(0.7)}{100}} = \sqrt{0.0033} = 0.057$$

따라서 p_s에 대한 95% 신뢰구간은 0.25±2(0.057) = (0.14, 0.36). ▌

임의화 반응 기법을 사용할 때 한가지 주의할 사항은 응답자들의 수가 충분히 커야 믿을만한 결과를 얻을 수 있다는 점이다. 왜냐하면 응답자들의 수가 적으면 동전 던지기를 할 때 앞뒷면이 나오는 비율이 이상적인 50%와 다를 가능성이 있으며 또한 주머니에서 빨간 구슬을 꺼낸 비율이 이상적인 비율 80%와 다를 수 있기 때문이다.

그런데 동전의 앞면은 얼굴 면인가 숫자면 인가? 영어로는 앞면을 head, 뒷면을 tail이라 한다. 즉 머리와 꼬리인 셈이다. 동전의 양면을 머리와 꼬리라고 호칭하는 서양인들의 의식구조도 기묘하지만 동시에 동전의 양면을 앞면과 뒷면으로 태연히 구분하는 우리도 아리송하기는 오십보백보다. 통계학을 하면서 임의화의 도구로서 동전 던지기 이야기를 학생들에게 자주 하지만 아직까지도 필자는 앞면과 뒷면을 명확히 구분하지 못하고 아마도 얼굴 면이 뒷면이겠거니 짐작하고 있다. 따라서 필자와 같이 멍청한 고민을 하는 사람들을 대비하여 혼외정사에 대한 질문에서 동전의 앞면이 어느 면을 뜻하는지 응답자들에게 확실히 주지시켜야 할 것이다.

7.4 상호관입표집과 임의그룹법

복잡한 조사의 시행 후 모평균 또는 모합과 같은 관심 모수들에 대한 추정은 그리 어렵지 않다. 문제는 추정량의 분산을 구하는 것이다. 다단계의 층화와 집락화가 어우러지고, 비추정이 삽입되면 분산을 추정하는 공식을 마련하는 것 자체가 전혀 간단한 일이 아니다. 여기에 사후층화나 무응답을 고려해야한다면 문제는 더욱 심각하다. 또한 관심 모수의 형태가 모평균이나 모합 등에만 국한되지 않는다. 복잡한 조사에서 만일 모중앙값을 추정하는 경우에도 그 추정량의 분산을 구해야 조사의 정밀도를 사정할 수 있다. 그러나 이런 경우에는 정확한 공식을 마련하기도 어렵다. 이와 같이 임의의 추정량에 대한 분산을 계산하는 방법으로 상호관입표집을 고려하며 이상적인 상호관입표집에 대한 실용적인 대안으로 임의그룹법을 사용한다.

기본 조사설계를 독립적으로 R 회 반복 시행하는 상황을 생각해보자. 매 반복마다 표집이 독립적으로 이루어지기 때문에 R 개의 표본마다 독립적으로 모수 추정을 할 수 있다. 이와 같이 하면 동일 모수에 대한 R 개의 추정값들을 얻는데, 이 추정값들간의 변동을 기초로 추정량의 분산을 추정할 수 있다. 그리고 이런 식의 표집을 **상호관입표집**(interpenetrating sampling)이라 한다. 계통표집시 상호관입표집에 대해서는 이미 제 5.4.1 절에서 다루었다.

관심 모수 θ에 대한 서로 독립적인 R 개의 추정값을 $\{\hat{\theta}_1, \cdots, \hat{\theta}_R\}$이라고 하자. 이때, θ에 대한 추정과 추정량의 분산은 다음과 같이 계산한다.

$$\hat{\theta} = \sum_{i=1}^{R} \hat{\theta}_i / R \tag{7.18}$$

$$\widehat{var}(\hat{\theta}) = \frac{s_R^2}{R} = \frac{1}{R}\frac{1}{R-1}\sum_{i=1}^{R}(\hat{\theta}_i - \hat{\theta})^2 \tag{7.19}$$

여기서 s_R^2은 $\hat{\theta}_i$들에 대한 평범한 표본분산이다.

그런데 이와 같은 상호관입표집을 실제 상황에서 사용하기는 어렵다. 그 대신 조사설계에 따라 완전한 표본을 추출한 다음, 이 표본을 R 개의 **부표본**(subsample)으로 임의 분할하여 각 부표본 그룹들을 기본 조사설계에 대한 독립적인 반복으로 간주한다. 이같은 절차를 **임의그룹법**(random group method)이라 부른다. 이때 각 임의그룹은 본조사의 축소판으로서 조사설계를 거울처럼 반영할 수 있어야한다.

예를 들어 만일 크기 n의 단순임의표본을 얻었다면 n 개 관측들을 R 개의 그룹으로 임의 분할하는 것이다. 이 경우 분할된 각 그룹 즉 부표본의 크기는 n/R이다. 그런데 사실상 이렇게 임의 분할된 각 부표본은 서로 완전히 독립적은 아니다. 왜냐하면 하나의 부표본에 소속된 관측은 다른 부표본에 나타날 수 없기 때문이다. 그러나 표본 크기에 비하여 모집단 크기가 훨씬 크다면 거의 독립이라고 간주해도 무방하다. 임의그룹법을 이용한 추정량의 분산 추정례에 대해서는 예 9.4를 참조하라.

그리고 이상에서 설명한 임의그룹법을 적용하여 얻은 부표본들을 때로 **상호관입부표본**(interpenetrating subsample)이라 한다.

상호관입부표본은 측정기구 또는 면접원 편향이 문제가 되는 경우에도 사용할 수 있다. 예를 들어 면접원이 누구냐에 따라 응답자들의 반응에 상관이 존재한다면 상호관입부표본 기법을 써서 면접원 편향을 제거할 수 있다. 즉 동일 사안을 질문해도 면접원의 숙련도, 묻는 방식 등에 따라 응답자들의 반응이 다르게 나올 수 있다. 따라서 동일 면접원이 조사한 사람들간에는 상관이 존재하지만 서로 다른 면접원이 조사한 사람들간에는 상관이 없다. 이와 같은 경우 면접원 편향을 제거하기 위한 목적으로 상호관입부표본 기법을 사용한다.

예 7.4

재학생수가 10000 명인 으뜸대학교에서 1400 명을 단순임의표집하여 키를 측정한다. 표본을 7 개로 임의 분할하여 7 명의 조사원에게 키를 측정시켰다. 각 조사원별 평균키는 다음과 같다.

171, 172, 173, 172, 169, 171, 172

모평균 μ에 대한 추정은 다음과 같다.

$$\hat{\mu}=\frac{171+172+173+172+169+171+172}{7}=171.43$$

$$\widehat{\mathrm{se}}(\hat{\mu})=\sqrt{\frac{1}{7}\frac{(171-171.43)^2+\cdots+(172-171.43)^2}{7-1}}=0.48$$

따라서 μ에 대한 95% 신뢰구간은 171.43±2.45(0.48) = (170.25, 172.6). 여기서 임계값은 $t_{6,0.025}=2.45$. ▌

상호관입부표본의 이용은 매우 간단하고 추정량의 추정분산을 계산하기도 쉽다. 그러나 부표본의 개수가 작으면 신뢰구간 계산시 t 분포를 사용할 수밖에 없기 때문에 추정량의 정밀도가 떨어진다. 이 점을 감안하면 표본을 최소한 10 개의 부표본으로 나눠야 신뢰구간 계산시 구간의 폭이 지나치게 팽창하는 것을 방지할 수 있다.

7.5 드문 사건에 대한 표집

때때로 드물게 일어나는 사건에 대한 조사가 필요한 경우가 있다. 1999년도에 자동차 사고로 목숨을 잃은 사람들의 가족에 대한 조사라든지, AIDS 환자들에 대한 조사, 최근 6개월 사이에 발생한 강도 피해자들에 대한 조사 등이 그런 예들이다. 이런 조사의 표적모집단을 **드문 모집단**(rare population)이라 부른다. 드문 모집단에 대한 조사시 근본적인 난점은 해당 특성을 가진 표집단위들이 표적모집단에 매우 넓게 흩어져있기 때문에 그런 단위들을 발견하기가 쉽지 않다는데 있다.

물론 아주 큰 표본을 취하면 드문 사건에 대한 정보를 보유한 개체들도 표본에 잡히겠지만 그러기 위해서는 터무니없이 큰 표본이 필요한 경우가 많아 비용면에서 실현 가능하지는 않다. 이런 난점들을 극복하고자 고안된 몇 가지 표집기법들에 대하여 논의한다.

7.5.1 불비례배정 층화표집

드문 사건이 다른 층에 비하여 어느 한 층에서 더 자주 일어나게끔 층화를 한 다음, 그 층의 표집률을 크게 잡는 표집 방법으로 결과되는 층내 표본 크기가 층 크기에 비례하지 않으므로 **불비례배정**(disproportional allocation) 층화표집이라 한다. 한국에서 AIDS 환자들을 조사하려면 부산 지역을 과대표집(oversampling)해야 한다. 다른 대도

시에 비하여 항구도시인 부산에 AIDS 환자가 많다고 알려져있기 때문이다.

7.5.2 이상표집(two-phase sampling)

표집을 2 단계로 시행한다. 첫 단계에서는 표본단위들이 드문 특성을 보유하고있는지 여부를 검색한다. 둘째 단계에서는 드문 특성을 보유한 표본단위들을 전부 또는 높은 표집률로 부표집하여 드문 특성을 보유한 모집단에 대하여 관심있었던 조사를 진행한다. 따라서 첫 단계의 표본에서는 드문 특성의 만연도를 추정하는 동시에 표본단위들을 드문 특성의 보유층과 미보유층의 두 개 층으로 나누며 둘째 단계의 보유층에 대한 표본에서는 관심 모수를 추정하는 것이다.

예를 들어 당뇨병 환자들에 대한 조사를 이상표집으로 시행하려면, 우선 임의표집된 사람들에게 당뇨병이 있는지 여부를 묻는다. 그리고 이들 중 당뇨병을 갖고있다고 대답한 사람들에 한하여 본조사를 시행하는 것이다.

그런데 이런 식의 표집에서 한 가지 문제는 자신이 당뇨병이면서 그것을 알고있지 못한 사람들로 인해 발생되는 오류로서 첫 단계의 검색이 불완전하면 그로 인한 악영향을 조절할 방법이 없다. 반면에, 당뇨병이 아니면서 당뇨병이라고 답한 사람들은 문제가 없는 것이 어차피 상세한 본조사에서 당뇨병 환자가 아님이 드러나기 때문이다. 이런 문제를 해결하려면 첫 단계의 표집에서 검색 사항을 더 폭넓게 준비해서 오분류를 막아야 하고, 둘째 단계에서는 두 개 층 모두에서 다시 부표집을 하는 방안도 고려할 수 있다.

7.5.3 다중틀 조사

드문 모집단에 대한 완전한 표집틀은 없지만 드문 특성을 보유한 상당수의 표본단위들을 포함하는 몇 개의 불완전한 틀들이 가용한 경우가 있다. 이런 경우 불완전한 틀들을 병합하여 드문 모집단에 대한 거의 완전한 틀을 확보할 수 있다. 물론 겹치는 단위가 있다면 두 번 이상 조사하지 않는다.

이런 식의 조사를 **다중틀 조사**(multiple frame survey)라 한다.

예를 들어 서울에서 거리를 배회하는 노숙자들에 대하여 조사를 계획한다고 하자. 집없이 떠도는 노숙자들에 대한 표집틀은 존재하지 않는다. 이런 경우 노숙자 모집단을 조사하는데 다중틀 조사가 유용하다. 첫 번째 틀은 노숙자들이 이용하는 야간에 개방된 지하도들의 목록(A)이다. 두 번째 틀은 무료급식소가 운영되는 곳들의 목록(B)이다. 세 번째 틀은 공원들의 목록(C)이다. 그런데 노숙자들 중에는 $A \cap B$에 속하는 사람들도 있고 또 $A \cap C$, $B \cap C$, $A \cap B \cap C$에 속하는 사람들도 있다. 이렇게 겹치는 사람들의 퍼센티지는 지난 24 시간 동안 그들이 어디에 있었는지를 물어 추정한다. 만일 a를 표집틀 A에는 속하지만 B나 C에는 속하지 않는 사람들, ab를 $A \cap B$에 속하지만 C에는 속하지 않는 사람들 식으로 정의하면 이 경우 드문 모집단의 틀은 $(a+b+c+ab+ac+bc+abc)$로 정의된다. 따라서 모합에 대한 추정을 한다면 이 7 개 부분집합들마다 따로 따로 추정해서 합하면 된다.

7.5.4 망표집(network sampling)

서울의 종합병원에서 치료를 받은 피부암 환자들에 대한 조사를 한다고 하자. 그런데 피부암 환자들은 두 군데 이상의 병원에서 치료 받았을 수도 있다. 따라서 병원들을 임의표집하여 피부암 환자들에 대하여 조사하면 여러 병원에 다닌 환자들이 표본으로 선택될 확률이 더 높아진다. 이런 경우 망표집이란 환자와 병원 간의 연결고리까지 파악하여 동일 환자가 두 번 이상 조사될 확률을 계산하여 추정에 반영하는 기법이다. 망표집의 단점은 표본단위들에 대한 망(network)을 형성하기 위한 추가 비용이 만만치 않다는데 있다.

7.5.5 눈덩이 표집(snowball sampling)

눈덩이는 처음에 작아도 뭉칠수록 커진다. 눈덩이 표집은 드문 모집단 원소들끼리는 서로를 잘 알고있다는 전제를 기초로 한다. 즉 노숙자들을 조사하려면, 노숙자 몇 명을 찾아 그들이 알고있는 다른 노숙자들을 소개하라고 요청한다. 소개받은 노숙자들에게 다시 다른 노숙자들을 소개받고하여 바라는 표본 크기가 될 때까지 이런 식의 표집을 계속하는 것이다. 이렇게 하면 드문 모집단으로부터 단시간 내에 상당히 큰 표본을 얻을 수 있다. 그러나 눈덩이 표본은 확률표본이 아니므로 이런 표본으로부터 얻은 추론 결과를 일반화하기는 어렵다. 다만 본조사를 위한 초기 단계에서 드문 모집단에 대한 정보 획득에는 도움이 된다.

7.6 복잡한 조사설계

실제적인 대규모 조사에서는 우리가 지금까지 논의한 제반 설계 및 추정 기법들이 복합적으로 사용된다. 층화에 여러 단계의 집락화가 겹치고 다른 변수들에 대하여 추정을 보정하려는 목적으로 비추정과 회귀추정 등에 의존한다. 이런 경우 추정량의 분산을 계산하는 것은 그리 간단한 문제가 아니다.

지금까지 논의한 기본적인 표집 관련 기법들은 크게 보아 임의표집, 층화, 집락화의 세 가지였다. 계통표집도 있었지만 이는 집락표집의 특수한 경우에 해당한다. 그리고 표집기법은 아니지만 비추정의 개념을 이용하여 추정의 정밀도를 향상시켰다.

단순임의표집은 모든 표집 관련 개념들을 전개해나가는데 기초가 될 뿐, 그 자체적인 실용성은 매우 낮다. 대규모 조사에서는 층화와 집락화가 필수적으로 동반된다. 층화는 층별로 독립적인 추정값들을 계산하고 추정의 정밀도를 향상시키려는 목적으로 사용된다. 집락화는 조사비용의 절감 목적으로 사용된다. 집락표집 중에서도 대체로 크기비례확률표집 즉 pps 표집법이 주로 사용된다.

그런데 복잡한 조사를 설계할 때는 가능하다면 자가가중표본을 추출될 수 있도록 설계하는 편이 유리하다. 자가가중표본에서는 모든 관찰단위들에 대한 표집비중이 동일하다. 즉 각 관측된 단위마다 동일한 숫자의 미관측 단위들을 대표하기 때문에, 자가가중표본은 모집단을 잘 대표한다고 간주할 수 있다. 또 자가가중표본 데이터라야 일반 통계 소프트웨어를 사용해서 추정값을 계산하더라도 전혀 문제가 없다. 참고로 표집비중이란 하나의 관찰단위가 표본에 포함될 확률의 역수로 정의되었었다.

자가가중표본이 중요한 또 다른 이유는, 일반 통계 소프트웨어들을 이용한 데이터 분석 결과는 오로지 자가가중표본이라야만 적법하기 때문이다. 자가가중표본이 아니라면 컴퓨터에서 출력된 추정값, 표준오차, 신뢰구간 등은 무조건 잘못된 것이다. 그런데 이런 오류는 수많은 조사보고서에서 종종 나타나고 있는데, 요컨대 조사 설계 및 자료 구조를 생각지 않고 덮어놓고 원시 자료를 컴퓨터에 입력해서 분석한 결과는 항상 의심의 대상이다.

《 연 습 문 제 》

1. 으뜸대학교 재학생들을 대상으로 시험 중에 부정 행위를 한 경험이 있는 학생들의 비율이 얼마나 되는지 조사한다. 임의선택된 학생들로 하여금 주사위를 던지게 하여 1이나 2의 눈이 나오면 질문 (1)에 대답하게 하고, 3, 4, 5, 6의 눈이 나오면 질문 (2)에 대답하게 하였다. 400 명을 조사했더니 '예'라고 대답한 학생들의 수가 150 명이었다. 부정행위를 저지른 학생들의 비율을 추정하고 95% 신뢰구간을 계산하라.

> (1) 시험 중 부정 행위를 한 적이 있습니까?
> ① 예 ② 아니오
>
> (2) 학번의 끝자리 숫자가 홀수입니까?
> ① 예 ② 아니오

2. 버금대학교에서도 재학생들을 대상으로 부정 행위를 한 경험이 있는 학생들의 비율을 추정하려한다. 다음과 같은 두 질문을 준비하였다.

> (1) 시험 중 부정 행위를 한 적이 있습니까?
> ① 예 ② 아니오
>
> (2) 7월에 태어났습니까?
> ① 예 ② 아니오

학생기록부로부터 7월에 태어난 학생들의 비율이 0.085임을 알고 있다. 2 개의 빨간 구슬과 8 개의 파란 구슬을 주머니에 넣고 하나를 선택케 하여, 빨간 구슬이면 질문 (1)에, 파란 구슬이면 질문 (2)에 대답하게 하였다. 800 명의 임의선택된 학생들 중 175명이 '예'라고 대답하였다. 부정행위를 한 학생들의 비율을 추정하고 95% 신뢰구간을 계산하라.

3. 임의화 반응 기법의 사용례를 한 가지 제시하라. 적당한 표본 결과를 가정하고 추정값을 계산해보라.

8

무응답

8.1 개요

무응답(nonresponse)에 대처하는 최선의 방법은 아예 처음부터 나오지 않도록 하는 것이다. 쉽지는 않지만 조사 설계를 잘 짜면 무응답률을 낮게 유지할 수 있다.

무응답이 존재해서 **분실 데이터**(missing data)가 생기면 통계적으로 분실값을 예측하여 분석에 사용할 수도 있지만 그 결과를 항상 신뢰하지는 못한다.

무응답률이 높으면 당연히 심각하게 왜곡된 조사 결과를 얻게 된다. 그런데 무응답률이 낮더라도 조사의 왜곡은 피할 수 없다. 왜냐하면 많은 조사 보고에서 확인되고 있지만 일반적으로 무응답층은 응답층과는 상당히 다른 성향을 보유하고 있기 때문이다.

무응답에는 두 가지 유형이 있다.

하나는 **단위 무응답**(unit nonresponse)으로 하나의 관찰단위 전체가 분실되는 경우다. 즉 이 관찰단위로부터는 아무런 정보도 얻지 못한다. 면접원이 응답자 즉 관찰단위를 접촉하지 못하거나, 응답자가 중병이라서 대답을 얻을 수 없는 상황이거나, 응답자가 대답을 거절하는 경우가 이에 해당한다. 이런 경우에는 응답자의 인구사회학적 배경변수들 즉 성별, 출신지, 나이, 직업 등을 조사하여 최종 분석시 무응답자의 반응을 유추하기도 한다. 또한 무응답층에 대하여 약간의 부표집(subsampling)을 한 다음, 부표본의 결과를 기초로 다른 무응답자들의 성향을 유추할 수도 있다.

또 다른 유형의 무응답은 **항목 무응답**(item nonresponse)이다. 조사에는 참가했지만 특정한 질문에 대답을 하지 않는 경우다. 이런 경우에 대처하는 한 가지 방법은 다른 항목들에 항목 무응답자와 거의 비슷한 대답을 한 다른 응답자들의 유형을 분석하여 빠진 항목의 값을 채워 넣는 것이다. 이를 **전가**(轉嫁; imputation)라고 한다.

무응답에 대처하는 최악의 방식은 무응답을 완전히 무시하고 응답자들의 데이터만으로 분석하는 것이다. 그러나 아쉽게도 이런 식의 분석이 범람하고 있는 것이 현실이다. 특히, 소규모 조사에서는 조사비용 때문에 무응답자들에 대한 **재조사**(callback)나 **추적**(follow-up)을 엄두도 내지 못하며 몇 번 시도하더라도 응답자와 접촉이 되지 않으면 포기하는 것이 상례다.

만약 무응답을 무시하고 응답자들만의 데이터로 분석을 시도한다면 이는 무응답자들의 반응이 응답자들과 비슷하리라는 가정을 내재하고 있는 것이다. 즉 응답자들이 모집단을 잘 대표하리라는 가정을 하는 것이다. 그러나 현실적으로 이는 사실이 아니다. 응답자들이 대표하는 모집단이 표적모집단과 일치하는 경우는 드물다.

따라서 만일 무응답에 대한 보정 없이 응답자들만의 데이터로 조사 결과를 보고하겠다면 조사 보고서에 최소한 무응답률이 어느 정도였는지를 명확히 밝혀야한다.

그렇다면 응답률이 어느 정도라야 안심할 수 있을까? 70% 정도면 무난한 것인가? 그러나 아쉽게도 이런 문제에 정답은 없다. 데이터 상황에 따라 다르다. 심지어 95% 이상의 응답률을 보인 조사에서도 심각한 무응답 편향이 보고된 사례도 있다.

게다가 응답률의 정의를 명확히 제시한 보고서도 그리 많지 않다. 응답률은 여러 가지로 정의될 수 있다. 예를 들어 1000 명의 단순임의표본을 추출한 경우를 생각해보자. 이들 중 600 명이 응답을 했다면 응답률은 60%가 된다. 그러나 1000명에 대하여 접촉을 시도했지만 단지 800명만 실제로 접촉이 가능했다고 하자. 이 경우 응답률을 600/800으로 계산하여 75%의 응답률로 보고할 수도 있다. 이외에도 여러 가지 형태의 응답률 정의가 있다. 그렇기 때문에 보고서에서 응답률이 정확히 어떤 비율을 의미하는지 명확히 밝혀야한다.

무응답으로 인한 가장 큰 문제는 모수 추정값의 편향이다.

모집단을 응답층과 무응답층으로 구분하자. 응답층에 속한 개체들은 표본으로 선택되면 기꺼이 조사에 참여해서 응답을 하는 단위들이다. 반면에 무응답층은 표본으로 선택되더라도 응답하지 않을 개체들로 이루어져 있다. 모집단 크기를 N, 응답층의 크기를 N_R, 무응답층의 크기를 N_M으로 표기하자. 그리고 모집단에서 응답층이 차지하는 비율과 무응답층이 차지하는 비율을 각각 $W_R = N_R/N$, $W_M = N_M/N$으로 표기하자. 단순임의표집으로 실사가 끝나면 응답층으로부터는 단순임의표본을 얻지만 무응답층으로부터는 어떠한 데이터도 없다. 모집단 평균을 μ, 응답층의 모평균을 μ_R, 무응답층의 모평균을 μ_M이라고 놓으면 다음 관계가 성립한다.

$$\mu = W_R \mu_R + W_M \mu_M \tag{8.1}$$

응답층 데이터에서 계산한 표본평균을 $\bar{y}_R$로 표기하면 $\bar{y}_R$의 편향은 다음 식으로 표현된다.

$$\text{bias} = E(\bar{y}_R) - \mu = \mu_R - \mu = W_M(\mu_R - \mu_M) \tag{8.2}$$

(8.2)의 편향은 무응답층의 비율이 0에 가깝거나, 아니면 응답층의 평균이 모집단의 평균과 거의 일치하는 경우에 작게됨을 알 수 있다. 그러나 $\mu_R \approx \mu_M$은 절대 안심하고 가정할 수 있는 조건이 아니다. 왜냐하면 무응답층에 대한 데이터가 없기 때문에 확인 불가능하기 때문이다. 따라서 무응답률을 최소화하는 것이 무응답 편향을 제어하는 유일한 방법이다.

일반적으로 연속 변량의 경우 무응답까지 고려한 확실한(?) 짐작으로 모평균에 대한 신뢰구간을 구축한다면 신뢰구간의 폭이 터무니없이 커질 것이 자명하기 때문에 결국 실용성이 전혀 없다. 그런데 이항 변량에 대한 비율 추정시에는 상황이 조금은 다르다. 이 경우에는 수리적으로 신뢰구간 공식을 만들 수 있다.

모집단 비율을 p, 응답층의 모비율을 p_R, 무응답층의 모비율을 p_M이라고 놓으면, 비율 역시 평균이므로 (8.1)과 똑같은 다음 관계가 성립한다.

$$p = W_R p_R + W_M p_M \tag{8.3}$$

크기 n의 단순임의표본을 취한 결과 응답층에서 n_R 개 단위가 추출되었고, 무응답층에서는 n_M 개 단위가 추출되었다고 하자. n_R이 충분히 크다고 가정하자. 유한모집단수정항을 무시하면 p_R에 대한 95% 신뢰구간은 다음과 같이 주어진다.

$$\hat{p}_R \pm 2\sqrt{\frac{\hat{p}_R(1-\hat{p}_R)}{n_R}} \tag{8.4}$$

여기서 $\hat{p}_R$은 응답층의 표본비율이다. (8.4)를 (8.3)에 적용하면 p에 대한 신뢰구간의 형태는 다음과 같이 주어진다.

$$\left(W_R\left[\hat{p}_R - 2\sqrt{\frac{\hat{p}_R(1-\hat{p}_R)}{n_R}}\right] + W_M p_M,\ W_R\left[\hat{p}_R + 2\sqrt{\frac{\hat{p}_R(1-\hat{p}_R)}{n_R}}\right] + W_M p_M\right)$$

그런데 $0 \le p_M \le 1$ 이므로 가장 보수적으로 안전하게 신뢰구간을 결정하려면 신뢰하한에서는 $p_M = 0$, 신뢰상한에서는 $p_M = 1$로 잡아야한다. 따라서 최종적인 신뢰구간의 형태는 다음과 같다.

$$\left(W_R\left[\hat{p}_R - 2\sqrt{\frac{\hat{p}_R(1-\hat{p}_R)}{n_R}}\right],\ W_R\left[\hat{p}_R + 2\sqrt{\frac{\hat{p}_R(1-\hat{p}_R)}{n_R}}\right] + W_M\right) \tag{8.5}$$

그러나 이렇게 구한 신뢰구간의 폭은 W_M의 증가에 따라 급속히 커지며 (8.5)의 신뢰도는 사실상 95%를 초과한다. 예를 들어 만일 (8.5)에서 $\hat{p}_R = 0.5$인 경우에, $W_R = 0.9$면 신뢰구간은 (0.42, 0.58), $W_R = 0.8$이면 신뢰구간은 (0.37, 0.63), $W_R = 0.7$이면 신뢰구간은 (0.32, 0.67)이 된다. 만약 응답층 데이터만으로 신뢰구간을 계산했다면 (8.4)에 의하여 (0.47, 0.53)을 얻게 된다. 결국 무응답률을 줄이는 방법을 강구하는 것이 최상의 정책이다. 또 그렇기 때문에 무응답자들에 대한 재조사는 반드시 필요하다.

8.2 비표집오차를 줄이는 조사설계

조사를 제대로 하려면 반드시 조사설계와 무응답자 추적에 상당한 시간을 할애해야한다. 엉터리 조사의 공통점은 설계가 없고 무응답자에 대한 처리 방법이 없는 것이다. 그저 설문지를 작성해서 사람들에게 보낸 다음 돌아온 결과를 기초로 분석할 뿐이다. 자료수집 과정에 대한 이해가 없는 이러한 조사는 믿을 수 없고 왜곡된 결과만 남발한다.

다음은 응답률과 데이터의 정확성에 영향을 주는 몇 가지 요인들이다.

- 조사 내용
  개인 소득에 관련된 조사나 범죄, 마약 등에 대한 조사에서는 응답 거절률이 매우 높다. 소득에 대한 직접적인 질문보다는 누구나 잘 대답하는 소유한 자동차의 종류, 직업, 교육 정도, 아파트 평수, 외식 횟수 등을 물어 소득을 유추하는 것이 오히려 나은 경우가 많다. 민감한 질문의 경우에는 질문의 순서를 바꾼다던가 임의화 반응 기법 등의 사용을 고려해야한다.

- 조사 시간대
  휴가철에 가구 조사를 계획함은 어리석은 일이다. 전화를 걸더라도 일과 시간보다는 저녁 식사시간 이후가 더 낫다.

- 면접원
  일반적으로 면접원에 따라 응답률에 차이가 많이 난다. 면접원의 질을 높이기 위해서는 철저한 훈련이 필수적이다. 그러나 면접원 비용을 줄이기 위하여 면접원 일인당 조사량을 과중하게 부여하면 오히려 조사의 질이 저하된다.

- 자료수집 방법
  전화나 우편조사는 조사비용은 적게 들지만 직접면접에 비하여 응답률이 상당히 낮다. 특히 우편조사의 경우 발송된 주소지가 정확한가, 혹시 광고전단으로 오인되어 그대로 쓰레기통으로 들어가지는 않을까, 설문지를 받은 사람이 애초에 의도한 사람인가 등을 확인해야한다. 최근에는 인터넷 조사도 증가하는 추세지만 이 역시 응답률은 그렇게 높지 않다. 그리고 최근에는 인터넷을 이용한 전화조사도 등장하였는데, 이를 **컴퓨터 원용 전화면접**(CATI: computer assisted telephone interviewing)이라 부른다. 화면에 나타난 설문지에 응답하여 전송하는 식이다.

- 설문지 설계
  말 만들기를 어떻게 하느냐에 따라 응답에 미치는 영향이 매우 크다. 이 점에 대해서는 제 1 장을 보라.

- 응답자 부담
  응답자로 하여금 귀찮다는 생각이 들게 하거나 부담을 느끼게 해서는 안 된다. 설문지는 짧을수록 좋다. 지나치게 세부적인 것은 물을 필요가 없다.

- 조사 소개
  조사의 목적에 대해서 응답자로 하여금 신뢰감이 들도록 설명해야한다. 이 부분이 잘 되어있으면 잠재적인 응답자가 기꺼이 응답을 하게 되고, 따라서 응답률이 아주 높아진다.

- 보상 또는 벌칙
  설문지에 응답하는 대가로 약소하나마 보상을 해주면 응답률이 높아질 수 있다. 반대로 응답하지 않는 사람에 대해서 벌칙을 가하면 그 또한 응답률을 높인다. 미국의 예지만 설문지 봉투에 빨건 글씨로 '설문에 응답하지 않는 행위는 정부의 정책에 협조하지 않는 행위로서 연방법 몇 조에 저촉됨'이라고 한 마디만 쓰면 응답률이 급상승한다는 사례보고도 있다.

- 추적
  무응답자에게 독촉장을 보내고 계속 전화를 걸어본다. 그러나 아무리 독촉하고 재조사를 시도해도 여전히 끄떡없이 응답하지 않는 사람도 많다. 따라서 추적하기 위하여 드는 비용과 한 사람의 응답으로 얻는 추가 이익을 고려하여 적절한 재조사 횟수를 결정해야 한다.

이상의 모든 항목들을 고려하여 설계를 했더라도 무응답이 생기는 것은 피하지 못한다. 이런 경우에는, 무응답자들에 대한 인구사회학적 배경변수들에 대한 조사라도 해야 한다. 정보가 전혀 없는 것보다는 부분적인 정보나마 있는 것이 낫기 때문이다.

8.3 재조사와 이상표집

좋은 조사라면 반드시 무응답자들에 대한 **재조사**(callback)가 수반된다. 재조사 데이터에 함축된 정보는 무응답층에 내재한 편향의 성격을 규명하는데 도움이 된다. 일반적으로 재조사 설계를 포함한 우편조사의 경우 무응답에 대해서는 추적 전화를 걸어보고, 그도 안 되면 직접 면접원을 주소지에 파견한다.

무응답층에 대한 부표집 방법으로 제 3.7 절에서 언급한 모평균이나 모합을 추정하기 위한 층화표집시 사용하는 **이상표집**(二相標集; two-phase sampling)을 활용할 수 있다. 이상표집을 **이중표집**(二重標集; double sampling)이라고도 부른다.

모집단에서 크기 n의 단순임의표본을 추출하였더니 n_R 명이 응답하였고 n_M 명이 응답하지 않았다. 이때 n_R과 n_M은 확률변수다. 표본에서 관측된 n_M 명의 무응답자들 중 $100\nu\%$의 임의부표본을 추출하여 재조사를 한다. 즉 $n_M \nu = n'$명을 재조사한다.

부표집된 무응답자들이 이번에는 전부 응답했다고 가정하자. 이 경우 $\bar{y}_R$을 최초 응답자들의 표본평균, $\bar{y}_M$을 부표집된 무응답자들의 표본평균이라고 하면 모평균 μ에 대한 이상표집 추정량 $\hat{\mu}$은 다음과 같이 주어진다.

$$\hat{\mu} = \frac{n_R}{n}\bar{y}_R + \frac{n_M}{n}\bar{y}_M \tag{8.6}$$

그리고 $\hat{\mu}$은 모평균 μ에 대하여 비편향임을 증명할 수 있으며 또 $\hat{\mu}$에 대한 추정분산은 유한모집단수정을 무시할 때 다음 식으로 주어진다.

$$\widehat{var}(\hat{\mu}) = \frac{n_R - 1}{n-1}\frac{s_R^2}{n} + \frac{n_M - 1}{n-1}\frac{s_M^2}{\nu n} + \frac{1}{n-1}\left[\frac{n_R}{n}(\bar{y}_R - \hat{\mu})^2 + \frac{n_M}{n}(\bar{y}_M - \hat{\mu})^2\right] \tag{8.7}$$

여기서 s_R^2과 s_M^2은 각각 최초 응답자들의 표본분산과 부표집된 무응답자들의 표본분산을 나타낸다.

정리하면 아주 이상적인 상황이기는 하지만 부표집된 무응답자들이 모두 응답을 하는 이상표집을 하게되면 무응답 편향이 없어지고 또 추정분산에도 무응답에 관련된 변동이 자연스럽게 반영되는 것이다.

그런데 재조사할 인원 n'을 어떻게 결정해야할까?

우편조사를 하는 경우를 생각하자. 무응답자들중 n'명에게는 면접원을 보내 재조사를 시도한다. 최초 접촉에 드는 단위비용을 c_0, 응답자들을 처리하는데 드는 단위비용을 c_1, 재조사 비용을 c_2라 하자. 그리고 모집단에서 응답층의 비율과 무응답층의 비율을 각각 W_R과 W_M으로 표기하자. 조사에 드는 총비용은 다음과 같이 쓸 수 있다.

$$C = n c_0 + n_R c_1 + n' c_2$$

이때, 최초 표본크기 n과 부표집률 ν는 다음 공식으로 주어진다.

$$\nu = \sqrt{\frac{\sigma_M^2 (c_0 + c_1 W_R)}{c_2(\sigma^2 - W_M \sigma_M^2)}} \approx \sqrt{\frac{c_0 + c_1 W_R}{c_2(1 - W_M)}} \tag{8.8}$$

$$n = \frac{N\left[\sigma^2 + (1/\nu - 1) W_M \sigma_M^2\right]}{NV + \sigma^2} \approx \frac{\sigma^2\left[(1/\nu - 1) W_M\right]}{V} \tag{8.9}$$

여기서 σ^2는 모분산, σ_M^2는 무응답층의 모분산, N은 모집단 크기다. V는 모평균 추정량의 분산으로 미리 지정하는 값이다. 그리고 (8.8)과 (8.9)의 우측에 주어진 근사 공식은 N이 크고 $\sigma^2 = \sigma_M^2$ 을 가정한 경우에 사용한다.

예 8.1

우편조사를 계획하고 있다. 응답률 W_R은 50%로 기대된다. 그리고 무응답이 없는 경우 크기 1000의 단순임의표본이 줄 수 있는 정도의 정밀도를 유지하고 싶다. 설문지 발송 비용은 $c_0 = 1000$원, 돌아온 설문지 하나를 처리하는데는 $c_1 = 4000$원이 든다. 면접원을 파견하는데 드는 비용은 일인당 41000원이다. 따라서 재조사 비용은 데이터 처리비용까지 합해서 $c_2 = 45000$원이다. 그렇다면 얼마나 많은 설문지를 발송해야하고, 무응답자들중 몇 %를 면접해야할까? 주어진 정밀도 조건에서 $V = \sigma^2/1000$ 이므로 (8.8)과 (8.9)의 근사공식을 사용하면

$$\nu = \sqrt{\frac{1+4(0.5)}{45(1-0.5)}} = 0.365$$

$$n = \frac{\sigma^2}{V}\,[1+(\frac{1}{\nu}-1)\,W_M] = 1000\left[1+\left(\frac{1}{0.365}-1\right)(0.5)\right] = 1869.3$$

따라서 총 1870 장의 설문지를 발송해야하며 기대되는 935 명의 무응답자들중 36.5 %에 해당하는 341 명을 재조사해야한다. 이때 조사에 드는 총비용은

$$C = 1870(1) + 935(4) + 341(45) = 20955 \quad (\text{천원})$$

즉 이 조사설계를 시행하려면 약 이천만원의 예산을 확보해야한다. ∎

《 연 습 문 제 》

1. 모집단에서 무응답층의 비율이 20%다. n 명을 단순임의표집한 결과 응답자의 수는 $n_1 = 1000$이었다. 응답한 사람들에 대하여 어떤 비율을 추정한 결과 $\hat{p}_1 = 0.5$ 를 얻었다. 무응답을 고려하여 모집단 비율 p에 대한 95% 신뢰구간을 구하라.

9

조사 데이터 분석

9.1 개요

조사가 완료되면 데이터 분석이 과제로 남는다. 언론매체에 나타나는 여론조사 결과를 보면 거의 대부분 각 문항마다 항목별 퍼센티지로 요약된 답변 사항에 대한 정리만으로 끝나고 있지만 문항으로 대표되는 변수들간의 연관성, 또 관심변수와 배경변수간 연관성을 통계적으로 검증하던가 또는 어떤 문항에 대하여 특정한 답을 한 사람들만을 따로 분리하여 이 그룹의 응답 패턴을 살펴본다던가 하는 등 한 차원 높은 분석도 시도할 수 있다.

이런 류의 분석은 **범주형 자료분석**(categorical data analysis)을 통하여 수행할 수 있고, 또 카이제곱(χ^2) 검증을 기초로 한 범주형 자료분석은 기초통계학 수준의 교재에서도 다루고 있지만 조사설계를 전혀 생각지 않는 천편일률적인 카이제곱 검증법의 적용은 매우 위험천만하다.

일반 통계학 교재에 나타나는 범주형 자료분석의 기본 가정은 모든 관측들이 서로 독립이며 동일한 분포에서 추출된다는 것이다. 그러나 복잡한 조사에서 이런 가정은 더 이상 옳지 않다.

우리가 지금까지 논의한 표집 방법에는 세 가지가 있었다. 즉 단순임의표집, 층화표집, 집락표집들이다.

단순임의표집된 데이터에 대하여 범주형 자료분석을 적용하는 것은 아무런 문제가 없다. 단순임의표집을 하면 범주형 자료분석의 기본 가정을 거의 만족시킬 수 있기 때문이다.

반면, 층화는 단순임의표집보다 정밀도를 더욱 향상시키는 기법이기 때문에 층화표집된 데이터에 통상적인 범주형 자료분석을 하는 것은 층화를 무시하고 단순임의표집된 데이터로 간주하고 분석하는 셈이 된다. 이는 곧 향상된 정밀도를 포기하는 것이다. 그렇지만 다소간 손해는 보더라도 보수적인 검증 측면에서 보면 이 역시 그리 문제될 것은 없다. 변수간 강한 연관성이 존재한다면 여전히 그런 연관성을 감지할 수 있기 때문이다. 하지만 약한 연관성까지 탐지해내지는 못할 뿐이다.

가장 큰 문제는 집락표집에 있다. 집락표집의 정밀도는 단순임의표집보다 못하다. 그런데 집락표집된 데이터에 통상적인 범주형 자료분석을 가하는 것은 정밀도가 낮은 데이터를 정밀도가 높다고 인정하고 분석하는 것이니 기실 가장 위험하다. 이 결과 두 변수간 연관도가 극히 유의하게 나오더라도 그것이 사실인지 아닌지 알 도리가 없다. 집락을 무시한 잘못된 범주형 자료분석의 사례는 수없이 많다.

9.2 카이제곱 검증

범주형 자료에 대한 카이제곱 검증에는 다음과 같은 세 가지 유형이 있다.

① **적합도**(goodness of fit) 검증
② **독립성**(independence) 검증
③ **비율의 동질성**(homogeneity of proportions) 검증

이와 같은 카이제곱 검증들은 임의표본 데이터를 가정하고 구축되었다. 적합도 검증은 일차원 **빈도자료**(frequency data)에 대한 검증이고, 나머지 두 가지는 이차원 이상의 **교차표**(crosstable) 즉 **분할표**(contingency table) 자료에 대한 검증이다. 독립성 검증과 동질성 검증간에 개념 차이는 있지만 동일한 분석법을 공유한다. 여기서는 독립성 검증과 비율의 동질성 검증에 대해서만 논의한다.

참고로 카이제곱 검증들은 표본 크기가 증가할수록 검증력이 높아지기 때문에 즉 두 요인간의 연관도를 표본 크기가 증가함에 따라 점점 더 유의하다고 판정하기 때문에, 작은 표본에서는 나타나지 않는 연관도의 통계적 유의성도 표본 크기를 크게 잡으면 통계적으로 극히 유의하게 만들 수 있다. 그러나 중요한 점은 작은 표본에서도 감지될 수 있는 연관도라야 통계적으로 의미가 있지, 일부러 표본 크기를 늘려야만 감지되는 연관도는 별 쓸모가 없는 것이다.

9.2.1 독립성 검증

임의표집된 n 개의 독립적인 관측들이 두 요인에 의하여 교차 분류되는 경우 두 요인들이 서로 독립적인지 아니면 두 요인간에 어떤 연관성이 있는지를 검증하는 통계적 방법을 요인들의 독립성 검증이라 한다.

행요인(row factor) R은 r 개의 범주, **열요인**(column factor) C는 c 개의 범주를 갖고 있다고 가정하자. 그리고 각 관측이 i 번째 **행범주**(row category)와 j 번째 **열범주**(column category)에 떨어질 진짜 확률을 p_{ij}로 표기하자.

		C					
		1	$\cdots$	j	$\cdots$	c	합
	1	p_{11}	$\cdots$	p_{1j}	$\cdots$	p_{1c}	p_{1+}
	$\vdots$	$\vdots$	$\ddots$	$\vdots$	$\ddots$	$\vdots$	$\vdots$
R	i	p_{i1}	$\cdots$	p_{ij}	$\cdots$	p_{ic}	p_{i+}
	$\vdots$	$\vdots$	$\ddots$	$\vdots$	$\ddots$	$\vdots$	$\vdots$
	r	p_{r1}	$\cdots$	p_{rj}	$\cdots$	p_{rc}	p_{r+}
	합	p_{+1}	$\cdots$	p_{+j}	$\cdots$	p_{+c}	1

표에서 p_{i+}는 임의추출된 관측이 i 번째 행범주에 떨어질 확률이고, p_{+j}는 임의추출된 관측이 j 번째 행범주에 떨어질 확률이다.

크기 n의 표본에서 칸 (i, j)에 속한 관측들의 수를 x_{ij}라고 하자. 만일 표본내 관측들이 모두 독립이라면 x_{ij}들은 rc 개 범주를 갖는 **다항분포**(multinomial distribution)를 따른다. 또 이렇게 수행된 표집을 **다항표집**(multinomial sampling)이라 부른다.

표본조사시 다항표집의 가정과 일치하는 것은 복원추출 단순임의표집이다. 그러나 현실에서는 비복원추출 위주로 표본조사를 진행한다. 비복원추출 단순임의표집은 엄밀히 말해서 완벽한 다항표집은 아니지만 만일 $N \gg n$이면 근사적으로 다항표집이라 할 수 있다. 정리하면 단순임의표집은 다항표집으로 간주할 수 있으며 이 경우 독립성 검증을 하는 것이다.

두 요인의 독립성이 무슨 의미인지 살펴보자. 다음 표는 남녀별로 사탕을 자주 먹는지 조사한 두 결과를 2×2 분할표로 요약한 것이다. 행요인의 성별, 열요인은 사탕에 대한 선호도다.

조사 1		사탕		
		좋다	싫다	합
성별	남	10	50	60
	여	70	20	90
	합	80	70	150

조사 2		사탕		
		좋다	싫다	합
성별	남	32	28	60
	여	48	42	90
	합	80	70	150

참고로 이와 같은 유형의 조사가 다항표집이 되려면, 조사에 들어가기 전에 미리 표본 크기 150을 고정시킨 상태에서 표본을 임의선택해야 한다. 그 결과 남자가 60 명, 여자가 90 명이 표집되었음을 알게된 것이다.

만일 반드시 남자를 60 명, 여자를 90 명 추출하겠다는 계획 하에 표집을 했다면 이는 **승다항표집**(product-multinomial sampling)이 되며 이 경우는 층화표집에 해당한다. 이와 같이 승다항표집 시에는 **행합**(row total)이나 **열합**(column total)이 미리 고정된다. 여기에 대해서는 제 9.2.2 절을 보라.

각설하고, 조사 1의 데이터를 보면 남자에 대한 행의 데이터 값은 10에서 50으로 증가하고 있는 반면, 여자에 대한 행의 데이터 값은 70에서 20으로 감소하고 있다. 즉 직관적으로 성별에 따라 사탕에 대한 선호도가 다름을 알 수 있다. 물론 이 사실을 통계적으로 입증하려면 수리적인 계산을 통하여 검증을 해야겠지만 일단 눈으로 보기에 성별과 사탕의 선호도 사이에는 의존성이 있음을 보여주고 있다. 다시 말해서 성별과 사탕에 대한 선호도라는 두 요인은 서로 독립이 아님을 시사한다. 데이터를 좀더 잘 살펴보면, 남자에 비하여 여자가 사탕을 더 자주 먹는다고 할 수 있겠다.

조사 2의 데이터는 두 요인간의 완벽한 독립성을 보여주고 있다. 즉 사탕을 좋아하고 싫어하는데는 전혀 남녀 구분이 없다. 남녀를 불문코 전체 150 명 중 좋다 : 싫다의 비는 80 : 70 = 8 : 7이다. 그런데 남자에 한정하여 보더라도 32 : 28 = 8 : 7이며 또 여자 역시 48 : 42 = 8 : 7인 것이다. 이는 열요인을 기초로 생각하더라도 마찬가지다.

결국 두 요인이 서로 독립이라는 말은 한 요인의 범주가 달라져도 다른 요인의 범주별 패턴에 영향을 주지 않음을 의미한다. 반대로 서로 독립이 아니면 한 요인의 범주에 따라 다른 요인의 범주별 패턴이 변하게 된다.

독립성 검증의 귀무가설은 다음과 같다. 즉 두 요인이 서로 독립임을 가정한다.

$$H_0:\ p_{ij} = p_{i+}\, p_{+j} \qquad (i = 1, \cdots, r;\quad j = 1, \cdots, c) \tag{9.1}$$

따라서 귀무가설 하에서 즉 두 요인이 서로 독립이라면 크기 n의 표본에서 칸 (i, j)에 속할 것이라고 기대되는 관측들의 수 m_{ij}는 다음과 같이 추정된다.

$$m_{ij} = n\hat{p}_{ij} = n\hat{p}_{i+}\hat{p}_{+j} = n\,\frac{x_{+i}}{n}\,\frac{x_{+j}}{n} = \frac{x_{+i}\, x_{+j}}{n}$$

이때 카이제곱 검증통계량은 다음과 같이 주어진다.

$$\chi^2 = \sum_{i=1}^{r}\sum_{j=1}^{c}\frac{(x_{ij} - m_{ij})^2}{m_{ij}} \tag{9.2}$$

그리고 유의수준 α에서 만일 $\chi^2 > \chi^2_{(r-1)(c-1),\alpha}$ 면 귀무가설을 기각한다.

또 만일 $r = c = 2$라면 다음과 같이 주어진 **연속성수정**(continuity-adjusted) 검증통계량을 사용한다.

$$\chi_c^2 = \sum_{i=1}^{2}\sum_{j=1}^{2}\frac{(|x_{ij} - m_{ij}| - 0.5)^2}{m_{ij}} \tag{9.3}$$

연속성수정을 하는 이유는 카이제곱 검증법이 원래 근사검증법인 관계로 행범주나 열범주의 수가 적으면 제대로 검증이 안 되기 때문이다.

예 9.1

큰 모집단에서 500 쌍의 부부를 단순임의표집하여 집에 컴퓨터를 갖고있는지 또 케이블 TV를 보고있는지 조사하였다. 결과는 다음과 같이 요약되었다.

관측빈도 x_{ij}		컴퓨터 유	컴퓨터 무	합
케이블 TV	유	205	102	307
	무	115	78	193
	합	320	180	500

컴퓨터를 소유한 가구는 케이블 TV를 더 많이 본다고 할 수 있을까? 이를 알기 위하여 카이제곱 독립성 검증을 해보자. 귀무가설은 컴퓨터 소유 여부는 케이블 TV 시청과 무관하다는 것이다. 기대빈도를 계산하면

관측빈도 m_{ij}		컴퓨터 유	컴퓨터 무	합
케이블 TV	유	196.48	103.52	300
	무	123.52	76.48	200
	합	320	180	500

2×2 분할표이므로 (9.3)에 주어진 연속성 수정 카이제곱 통계량의 값을 계산하면 $\chi_c^2 = 2.356$을 얻는다. 이에 대한 유의확률은 0.125다. 따라서 유의수준 0.05에서 컴퓨터 소유와 케이블 TV 시청이 무관함을 의심할만한 증거는 없는 셈이다. ∎

예 9.1의 데이터를 분석하는 SAS 코드는 다음과 같이 작성한다.

```
data com_tv;
  input computer $ catv $ count;
cards;
Yes Yes 205
Yes No  115
No  Yes 102
No  No   78
run;

proc freq order=data;
  weight count;
  tables catv*computer /chisq;
run;
```

그리고 출력 결과는 다음과 같다.

```
STATISTICS FOR TABLE OF CATV BY COMPUTER

Statistic                     DF     Value      Prob
----------------------------------------------------
Chi-Square                     1     2.659     0.103
Continuity Adj. Chi-Square     1     2.356     0.125

Sample Size = 500
```

참고로 2×2 분할표 상황이면 SAS에서는 연속성수정 검증통계량의 값을 자동 출력한다.

2×2 분할표에서 두 요인 간 연관도의 측도 중 하나가 **승산비**(odds ratio)다. 그리고 승산비를 기초로 독립성 검증을 할 수도 있다.

한일 축구전적을 살펴보니, 한국팀이 일본에게 승리할 '성공'의 확률이 0.75, 패배할 '실패'의 확률이 0.25라 하자. 이때 축구에서 성공할 **승산**(odds)은 0.75/0.25 = 3이다. 즉 성공이 실패보다 3 배 정도 더 일어난다. 이번에는 역대 한일간 배구전적으로부터 한국팀이 일본에게 승리할 '성공'의 확률이 0.2, 패배할 '실패'의 확률이 0.8이라 하자. 이때 배구에서 성공할 승산은 0.2/0.8 = 0.25가 된다. 이 경우에는 실패가 성공보다 4 배 정도 일어날 것이다. 그리고 축구와 배구에서 계산한 두 개의 성공할 승산의 비를 승산비라 하며 이 경우 승산비는 3/0.25 = 12가 된다. 즉 축구가 배구에 비하여 일본에게 이길 가능성이 12 배 높은 것이다.

그런데 만일 축구냐 배구냐에 관계없이 일본에게 이길 승산이 동일하다면 당연히 승산비는 1이 된다. 즉 두 요인이 독립이면 승산비는 1인 것이다.

다음 2×2 분할표를 보자.

		C		
		1	2	합
R	1	p_{11}	p_{12}	p_{1+}
	2	p_{21}	p_{22}	p_{2+}
	합	p_{+1}	p_{+2}	1

여기서 승산비 θ는 다음과 같이 정의한다.

$$\theta = \frac{p_{11}/p_{12}}{p_{21}/p_{22}} = \frac{p_{11}p_{22}}{p_{12}p_{21}}$$

또한 표본승산비는 다음과 같다.

$$\hat{\theta} = \frac{n_{11}n_{22}}{n_{12}n_{21}}$$

그리고 승산비를 이용한 독립성 검증은 기실 **로그 승산비**(log odds ratio)를 기초로 진행되는 바, 이 경우 귀무가설은 다음과 같이 쓴다.

$$H_0: \log\theta = 0 \tag{9.4}$$

그리고 표본 로그 승산비 $\log\hat{\theta}$ 에 대한 추정분산은 근사적으로 다음과 같이 주어진다.

$$\widehat{\mathrm{se}}(\log\hat{\theta}) = \sqrt{\frac{1}{n_{11}} + \frac{1}{n_{12}} + \frac{1}{n_{21}} + \frac{1}{n_{22}}}$$

따라서 $\log\theta$에 대한 95% 신뢰구간은 다음과 같다.

$$\log\hat{\theta} \pm 2\widehat{\mathrm{se}}(\log\hat{\theta})$$

예 9.2

예 9.1에서 독립성 여부를 승산비로 검증해보자.

$$\hat{\theta} = \frac{205(78)}{115(102)} = 1.363$$

따라서 $\log\hat{\theta} = 0.31$. 또 $\widehat{\mathrm{se}}(\log\hat{\theta}) = 0.19$ 이므로 95% 신뢰구간은 0.31±2(0.19) = (-0.07, 0.69)가 된다. 이 구간은 0을 포함하므로 유의수준 0.05에서 귀무가설을 기각하지 못한다. ∎

9.2.2 비율의 동질성 검증

r 개의 모집단으로부터 독립적인 임의표본이 추출되어 각각 c 개의 범주로 분류되는 상황을 생각한다. 즉 각 모집단마다 독립적인 다항표집이 시행되는 것이다. 따라서 이와 같은 표집을 **승다항표집**(product-multinomial sampling)이라고 한다. 이는 각 층의 표집률이 작고 복원추출하는 층화표집과 거의 동일하다.

이때 각 층별로 c 개 범주의 확률들이 전부 같은지 아닌지를 검증하는 방법을 비율의 동질성 검증이라 한다. 비율이 동질적이면 각 층마다 나타나는 비율들의 변화 형태가 전부 동일하다.

예를 들어 남자 100 명을 표집해서 사탕이 좋다 : 보통 : 싫다로 구분했더니 20 : 50 : 30으로 나왔고, 또 여자 200 명을 표집해서 동일한 분류를 했더니 40 : 100 : 60으로 나왔다면 두 경우 모두 좋다 : 보통 : 싫다 = 2 : 5 : 3이라는 똑같은 패턴을 보여주는 것이다. 이를 두고 비율들이 동질적이라는 것이다.

동질성 검증의 해석은 독립성 검증과 차이가 나지만 최종적인 분석 방법은 둘 다 동일하다.

동질성 검증에 대한 귀무가설은 다음과 같이 세운다.

$$H_0\colon\ \frac{p_{1j}}{p_{1+}} = \cdots = \frac{p_{rj}}{p_{r+}} = p_{+j} \qquad (j = 1, \cdots, c)$$

9.3 조사설계와 카이제곱 검증

SAS를 비롯한 일반 통계 소프트웨어에서 출력되는 범주형 자료분석 결과는 독립적인 다항표집을 가정한 것들이다. 그러나 복잡한 조사설계에서 이런 가정은 더 이상 성립하지 않는다. 따라서 컴퓨터에서 출력된 표준오차나 유의확률은 틀렸다고 보면 된다. 특히 집락표집을 고려하지 않은 카이제곱 검증의 적용은 무조건 잘못된 것이다.

예 9.3

예 9.1에서는 500 쌍의 부부를 단순임의표집했는데, 남편과 아내 모두에게 집에 컴퓨터를 갖고있는지, 또 케이블 TV를 보고있는지 물었다. 이 결과는 다음과 같다.

관측빈도 x_{ij}		컴퓨터 유	컴퓨터 무	합
케이블 TV	유	410	204	614
	무	230	156	386
	합	640	360	1000

예 9.1에 제시한 표와 비교해보면 모든 숫자들이 다 2 배임을 알 수 있다. 이는 당연한 것이 부부 간에 대답이 다를 수는 없기 때문이다. 그런데 이 경우 각 쌍의 부부들은 사실상 집락에 해당한다. 그리고 집락내에서 남편과 아내의 대답이 전부 일치하기 때문에 급내상관계수가 1인 경우가 된다. 그런데 우리는 현재 집락을 무시하고 표본크기를 1000으로 잡은 것이다. 이 경우 SAS 출력은 다음과 같다.

```
                STATISTICS FOR TABLE OF CATV BY COMPUTER

         Statistic                      DF      Value        Prob
         ------------------------------------------------------
         Chi-Square                      1      5.317       0.021
         Continuity Adj. Chi-Square      1      5.010       0.025

         Sample Size = 1000
```

그리고 독립성 검증에 대한 유의확률은 0.025이므로 유의수준 0.05에서 컴퓨터 보유 여부와 케이블 TV 시청간에는 관련성이 있다는 증거가 있다고 결론 내리게된다. 그러나 물론 이는 엉터리 분석이다. 만일 이 경우에 유의확률을 더 낮추고 싶다면 아예 자녀들까지 조사하면 될 것이다. 어차피 이 경우 한 집안 내에서 급내상관계수는 무조건 1이니까 말이다. ∎

예 9.3에서 논의한 바와 같이 집락을 무시하면 단순한 오차변동에 불과한 것을 통계적으로 유의한 결과로 착각하는 오류를 범하기 십상이다. 로그 승산비에 대한 신뢰구간 역시 실제보다 무척 좁게 주어진다. 이런 경우 SAS 출력은 전혀 믿을 바가 못된다.

그런데 층화의 효과는 집락과 반대다. 층을 행범주로 잡으면 이는 곧 층다항표집을 한 것이기 때문에 SAS 출력을 그대로 읽어도 아무 문제가 없다. 다만 SAS에서 계산한 유의확률은 실제값보다 오히려 더 크게 나오고 또 로그 승산비에 대한 신뢰구간이 실제보다 더 넓어질 뿐이다. 즉 본의는 아니었지만 좌우간 안전 위주로 보수적인 통계 추론을 하게 되는 것이니 그리 나쁘지는 않다.

그런데 층화를 하더라도 집락을 무시하면 역시 엉뚱한 결과가 나타난다. 예를 들어 으뜸대학교에서 남녀 교수에 따라 학생들의 강의평가가 다른지를 알기 위하여, 남자 교수들과 여자 교수들을 층으로 잡아 각 층마다 몇 명씩의 교수들을 임의표집하여 이들이 가르친 학생들 2000 명을 대상으로 강의가 좋았는지 나빴는지를 물어보았다고 하자.

그리고 교수의 성과 학생들의 강의 평가를 기초로 총 2000 명에 대하여 다음과 같은 분할표를 만들었다.

관측빈도 x_{ij}		학생 좋다	학생 나쁘다	합
교수	남	840	430	1270
	여	280	450	730
	합	1120	980	2000

이때 교수의 성별을 층으로 생각하고 통상적인 카이제곱 검증을 하여 동질성을 검증하면 유의확률이 0.001로 나온다. 그리고 학교 당국에서는 남자 교수들이 여자 교수들보다 더 잘 가르치니 남자 교수들에게 봉급을 더 많이 주겠다고 결정한다면 이것이 과연 옳은 결정일까? 이런 조사에서는 무슨 문제가 있을까? 무엇보다도 이 조사에서는 교수들이 가르치는 각 강좌가 집락의 역할을 하며 또 동일 교수에게 배우는 학생들의 평가는 대체로 일치할 것이기 때문에 급내상관도가 높으리라고 생각된다. 또 각 교수별로 수강하는 학생들을 전혀 구분하지 않고 단지 교수들의 성별로만 구분했으니 이는 집락을 완전히 무시한 것이다. 그리고 한 학생이 여러 교수들을 동시에 평가했을 수도 있으니, 이 또한 관측들의 독립성을 저해한다. 그리고 평가를 하지 않은 학생들도 있었을 텐데 이에 대한 고려도 없다.

이런 식의 잘못된 분석은 매우 많다. 집락을 무시하고 집락에 속한 관측들을 전부 단순임의표집된 관측으로 생각하면 어떤 분석에서도 통계적으로 유의한 결과가 나오게 할 수 있음을 유념하라.

그렇다면 이렇게 잘못된 카이제곱 검증을 바로 잡을 방법은 없는가?

여기서는 2×2 분할표 상황에 대한 **왈드 검증**(Wald test)을 소개한다.

2×2 분할표에서 독립성 검증 시 귀무가설은 다음과 같이 축약된다.

$$H_0:\ \theta = p_{11}p_{22} - p_{12}p_{21} = 0$$

이때 $\hat{\theta} = \hat{p}_{11}\hat{p}_{22} - \hat{p}_{12}\hat{p}_{21}$. 그리고 귀무가설 하에서 다음 관계가 근사적으로 성립한다.

$$\frac{\hat{\theta}}{\sqrt{\widehat{var}(\hat{\theta})}} \sim N(0,1)$$

여기서 $\hat{\theta}$의 분산은 제 7.4 절에서 소개한 상호관입부표집을 이용하여 추정할 수 있다.

예 9.4

앞서 언급한 남녀 교수평가 문제를 다시 살펴보자. 다음 표에 표본비율을 정리하였다.

관측빈도 p_{ij}		학생: 좋다	학생: 나쁘다	합
교수	남	0.42	0.215	0.635
	여	0.14	0.225	0.365
	합	0.56	0.44	1

따라서 $\hat{\theta}=0.42(0.225)-0.14(0.215)=0.0644$ 가 된다. $\hat{\theta}$의 분산을 추정하기 위하여 표본을 7 개의 임의그룹으로 분할하여 각각으로부터 $\hat{\theta}$을 추정하였더니 다음과 같은 결과를 얻었다고 하자.

임의 부표본	$\hat{\theta}$
1	0.0956
2	0.0723
3	0.0082
4	-0.0852
5	-0.0874
6	0.0339
7	0.0499
평균	0.0125
표준편차	0.0729

따라서 왈드 통계량의 값은

$$\frac{0.0644}{0.0729/\sqrt{7}}=2.337$$

7 개의 추정값들의 자유도는 6밖에 되지 않는다. 표준정규분포의 임계값 2와 비교하기에는 자유도가 너무 작기 때문에 $t_{6,0.025}=2.447$과 비교하면 유의수준 0.05에서 교수의 성별과 학생들의 평가가 연관이 있다는 증거는 없다고 결론 내린다. ∎

일반적으로 왈드 검증은 분할표가 커지면 성능이 빠르게 저하된다. 이런 경우에 사용할만한 검증으로 **본페로니 검증**(Bonferroni test)이 있다. 이 검증은 상당히 보수적이지만 실제 상황에서 성능이 매우 좋다고 알려져 있다.

$r\times c$ 분할표에서 $\theta_{ij}=p_{ij}-p_{i+}p_{+j}$ 로 놓으면 독립성을 검증하는 귀무가설 (9.1)은 다음 형식으로 표현된다.

$$H_0:\ \theta_{11}=0,\cdots,\theta_{r-1,c-1}=0 \tag{9.5}$$

즉 모두 $k=(r-1)(c-1)$ 개의 성분들에 대하여 동시에 0이 성립하는지를 검증하는 것이다. 본페로니 검증에서는 이 귀무가설을 다음과 같이 k 개의 귀무가설로 바꾼다.

$$H_{0,1}: \ \theta_{11} = 0$$

$$\vdots$$

$$H_{0,k}: \ \theta_{(r-1)(c-1)} = 0$$

그리고 각 귀무가설들을 독립적으로 검증하는데 이들 중 어느 하나라도 만약 유의수준 α/k에서 기각되면 (9.5)의 귀무가설이 유의수준 α에서 기각되는 것이다. 분리된 귀무가설 $H_{0,i}$는 다음 관계가 성립하면 기각한다.

$$\frac{|\hat{\theta}_{ij}|}{\sqrt{\widehat{var}(\hat{\theta}_{ij})}} > t_{q,\alpha/2k} \tag{9.6}$$

여기서 t 분포의 자유도 q는, 표본을 임의 부표본으로 분할하여 추정값의 분산을 추정하는 경우 '(부표본 수) - 1'로 정의된다.

9.4 로그선형모형

로그선형모형(loglinear model)은 분할표 자료에 분산분석처럼 선형모형을 가정하여 요인들간의 연관도와 상호작용 구조 등을 규명하는 도구다. 여기서는 다항표집에서 로그선형모형의 사용에 대하여 논의한다.

$r \times c$ 분할표에서 행요인과 열요인이 독립이라면 다음 관계가 성립한다.

$$p_{ij} = p_{i+} \, p_{+j} \tag{9.7}$$

그런데 칸 (i, j)의 기대빈도는 $m_{ij} = n \, p_{ij}$ 이므로 이를 (9.7)에 대입하면

$$m_{ij} = n \, p_{i+} \, p_{+j} \tag{9.8}$$

(9.7)의 양변에 로그를 취하면

$$\begin{aligned} \log m_{ij} &= \log n + \log p_{i+} + \log p_{+j} \\ &= \mu + \alpha_i + \beta_j \end{aligned} \tag{9.9}$$

여기서

$$\sum_{i=1}^{r} \alpha_i = 0, \qquad \sum_{j=1}^{c} \beta_j = 0 .$$

모형 (9.9)를 로그선형모형이라고 하는 바, 칸 확률에 로그를 취해서 선형모형이 얻어졌기 때문이다.

α_i와 β_j는 각각 두 분류요인의 **주효과**(main effect)인데 α_i는 요인 R의 i 번째 행에서 분류 효과를 나타낸다. 이 값이 클수록 분할표에서 행 i에 소속된 기대빈도들도 커진다.

그런데 만일 두 분류요인들이 서로 독립이 아니고 두 요인간에 어떤 의존성이 존재한다면 이런 의존성을 설명하기 위하여 다음과 같이 좀더 복잡한 모형을 가정해야한다.

$$\log m_{ij} = \mu + \alpha_i + \beta_j + (\alpha\beta)_{ij} \tag{9.10}$$

여기서

$$\sum_{i=1}^{r} (\alpha\beta)_{ij} = \sum_{j=1}^{c} (\alpha\beta)_{ij} = 0 \ .$$

모형 (9.10)을 **포화모형**(saturated model) 또는 **완전모형**(full model)이라고 부른다. 이 포화 로그선형모형에서 $(\alpha\beta)_{ij}$는 두 요인간의 **상호작용**(interaction)으로 상호작용이 존재할 경우 한 요인이 기대빈도에 미치는 영향이 다른 요인의 범주에 따라 의존적으로 변하게 된다.

결국 분류요인이 둘일 경우 통상적인 이원 분산분석(two-way ANOVA)과 흡사한 해석을 하면 된다.

그리고 이 경우 독립성 검증은 상호작용 항이 0인지 아닌지를 검증하는 것과 동등하다. 즉

$$H_0\text{:}\ (\alpha\beta)_{ij} = 0 \qquad (i = 1, \cdots, r-1;\ j = 1, \cdots, c-1)$$

이 가설에 대한 검증은 앞서 설명한 본페로니 검증 등을 이용한다.

예 9.5

예 9.1의 데이터에 대하여 로그선형모형을 이용한 독립성 검증을 해보자. 포화모형을 가정할 때 이를 분석하는 SAS 코드와 출력은 다음과 같다. 로그선형모형 분석 시 SAS에서는 CATMOD 절차를 사용한다.

```
data com_tv; input computer $ catv $ count; cards;
Yes Yes 205
Yes No  115
No  Yes 102
No  No   78
run;

proc catmod order=data;
  weight count;
  model catv*computer = _response_;
  repeated / _response_ = catv|computer;
run;
```

```
                    RESPONSE PROFILES

              Response  CATV  COMPUTER
              ------------------------
                  1     Yes     Yes
                  2     Yes     No
                  3     No      Yes
                  4     No      No


        ANALYSIS OF MAXIMUM-LIKELIHOOD ESTIMATES

                                        Standard    Chi-
Effect            Parameter  Estimate    Error     Square   Prob
-----------------------------------------------------------------
CATV                      1    0.2116    0.0476     19.79  0.0000
COMPUTER                  2    0.2716    0.0476     32.60  0.0000
CATV*COMPUTER             3    0.0775    0.0476      2.65  0.1034
```

출력에서 상호작용 효과를 검증하는 카이제곱 통계량의 값은 2.65로서 대응되는 유의확률은 0.1034다. 따라서 유의수준 0.05에서 상호작용 효과가 존재한다고 판단할 증거가 없다. 따라서 이번에는 상호작용항을 제거하고 다시 CATMOD를 실행한다.

```
proc catmod order=data;
  weight count;
  model catv*computer = _response_;
  repeated / _response_ = catv computer;
run;
```

이 결과 모수 추정값들은 다음과 같이 출력된다.

```
                                        Standard    Chi-
Effect              Parameter  Estimate   Error    Square   Prob
----------------------------------------------------------------
CATV                        1    0.2321   0.0459    25.53  0.0000
COMPUTER                    2    0.2877   0.0466    38.14  0.0000
```

정리하면

$$\hat{\alpha}_1 = 0.2321, \quad \hat{\alpha}_2 = -0.2321$$

$$\hat{\beta}_1 = 0.2877, \quad \hat{\beta}_2 = -0.2877$$

그런데 예 9.1의 데이터로부터 p_{ij}들을 계산하면 다음 결과를 얻는다.

비율 p_{ij}		컴퓨터 유	컴퓨터 무	합
케이블 TV	유	0.41	0.204	0.614
	무	0.23	0.156	0.386
	합	0.64	0.36	1

그리고 로그선형모형에서 μ는 다음 식으로 추정된다.

$$\hat{\mu} = \frac{\sum_{i=1}^{r}\sum_{j=1}^{c} \log p_{ij}}{rc}$$

따라서 $\hat{\mu} = -1.4522$ 이다. 모형 (9.9)에서 적합된 비율 $\hat{p}_{ij}$들은 다음 식으로 계산한다.

$$\hat{p}_{ij} = \exp(\hat{\mu} + \hat{\alpha}_i + \hat{\beta}_j)$$

추정 비율을 계산하면 다음과 같은 표를 얻을 수 있다.

추정비율 $\hat{p}_{ij}$		컴퓨터 유	컴퓨터 무	합
케이블 TV	유	0.393	0.221	0.614
	무	0.247	0.139	0.386
	합	0.64	0.36	1

참고로 지금처럼 단순임의표집이 아닌 복잡한 조사에 함부로 로그선형모형을 직접 적용하는 것은 피해야한다. 이 경우 SAS 등 통계 소프트웨어의 출력 결과는 전혀 믿을 수 없다.

만일 복잡한 조사에서 로그선형모형을 적합하려면, 예 9.4에서와 같이 전체 표본을 적당한 개수의 임의그룹으로 분할한 다음, 각 임의 부표본마다 동일한 로그선형모형을 적용하여 모수들을 반복 추정하고, 이러한 각 모수 추정값들에 대한 표본표준오차를 기초로 왈드 또는 본페로니 검증을 하여 각 모수가 0인지 아닌지를 검증해야한다.

9.5 기타 분석법

범주형 자료분석 외에도 조사 데이터를 분석하는 통계 방법은 다양하다.

잘 알려진 회귀분석은 하나의 반응변수가 여러 개의 설명변수와 어떤 식으로 연관이 되어있는지 탐색하는 중요한 도구다.

또 반응변수가 1 또는 0의 두 값 중 하나를 취하는 이분변량일 경우에 사용하는 **로지스틱 회귀분석**(logistic regression analysis)도 반응값이 1일 확률을 예측하는 문제에 자주 사용된다.

그러나 이러한 분석들에서도 조사설계의 효과를 감안하지 않으면 결국 얼토당토않은 결과가 초래된다.

어느 경우든 가장 문제가 되는 것은 집락을 무시하고 분석하는 것이다. 존재하는 집락을 무시하고 원시 자료를 통계 패키지에 입력해봐야 출력된 모든 추론 결과는 어차피 틀린 것이다.

복잡한 조사 데이터에 대한 각종 회귀분석 관련 문제들에 관해서는 Lohr (1999)의 제 11 장을 참조하라.

참고로 SAS에서는 다음과 같은 통계조사용 표집 및 분석 절차들을 지원한다.

- PROC SURVEYSELECT - 표집

- PROC SURVEYMEANS - 통계량
- PROC SURVEYFREQ - 교차표 분석
- PROC SURVEYREG - 회귀분석
- PROC SURVEYLOGISTIC - 로지스틱 회귀모형

연습문제 해답

1 장

1. 문항 (가): ①, ②, ③은 보도 행태의 부정적인 측면을, ④는 긍정적인 측면을 드러낸다. 응답 항목의 3/4을 언론에 대한 부정적인 항목으로 만들었다. 문항 (나): 이는 유도 질문이다. 이 같은 질문은 '물러나야 한다'고 생각하는 응답자라도 '진상과 상관없이'라는 전제 조건을 달 경우 그런 대답을 하지 않도록 유도하는 효과가 있으며 따라서 모범 답안을 의도적으로 ②로 유도하고 있다. 특히 질문에서 '현재 이 사건이 수사 중에 있다'고 전제할 경우 대부분 답변이 그렇게 쏠리게 된다. 차라리 '법무장관이 물러나야 하느냐, 그렇지 않느냐'는 식의 양자택일이었어야 더 객관적이다.
2. 표적모집단은 입술 연지를 바르는 여자. 국한된 지역과 자발적으로 참여한 여성들의 대표성 등으로 미루어 임의표본이 아니다.
3. 등록금의 과중 여부는 대학생 자녀가 있는 가정에서만 안다. 이것이 무응답의 주 원인이다.
4. ① 층화임의표집: 정확하게 ② 계통표집: 편하게 ③ 집락표집: 싸게.
5. 직접 계산하면 $\mathrm{MSE}(t) = E(t - 30)^2 = [(27 - 30)^2 + (21-30)^2 + \cdots + (18-30)^2]/10 = 54.9$.
   참고로 t의 표본분포는 다음과 같이 주어진다.

t	18	21	24	27	33	36	39
확률	0.1	0.2	0.2	0.1	0.1	0.2	0.1

따라서 $E(t)$ = 27.9, $var(t)$ = 50.49, MSE(t) = 50.49 + $(30 - 27.9)^2$ = 54.9

6. 문항의 편향성 조절. 본조사를 위한 적절한 표본수 결정 등.
7. 고등학생들이 판단하기에는 무리.
8. 명목척도: 속성의 분류. 성별, 종교, 인종, 교육수준
   순서척도: 등급 또는 크기의 순위 구분. 학교석차, 달리기 등수, 사회계층 분류
   구간척도: 범주별 간격이 같은 척도. 온도, 주가지수, 물가지수
   비척도: 절대 0이 존재하며 비의 의미가 있는 경우. 나이, 키, 무게 등.
10. 학교나 직장 등 기존 조직내 구성원들을 한 자리에 모아놓고 설문조사. 조사 비용을 최소화할 수 있다.
11. (1) 전화조사 (2) 우편조사 (3) 개별면접 (4) 전화 또는 우편조사

2 장

1. 145
2. 신뢰하한이 음수가 될 수 없음에 유의할 것. $\bar{y}=2$, $s^2=8.4$.
   ① (0, 4.06) ② (0, 101.58) ③ (0, 0.7)
3. 390, 1035
4. $\gamma=\sqrt{(1-p)/p}$
5. 2.1±0.18
6. 4
7. 0.4±0.125
8. (1066, 1334)
9. $\bar{y}\pm z_{\alpha/2}\, s/\sqrt{n}=\bar{y}\left(1\pm z_{\alpha/2}\,\hat{\gamma}/\sqrt{n}\right)$
10. $n_1=333.56\approx 334$, $n_2=178.52\approx 179$. ∴ 334.
11. $40.95\pm 2\sqrt{.819}=40.95\pm 1.81$
12. ① $x\sim B(n,p)$ ② $E(\hat{p})=p$, $var(\hat{p})=p(1-p)/n$
   ③ $se(\hat{p})=\sqrt{p(1-p)/n}$, $\widehat{se}(\hat{p})=\sqrt{\hat{p}(1-\hat{p})/n}$
   ④ $\hat{p}\sim N(p,\, p(1-p)/n)$
   ⑤ $\hat{p}\pm z_{\alpha/2}\sqrt{p(1-p)/n}$
   ⑥ $\hat{p}=330/870=0.38$, $\widehat{se}(\hat{p})=\sqrt{0.38(1-0.38)/870}=0.016$
   95% CI: 0.38±1.96(0.016)=0.38±0.0314 ⇒ (0.348, 0.411) 또는 (34.8%,41.1%)

3 장

1. 80×0.5 + 60×0.5 = 70
2. ① ○ ② ○ ③ × ④ × ⑤ ○
3. (1) n_1 = 375, n_2 = 625 (2) n_1 = 750, n_2 = 250
4. (1) 420 (2) 490 (3) ① (4) 층화임의표집이 더 정확하다.
5. 네이만 배정
6. 지리적 환경과 위치에 따른 자연스러운 층화가 가능. 각 층은 흡사한 양태를 보이는 가구들로 구성됨. 따라서 추정오차를 줄일 수 있음.
7. ① 25.1±10.0 ② 27.7±2.8 ③ 8587±870
8. 18, 22, 17
9. 17, 20, 20
10. 29, 11, 17
11. 0.6±0.14
12. $\overline{y}'_{st}$ = (84/141)(1681) + (57/141)(5853) = 3349.8, $\widehat{se}(\overline{y}_{st}) = 758.5$

4 장

1. r = 6262/5054, $\hat{\tau} = 28397$
2. 비추정: $\hat{y} = b\,x$, 회귀추정: $\hat{y} = a + b x$, 차이추정: $\hat{y} = a + 1x$
3. 11080, 152
4. $b \approx 1$이기 때문에 차이추정이 더 낫다.
5. 적합된 회귀선은 $\hat{y} = 40.8 + 0.766x$. $\hat{\mu}_y = 76 + (0.766)(52 - 46) = 80$.
   $\widehat{var}(\hat{\mu}_y) = 7.4$. CI = 80±7.4 = (72.6, 87.4).
6. $\hat{\mu}_y = \dfrac{1750}{1200}(12.5) = 18.23$; CI = $18.23 \pm 2\sqrt{0.045} = 18.23 \pm 0.424 = (17.8,\ 18.7)$

5 장

1. 같은 요일마다 표집하므로 주기성이 있다. 편향추정량.
2. ① × ② × ③ ○ ④ ×
3. ① 집성촌은 지리적 층화나 마찬가지다. 따라서 계통표집이 유리하다. ② 표집구간이

평균 가구 크기와 같으므로 계통표집이 불리하다. ③ 마찬가지 이유로 계통표집이 불리하다. 그러나 아이들 비율 추정보다는 덜 불리하다.

4. ① 남자: $\widehat{var}(\hat{p}_{SRS})=0.0204$, $\widehat{var}(\hat{p}_{sy})=0.0216$. 계통표집이 불리.

 ② 아이: $\widehat{var}(\hat{p}_{SRS})=0.0204$, $\widehat{var}(\hat{p}_{sy})=0.0776$. 계통표집이 아주 불리.

 ③ 전문: $\widehat{var}(\hat{p}_{SRS})=0.0192$, $\widehat{var}(\hat{p}_{sy})=0.0016$. 계통표집이 유리.

6 장

1. ① ○ ② ○ ③ ○ ④ × ⑤ × ⑥ ×

2. $\hat{\tau}=\dfrac{1}{m}\sum_{i=1}^{m}\dfrac{1}{p_i}\left(\dfrac{N_i}{n_i}\sum_{j=1}^{n_i}y_{ij}\right)$

3. 층화표집은 층내 동질적, 층간 이질적이어야 최상. 집락표집은 집락내 이질적, 집락간 동질적이어야 최상

4. 분자$=\dfrac{-1}{4\binom{4}{2}}=-\dfrac{1}{24}$, 분모$=\dfrac{4}{4\cdot 4}=\dfrac{1}{4}$, $\rho_w=-\dfrac{1}{6}$

집락(남 = 1, 여 = 0)					
#1	#2	#3	#4	$\bar{y}=1/2$	
0	0	0	0		
1	0	0	0	←	$(0-½)^2=¼$
1	1	1	0	(분모)	$(1-½)^2=¼$
1	1	1	1		
01^-	00^+	00^+	00^+		
01^-	01^-	01^-	00^+		$(0-½)(0-½)=+¼$
01^-	01^-	01^-	01^-	←	$(0-½)(1-½)=-¼$
11^+	01^-	01^-	00^+	(분자)	$(1-½)(0-½)=-¼$
11^+	01^-	01^-	01^-		$(1-½)(1-½)=+¼$
11^+	11^+	11^+	01^-		

5. 22.96

6. 5.23±2(0.42) = (4.40, 6.06)

7 장

1. $0.125 \pm 0.145 = (0,\ 0.27)$
2. 0.75375 ± 0.1456

8 장

1. (0.372, 0.628)

부 록

표 1. 난수표

행\열	(1)	(2)	(3)	(4)	(5)	(6)	(7)	(8)	(9)	(10)
001	47232	88745	04662	45502	55905	17913	02082	16687	47018	11260
002	83051	34286	61774	74796	36406	67363	93956	38836	59367	13267
003	37729	47457	84326	94226	11104	54797	25336	36855	38051	18758
004	03963	75792	82786	35112	05740	35195	67620	36055	15710	92520
005	89883	89271	18495	43085	92088	05993	87533	26017	85128	07429
006	95000	33457	54251	28306	15951	62319	72225	66108	38948	77659
007	43029	62551	72962	01181	77096	39819	70265	52430	66335	38569
008	72200	64945	66930	89612	81699	86562	94384	25814	48568	58048
009	45274	27029	68656	12042	61894	18373	37977	40470	06321	00159
010	43693	75829	18468	13985	27211	08048	03787	99368	79834	81961
011	35073	63240	01505	24457	91693	81405	60335	77470	37263	18741
012	72730	21111	57411	33981	20056	41473	00378	54174	82057	00631
013	34754	93464	78381	06868	38055	58217	93926	23253	92947	23060
014	14571	44955	97158	21027	16869	70439	89575	58918	92560	27247
015	23565	73904	49562	54105	44608	23852	98107	20435	78889	21668
016	31204	67123	20292	90427	99647	17308	03807	29529	73257	08578
017	86303	54741	13275	30117	80260	33502	88652	79359	79349	77278
018	61797	63142	56904	17291	63823	68768	86742	87087	41872	51496
019	91384	81779	34994	52188	94975	61260	43502	41119	72656	60957
020	43839	35961	05884	54828	55834	32009	93880	91509	37551	17448
021	81520	36326	64585	17019	95705	30318	86097	44855	73683	08957
022	54434	35114	50964	87771	41625	96616	22097	68792	47214	58199
023	57702	50961	42826	77951	46984	48598	32660	11291	84123	28668
024	94707	37960	91777	20625	42461	95523	70462	50927	99692	62723
025	03183	90207	92306	46688	75550	27981	65323	45053	39120	59847
026	21059	97501	43631	41125	88386	85235	90472	07507	11292	43338
027	53173	83676	15243	38049	92626	23458	09167	43398	39707	01768
028	15046	79631	68515	53244	39357	05516	98299	33948	29077	05200
029	21356	09294	24599	58752	41353	41868	37201	20086	34566	27970
030	79839	11522	18776	53431	40850	49215	08179	58668	33181	52193

표 1. (계속)

행\열	(1)	(2)	(3)	(4)	(5)	(6)	(7)	(8)	(9)	(10)
031	51947	05626	64094	38014	91699	73541	82360	87275	20342	94850
032	13360	22895	34182	40598	39338	19629	87263	53201	22794	34930
033	38716	29068	42925	04875	55893	23287	19179	35826	99404	66018
034	53174	81631	51887	70591	44458	33622	56506	75368	79464	12534
035	32076	47696	36669	32629	57996	63670	48079	49986	60283	72240
036	06596	49309	72205	79310	06834	50191	75383	83125	47359	37297
037	48990	20915	42295	40911	72483	57783	56699	39325	88650	99573
038	22656	67233	73138	71535	82815	93255	21387	60993	09862	55929
039	94978	96245	01351	90427	39595	95759	97952	17213	38810	98181
040	34906	37343	14104	00897	42781	23731	17505	32789	42405	81932
041	64863	01720	71167	90523	95800	09462	07436	08750	75547	43535
042	30781	12340	21847	95834	30231	38860	27675	56064	54079	71783
043	28404	85687	11787	95318	88301	61972	57030	15890	92222	37161
044	58471	17892	25371	26706	07818	10823	24429	44902	53526	30578
045	25634	89699	79612	13556	14765	73787	79365	37885	66344	92005
046	39995	83792	39678	45689	24770	20641	65136	74767	16238	07980
047	26092	37717	79266	03343	44383	22381	61475	03106	08408	24922
048	88385	71582	53529	59343	81449	54521	12711	51998	83504	52502
049	02843	08495	00279	34556	05241	13092	53898	98633	22345	10000
050	88483	95015	62642	29277	32600	05578	90955	67725	54644	56038
051	25545	98209	01844	26700	73827	94199	29281	62905	66855	73190
052	14323	75819	01447	27786	26219	76062	14154	41260	13992	49383
053	51090	46532	41211	35565	53429	94657	99139	01258	36804	77173
054	57571	43739	04125	17666	68107	34501	79222	36785	02324	72835
055	52288	52142	87973	15140	72186	33160	32028	32189	18859	77827
056	31663	41718	63561	59345	38285	43250	93571	92390	89361	89645
057	10009	34506	75495	23607	72163	65485	62049	67959	48679	93625
058	22647	97870	41408	01080	21258	10935	27520	07533	87433	76537
059	68216	18783	50680	14147	95674	88525	52161	06420	20466	06786
060	50295	47813	46716	29204	35557	33112	64212	01548	59543	56857

표 1. (계속)

행\열	(1)	(2)	(3)	(4)	(5)	(6)	(7)	(8)	(9)	(10)
061	20089	01821	80308	46025	24459	08422	22677	94158	93225	59599
062	09013	25628	60199	52341	39492	04930	94806	08695	90161	78508
063	62254	73322	06860	10290	53984	61072	73572	24077	44914	40563
064	28463	45366	83243	20696	82602	13862	86447	76653	69507	83099
065	29370	78661	09446	61812	51612	68582	00684	41455	46484	30009
066	66274	45595	75338	77514	42540	80161	56231	78200	14472	49110
067	39307	85202	15688	78426	39739	59958	49638	34800	89209	53547
068	58071	67437	71753	75426	61077	66939	45834	88766	59722	76565
069	47635	74381	12322	35785	69763	54885	57879	97140	46691	71078
070	69622	74089	27637	51228	95694	12347	70350	97265	41756	37365
071	79016	60307	93987	85426	28488	27180	86160	35472	19875	01993
072	32551	60379	76091	66719	31440	77385	57129	41946	83010	36856
073	47247	00902	81560	05282	81352	86295	24440	14564	74032	57426
074	64109	26822	41265	94741	10300	48705	28866	40504	57663	38941
075	65562	01008	97215	82975	86085	46066	69056	38040	30267	13120
076	91647	02215	92690	72720	62141	13644	06190	26799	17860	53302
077	15963	86179	94399	83887	67924	63451	84648	66938	10066	18710
078	47099	65253	23112	42218	36228	92602	32232	80533	97504	84105
079	39211	66569	54964	92748	99686	46071	67203	08312	26354	66975
080	71365	23935	27121	81174	18731	85813	60248	69908	26045	87358
081	66868	17593	25099	00208	18664	24412	94093	63306	40597	01948
082	49515	13718	29674	76955	10549	40646	79494	83747	34904	66934
083	61049	69363	58504	91545	93458	40597	79746	37146	53769	90380
084	55622	19458	78376	04694	93266	48335	79678	64692	69906	07207
085	10748	38404	44242	29628	81422	77605	64999	52159	66917	75694
086	20117	75720	72677	73638	18379	65171	83436	74872	36128	48566
087	22386	38722	53327	82615	54342	81538	26628	88678	00634	24081
088	50320	30899	11680	68217	59872	19742	91194	95742	38598	06193
089	72598	45171	15824	49924	83905	38364	65520	62587	19978	67949
090	81850	27706	44948	35066	66767	24003	93072	85668	59850	06670

표 1. (계속)

행\열	(1)	(2)	(3)	(4)	(5)	(6)	(7)	(8)	(9)	(10)
091	78888	21455	81947	50031	96148	87045	55564	50255	77719	93184
092	15337	08687	60992	40791	28485	66257	92644	64308	06766	41832
093	20025	14265	33057	78481	82221	21459	43589	62920	96192	00810
094	98470	58223	96924	42565	24557	99404	87137	74939	01513	86281
095	72167	32455	90356	80668	21251	10833	03014	95131	09107	36679
096	71513	84097	65952	23891	48306	19244	70128	98764	54304	12848
097	64384	77293	32874	44079	27366	77306	16090	03432	07530	82081
098	01827	68521	26758	68707	68932	43055	34764	29740	30074	58135
099	25992	65310	10037	25371	35722	19225	17939	18783	19998	97794
100	74297	83484	30722	06057	39976	97828	52345	46728	68418	44371
101	26511	33897	01323	65214	48183	45033	99009	30857	71572	74106
102	85964	26488	94947	12180	77348	47554	38004	43067	22598	74113
103	74035	57642	40669	73107	89394	20989	83285	68777	95605	09743
104	75482	76974	27772	62653	96512	08265	73896	17462	48241	80489
105	24757	11679	12462	72126	26813	25401	85822	15454	41389	41171
106	69303	44792	63198	64970	41569	91231	69122	66117	57877	20649
107	06487	27330	92744	53272	24157	03640	47592	33438	32789	48919
108	75320	62557	96369	68780	93275	41074	95668	03749	16727	25347
109	62012	42401	39124	97223	80442	77374	58852	49600	62962	42381
110	20596	21320	44151	31409	36035	75588	52630	67004	03511	31745
111	65049	69964	52619	19544	03314	44110	58361	79352	62619	63443
112	82579	59673	95429	63990	65824	08540	16194	58858	35435	77581
113	54627	38839	88438	20966	43838	72740	17039	21855	95251	40625
114	32120	27789	77059	21933	68902	74082	95170	28625	19134	16698
115	64810	62968	08611	62749	28728	05406	24450	99564	75792	66994
116	12959	40896	62501	75035	24173	62164	48960	13200	80259	58452
117	33793	26445	34982	31175	48239	74497	50231	70845	83621	94017
118	59463	11858	33859	76963	22692	20877	14941	05487	31122	79582
119	45737	38966	67934	95826	16848	29280	32941	97312	19077	56690
120	12009	40473	46178	28848	23476	31849	11617	29187	85213	57728

표 1. (계속)

행\열	(1)	(2)	(3)	(4)	(5)	(6)	(7)	(8)	(9)	(10)
121	75208	93787	67354	78421	38187	77087	55326	45657	40342	01822
122	67188	01663	15038	67848	88612	13774	42483	41277	90317	63391
123	08397	21089	56414	79303	47069	42676	46200	54183	84145	71428
124	64100	69622	07081	63424	65883	00397	59813	65479	22353	89560
125	91734	97560	92507	04922	86931	24056	74543	66457	76107	21600
126	24153	22670	46759	55219	94175	02966	21273	78805	89207	88514
127	36546	65423	08269	81907	36104	31342	65354	55154	56246	37885
128	22504	05524	27206	69433	26371	41804	51016	73620	67643	97403
129	55554	77090	65234	10189	07861	22451	53264	23247	31923	18243
130	05804	17128	64522	24856	74334	23599	09323	53641	47206	53104
131	80253	39367	28153	18435	97220	07864	44747	09104	31158	32167
132	49752	46178	64896	23076	18606	51291	87273	39628	79837	86700
133	36897	13306	61648	97670	70607	48227	36803	59667	93840	13291
134	35762	08667	99930	72381	98252	56055	67203	45932	58061	97436
135	50087	61272	39969	74772	14817	19747	16559	39498	15704	55535
136	01578	43166	69106	56785	75259	96790	27806	11666	88549	36096
137	12725	35228	07602	11298	76258	10052	36665	29629	57401	68985
138	51081	12512	54453	01618	19558	48761	73008	61950	83387	41263
139	57911	85159	63402	81382	63612	94154	19032	91908	87133	17816
140	34574	21159	40352	81730	86079	03124	06421	65675	53974	70782
141	10722	03785	02883	82713	26425	05062	18185	46120	56891	10350
142	75414	60424	89761	36986	32630	80332	09262	18941	11612	96206
143	31119	37669	88440	64541	47369	03289	53407	80345	45404	17914
144	78939	69504	66736	53905	68254	61819	99733	47886	39600	15074
145	68385	45983	51544	63818	32579	54168	88053	11568	62990	52202
146	59670	98443	65487	47735	92550	30772	41413	87627	06916	70020
147	52429	85123	76021	40696	64880	16853	73015	78040	07993	81976
148	82815	07975	94569	18457	25637	48633	04912	40382	04296	52092
149	24747	85046	69223	96934	88584	04724	66206	13461	81154	72779
150	34799	71037	29680	33109	39014	75131	97497	96320	62879	56733

표 1. (계속)

행\열	(1)	(2)	(3)	(4)	(5)	(6)	(7)	(8)	(9)	(10)
151	88715	84675	76924	51145	14493	99314	79011	78225	40754	17402
152	81426	14068	51346	22177	96547	78730	06734	17918	10539	82212
153	71549	43725	17790	51027	30555	18312	64515	41917	54521	50435
154	79382	79470	97423	15322	26293	62957	73577	21689	99823	46073
155	16569	61568	87778	63282	35789	36897	46686	95333	19861	62470
156	32451	96125	35277	74258	42733	84816	82736	44435	65685	84295
157	96586	13640	84300	96168	22267	27044	35018	66378	47531	10049
158	71993	14014	01874	44671	76619	43060	46828	79828	56992	91149
159	56945	67509	62507	92027	40240	24357	29072	43608	69625	75211
160	81494	36339	37801	21436	94133	41689	29109	44047	42265	36558
161	52313	61343	03640	70608	17370	05414	09316	76041	53711	80922
162	26909	77639	73993	24577	35778	00769	12459	27105	86842	57555
163	97998	76425	59024	97626	20785	04494	19081	04682	73630	78155
164	19079	71173	90434	59242	85559	73318	46047	07053	29058	97140
165	81175	36795	00685	57891	34108	60828	21202	96824	22297	28894
166	72759	16406	36082	92637	51131	63637	43571	91152	77577	57053
167	13916	03313	75629	00779	26687	92365	98399	03885	69225	89839
168	88174	07349	22241	36974	70461	17854	52479	76464	21592	60431
169	38501	76260	49293	79206	10450	84019	62631	74537	16597	79277
170	11948	34308	30357	12007	57043	86523	64075	87240	56102	93122
171	40153	47094	71438	13830	95859	92123	89484	60266	05677	64429
172	55503	41970	62887	72209	77208	67056	96539	53548	35066	33413
173	03960	69855	38273	39805	95455	94107	47570	27594	23557	12261
174	53527	65919	83269	24475	19884	15207	10469	82156	17768	19415
175	24856	52596	77484	95861	42561	72712	28847	62672	17587	30396
176	01626	25948	88490	51452	74496	59987	50862	69009	99467	68514
177	78876	98491	75465	18805	91603	25477	86173	74986	98749	82128
178	96603	12030	12052	16934	45077	65284	48885	43356	81403	80708
179	92818	22835	80264	66697	68965	45875	36083	69113	08764	30457
180	47607	67806	00255	54691	21429	61240	53360	26674	23472	44072

표 1. (계속)

행＼열	(1)	(2)	(3)	(4)	(5)	(6)	(7)	(8)	(9)	(10)
181	57455	92983	38690	91055	99866	48051	15616	56410	47823	81200
182	59216	61939	35812	15659	07714	82620	45780	65348	02650	96584
183	74592	67216	23165	07379	84417	02909	44980	82764	93799	55870
184	57975	97966	78363	43778	52318	02231	73302	50273	44564	21590
185	24835	55550	21027	18454	54087	03133	83052	21029	11703	77873
186	19282	17874	95804	56991	03674	06731	35435	67227	55260	50676
187	02278	46960	89896	30489	00912	08258	73276	04906	50044	89423
188	83929	00879	18705	92286	69235	63114	20194	15133	05869	26906
189	62586	79981	10770	61787	04522	43207	78698	19961	65685	12911
190	66809	71685	97277	85697	40196	83268	13357	36777	08737	79240
191	67339	33095	69826	26515	75939	94420	60710	61388	57667	98381
192	74256	42845	15736	10512	68152	56766	30299	72605	62436	04380
193	29439	74441	17559	43858	16639	21397	94389	53419	11231	10769
194	67951	38214	00650	97692	52926	15091	40281	95553	64746	88499
195	81211	89570	83725	35312	45740	51799	24842	94113	97790	24751
196	65939	10846	85333	98152	21181	42484	91890	88579	26570	89395
197	26115	73918	91068	55041	59396	93034	03601	29195	60435	85110
198	83478	19407	94837	98110	51381	10678	87327	46806	45477	25557
199	39921	45424	52846	70791	71503	51498	99349	78757	88420	03245
200	93778	58616	51431	82503	65174	15136	40017	58691	30324	25464

표 2. 표준정규분포 - 누적분포표

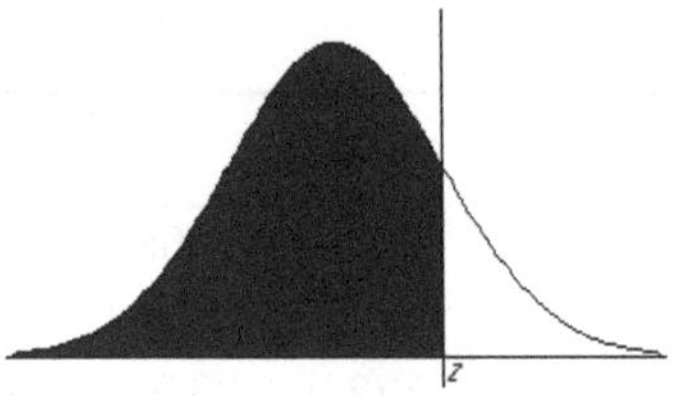

z	.00	.01	.02	.03	.04	.05	.06	.07	.08	.09
0.0	.5000	.5040	.5080	.5120	.5160	.5199	.5239	.5279	.5319	.5359
0.1	.5398	.5438	.5478	.5517	.5557	.5596	.5636	.5675	.5714	.5753
0.2	.5793	.5832	.5871	.5910	.5948	.5987	.6026	.6064	.6103	.6141
0.3	.6179	.6217	.6255	.6293	.6331	.6368	.6406	.6443	.6480	.6517
0.4	.6554	.6591	.6628	.6664	.6700	.6736	.6772	.6808	.6844	.6879
0.5	.6915	.6950	.6985	.7019	.7054	.7088	.7123	.7157	.7190	.7224
0.6	.7257	.7291	.7324	.7357	.7389	.7422	.7454	.7486	.7517	.7549
0.7	.7580	.7611	.7642	.7673	.7704	.7734	.7764	.7794	.7823	.7852
0.8	.7881	.7910	.7939	.7967	.7995	.8023	.8051	.8078	.8106	.8133
0.9	.8159	.8186	.8212	.8238	.8264	.8289	.8315	.8340	.8365	.8389
1.0	.8413	.8438	.8461	.8485	.8508	.8531	.8554	.8577	.8599	.8621
1.1	.8643	.8665	.8686	.8708	.8729	.8749	.8770	.8790	.8810	.8830
1.2	.8849	.8869	.8888	.8907	.8925	.8944	.8962	.8980	.8997	.9015
1.3	.9032	.9049	.9066	.9082	.9099	.9115	.9131	.9147	.9162	.9177
1.4	.9192	.9207	.9222	.9236	.9251	.9265	.9279	.9292	.9306	.9319
1.5	.9332	.9345	.9357	.9370	.9382	.9394	.9406	.9418	.9429	.9441
1.6	.9452	.9463	.9474	.9484	.9495	.9505	.9515	.9525	.9535	.9545
1.7	.9554	.9564	.9573	.9582	.9591	.9599	.9608	.9616	.9625	.9633
1.8	.9641	.9649	.9656	.9664	.9671	.9678	.9686	.9693	.9699	.9706
1.9	.9713	.9719	.9726	.9732	.9738	.9744	.9750	.9756	.9761	.9767
2.0	.9772	.9778	.9783	.9788	.9793	.9798	.9803	.9808	.9812	.9817
2.1	.9821	.9826	.9830	.9834	.9838	.9842	.9846	.9850	.9854	.9857
2.2	.9861	.9864	.9868	.9871	.9875	.9878	.9881	.9884	.9887	.9890
2.3	.9893	.9896	.9898	.9901	.9904	.9906	.9909	.9911	.9913	.9916
2.4	.9918	.9920	.9922	.9925	.9927	.9929	.9931	.9932	.9934	.9936
2.5	.9938	.9940	.9941	.9943	.9945	.9946	.9948	.9949	.9951	.9952
2.6	.9953	.9955	.9956	.9957	.9959	.9960	.9961	.9962	.9963	.9964
2.7	.9965	.9966	.9967	.9968	.9969	.9970	.9971	.9972	.9973	.9974
2.8	.9974	.9975	.9976	.9977	.9977	.9978	.9979	.9979	.9980	.9981
2.9	.9981	.9982	.9982	.9983	.9984	.9984	.9985	.9985	.9986	.9986
3.0	.9987	.9987	.9987	.9988	.9988	.9989	.9989	.9989	.9990	.9990

누적확률	.90	.95	.975	.99	.995
z	1.282	1.645	1.960	2.326	2.576

참 고 문 헌

- 성내경 (1995). *정보시대, 그리고 통계*. 이화여자대학교 출판부.
- 성내경 (2003). *SAS를 이용한 통계적 자료분석*. 제2판. 자유아카데미.
- Agresti, A. (2002). *An introduction to categorical data analysis*. 2nd edition. Wiley.
- Cochran, W. G. (1977). *Sampling techniques*. 3*rd* edition. Wiley.
- Levy, P. S. and Lemeshow, S. (1980). *Sampling for health professionals*. Lifetime Learning Publications.
- Lohr, S. L. (1999). *Sampling: design and analysis*. Duxbury Press.
- Scheaffer, R. L., Mendenhall III, W., and Ott, R. L. (2011). *Elementary survey sampling*. 7th edition. Duxbury Press.

찾아보기

[ㅅ]

[ㅇ]

[ㅈ]

[ㅊ]

[ㅋ]

[ㅌ]

[ㅍ]

[ㅎ]

| 저자 약력 |

성 내 경(成 來 慶)

서울대학교 계산통계학과(이학사)
서울대학교 계산통계학과 대학원(통계학 석사)
육군사관학교 교수부 수학과 교관, 전임강사
미국 Iowa 주립대학교 통계학과(통계학 박사)
미국 Harvard 대학교 통계학과 특별연구원
이화여자대학교 통계학과 부교수
KT 통계전문임원 역임

표본조사방법론 제2판

| 저 자 성내경
| 발 행 인 김지영
| 발 행 처 자유아카데미
| 주 소 경기도 파주시 회동길 37-42
파주출판도시
| 전 화 031-955-1321
| 팩 스 031-955-1322
| 홈페이지 www.freeaca.com
| 전자우편 main@freeaca.com(대표)
editor@freeaca.com(편집)
crm@freeaca.com(영업)
| 등 록 제406-2003-017호, 1980. 7. 12
| 제2판1쇄 2012년 10월 31일 발행
| 제2판5쇄 2023년 1월 10일 발행
| 정 가 22,000원

저자와의
협의하에
인지생략

ISBN 978-89-7338-962-9 93310